CW01424607

Lean Leader auf allen Management-Ebenen entwickeln

Ein praktischer Leitfaden

Copyright © 2014 Jeffrey Liker

Alle Rechte vorbehalten.

Dr. Jeffrey K. Liker

mit George Trachilis

übersetzt von Dr. Daniela Kudernatsch

**Lean
Leadership
Institute**

Jeffrey K. Liker ist Urheber dieses Werkes. Alle Rechte sind vorbehalten. Mechanische oder elektronische Vervielfältigung dieses Dokuments oder Teile daraus ist nach Abschnitt 107 oder 108 des US-amerikanischen Copyright Acts von 1976 ohne ausdrückliche schriftliche Erlaubnis des Rechteinhabers und des Verlages rechtswidrig. Internationale Copyright-Gesetze finden auch Anwendung.

ISBN: 978-0-9914932-6-5

Veröffentlicht von: Lean Leadership Institute Publications
V.P. Verlag: Daniel J. Stanley A.A.P.
Übersetzt von: Dr. Daniela Kudernatsch
Veröffentlicht in den United States of America
1. Auflage – Deutsch

Inhaltsverzeichnis

KAPITEL 8: VERKNÜPFUNG DER STRATEGIE MIT OPERATIVER EXZELLENZ: DAS *SCION*-BEISPIEL   283

LEAN LEADERS ENTWICKELN: Weitere Literatur   295

EINLEITUNG

M ein Name ist George Trachilis und ich bin ein Ingenieur aus Kanada. Nach langjähriger Anwendung von Tools und Techniken zu „Lean Thinking" in unzähligen, verschiedenen lokalen und globalen Unternehmen ist mir klar geworden, dass es eine Gemeinsamkeit gibt, die über allem steht: „Lean hat selten so funktioniert, wie wir es eigentlich erwartet hatten." Bevor Sie nun das Buch möglicherweise zur Seite legen, da Sie denken, das weiß ich schon längst, lesen Sie doch ein wenig weiter. Sie werden nicht enttäuscht sein.

Ich habe das Gefühl, dass ich meine Aussage begründen muss. Sicher ist, dass „Lean" funktioniert. Ich habe erstaunliche Transformationen bereits im ersten Jahr der Implementierung gesehen und auch seitdem ich mich mit dem Thema beschäftige. Diese Transformationen waren meist physischer Natur, wie den Platz sauber machen, Maschinen näher zusammenrücken, das Büro für eine bessere Kommunikation zwischen Menschen organisieren. Man könnte die Liste weiterführen. All diese Dinge tragen zur Effizienz des Prozesses und in bestimmten Fällen auch zur Effizienzsteigerung im ganzen Unternehmen bei. Oft ist ein Unternehmen im Krisenmodus wenn „Lean" eingeführt wird. Ein mögliches Krisenszenario könnte beispielsweise die Notwendigkeit sein, Kosten zu reduzieren, um eine mögliche Insolvenz abzuwenden. Alternativ hat man möglicherweise zu viele Aufträge und kann keine weiteren annehmen, bis die Prozessdefizite behoben worden sind. In beiden Fällen gebe ich mein Bestes, um zu helfen, und „Lean" erweist sich im ersten Jahr als ideal. Was ist also das Problem? Die Erleuchtung kam mir, als die Regierung in Alberta, Kanada, mich bat, einen Onlinekurs auszuarbeiten, welcher Unternehmen in „Lean Thinking" schult. Man verlangte, den Fokus auf „Führung" im Unternehmen zu legen – für Präsidenten, Direktoren und leitende Manager. Man hatte erkannt, dass Unternehmen in der kanadischen Provinz nach *nachhaltigen Veränderungen* streben müssen und nicht nach schnellem Erfolg mittels „Lean-Werkzeugen.

Im Juni 2012 kam Dr. Liker in meine Heimatstadt Winnipeg, Kanada, um bei unserer „Lean"-Konferenz einen Vortrag zu halten. An diesem Tag holte ich ihn vom Flughafen ab, lud ihn zu einer Bootstour auf dem Red River ein, brachte ihn anschließend zur Konferenz, wo er einen einstündigen Vortrag hielt und fuhr ihn danach wieder zum Flughafen zurück. Ich hatte ein paar tolle Gespräche mit ihm, aber zwei sind mir besonders in Erinnerung geblieben. Das erste war, als wir auf dem Fluss waren und anfingen, über das Canadian Museum of Human Rights (Kanadisches Museum für Menschenrechte) zu diskutieren. Zu diesem Zeitpunkt war es noch im Bau und hatte das geplante Budget überschritten. Die Gesamtkosten beliefen sich auf 351 Millionen kanadische Dollar und der Bau wurde schließlich mit einer Verzögerung von zwei Jahren fertiggestellt. Wir sprachen darüber, wie sich „Lean" auf alle Sektoren einschließlich Baugewerbe anwenden ließe. Das zweite Gespräch war das im Anschluss an seine Rede. Viele Manager standen in der Schlange, um eine Widmung in Dr. Likers Buch *The Toyota*

Way to Lean Leadership zu bekommen, als einer der Manager fragte: „Dr. Liker, was sind denn die Hindernisse, dass ‚Lean Thinking' sich nicht nachhaltig in vielen Unternehmen durchsetzen kann?" Jeff schaute dem Manager in die Augen und sagte: „In einem Wort – Führung." Das Gespräch, das sich hieraus entwickelte, brachte mich zum Nachdenken über diese fehlende Verbindung. Ich weiß nicht, wie es bei Ihnen ist, aber wenn ich mir im Leben über eine Sache Klarheit verschafft habe, dann nehme ich es und setze mir um diesen neuen Schwerpunkt ein neues Ziel. Auf diese Weise fange ich an, mich darauf zuzubewegen, hoffentlich in die richtige Richtung. Dies war die richtige Richtung, und ich wusste es.

In den folgenden Monaten hat sich eine Freundschaft mit Jeff bis zu dem Punkt entwickelt, dass er Webinare für mein Unternehmen durchgeführt hat. Diese wurden später zu einem neuen Onlinekurs über „Lean Leadership". Später trafen wir die Entscheidung, dass diese Informationen zu wertvoll waren, um sie nur im Videoformat zu belassen. So wären sie sonst nur für diejenigen zugänglich, welche es sich leisten könnten, einen Onlinekurs und einen Coach zu bezahlen. Um eine möglichst große Verbreitung zu erzielen, entschieden wir uns, ein Buch herauszugeben. Dieses Buch ist nun in Ihren Händen – *Lean Leaders auf allen Ebenen entwickeln*.

Im Laufe meiner 20 Jahre Erfahrung mit „Lean Thinking" bin ich noch nicht auf einen derartigen Beitrag gestoßen, das heißt, bis Dr. Liker seinen Vortrag in meiner Heimatstadt hielt. Ich musste dies mit anderen teilen. Egal ob Sie etwas über „Lean" wissen oder schon 25 Jahre bei Toyota sind (der Ursprung) – mit diesem Buch werden Sie alles Wissenswerte erfahren. Ich habe schon immer gewusst, dass es um Menschen geht, jedoch „Wie haben es Menschen geschafft, dass ‚Lean' funktioniert?"

Jeff beschreibt detailliert die grundlegenden Fähigkeiten, Werte, Verhaltensweisen und -muster sowie den vorgeschriebenen Prozess – all das, was die Manager/Führungskräfte besitzen und beachten müssen, um einen langfristigen Erfolg zu erzielen. Er vergleicht diesen Erfolg mit dem eines Sportlers oder Musikers, der mit Hilfe eines Trainers sich bei der Ausübung seiner Fähigkeiten entwickelt. Er beschreibt, wie ein Trainer in einer systematischen Weise die Schwächen ermittelt, so dass der Schüler seine Form steigern sowie die Entwicklung beschleunigen kann, um auf diesem Weg das Ziel oder den angestrebten Zustand zu erreichen. Außerhalb des Arbeitsplatzes sollte jeder mit einem Trainer arbeiten, sofern man ernsthaft sein Ziel verwirklichen will. Es hat sich aber herausgestellt, dass dies auch für die Arbeitswelt von Relevanz ist.

Dieses Buch und Jeffs Beitrag zur „Lean"-Welt kann nur als herausragend bezeichnet werden. Während wir in einer Welt leben, wo man mit Informationen bombardiert wird, kommt Jeff mit seinen 32 Jahren Forschung und Wissen über die internen Prozesse bei Toyota genau auf den Punkt. Damit können Sie als Student, Coach, Manager oder Geschäftsführer genau verstehen, was man tun muss, um erfolgreich im eigenen Arbeitsumfeld zu sein, unabhängig von der Branche, in der Sie arbeiten. Als Beispiel für die Leistungsfähigkeit dieses Lernens habe ich meine eigene Methode zur Umsetzung des physischen Teils von „Lean" dahingehend umgewandelt, dass „Lean Leadership" entwickelt wird. Beginnen möchte ich mit den zentralen Werten der Organisation, und zwar ganz genauso, wie ich es von Toyota gelernt habe: Ich coache die Organisation, ihre Grundwerte klar zu definieren. Dann gehe ich zum ersten Schritt des *Lean-Leadership-Development-Modells*: Sich zur Selbstentwicklung verpflichten. Wenn Führungskräfte in der Organisation nach Hilfe suchen und die Notwendigkeit der eigenen Entwicklung erkennen, ist es einfacher, sie auf den Berg zu führen. Was für ein neuartiges Konzept! Denjenigen helfen, die sich selbst helfen möchten. Die vier Stufen des Lean-Leadership-Development-Modells sind:

1. Sich zur Selbstentwicklung verpflichten
2. Coaching und die Entwicklung anderer
3. Tägliches *Kaizen* (Verbesserung) unterstützen
4. Vision schaffen und Ziele abstimmen

Als Lean Leader/Führungskraft habe ich selbst nie aufgehört zu lernen. Ich habe eine klare Vorstellung vom Idealzustand und arbeite tagtäglich daran, dies zu erreichen. In der Vergangenheit lernte ich aus Dr. Likers Büchern und heute von meinem Freund Jeff, dass, wenn alle Hindernisse – eins nach dem anderen – beseitigt werden, die einem im Weg stehen, um sein Ziel zu erreichen, wird man eines Tages zurückschauen, um zu sehen, wie weit man gekommen ist. Besuchen Sie Dr. Liker und mich sowie unsere Teilnehmer und Coaches aus der ganzen Welt, welche sich in unserer Online-Community unter www.leanleadership.guru finden. Erkennen Sie, dass, wenn Sie Ihr Ziel erreicht haben, wird ein weiteres vor Ihnen liegen. Es wird immer eine „Lean"-Reise für mich sein. Bis jetzt hat mir die Reise gefallen. Ich freue mich auf Ihre Geschichten, sobald Sie das Buch gelesen und sich mit unserem Online-Netzwerk von „Lean"-Anwendern vernetzt haben.

Am Anfang formulierte ich die Behauptung: „Lean hat selten so funktioniert, wie man es eigentlich erwartet hatte." Für viele Unternehmen wird es auch nie funktionieren, sofern Sie als Führungskraft des Unternehmens nicht die notwendigen Schritte und Prozesse einleiten, um die benötigten Fähigkeiten für sich selbst und Ihre Mitarbeiter zu entwickeln. Aus diesem Grund bietet dieses Buch einen Beitrag wie kein anderes. Es fokussiert auf den Kernpunkt – Sie! Was können Sie tun, um sich weiterzuentwickeln? Was können Sie tun, um die Entwicklung anderer zu fördern? Wie können Sie die Kultur einer kontinuierlichen Verbesserung entwickeln, um den Durchbruch zu schaffen und gleichzeitig den Wettbewerbern einen Schritt voraus zu sein? All diese Fragen werden mit großartigem Einblick in diesem Buch beantwortet. Alle sind mit konkreten Fallbeispielen begründet.

Ich danke Herrn Dr. Jeffrey K. Liker für dieses Geschenk sowie für die Möglichkeit, gemeinsam mit ihm möglichst viele Menschen zu erreichen.

George Trachilis, P.Eng.

Präsident und CEO des Lean Leadership Institute, Inc.

www.leanleadership.guru

Autor von *OEM Principles of Lean Thinking*

Winnipeg, Kanada, 2014

ÜBER DEN AUTOR

Dr. Jeffrey K. Liker ist Professor für Wirtschaftsingenieurwesen und Betriebstechnik an der University of Michigan, Präsident der Liker Lean Advisors, LLC, sowie Senior Berater und Partner am Lean Leadership Institute, Inc. Er ist Autor des internationalen Bestsellers *The Toyota Way: 14 Management Principles from the World's Greatest Manufacturer*, 2004, und Mitverfasser von sieben weiteren Büchern über Toyota, u. a. *Toyota Culture* und *The Toyota Product Development System*. Seine letzten Bücher aus dem Jahr 2011 sind *The Toyota Way to Continuous Development* und *The Toyota Way to Lean Leadership*. Seine Beiträge und Bücher haben bisher elf Shingo-Preise für exzellente Forschung erhalten. Im Jahr 2012 wurde er in die Vereinigung der Manufacturing Excellence Hall of Fame als Mitglied aufgenommen.

VORWORT

Vor einiger Zeit hatte ich ein Gespräch mit einem Unternehmenschef, der mich fragte wie lange denn ein Lean-Projekt dauere und welche Ergebnisse zu erwarten seien. Für kurze Zeit hielt ich inne, was ich ihm daraufhin antworten sollte. Nachdem ich kurz durchgeschnauft hatte, fragte ich ihn wie lange er denn glaube, dass erfolgreiche Lean-Unternehmen wie zum Beispiel allen voran Toyota brauchten um Lean einzuführen. Daraufhin zögerte er und sagte: „Einige Jahre?!"

Einer der häufigsten Gründe, warum die Einführung von Lean oder nennen Sie es ganz einfach die Einführung einer Kultur der kontinuierlichen Verbesserung scheitert ist, dass die Einführung von Lean als ein Projekt gesehen wird. Man denkt, dass mit den damit verbundenen Tools und Werkzeugen sich die geplanten Ergebnisse automatisch einstellen. Leider ist das ein großer Irrtum, wie vermehrt viele Unternehmen feststellen.

Was ist es dann richtigerweise? Jeff würde sagen „Führung!" Die Art und Weise wie Mitarbeiter geführt werden ist das Erfolgsrezept. Eine Lean-Kultur wird sich nur in der DNA verankern, wenn die Führungsphilosophien so ausgerichtet sind, dass Mitarbeiter egal auf welcher Ebene der Organisation jeden Tag und permanent weiter entwickelt werden. Dazu gehört jedoch auch ein Wertesystem, das darauf ausgerichtet ist, dass die Menschen respektiert und ihnen die Freiräume gegeben werden, damit sie ihre Fähigkeiten auch kontinuierlich verbessern können. Das wiederum erfordert eine langfristige Sichtweise, eine klare Zielausrichtung, eine Methode für die kontinuierliche Verbesserung sowie ein großes Maß an Geduld.

Wenn wir von Lean sprechen, dann heißt die zugrunde liegende Methode: PDCA. Für die meisten Menschen im Lean-Umfeld ist der PDCA-Zyklus bekannt und nichts Neues. Kein Wunder, der PDCA-Zyklus oder auch Deming-Wheel genannt hat seine Ursprünge in den 60er Jahren. Das Problem ist jedoch, dass er sehr selten richtig und konsequent angewendet wird. Warum? Weil man keine Zeit hat und sich vielmehr auf „Firefighting" konzentrieren muss, um möglichst schnell ein Problem vermeintlich zu lösen.

Das Identifizieren der eigentlichen Ursachen und die saubere Planung, das regelmäßige Überprüfen der Erfolgswirksamkeit und die Selbstreflektion dessen, was wir gelernt haben bleiben außen vor. Der Druck auf Ergebnisse überwiegt die notwendige Geduld für das konsequente Durchlaufen des PDCA-Zyklus. Ich habe in der Vergangenheit die Erfahrung gemacht, dass man den PDCA-Zyklus erleben und spüren muss, um ihn zu verstehen. Vor einigen Monaten führten Jeff und ich ein Lean Leadership-Seminar in England durch und besuchten das Toyota-Werk in Derby. Man kann nur schwer in Worte fassen, wie tief das Problemlösungsdenken in der DNA des Unternehmens verankert ist und von der gesamten Mannschaft gelebt wird – bis auf Ebene der Werker.

Jeff stellt im Buch den PDCA-Zyklus in das Zentrum einer Lean-Führungskultur. Dabei gibt er einen Leitfaden, wie man sich systematisch zu einem Lean Leader entwickeln kann und wie Unternehmen dadurch eine Lean-Führungskultur aufbauen können. Mit zahlreichen Beispielen beschreibt er die Vorgehensweise bei der Implementierung, was wiederum das Verständnis einer Lean-Leadership-Kultur vorstellbar und greifbar macht.

Ich warne jedoch davor, das Buch mit der Absicht zu lesen, diese Dinge zu kopieren. Vielmehr soll Sie das Buch anregen, zu lernen und darüber nachzudenken, was Sie in Ihrer Organisation anpassen und verbessern können. Wenn Sie Dinge ausprobieren und damit experimentieren haben Sie bereits den richtigen Weg auf Ihrer Lean-Reise eingeschlagen.

Dr. Daniela Kudernatsch
Geschäftsführung KUDERNATSCH Consulting&Solutions
Vice President Europe Liker Lean Advisors

Die Führungskraft macht sich über alles Gedanken, will möglichst viel lernen, ist bereit, Risiken einzugehen, zu experimentieren, probiert neue Dinge aus. Sie macht sich über Versagen keine Sorgen und sieht in Fehlern die Möglichkeit, zu lernen.

Warren Bennis, *On Becoming a Leader*, 1989

KAPITEL 1: „LEAN" UND „LEAN LEADER-SHIP"

Überblick über „Lean Leadership" und empfohlener Lernansatz

Dieses Buch ist eine lebendige, spontane Diskussion über „Lean Leadership", wie ich es in den letzten 30 Jahren erlebt und während der Zusammenarbeit mit Gary Convis, ehemaliger Leiter Manufacturing Nord Amerika und Managing Officer von Toyota, beim Schreiben unseres gemeinsamen Buches *The Toyota Way to Lean Leadership* gelernt habe. Seit das Buch im Herbst 2011 erschienen ist, haben meine Kollegen und ich Kurse gegeben und wir arbeiten mit Unternehmen zusammen, die Interesse an der Entwicklung von Lean-Führungskräften haben. Durch meine Zeit bei Toyota habe ich viel über die Anwendung des „Leadership Development"-Konzeptes gelernt. Dieses Buch gibt dieses zusätzliche Wissen wieder. Es soll diejenigen ansprechen, die nach Spitzenleistungen streben und an der Entwicklung fähiger Führungskräfte interessiert sind. Zudem ist es auch für Menschen gedacht, welche diese gemeinsame Philosophie teilen und den Wunsch nach der Schaffung einer kohärenten Unternehmenskultur haben, die auf kontinuierlicher Verbesserung und Achtung vor den Menschen basiert.

Wir begannen mit einem Onlinekurs. Wir haben uns entschlossen, dieses Buch zu schreiben – entweder als Ergänzung zum Kurs oder als selbstständige Option für diejenigen, die den Kurs nicht absolvieren. Wir verfassten es als praktischen Leitfaden, der sich an dem Kurs orientiert. Um den vollen Nutzen zu ziehen, benötigen Sie einen Coach und Sie müssen die Führungskonzepte üben, indem Sie die einzelnen Kapitel durcharbeiten. Es lassen sich eine Reihe von Übungen finden.

Unser Ziel ist es, „Lean Leadership" zu unterstützen, was nach unserem Verständnis auf fundierten und erprobten Grundsätzen basiert, welche in jeder Art von Organisation implementiert werden können. Lean-Führungskräfte erreichen mehr mit weniger. Sie realisieren anspruchsvolle Ziele, die zunächst nicht möglich erscheinen, entwickeln Individuen und Teams, und passen Prozesse unsicheren Umständen an. Wir wünschen Ihnen auf Ihrem Weg alles Gute!

Hintergrund zum Buch

Zunächst möchte ich Ihnen etwas über meine Zusammenarbeit mit Gary Convis am ersten Buch erzählen, was wiederum die Grundlage für dieses Buch ist. Seit mehr als 30 Jahren bin ich Professor an der University of Michigan im Bereich Wirtschaftsingenieurwesen und Betriebstechnik. Während dieser Zeit habe ich mich mit den Unterschieden zwischen US-amerikanischen und japanischen Managementsystemen beschäftigt, mit einem speziellen Fokus auf Toyota, was 2004 zum Buch *The Toyota Way* und zu einer Reihe weiterer Bücher zu mehr spezifischen Aspekten des „Toyota-Weges" führte. Zuletzt habe ich zusammen mit Gary Convis gearbeitet und wir schrieben zusammen *The Toyota Way to Lean Leadership*. Hier stellten wir unsere Erkenntnisse über die Führungsentwicklung bei Toyota dar und fassten es als vierstufiges Modell zusammen. Ich habe eine neue Struktur für dieses Buch geschaffen, das auf dem mit Gary aufbaut.

Gary begann seine Automobilkarriere für kurze Zeit zunächst bei General Motors und wechselte dann zur Ford Motor Company, wo er ungefähr 20 Jahre in der Qualitätskontrolle, Konstruktion und Produktion arbeitete. Während seiner Zeit bei Ford waren seine Gewohnheiten ein wenig ungewöhnlich für einen Ford-Manager. Im Vergleich zu anderen Führungskräften bei Ford verbrachte er mehr Zeit in der Produktionswerkstätte. Er suchte das Gespräch mit Mitarbeitern und wollte die Ursachen von Problemen ermitteln. Außerdem entwickelte er Gegenmaßnahmen mit diesen Mitarbeitern. Gary tat etwas, was völlig unbekannt für Ford in den 1980er-Jahren war – er hielt sogar die Produktion bei Problemen an. Dies führte dazu, dass der Betriebsleiter in sein Büro kam und den Abfallkorb durch seine Glasfensterwand trat. Diese heftige Reaktion resultierte aus der Tatsache, dass zu dieser Zeit es eine Sünde bei Ford war, die Produktion anzuhalten. Gary entwickelte sich positiv bei Ford, jedoch wusste er, dass es einen besseren Weg geben muss. Was er gemacht hat, entsprach dem „Toyota-Weg", jedoch brachte ihm das bei Ford Ärger ein. Enttäuscht durch seine Erfahrungen bei GM und Ford, entschied er sich zu einem Vorstellungsgespräch bei New United Motor Manufacturing, Inc. (NUMMI). NUMMI war zu diesem Zeitpunkt ein riskanter Start-up-Automobilhersteller in Fremont, Kalifornien. Es war eine gemeinsame Tochtergesellschaft von General Motors und Toyota. Gary zog mit seiner Familie nach Kalifornien, völlig bewusst über die möglichen Risiken.

Bei NUMMI entwickelte er sich zu einem Toyota-Leader. Toyota betrieb das Werk in Kalifornien gemäß den Prinzipien, auf denen das Toyota-Produktionssystem (TPS) basiert. Bei NUMMI bot sich erstmals die Möglichkeit, mit dem Toyota-Produktionssystem in einem US-amerikanischen Montagewerk, in Zusammenarbeit mit der US-amerikanischen Automobilarbeitergewerkschaft (United Auto Workers Union), zu experimentieren. Nach diesen Erfahrungen schaffte Gary schnell den Aufstieg in der NUMMI-Hierarchie. Später wurde ihm im Toyota-Werk in Georgetown, Kentucky, eine Position angeboten. Er wurde der erste amerikanische Präsident dieses Werkes. Dann setzte er seinen Aufstieg in der Toyota-Hierarchie fort und ging als Leiter des operativen Geschäfts für Nordamerika und Managing Officer von Toyota in Japan in den verdienten Ruhestand.

Nach seinem Abgang bei Toyota merkte er, dass er noch nicht pensionsreif war. Daher ergriff er die Chance, zunächst als vorübergehender CEO, dann als stellvertretender Vorsitzender, und am Schluss als Berater für Dana Corporation tätig zu werden. Er trug dazu bei, Dana erfolgreich aus dem Konkursverfahren während der Wirtschaftskrise zu führen. Schließlich, mit Gary und seinem Pendant, dem Vorsitzenden John Devine, konnte sich Dana finanziell stabilisieren. Wir verwenden diese Geschichte als ein Fallbeispiel für eine andere Art von „Lean Leadership". Gary zog weiter und übernahm als COO Verantwortung bei Bloom Energy Corporation – ein High-Tech-Start-up, das sich auf umweltfreundliche Energie konzentriert –, und ist nun zum dritten Mal in den verdienten Ruhestand gegangen.

Ich traf mich mit Gary, als er noch seinen Ruhestand in Betracht zog. Er fragte mich, ob ich an einem Buch mit ihm zusammenarbeiten würde. Er wollte seine Erfahrungen bei Toyota mit anderen Menschen aus verschiedenen Branchen auf der ganzen Welt teilen. Sehr schnell kamen wir zum Schluss, dass die Erfolgsformel von Toyota, wie aber auch bei anderen Unternehmen, die versuchen, „Lean", „Lean Six Sigma" und den „Toyota-Weg" umzusetzen, in der Führung liegt.

Das Buch und der Kurs als Lernmodell

Als wir begannen, setzten George und ich uns hohe Ziele. Der Zweck beginnt mit unserem Wunsch, die wahre Philosophie von „Lean Leadership" zu lehren. Es ist anzumerken, dass Gary und ich die Philosophie auf verschiedene Weise gelernt haben. Deshalb gibt es auch zwischen uns Abweichungen bezüglich der Methoden. Es basiert auf den Gründen des „Warum" und den Prinzipien, was man als „Lean Leader" erreichen will. Gary und ich haben eine Reihe von Organisationen gesehen, die Probleme bei der Schaffung einer solchen Kultur hatten, was für eine kontinuierliche Verbesserung nötig wäre. Wir sahen, dass viele Tools nur mit mäßigem Erfolg umgesetzt wurden, und oftmals waren die Fortschritte nur von beschränkter Dauer. Wir kamen zum Schluss, dass „Lean Leadership" das fehlende Element war. „Lean Leadership" muss sich durch das Unternehmen – von den Vorstandszimmern über die Führungskräfte bis hin zu den Teamleitern erstrecken. Teamleiter sind bei Toyota Produktionsarbeiter, die eine Führungsrolle innehaben.

Wir wollen dieses Verständnis weltweit verbreiten und es gibt durchaus Begrenzungen bezüglich des Ausmaßes von Face-to-Face-Kursen. Dieses Buch und der Onlinekurs zielen auf die Beschleunigung der wahren „Lean Transformation". Wahre „Lean Transformation" bedeutet, sich an die Philosophie zu halten und die Individuen und Kulturen zu entwickeln. Letzten Endes ist es unser Bestreben, eine Organisation zu entwickeln, welche in der Lage ist, auf gegebene Umstände in geeigneter Weise zu reagieren, so dass die Unternehmensziele erreicht werden. Gleichzeitig sollte es zu einer Steigerung der Kundenzufriedenheit führen, indem man sich jeden Tag etwas verbessert.

„Lean Leadership" zu unterrichten ist eine Herausforderung von großem Ausmaß, aber wir glauben, dass es möglich ist, Konzepte mithilfe eines Buches oder online (am besten beides) mit dem tatsächlichen Arbeitsalltag zu kombinieren. Die „Toyota-Weg"-Philosophie besagt, dass der Großteil der Selbstentwicklung in Zusammenarbeit mit einem Coach erfolgt und nicht durch Videoclips, PowerPoint-Folien oder Lesen erreicht wird. Um das Unterrichten der Toyota-Methode zu simulieren, wird in unserem Online-Kurs ein Projekt mit einem Coach an der Seite durchgeführt. Der Schlüssel ist Praxis, was in diesem Fall bedeutet – ein reales Verbesserungsprojekt am *Gemba* (wo die Arbeit gemacht wird und wo Ihre Produkte oder Dienstleistungen hergestellt werden). Die Anwendung muss von einem starken Coach geleitet werden. Die Qualität des Coaches und die Beziehung, die sich zwischen dem Coach und dem Lernenden entwickelt, sind von entscheidender Bedeutung.

Für unseren Onlinekurs haben George und ich ein Netzwerk mit guten Coaches aufgebaut, die selbst über weit reichende praktische Erfahrungen verfügen. Unsere Anforderungen sind u. a.: mindestens 10 Jahre Erfahrung; Sie haben ihre Fähigkeiten weiterentwickelt; und: Sie haben das Buch gelesen. Zudem wäre es wünschenswert, wenn sie möglicherweise mit Unterstützung eines Mentors in ihrem Unternehmen ein „Lean Leader" geworden sind. Einige würden sie als „Master Black Belt" bezeichnen. Ihre Aufgabe ist es, die Lernenden persönlich zu betreuen. Unsere Empfehlung für diejenigen, die nur das Buch lesen und auf den Kurs verzichten, ist, sich einen geeigneten Coach zu suchen, der einen durch die verschiedenen Phasen der Selbstentwicklung begleitet. Es gibt einige, die man finden kann. Sie müssen sich nur dafür einsetzen, um einen zu finden.

„True North" anwenden lernen: Lean-Leadership-Entwicklungsmodell

Als ich mich im Jahr 1983 zum ersten Mal mit Toyota intensiv befasste, gab es nichts, was den Namen „Toyota-Weg" trug. Es war schließlich Toyotas Präsident Fujio Chō, der ihn 2001 einführte. Er verbrachte – als erster Präsident des Kentucky-Werkes in Georgetown – viele Jahre in den USA. Hier wurde ihm bewusst, dass es notwendig war, den „Toyota-Weg" deutlicher klarzumachen. In Japan lernten die Mitarbeiter ihn bei der Arbeit, und in den meisten Fällen verbrachten sie ihre gesamte Karriere bei Toyota. Diejenigen, welche nicht in Japan arbeiteten, hatten nicht das tiefgründige Verständnis über die Thematik und brauchten einen klaren Leitfaden, damit sie den „Toyota-Weg" auch lernen können. Das Modell ist verblüffend einfach - es hat nur zwei Säulen: „kontinuierliche Verbesserung" und „Respekt vor den Menschen".

Toyota hat erkannt, dass das Ideal, wonach jeder überall seine Prozesse und sich selbst kontinuierlich verbessert, eigentlich eine Wunschvorstellung ist. Man bezeichnet diesen Traum als „True North", weil es eine unerreichbare Vision von dem darstellt, was eigentlich in einer idealen Welt geschehen sollte. Sie werden nie perfekt sein, aber Sie können nach Vollkommenheit streben.

Fujio Chō beschrieb den „Toyota-Weg" als „eine Idee, ein Standard und Leuchtfeuer/Leuchtturm für Menschen in der globalen Toyota-Organisation". Man spricht von einem Toyota. Was das eigentlich bedeutet, ist, dass alle Toyota-Mitarbeiter von der „True North"-Vision geleitet werden. Sie streben an, diese Vision zu erreichen. Die Basis setzt sich aus Werten zusammen, die das Zentrum unseres Lean-Leadership-Entwicklungs-Modells bilden, worüber wir später sprechen werden. Wir sind uns bewusst, dass jede Art der Entwicklung von Menschen zunächst mit Werten und einem erklärten Ziel beginnt. Zum Beispiel könnte es der Zweck des Unternehmens sein, Kunden in einem ständig veränderten Markt zufrieden zu stellen, sie zu überraschen, sie zu begeistern und ein solides Geschäft zu führen.

Im Fall von Toyota fangen die Werte mit **Herausforderung** an. Toyota ist der Auffassung, dass Menschen gefordert werden müssen, sonst werden sie ihr Verbesserungspotenzial nicht ausschöpfen. Zudem müssen sie die Fähigkeiten und das Selbstvertrauen haben, der nächsten Herausforderung mit Enthusiasmus und Energie entgegenzutreten.

Der nächste Wert ist die Entwicklung von *Kaizen*-**Mind** – hier denkt man zunächst in diesem Zusammenhang an Verbesserung. Man offenbart Fehler; jede Verschwendung, alles Mögliche, was nicht dem Ideal entspricht. Eine ähnliche Überzeugung innerhalb Toyota ist, dass eine kontinuierliche Verbesserung vom proaktiven Handeln der Manager abhängt, sich **vor Ort** Probleme anzuschauen. Sie müssen an den *Gemba* gehen, um die Fakten zu erhalten. Dieser ist dort, wo die Arbeit geleistet wird, wo für die Kunden ihre Produkte hergestellt und wo die Lieferanten Ihr Produkt herstellen. Sie müssen sich ein klares Bild von der aktuellen Situation durch systematisches Beobachten verschaffen.

Toyota glaubt an **Teamarbeit**. Toyota hat eine komplexe Sichtweise von Teamarbeit. Es umfasst sowohl Personen, die andere entwickeln, als auch Personen, die gemeinsam entwickelt werden. Das Team wird stärker als Individuen sein, aber das Team wird durch Entwicklung von Individuen stärker werden. Teamentwicklung und persönliche Entwicklung gehen Hand in Hand.

Schließlich muss bei allen Aktionen und im Umgang miteinander **Respekt** gegeben sein. Diese fünf Werte stehen im Mittelpunkt unseres Lean-Leadership-Entwicklungs-Modells. Es gibt in der Evolution einer Organisation vier Stufen, um diese Werte zu entwickeln, damit sie vollkommen in der Unternehmenskultur aufgenommen werden.

Damit wir uns der eigenen Vollkommenheit nähern, müssen wir uns zur Selbstentwicklung verpflichten. Dies ist Stufe I. Wir müssen lernen, Schritt für Schritt, die „True North"-Werte zu leben. Wir können nicht über Nacht von einem Amateurviolinisten zu einem Virtuosen werden. Einige Unternehmen schicken ihre Führungskräfte für ein paar Wochen wieder zurück zur Uni, damit sie Kurse besuchen. Sie werden zu off-site Meetings geschickt und vor eine Reihe von Herausforderungen gestellt, indem sie in verschiedenen Abteilungen arbeiten. Somit bekommen sie ein umfassendes Verständnis für das Unternehmen. Dabei wird – speziell zur Entwicklung ihrer Fähigkeiten hinsichtlich kontinuierlicher Verbesserung und Respekt vor den Menschen – keine Zeit zugeteilt.

Wenn Sie nun mit der Selbstentwicklung begonnen haben, können Sie Stufe II starten – andere coachen und entwickeln. Um eine Führungskraft zu werden, ist die Fähigkeit, andere zu entwickeln, der Schlüssel. Ihr Ziel als „Lean Leader" ist nicht, Individuen auf Ihren Weg zu drängen, sondern sie so zu entwickeln, dass sie die Fähigkeit haben, einen Beitrag zur Organisation zu leisten, der von der Unternehmenskultur geleitet wird. Sie werden ein ausgeprägtes Verständnis für die Werte bekommen und nach Selbstentwicklung streben.

Im Laufe der Zeit sind Sie bestrebt, das Niveau des täglichen *Kaizen* – kontinuierliche Verbesserung – zu erreichen, was Stufe III in unserem Modell ist. Mit der Entwicklung von Gruppen- und Teamleitern werden die Arbeitsgruppen unabhängiger.

Bei Stufe IV können Sie sich schwer zu erreichende Ziele setzen, die quer durch die Organisation sowie von oben nach unten ausgerichtet sind. In Japan wird die Methode zur Ausrichtung als *Hoshin Kanri* bezeichnet. Neben Toyota gibt es eine Reihe von anderen Unternehmen, die diese Methode anwenden. Es ist ein Bestandteil des Qualitätsmanagements und zugleich die Methode, welche Toyota jedes Jahr anwendet, um seine Ziele zu bestimmen. Um diese Ziele zu erreichen, braucht man aber im Unternehmen die Mitarbeiter, welche die erforderlichen Fähigkeiten, Kenntnisse und Motivation haben.

Damit habe ich Ihnen die Hintergrundinformationen zum Buch sowie einige Details über das Führungsentwicklungsmodell, was wir darstellen werden, gegeben. Lernende werden gebeten, diese Stufen zu durchlaufen, um sich selbst und andere zu entwickeln.

Einen Coach zur Selbstentwicklung nutzen

Diejenigen, die das Buch lesen, aber an unserem Kurs nicht teilnehmen, können sich überlegen, wie sie den Prozess simulieren wollen, um einen „Green Belt" zu erlangen. Der erste Zweck eines „Green Belts" für Sie als Lernender ist es, eine sehr klare Vorstellung von den Eigenschaften eines „Lean Leaders" zu haben. Wenn Sie versuchen, einer zu sein, müssen Sie wissen, was es überhaupt ist. Sie müssen dabei aber auch eine konzeptionelle Idee haben, was gebraucht wird, um einen „Lean Leader" zu entwickeln, sowie, was notwendig ist, damit Sie selbst ein „Lean Leader" werden können. Dann müssen Sie Ihren Prozess der Selbstentwicklung beginnen, was der Schwerpunkt des Kurses und des Buches ist. Dies bildet eine solide Grundlage für die Entwicklung anderer, um tägliches *Kaizen* zu unterstützen. Am Ende wird Ihr Unternehmen auf *Hoshin Kanri* ausgerichtet.

Um nach dem Motto „Learning by doing" zu handeln, müssen Sie ein reales Verbesserungsprojekt am *Gemba* leiten. Im Rahmen eines strukturierten Problemlösungsprozesses werden wir Sie bitten, sich nicht nur auf das Verbesserungsprojekt und Umsetzung der Ziele zu konzentrieren, sondern Sie sollten auch über Ihren eigenen Führungsprozess nachdenken. Was machen Sie tagtäglich? Wie kommunizieren Sie mit Menschen? Wie sammeln Sie Informationen? Weisen Sie die Aufgaben den richtigen Personen zu? Stellen Sie sicher, dass sich das Team sowohl im Lernprozess als auch im Projekt selbst fortentwickelt? Daher bitten wir Sie, ein Tagebuch zu führen. Machen Sie täglich kurze Notizen und reflektieren Sie Ihre Führungserfahrungen. Das Tagebuch sollten Sie Ihrem Coach zur Verfügung stellen. Diese Aufzeichnung wird Ihnen bei der Analyse helfen, wie Sie in Ihrem Prozess der Entwicklung als „Lean Leader" vorankommen.

Ein wichtiges Instrument, um den Fortschritt Ihres Projekts mit Ihrem Coach zu teilen, ist die „A3-Story". A3 ist einfach die Größe des Papiers: 297 x 420 mm. Die Größe des Papiers ist nicht der entscheidende Faktor, sondern vielmehr, dass Sie eine Geschichte von Anfang bis Ende auf einer Seite erzählen können. Die Geschichte wird nicht in einer Sitzung verfasst, sondern entwickelt sich schrittweise im Training während des Prozesses. In Bezug auf Problemlösung gehen wir den kompletten PDCA-Zyklus (Plan-Do-Check-Act) durch. Der erste Schritt ist, das Problem zu definieren. Dies kann dann von Ihrem Coach überprüft werden. Der Coach wird Ihnen herausfordernde Fragen stellen und weitere Aufgaben festlegen, um Ihre Entwicklung zu unterstützen. Der Coach gibt Ihnen Feedback und schaut, wie Sie mit dem neuen Ansatz klargekommen sind. Es wird eine sehr wichtige Beziehung zwischen Ihnen und Ihrem Coach entwickeln.

Der Coach wird Sie durch einen Prozess führen, den wir definiert haben und wird immer weiter optimieren. Sie folgen dem Problemlösungsprozess und beginnen auf einer hohen Level, ein Verständnis für die Situation gewinnen. Im Anschluss werden Sie – in Absprache mit Ihrem Coach – ein Projekt definieren, welches für Sie geeignet ist. Es sollte möglich sein, dieses innerhalb ein paar Monate abzuschließen. Das Projekt sollte für Sie bedeutsam sein. Es wird ein Mittel sein, um Ihre Führungskompetenz zu entwickeln. Der Inhalt des eigentlichen Projekts oder auch die Ergebnisse sind weniger wichtig, als das, was Sie über Führung lernen werden.

Das Problem definieren

In der ersten Phase der Problemdefinition bleiben Sie auf einem hohen Abstraktionsniveau. Der nächste Schritt ist es, ein Team zusammenzustellen, mit dem Sie am Projekt arbeiten werden. Dies wird auch unter anderem die Bestimmung eines Executive Sponsors beinhalten – jemand, der helfen kann, Barrieren zu überwinden, die möglicherweise im Wege stehen, um Ihr Ziel zu erreichen. Ferner werden Sie zusätzlich das Feedback bekommen, wie Sie als Leader auftreten.

Toyotas Problemlösungsprozess ist bekannt als „Toyota Business Practices". Dieser Acht-Schritte-Prozess bietet ein Modell an, das in allen Bereichen bei Toyota Anwendung findet. Sie müssen den Toyota-Prozess nicht nutzen, aber Sie werden wesentliche Elemente einbeziehen. Zum Beispiel sollte Ihre Herangehensweise bei der Problemlösung das Problem sorgfältig bestimmen und Sie müssen sich bis zur Kernursache vorarbeiten.

Schließlich sollten die Coaches einen großen Fokus auf Ihre Selbstentwicklung legen. Sie werden die ersten Schritte bezüglich der anderen drei Stufen von „Lean Leadership" angehen. Ihr Fokus wird jedoch primär sein, einen Problemlösungsprozess zu leiten. **Das** ist die Selbstentwicklung. Hier werden Sie die meiste Energie reinstecken. Um dieses Projekt durchzuführen, werden Sie ein Team von Mitarbeitern führen. Ihre Rolle wird es sein, diese Individuen zu trainieren und zu entwickeln.

Zu einem bestimmten Zeitpunkt werden wir Sie um die Entwicklung eines rudimentären Visual-Management-Systems bitten. Dies schließt auch die regelmäßig angesetzten Besprechungen mit ein, um zu sehen, was Sie am *Gemba* machen. Wir möchten auch, dass Leistungskennzahlen von Ihnen ermittelt und weitere Problemlösungsschritte bestimmt werden. Es ist eine Miniversion von *Hoshin Kanri*.

Die „Lean"-Prinzipien

Bevor wir „Lean Leadership" definieren können, müssen wir zunächst „Lean" und seine Prinzipien erläutern. Wir werden die Toyota-Philosophie als Modell benutzen. Die Tools werden wir nicht im Detail behandeln. Dafür gibt es einen Onlinekurs *Principles of Lean Thinking*, wo die grundlegenden Tools erklärt werden. Der Kurs wird vom Lean Leadership Institute (LLI) angeboten und ist online. Zudem gibt es eine Fülle von sehr guten Büchern beim Lean Enterprise Institute (LEI).

Nachdem Sie erfahren, was „Lean" ist, und die Geschichte, wie es sich innerhalb Toyotas entwickelte, kennen lernen, werden Sie die Grundsätze verstehen. In Kapitel zwei werden wir Ihnen ein Toolset für Ihr Projekt anbieten, inklusive Problemlösung und A3-Berichtsmethode. Es gibt zusätzliche Werkzeuge, die in jedem guten „Lean"-Projekt notwendig sind, einschließlich Standardarbeit und Visual Management (Kapitel 3). Wenn wir über die Normen und ihre Rolle reden, zielt dies auf die Verbesserung und die Methoden, um die Standards bildlich darzustellen. Dies sollte klarstellen, ob Sie auf dem richtigen Weg sind. Wo man eine Abweichung von der Norm sieht bzw. gibt es ein Problem, das Ihre Aufmerksamkeit erfordert.

Danach gehen wir das Vier-Stufen-Modell (Kapitel 4 bis 7) durch: sich zur Selbstentwicklung verpflichten, andere entwickeln, Arbeitsgruppen unterstützen und Ziele auf eine gemeinsame Vision ausrichten.

Schließlich werden in Kapitel 8 die wichtigsten Konzepte zusammengebracht, in dem wir die Geschichte Toyotas erzählen wie auch davon berichten, wie man die Marke „Scion" entwickelt hat. Diese wurde konzipiert, um junge Menschen in den USA (eine Gruppe, die unterrepräsentiert war) zur Toyota-Familie zu bringen. Bei „Scion" begann Toyota auf einer strategischen Ebene. Man hat Zeit investiert, um den Kunden zu verstehen. Man definierte die grundlegenden Anforderungen der Scion-Marke, um junge Menschen in den USA zufrieden zu stellen. Anschließend musste man die operativen Merkmale – die „Lean"-Systeme – definieren und diese dann entsprechend umsetzen, um sein Versprechen an seine Kunden zu halten. Wir werden sehen, wie der ganze Prozess – von der Strategie bis hin zur operativen Exzellenz – integriert wurde.

Das gibt einen Überblick über den Inhalt des Buches. Wir sind aber der Meinung, dass Sie nur am Beginn Ihrer Reise stehen, ein „Lean Leader" zu werden. Wir hoffen, dass wir Ihnen einen guten Start in die richtige Richtung geben können. Wir können Sie nicht dazu zwingen, dies weiter fortzuführen. Genauso wenig, wie jemand (zum Beispiel ein Fitnesstrainer) Sie zwingen kann, täglich für den Rest Ihres Lebens Sport zu treiben und sich gesund zu ernähren. Wir hoffen aufrichtig, dass Sie die Gelegenheit ergreifen sowie alle verfügbaren Ressourcen nutzen, um mit Ihrer Entwicklung als Leader zu starten. Die Welt braucht viel mehr von Ihnen, damit die ganze Welt sich ständig weiter verbessern kann.

Ich freue mich, Sie unterrichten zu dürfen. Ihnen wird eine Vielzahl von Ressourcen zur Verfügung stehen, die über einen Coach und den Onlinekurs hinausgehen. Eines dieser Ressourcen ist unser Online-Netzwerk von Beratern und Praktikern unter http://www.leanleadership.guru.

Außerdem empfehle ich Ihnen ein zweites Buch von meinem Kollegen John Shook *Managing to Learn*, der auch viele Jahre für Toyota in Japan gearbeitet hat. Er lernte den A3-Problemlösungsprozess nach traditionellen „Toyota Way"-Methoden. Ein anderer Blickwinkel wird von Mike Rother in *Toyota Kata* angeboten, der ein sehr strukturiertes System zum Lernen darstellt. Ich bin auch Moderator der „Toyota Way"-Gruppe auf LinkedIn und habe auch eine öffentliche Facebook-Seite. Innerhalb dieser Gruppen beteilige ich mich an Diskussionen und Sie können mir auch Kommentare schicken. Wir freuen uns, wenn Sie von allen verfügbaren Ressourcen Gebrauch machen.

Was ist „Lean Leadership"?

Die zentrale Frage, der wir in diesem Buch nachgehen, ist: „Was ist ‚Lean Leadership' und was braucht man, um dies weiterzuentwickeln?" Zum Hintergrundverständnis werde ich eine Übersicht über *The Toyota Way* und sein „4P"-Modell, wie in *The Toyota Way* beschrieben wurde, geben. Das wird einen Kontext für das Verständnis von Toyota-Leadership liefern.

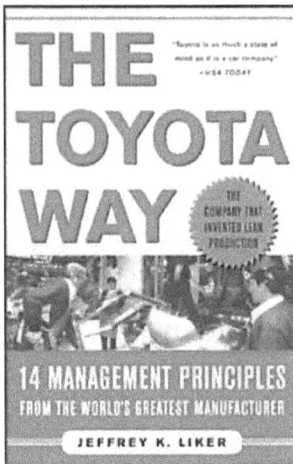

Abbildung 1-1. *The Toyota Way*   **Abbildung 1-2.** *Good to Great*

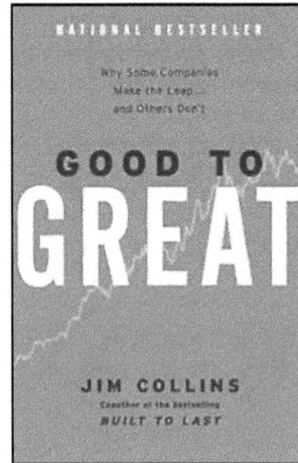

Ganz am Ende von *The Toyota Way* gibt es einen Hinweis auf Jim Collins´ Werk. Worüber wir in dieser kurzen Zusammenfassung sprechen werden, ist das, was er als „Level 5"-Leadership bezeichnet. Während ich das letzte Kapitel von *The Toyota Way* (siehe Abbildung 1-1) verfasste, rief mich ein Doktorand an und fragte mich: „Haben Sie *Good to Great* gelesen?" (siehe Abbildung 1-2), und ich hatte es nicht (ich war gerade selbst damit beschäftigt, mein eigenes Buch zu schreiben). Er sagte: „Sie müssen unbedingt über ‚Level 5'-Leadership lesen, denn es klingt genau wie Toyota-Leadership." Ich las es, und fügte einen kleinen Teil in mein letztes Kapitel ein, und später hatte ich die Gelegenheit, das gesamte Buch nochmals detailliert zu lesen. Es war für mich eine Offenbarung. Ich schrie: „Oh mein Gott, er spricht von Toyota!"

In der Tat, Jim Collins hatte weder Toyota noch andere japanische Unternehmen untersucht. Er beschrieb große amerikanische Unternehmen und stellte dar, wie sie – in dramatischer Weise und über Jahrzehnte hinweg – ihre Konkurrenz finanziell übertrafen. Darüber hinaus stellte er die Frage: „Was macht sie einzigartig? Was ist der Unterschied zwischen Unternehmen, die nur mittelmäßig und großartig abschneiden?"

Er stellte eine Liste von Merkmalen in diesem Buch zusammen. Ich stellte fest, dass diese Aspekte gut zu dem passten, was ich über die Prinzipien des „Toyota-Weges" kommunizieren wollte. Zunächst beginnt Toyota mit einem Fokus auf den Kunden. Jim Collins spricht über die Leidenschaft, einen Mehrwert für den Kunden zu erbringen. Er sagt, dass große Unternehmen hier ansetzen. Sie fangen nicht mit der Frage an: „Wie viel Geld haben wir in diesem Quartal verdient?" und auch nicht mit „Was ist unser nächstes Produkt, das ein Schlager sein wird?", sondern sie fangen damit an: „Wer ist unser Kunde? Was können wir tun, um seine Probleme zu lösen? Wie können wir unseren Kunden einen Mehrwert geben und dabei unsere Konkurrenten übertrumpfen?" Der Kunde ist stets im Mittelpunkt!

Intern erschaffen herausragende Firmen zentrale Werte, die über kurzfristige Gewinne hinausgehen. Natürlich steht die Kundenzufriedenheit an erster Stelle – der Grund, wieso man geschäftlich tätig ist. An zweiter Stelle steht: „Welche Atmosphäre schaffen wir für unsere Teammitglieder, damit sie sich entwickeln können und eine gute Lebensqualität haben? Unsere Teammitglieder sollten besser werden im Vergleich zu dem Zeitpunkt, als sie zum Unternehmen kamen."

Dann hat man eine Leidenschaft für Exzellenz. Das beginnt mit dem Firmenboss, der oft in großen Unternehmen der Gründer ist. Walt Disney, Gründer der Disney Corporation, war beispielsweise von der Frage besessen: „Wie kann ich etwas Großartiges aufbauen, das mich und mein Vermächtnis überleben wird?" Für Walt Disney hatte dies viel damit zu tun, seine Träume in die Realität umzusetzen: „Ich träume, ich teste meine Träume gegen meine Überzeugungen, ich wage es, Risiken einzugehen, und ich realisiere meine Vision, damit die Träume wahr werden." Er erschuf viel mehr als ein Unternehmen. Er schuf sich ein Vermächtnis, ein großartiges Unternehmen, das ihn weit überdauern wird.

Um das Vermächtnis fortzuführen, entwickelt man Führungskräfte, die erben werden, weil sie genauso eine Leidenschaft für das Unternehmen, für die Kunden und die Unternehmenskultur haben, die man selbst verwirklicht hat. Es ist sehr schwer, solch ein Verständnis, solch eine Leidenschaft und solch ein Engagement zu bekommen, wenn man einfach einen CEO von einem anderen Unternehmen abwirbt, der eine ausgewiesene Erfolgsbilanz hat, Aktienkurse kurzfristig hochzutreiben.

Leitende Führungskräfte sind dem Unternehmen verpflichtet, auch bezüglich ihrer Lebensführung. Dies bedeutet nicht unbedingt, dass Sie ein Leben außerhalb der Arbeit nicht haben können. Jedoch wird man wahrscheinlich merken, dass, wenn man sich in der Firmenhierarchie nach oben bewegt, verbringt man mehr Zeit im Büro und im Unternehmen und etwas weniger mit der Familie.

Sie sind besessen, Ihr Umfeld zu analysieren und sich anzupassen. Die Analyse ist sehr wichtig. Wenn Sie zum Beispiel bei Walt Disney sind, haben Sie Konkurrenten in Ihrer Branche wie andere Freizeitparks. Somit hat man einen klaren Überblick. Man weiß, was die Konkurrenz denkt, wie sie denkt, und wahrscheinlich auch, was sie als nächstes tun wird. Sie interessieren sich nicht für die Automobilindustrie, Sie interessieren sich nicht für Halbleiter und Sie interessieren sich nicht für Krankenhäuser. Sie interessieren sich einzig für Ihr Unternehmen. Sie sind kein typischer Plug-and-Play-CEO, der überall hingehen und dort alles führen könnte. Sie sind ein Experte in Ihrer Branche.

Collins benutzt auch den Begriff „UND"-Denken im Gegensatz zum „ODER"-Denken. Dies ist ein „Toyota-Weg"-Konzept, was für *Kaizen* zentral ist. Wenn Sie Ihrem Chef bei Toyota sagen, wir können entweder Produktivität ODER Qualität erzielen, dann wird Sie Ihr Chef als Coach fragen: „Warum nicht beides? Wieso muss man auf Qualität zugunsten der Produktivität verzichten?" Bitte beides erzielen. Die Führungskraft weiß, dass es möglich ist, beides zu realisieren. Man glaubt auch deshalb fest daran, weil man es selbst oft in seiner Karriere erreicht hat. Walt Disney war vielleicht am bekanntesten für sein Zitat: „Wenn man es träumen kann, dann kann man es auch tun."

Collins´ großes Unternehmensmerkmal der Innovation durch Experimentieren und Lernen hat mich umgehauen, weil das Standardparadigma der Innovation der einzige Erfinder ist. Der einzelne Erfinder hat ein Aha-Erlebnis, das zu einem Prototypen führt und dann das Produkt in einem Kommerzialisierungsprozess auf den Markt bringt. Der Ausgangspunkt ist immer eine geniale Idee, die ein Genie sich hat einfallen lassen. Was Jim Collins sagt, ist, dass große Unternehmen durch Tun, Ausprobieren und Experimentieren lernen. Walt Disney sagte auch: „Der Weg zum Start beginnt mit dem Ende von Reden und dem eigentlichen Tun." Bei „Lean" sind wir der Meinung, dass die wichtigsten Durchbrüche vom *Gemba* kommen. Dabei resultiert vieles aus schnellen Experimenten, wodurch man ein besseres Verständnis dafür bekommt, was funktioniert und was nicht. In den meisten Fällen ist die Welt zu komplex, um zu erwarten, dass all unsere großen Innovationen aus abstrakten Aha-Momenten resultieren werden.

Herausragende Unternehmen haben ein unerschütterliches Vertrauen in die Bedeutung von fähigen und motivierten Menschen. Was Toyota sagt, ist, dass Menschen der einzig wertvolle Vermögen sind. Mit anderen Worten: Menschen sind der einzige Teil im Unternehmen, was an Wert gewinnt und nicht abnimmt. Alle anderen Teile des Unternehmens – Anlagen, Energie, die wir verwenden – werden im Laufe der Zeit an Wert verlieren und müssen erneuert werden. Hingegen können Menschen tatsächlich klüger werden; sie können sich neue Fähigkeiten aneignen und verbessern. Ein Mitarbeiter, der zehn Jahre im Unternehmen arbeitet, ist im Allgemeinen besser qualifiziert und hat einen größeren Informationsschatz als ein Mitarbeiter, der nur ein Jahr im Unternehmen ist. Dies macht deutlich, dass man langfristig in Menschen investieren muss. Denn man wird nie einen herausragenden Mitarbeiter mit zehn-jähriger Betriebszugehörigkeit haben, wenn man ihn erstens nicht halten kann und zweitens man nicht in seine Entwicklung investiert. Der Mitarbeiter kann diese wunderbaren Fähigkeiten nicht alleine entwickeln.

Das Ergebnis ist schließlich eine starke, kohärente und einheitliche Kultur. Unter stark verstehen wir, dass die Unternehmenskultur, die Werte und die Überzeugungen auf allen Ebenen im Unternehmen weit verbreitet sind. Kohärent bedeutet, dass es klar und verständlich ist, dass, wenn man sich mit verschiedenen Menschen unterhält, die Geschichte, die man hört, ähnlich ist. Kohärenz bedeutet, dass Menschen das Gefühl haben, miteinander verbunden zu sein – wie ein Team –, auch wenn sie sich nicht kennen, denn wir alle arbeiten für dieses herausragende Unternehmen und wir alle dienen den gleichen Kunden. J. Willard Marriott, Gründer eines anderen herausragenden Collins´ Unternehmens, sagte: „Herausragende Unternehmen sind von Menschen aufgebaut, die nie aufhören, darüber nachzudenken, wie man das Geschäft verbessern kann." Er sagte auch: „Achten Sie auf Ihre Mitarbeiter und diese werden sich dann entsprechend um Ihre Kunden kümmern."

Geschichte des „Toyota-Weges"

Wenn ich mir die Denkweisen von Managern in herausragenden amerikanischen Unternehmen genau anschaue, sind die Parallelen mit der Toyota-Kultur wirklich überwältigend, was den Schluss nahe legt, dass hervorragende Führung universal ist. Blicken wir auf die Geschichte Toyotas, welche dazu geführt hat, dass es ein herausragendes Unternehmen wurde.

Abbildung 1-3. Foto von einem der ersten automatisierten Webstühle und seinem Erfinder Sakichi Toyoda

Wo haben die Überlegungen und Denkansätze vom „Toyota-Weg" bezüglich eines Unternehmens, der Rolle einer Führungskraft und der Prozessverbesserung ihren Ursprung? Es begann mit Sakichi Toyoda, dem Gründer von Toyoda Automatic Loom Works, Ltd. (siehe Abbildung 1-3).

Einige von Ihnen kennen vielleicht die Geschichte von Sakichi Toyodas Holzwebstuhl und die Motivation, die hinter seiner Erfindung steckt. Er war der Sohn eines armen Zimmermanns, der in ärmlichen Verhältnissen in einem Dorf lebte. Er stellte fest, dass die Frauen bis auf die Knochen arbeiteten, um Stoffe herzustellen, die ihre Familien verkaufen konnten, und dies nach einem langen Arbeitstag. Seine Mission war es, diese Arbeitslast zu verringern. Dadurch, dass er sich mit Holz auskannte und ein Zimmermann war, konnte er den Webstuhl erfinden.

Er hatte ein tiefes Verständnis für das Handwerk, war einfallsreich und hat sich clevere Lösungen einfallen lassen. Danach setzte er diese in Eigenanfertigung um. Sein erster Webstuhl war von der Konstruktion sehr einfach und bediente sich der Schwerkraft. Er beobachtete, wie diese Frauen den Schussfaden hin- und herschoben. Dann mussten sie mit den Händen ein Stück Holz zurückschieben, um die Fäden festzuziehen. Dies war der Arbeitsschritt: das Gewinde hin- und herbewegen und dann das Tuch straffen. Er war der Meinung, dass es vielleicht möglich wäre, den Arbeitsschritt des Hin- und Herschiebens mithilfe der Schwerkraft zu lösen. Er baute ein speziell angepasstes Holzteil, das mit einem Fußpedalsystem ausgestattet war. Mit den Fußpedalen war es möglich, dass das Schiffchen die Bahn heruntergleiten und mindestens die Hälfte der

Arbeit kürzen konnte. Dies hatte zur Folge, dass die Frauen nun dreimal produktiver waren.

Dies war ein guter *Kaizen* und resultierte aus einem wirklichen Bedürfnis. Es war jemand, der viel in seine Holzfertigkeiten investiert und sich eingehend mit Webstühlen beschäftigt hatte. Er hatte die handwerklichen Fähigkeiten und konnte dies auch selbst durch seine vertieften Kenntnisse umsetzen. Dann verbesserte er es immer wieder. Er hatte die Vision, einen voll funktionsfähigen, automatisierten Webstuhl zu erschaffen. 38 Jahre später wurde der „Typ G"-Webstuhl, der weltweit erste, vollautomatische Webstuhl, an die Platt Brothers in England verkauft. Es war zu der Zeit einer der seltenen Fälle, wo Japan Innovationen exportierte. Der „Typ G"-Webstuhl war Lichtjahre seiner Zeit voraus (hier können Sie ihn auf http://youtu.be/1SBxxlbeMgU in Betrieb sehen).

Alles, was er erfunden hat, diente zur Lösung eines bestimmten Problems. Realisiert wurde dies durch rasches Experimentieren, was wir heute als „PDCA" (Plan-Do-Check-Act) bezeichnen. Ferner hat er wiederholt aus dem Nichts den weltweit ersten, voll automatisierten Webstuhl erschaffen. Es war zwar keine einzelne brillante Einsicht, aber das Lösen tausender Probleme und die Zusammenarbeit von Menschen in Teams. Er wusste zu dem Zeitpunkt nicht, wie er dieses Problem überwinden würde, um am Ende beim voll automatisierten Webstuhl zu landen. Er war sich aber bewusst, dass es ein nächstes Problem geben würde, und danach – noch ein weiteres Problem, und im Laufe der Zeit, wenn es ihm gelingen würde, die Probleme zu lösen, würde er sich langsam, aber sicher seiner Vision nähern.

Eine seiner bekanntesten Innovationen resultierte aus einem dieser Probleme. Da die Webstühle angetrieben und halbautomatisch waren, spielten Menschen eine geringere Rolle. Sie achteten primär darauf, wenn der Faden ausging, oder griffen ein, um Probleme zu beheben, wenn der Webstuhl nicht mehr lief. Wenn ein einzelner Faden in der Webkette kaputtging, war das ganze Material von diesem Punkt aus beschädigt. Sobald eine Person den Fehler bemerkte, würde diese die Maschine abschalten, den beschädigten Stoff herausreißen und die Maschine reparieren. Menschen mussten neben der Maschine stehen und diese beaufsichtigen, was für Sakichi eine große Verschwendung der kostbaren menschlichen Zeit war.

Seine Gegenmaßnahme war das, was heute als *jidoka* bezeichnet wird. Wenn nun ein einzelner Faden kaputtging, fiel ein Gewicht herunter und die Maschine wurde automatisch angehalten. Somit musste die Person nicht mehr an der Maschine stehen. Eine einzelne Person konnte sich nun um eine größere Anzahl von Maschinen kümmern und diese hatten menschenähnliche Intelligenz, sich selbst abzuschalten. Der Mensch war der Problemlöser und nicht die „Nanny" an der Maschine. Dies wurde zur Grundlage für Toyotas berühmtes *Andon*-System: an der Schnur ziehen und die Produktion anhalten. Dann denkt man nach, warum das Problem aufgetreten ist und welche Maßnahmen nötig sind, um es zu lösen.

Die zentralen Werte von Sakichi Toyoda sind heute immer das Fundament für Toyota: einen gesellschaftlichen Beitrag leisten, der Kunde steht immer an erster Stelle und die

Firma an zweiter, Achtung vor den Menschen, das Unternehmen in- und auswendig kennen, nicht scheuen, sich die Hände schmutzig zu machen, harte Arbeit, Qualität, Disziplin, Teamwork und zu einer Vision ausgerichtete, ständige Innovation.

Sakichi beauftragte seinen Sohn, etwas Tolles für die Gesellschaft zu tun, was über Webstühle hinausging. Kiichirō wählte Automobile – eine große Herausforderung! –, da sie fast aus dem Nichts anfingen und weil die US-amerikanischen Automobilfirmen wie Ford eine weltweit beherrschende Marktdominanz innehatten. In einer wegweisenden Rede sagte Sohn Kiichirō:

> *„Ich plane, Pufferzeiten in den Arbeitsabläufen abzubauen. … Als Grundprinzip werde ich den ‚Just-in-Time'-Ansatz aufrechterhalten, um dies zu realisieren."*

Würde er dies heute so sagen, dann stünde ein Heer von Beratern hinter ihm. Zudem hätte er auch mein Buch sowie die Bücher vom LEI (Lean Enterprise Institute) zur Verfügung und jeder würde genau wissen, was er mit „Just-in-Time" meint. Aber es war das Jahr 1939 und das Konzept „Just-in-Time" war noch nicht erfunden worden. Er erfand es selber. Es war eine Vision, von der er nicht wusste, wie man es erreichen kann, ähnlich wie es beim automatisierten Webstuhl war. Taiichi Ōno (siehe Abbildung 1-4) war ein genialer Industrieller, eine Person, die die Menschen anführte, welche diese Vision in die Tat umsetzten.

 **Taiichi Ohno** nahm mit seinem Team die Herausforderung Toyoda's an, indem sie unaufhörlich daran arbeiteten, das Toyota Produktionssystem zu entwickeln…
durch permanentes Problemlösen wie Sakichi Toyoda es vorlebte.

Abbildung 1-4. Foto von Taiichi Ōno

Er und sein Team nahmen Kiichirōs Herausforderung „Just-in-Time" (JIT) an. Ebenfalls stellten sie sich dem ‚ehrgeizigen Ziel', mit Fords Produktivität innerhalb von drei Jahren aufzuschließen. Zu diesem Zeitpunkt war Ford etwa neunmal produktiver und baute über eine Million Fahrzeuge pro Jahr. Im Vergleich waren es bei Toyota ein paar tausend, mit einer viel größeren Produktvielfalt.

Was ist das „Real TPS"?

Eines der frühen Experimente von Taiichi Ōno war die Erschaffung einer u-förmigen Zelle in der Verarbeitung. Sein Ziel war es, die gleiche Produktivität bei jedem Volumenniveau zu erzielen, um dabei in der Lage zu sein, flexibel auf Kundennachfrage zu reagieren. Er lernte, wie man eine Zelle von verschiedenen Maschinen mit einer, zwei oder sechs

Personen – je nach Bedarf – bedienen konnte. Allerdings stieß er an seine Grenzen. Er bat Teammitglieder, sich unterschiedliche Fähigkeiten anzueignen, wie man eine Drehbank, eine Bohrmaschine bedient, aber sie wollten das nicht tun. Sie waren damit glücklich, ein Experte für eine Art von Maschine zu sein.

Dies half Ōno, ein besseres Verständnis dafür zu bekommen, wie man Menschen am besten beeinflussen und motivieren konnte. Er erkannte, dass er mit den Menschen am Shopfloor sein musste. Hier war er in der Lage, zu sehen, wie die Mitarbeiter sich mit den Problemen auseinandersetzen und konnte ihnen auch Fragen stellen. Gleichzeitig war er in der Lage, sie zu fordern, so dass man ein besseres Verständnis dafür erlangt, wie man ein guter Coach wird. Dies war der Beginn des „Toyota Production System" (TPS). Siehe hierzu Abbildung 1-5. Später lernte er, dass, wenn man eine zuverlässige Zelle haben wollte, brauchte man Standardarbeit. Man muss auch einen Weg finden, um Mitarbeitern etwas zu vermitteln. Später entdeckte und übernahm er die Arbeitsausbildungsmethode aus dem US-amerikanischen System namens „Training Within Industry" (TWI). Es war nötig, diese Zelle mit anderen Prozessen zu verbinden, die ein Stück weiter weg von der Zelle waren. Er musste eine kleine Menge an Bestand halten und diesen wieder mit einem Pull-System auffüllen. Darüber hinaus war der stabile Betrieb die Basis einer stabilen Zelle und eines Pull-Systems. Damit könnte man einen ausgeglichenen Zeitplan (*heijunka*) erreichen. Im Laufe der Zeit, über Jahrzehnte hinweg, fügten sich die Teile des Toyota-Production-System-Puzzles zusammen. Es wurde nun endlich auch schriftlich festgehalten, zunächst trotz der Einwände von Taiichi Ōno.

Abbildung 1-5. Darstellung des Toyota-Produktionssystems (TPS)

Wieso würde er gegen ein einfaches Diagramm Einwand erheben? Für Ōno war das Toyota-Produktionssystem ein lebendes, atmendes, sich entwickelndes Wissensspektrum. Es war die Idee von Menschen, die am *Gemba* waren und ihre Schwächen entdeckten. Man lernte, diese Schwächen durch Prozessverbesserung zu überwinden und die eigenen Fähigkeiten zu entwickeln. Er hatte Angst, dass durch das Aufschreiben es nun zu einem statischen Gebilde werden und zum Ende des *Kaizen* führen würde. Er war bekannt dafür, dass, wenn er jemand dabei sah, der versuchte, das Toyota-Produktionssystem bildlich darzustellen, riss er dieses auseinander und sagte: „Wenn Sie das aufschreiben, werden Sie es töten!"

Im späteren Leben wurde Ōno entspannter und ließ Personen dieses aufzeichnen. Es durfte schließlich als Haus dargestellt werden, da ein Haus ein System ist. Wenn man die Struktur, die das Dach stützt, wegnimmt, wird dieses einstürzen. Wenn das Dach zu schwach ist, dann wird es undicht. Wenn das Fundament schlecht ist, wird das ganze Haus zusammenbrechen. Jedes Teil davon ist erforderlich, damit das System funktionieren kann. Im Kern des Systems stehen Menschen, die sich ständig verbessern.

Die zwei Säulen, die Sie vielleicht erkennen werden, sind die Beiträge von Sakichi Toyoda und Kiichirō Toyoda. Sakichi Toyoda hat *jidoka* eingeführt, was heute mit „Probleme erkennen und lösen" übersetzt wird. Für Sakichi war es ein Webstuhl mit menschlicher Intelligenz, der selbst in der Lage war, sich auszuschalten, wenn es ein Problem gab. Dann haben wir Kiichirō Toyodas „Just-in-Time" (JIT): Das richtige Teil zum richtigen Zeitpunkt und in der richtigen Menge zum Kunden mit dem geringsten Verlust zu bringen. Das Ideal ist ein „One-Piece-Flow" mit perfekter Qualität zum Kunden, was eigentlich ein unmöglicher Traum ist, wenn man darüber nachdenkt. Wenn Sie irgendeine Art von Dienstleistungen haben, die man auf Abruf bekommt und die immer 100%ig funktioniert, dann haben Sie etwas, was ich noch nie gesehen habe.

Die Umsetzung von „Just-in-Time" war *nicht* das Ziel. Das Ziel war mehr, „Just-in-Time" als eine Vision und Ideal anzusehen. *Jidoka* war auch eine Vision, wo es keine Fehler gibt. Alles, was man tut, ist perfekt. Diese Vision treibt *Kaizen* an. *Kaizen* ist das Streben nach Perfektion und es endet nie, da man nie Vollkommenheit erreichen kann.

Am Sockel des Hauses ist operative Stabilität das Fundament. Dazu gehören auch disziplinierte Menschen, die standardisierte Arbeit befolgen. Es erfordert Maschinen, die gut in Stand gehalten werden, sowie sehr disziplinierte Mitarbeiter, die präventive Wartungsmaßnahmen umsetzen. Zudem ziehen sie aus jeder Betriebseinstellung die richtigen Schlüsse, um Probleme zu lösen. Produktionssteuerung hat die Funktion, einen ausgeglichenen Zeitplan, *heijunka*, zu erschaffen, welcher bezüglich des Volumens und des Mix angepasst ist. Jedoch ist *heijunka* eigentlich eine andere Vision, die durch permanente Reduktion von Variation in Personal, Prozessen und im Zeitplan erreicht werden muss. Um dies noch mehr zu einer Herausforderung zu machen, wird der Standard für das System immer härter und härter.

Man kann verstehen, warum die Menschen im Zentrum sind. Die Mitarbeiter müssen den Tatendrang und Disziplin haben, um alle Aspekte des Systems durch *Kaizen* zu erreichen, und folglich die neuen Standards befolgen. Sobald man nicht mehr selber denkt und nur noch ausführt, was die Experten sagen, wird das System versagen, da sich die Umstände ändern. Menschen an der Produktionsstätte sind die einzige schöpferische Kraft, um den Prozess kontinuierlich anzupassen.

Nehmen wir als Beispiel einen Piloten, der vor Abflug einen Plan hat und angewiesen wird, nur diesen Plan zu befolgen: Egal, was passiert – keine Anpassungen vornehmen. Wenn es einen Sturm gibt – einfach den Plan befolgen. Das Flugzeug wird abstürzen! In den meisten Fällen brauchen Sie Piloten, welche Standards einhalten, aber sich anpassen können, sofern sich die Umstände ändern sollten.

Menschen stehen im Zentrum des TPS und brauchen Führungskräfte, die sie motivieren, die Standards gewissenhaft einzuhalten und zu verbessern. Nur wenige Menschen haben die Selbstdisziplin, sich ständig selbst zu fordern, um immer besser und besser zu werden.

„Lean" ist heute zu einer globalen Bewegung geworden. Es gibt „Lean", „Six Sigma", „Lean Six Sigma" und leider, was wir sehr oft beobachten, findet man einen Schatten vom „Toyota-Weg" oder vom Toyota-Produktionssystem. Wir können zum Beispiel in eine Fabrik, ins Büro oder ins Krankenhaus gehen und Plakate, Charts, Systeme für Nachschub sehen, jedoch in kultureller Hinsicht sind das nur Artefakte. Es ist, als würde man eine Vase aus dem ersten Jahrhundert finden und den Versuch unternehmen, zu interpretieren, welche Bedeutung diese wohl hätte. Wenn man sich näher damit beschäftigt und versucht, die Bedeutung dieser Artefakte und deren Verhaltensweisen zu verstehen, wird man Normen und Werte ermitteln.

Die Normen und Werte werden allzu oft als „Folgen Sie den Regeln, um die Ziele zu erreichen" übersetzt. Diese werden von Experten erstellt und durchgesetzt, die „Black Belt"-Projekte geleitet haben. Dies stellt die Bürokratie dar. Starre Bürokratie ist das, was Frederick Taylor in seinem wissenschaftlichen Management erschuf. Er vertrat sehr deutlich die Auffassung, dass Industrieingenieure die Denker wären und die Arbeiter die Vorgaben des Managements auszuführen hätten. Aufgabe des Managements wäre, den Arbeitern zu kommunizieren, dass die Standards, die von den Industrieingenieuren festgelegt wurden, umzusetzen wären. Ein System, wo Menschen nicht mitdenken, kann sich nicht anpassen, es sei denn, Industrieingenieure entwickeln alle Ideen. Oft wird ihre Arbeitskraft über mehrere Produktionsstätten verteilt, so dass es schwierig für sie ist, alles überall zu verbessern.

Die zugrunde liegende Annahme, welche zu dieser Fehlinterpretation des Toyota-Produktionssystems führt, ist, dass der wichtigste Teil der Achtung vor den Menschen sich auf Aktionäre bezieht. Sie sind die Eigentümer des Unternehmens und erwarten quartalsmäßig Erträge. Dies bedeutet, man muss die Aktienkurse nach oben treiben. Zudem müssen Investitionen in Mitarbeiter und Prozessverbesserungen auch eine Anlagerendite erzielen (ROI).

Wenn man keinen ROI (Return on Investment) erzielt, sollten Sie es auch nicht tun. Folglich bedeutet dies, dass Sie sich gezielt die Projekte aussuchen werden, die eine klare, direkte Ursache und Wirkung haben werden. Geben Sie das Geld aus, um Ergebnisse zu erzielen. Anschließend berichten Sie den Aktionären in Dollar, was für Ersparnisse erzielt wurden. Die deutlichsten Einsparungen sind Kürzungen bei der Belegschaft, also weniger Mitarbeiter. Dies ist etwas ganz anderes im Vergleich zum Konzept, starke Fähigkeiten aufzubauen und nach der perfekten Vision zu streben. Gemäß der Toyota-Philosophie: Würde man nach Perfektion streben, würden die Produkte und Dienstleistungen sich ständig verbessern. Folglich würden die Produkte für weniger Geld angeboten werden. Dies würde wiederum die Kunden zufrieden stellen und in Gewinn umschlagen.

Auf der einen Seite werden Kunden zufrieden gestellt und man erzielt Gewinne. Auf der anderen Seite werden mit der Implementierung dergleichen *Kaizen*-Methode Kosten gesenkt. Natürlich gibt es auch Ziele bezüglich der Sicherheit, Qualität und Personalentwicklung wie auch Beseitigung von Mängeln, Beseitigung von Verschwendung und Kostenreduzierung. Wenn Sie jedoch einen Schritt überspringen und sagen, dass man nichts machen wird, sofern sich die Verbesserung nicht rentiert, wird man nie Investitionen in Menschen, Prozesse oder Produkte tätigen. Folglich wird man seine Kunden nicht zufrieden stellen und irgendwann gerät man in Bedrängnis, so dass das Unternehmen am Ende steht.

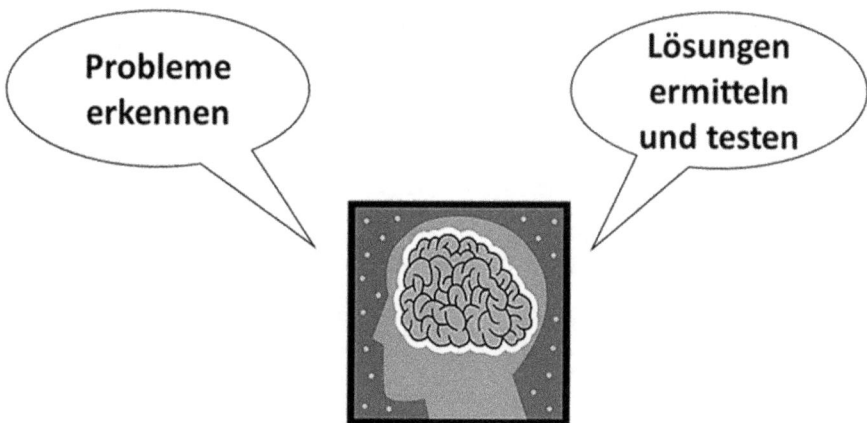

Quelle: Michael Ballé
Abbildung 1-6. Das „Thinking Production System" (TPS)

Was ist denn eigentlich das „Toyota Production System"? Wenn man an das TPS denkt, fallen einem Begriffe wie Produktion, Werkzeuge und Maschinen ein. Jedoch stellt das TPS etwas anderes dar. Einer der Studenten von Taiichi Ōno sagte: „Wir bei Toyota haben einen Fehler gemacht. Wir hätten es niemals ‚Toyota Production System' nennen dürfen. Besser wäre das ‚Thinking Production System' gewesen, weil der eigentliche Punkt ist der, dass Menschen denken sollen." Sogar mit einem ganz einfachen *kanban* – ein visuelles Signal, wenn man für weitere Produkte oder Informationen bereit ist – gibt es einen dahinterliegenden Gedankengang. Alle Container haben jeweils einen *kanban*. Wenn ich einen Container ohne *kanban* sehe, stelle ich mir die Frage: „Warum wurde der Container ohne *kanban* bewegt?" Wenn ich 10 Behälter im Inventar habe und einen *kanban* rausnehme, sind jetzt nur noch neun Behälter im Inventar. Sollte sich nun ein Problem ergeben, werden meine Prozesse nun schneller zum Erliegen kommen. Man wäre wieder zu Überlegungen gezwungen. Das Wesen von TPS ist einerseits, Probleme zu identifizieren, und andererseits, Lösungen zu erarbeiten und zu testen. Man soll daraus Lehren ziehen und sich kontinuierlich verbessern (siehe Abbildung 1-6).

Was ist das wirkliche „Toyota Production System"?

The Toyota Way, 2001

Jim Collins hatte sich eine Auswahl von Unternehmen angeschaut und diese mit dem Rest verglichen. Ich hingegen habe mir ein Unternehmen detailliert vorgenommen und hieraus ein Modell aus meinen Beobachtungen sowie dem Wissen erarbeitet. Was bringt Toyota zum Ticken und macht das Unternehmen so großartig? Der Ausgangspunkt ist die Unternehmensphilosophie und diese hat viele gleiche Merkmale, die von Jim Collins angesprochen werden: Leidenschaft für Kunden, der Wille, ein herausragendes Unternehmen aufzubauen, Wertschätzung gegenüber den eigenen Mitarbeitern und deren langfristige Entwicklung. All das erfordert, dass man langfristig über das Unternehmen nachdenkt.

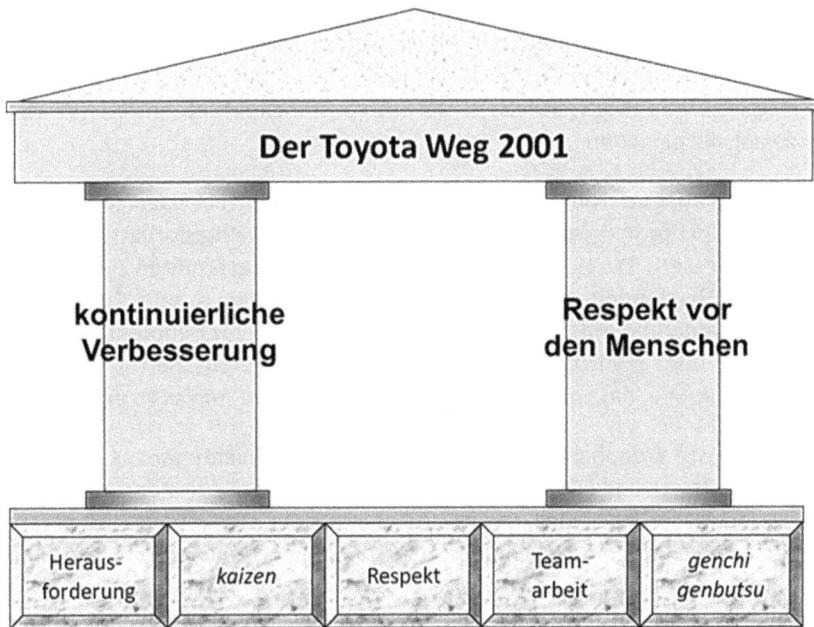

Abbildung 1-7. *The Toyota Way*, 2001 (Toyota Motor Company)

Die Philosophie wurde erstmals von Toyota im Jahr 2001 schriftlich festgehalten, noch bevor mein Buch im Jahr 2004 erschien. *The Toyota Way*, 2001 (siehe Abbildung 1-7), was vorhin zusammengefasst dargestellt wurde, hat zwei Säulen: „kontinuierliche Verbesserung" und „Respekt vor den Menschen". Was sie sagen, ist, dass diese beiden Säulen stark ineinander greifen, also das Eine ist ohne das Andere nicht zu haben. Kontinuierliche Verbesserung bedeutet wörtlich: Wir verbessern uns die ganze Zeit in allem, was wir tun. Wenn Sie Teile verpacken, verbessern Sie sich hierin. Wenn Sie den nächsten Toyota *Camry* entwickeln, verbessern Sie den Prozess, der zur Entwicklung des nächsten Toyota *Camry* führt. Hierzu gehört auch die Verbesserung des Kundenfeedbackverfahrens, was letztlich in spezifischen Designentwicklungen münden soll.

Jeder im Unternehmen – sei es Buchhaltung, Finanzwesen, Vertrieb oder IT – wird ständig gefordert, sich zu verbessern. Die Philosophie besteht darin, dass wir ständig darüber nachdenken sollten, wie wir das tun. Werden wir besser? Wer wird sich mit den schwierigen Themen auseinandersetzen, damit wir uns verbessern? Wir haben weder einen Supercomputer noch einen Roboter, der so etwas umsetzen kann. Dazu sind nur Menschen fähig. Um eine kontinuierliche Verbesserung zu erreichen, benötigen Sie ein Team von Menschen, welche dieselben Werte teilen und sich mit dem Unternehmen identifizieren. Das verlangt **Respekt**.

Bei Toyota bedeutet Respekt etwas mehr, als jemanden gut zu behandeln, oder, dass man nicht angeschrien oder geschlagen wird, oder, dass man in einem angenehmen

Arbeitsklima arbeitet. Es bedeutet vielmehr, dass wir Sie herausfordern werden, damit Sie sich verbessern, und somit werden Sie für das Unternehmen wertvoll. Im Gegenzug wird es für das Unternehmen möglich sein, Ihnen ein gutes Gehalt zu zahlen und die Arbeitsplatzsicherheit zu gewährleisten. Die Basis besteht aus fünf zentralen Werten und ich werde auf alle eingehen.

Das erste ist **Herausforderung**. Jeder im Unternehmen – von leitenden Führungskräften bis hin zu Produktionsmitarbeitern – wird regelmäßig herausgefordert, sich und den Prozess zu verbessern. Die Herausforderung resultiert aus bestimmten Zielen. Dabei hat man ein klares Verständnis davon, wo man hinwill, verglichen mit der Situation, in der man sich momentan befindet. Dies geschieht idealerweise im Minutentakt, oder aber auch stündlich oder täglich. Zudem erfordert es eine Bereitschaft – egal, was die Herausforderung ist –, dass man irgendwie einen Weg findet, um es zu erreichen.

Als das schlimmste Erdbeben in der aufgezeichneten Geschichte Japans im Jahre 2011 das Land erschütterte und 500 Teile Toyota nicht zur Verfügung standen, musste Toyota sich der Herausforderung stellen, da viele Zulieferbetriebe stark beschädigt waren. Man analysierte, wo die Probleme lagen und versuchte, mit den Zulieferern Wege zu finden, um die Probleme zu lösen. Schrittweise musste man die Werke wieder in Betrieb nehmen, um wieder die nötigen Teile zu erhalten. In der Zwischenzeit war es notwendig, zu entscheiden, wie die Teile an die globalen Produktionsstätten zugeteilt werden sollten. Im Nachhinein stellte man sich die Frage, was man aus dieser Katastrophe lernen könnte, die zu einem *Kaizen* bei der Versorgunsbasis führte. Zum Beispiel wurde deutlich, dass die Zulieferer auch beliefert werden müssten. Zudem stellte man fest, dass bestimmte kritische Teile nur an einem Standort hergestellt wurden. Es wurde offensichtlich, dass man viel tiefer in die Versorgungsbasis eingreifen müsste. Zulieferer wurden gebeten, einen zweiten Standort an einem anderen geographischen Punkt zu errichten.

Es gibt einen ausgeprägten Prozess für *Kaizen*, was Toyota als Problemlösung bezeichnet. Toyota sieht ein Problem nicht nur als etwas an, was heute schief gelaufen ist, sondern als Lücke zwischen dem Wunschzustand und dem tatsächlichen Zustand. Die Problemlösung zielt darauf ab, eine bessere Leistung zu erreichen, als sie im Moment besteht. In Kapitel 2 sprechen wir über „Toyota Business Practices", was einen Acht-Stufen-Problemlösungsprozess darstellt. Es ist interessant, dass ein Problemlösungsprozess bei Toyota zu einer zentralen „Business Practice" avanciert ist. Das ist deshalb so, weil in jedem Teil des Unternehmens man danach strebt, sich zu verbessern. Man passt sich den veränderten Umständen an, man will die Kunden besser zufrieden stellen oder kooperativer mit der Gesellschaft zusammenarbeiten. Bei allem sollte man dem Gedankenmuster der „Toyota Business Practices" folgen.

Auf einer höheren Ebene lehnt es sich an Dr. Demings „Plan-Do-Check-Act" und PDCA wird bei Toyota ständig erwähnt. Die PDCA-Struktur verhindert überstürzte Schlussfolgerungen bezüglich der Fragen, wo man eigentlich hinwill, welches Problem man als nächstes angehen will und welche Gegenmaßnahmen möglicherweise einzuleiten sind. Es zwingt Sie, darüber nachzudenken, was eigentlich passiert ist, verglichen mit dem, was Sie erwartet hatten. Zudem reflektieren Sie das, was Sie aus diesem Experiment gelernt haben. In *Toyota Kata* weist Mike Rother darauf hin, dass die Lösung von Problemen oft in viel Lauferei mündet und dass dabei der Verbesserungsprozess aus den Augen verloren wird. Bei Toyota geht es bei der Problemlösung um die Verbesserung des Weges hin zu einer klaren Vision.

Genchi genbutsu ist sehr eng mit dem Begriff *Kaizen* verbunden. *Genchi genbutsu* bedeutet, dass man das Problem erst dann versteht, wenn man zum tatsächlichen Punkt hingeht, wo es eigentlich vorzufinden ist. Es kann dort sein, wo Mitarbeiter entwickeln, oder dort, wo Kunden das Auto nutzen. Es kann die Teststrecke sein, wo das Fahrzeug gefahren wird. Wo auch immer die Sache passiert – Sie müssen dorthin gehen, um den aktuellen Zustand zu analysieren. Sie müssen die Stärken und Schwächen verstehen und dies wird der Ausgangspunkt für mögliche Verbesserungen sein. Das reicht aber nicht aus. Sie brauchen eine Vision, wo Sie hinmöchten, aber gleichzeitig muss sie realistisch sein, damit Sie die Lücken zwischen, wo man gerade ist und wo man hinwill, erkennen können. *Genchi genbutsu* bedeutet wörtlich übersetzt „der eigentliche Ort", was gelegentlich mehr im Allgemeinen als *Gemba* bezeichnet wird.

Respekt beschreibt, was Respekt für Menschen bedeutet. Dazu gehören Respekt vor Interessengruppen, gegenseitiges Vertrauen und Verantwortung sowie aufrichtige Rechenschaftspflicht. Rechenschaftspflicht wird beschrieben als „Wir übernehmen Verantwortung für eigenständige Arbeit, wir bemühen uns nach dem Besten unserer Fähigkeiten, und wir werden immer unser Leistungsversprechen beachten."

Teamarbeit ist Teamarbeit. Das einzige, was ein wenig ungewöhnlich ist, dass, wenn Toyota über Teamarbeit spricht, unterscheidet es nicht zwischen individueller Entwicklung und Teamarbeit. Sie sind der Meinung, dass das beste Team Personen hat, welche ständig gefordert werden. In diesem Prozess wachsen die Personen und diese werden dann bessere Teammitglieder, weil sie zusammenarbeiten, um das gemeinsame Ziel zu erreichen. Wenn Sie ein erfolgreiches Team zusammenstellen wollen, wird man ein Auswahlverfahren umsetzen müssen. Sie wollen die besten Teammitglieder und diese sollten auch gut zusammenarbeiten. Die Entwicklung des Individuums ist eng mit der Teamentwicklung verflochten. Wie bereits in *The Toyota Way* beschrieben, „Wir fördern die persönliche und berufliche Entwicklung, teilen Möglichkeiten zur Entwicklung und maximieren sowohl die persönliche Leistung als auch die Teamleistung."

Was bedeutet dieses Konstrukt für Toyota? Ist es ein Rezept, das umgesetzt werden muss? Gibt es eine Reihe von Tools, welche damit im Zusammenhang stehen? Gibt es die Möglichkeiten, um zu sehen, wie gut man bei jedem Auftrag ist? Für diese fünf grundlegenden Werte gibt es Leistungsmessungsoptionen in manchen Teilen des Unternehmens. Dies wird genutzt, um Mitarbeiter zu bewerten. Die wichtigste Aufgabe ist aber, eine „True North"-Vision, ein Ideal, ein Standard zu schaffen sowie ein wegweisendes Signallicht bereitzustellen.

Man ist sich darüber im Klaren, dass kontinuierliche Verbesserung ein unerreichbarer Traum ist. Es ist immer eine gewisse Zeit am Tag, wo man sich in einem Teil des Unternehmens nicht verbessert. Man weiß auch, dass der Respekt vor den Menschen ebenfalls ein unmöglicher Traum ist. Es wird immer jemand geben, vor allem dann, wenn man hunderttausend Menschen hat, die zu einem beliebigen Zeitpunkt etwas Respektloses tun könnten. Es ist nicht möglich, alle Variablen zu beseitigen. Man kann aber das Ziel haben, diese Variabilität zu reduzieren und sich der wahren „True North"-Vision zu nähern.

Wenn wir über „Lean" sprechen – was wollen wir erreichen? Leider ist die Wahrnehmung bezüglich des „Lean" sehr eng und auf ein spezifisches Ziel fokussiert. Für einige könnte es die Minderung unserer Kostenstruktur durch Senkung von Arbeitskosten sein. Für andere könnte es die Reduzierung des Bestandes sein, um Geld verfügbar zu machen. Für andere wiederum stellen verspätete Lieferungen ein großes Problem dar, welches gelöst werden muss. Wenn Sie in einem Krankenhaus sind, werden Sie vielleicht beobachten, wie ein Patient die Prozesse durchläuft und Sie werden sich fragen, wie lange es wohl dauert, also die Zeit, wann ein Patient eingewiesen und wann entlassen wird. Wenn wir das reduzieren, gibt es mehr zufriedene Patienten, die Systeme sind effizienter und oft wird dies mit dem „Lean"-Konzept in Verbindung gebracht.

Das alles sind legitime Herausforderungen und wenn sie richtig eingesetzt werden, kann der „Lean"-Verbesserungsprozess diese Ziele erreichen. Dennoch sehen wir „Lean" in einem breiteren Kontext. Zu unserem Bestreben gehört es, die Kunden auf den verschiedensten Wegen zufrieden zu stellen, Kosten auf unterschiedlichste Weise zu reduzieren und eine gute Lebensqualität für unsere Teammitglieder zu schaffen. In Abbildung 1-8 zeigen wir einige Beispiele, die ein wenig von üblichen Denkweisen abweichen. Ingenieurprodukte, die Kundenanwendungsprobleme lösen, wären ein legitimes „Lean"-Ziel. Es geht nicht um die Produktionszeit oder Kostenreduzierung. Es geht eigentlich um Innovation und Kreativität. Wenn Sie fehlerfreie Produkte entwickeln und herstellen, wird dies helfen, Ihre Kunden zufrieden zu stellen. Im Folgenden findet man ein breites Spektrum an Zielen, auf die man hinarbeiten kann, wenn man Mitarbeiter in den Prozess der kontinuierlichen Verbesserung mit einbezieht.

Typische Lean-Ziele (nicht: Mitarbeiter entlassen)

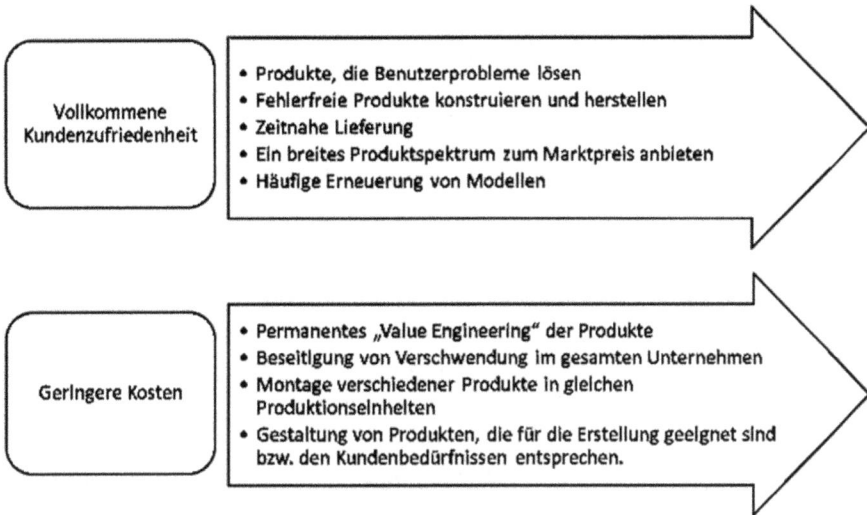

Vollkommene Kundenzufriedenheit

- Produkte, die Benutzerprobleme lösen
- Fehlerfreie Produkte konstruieren und herstellen
- Zeitnahe Lieferung
- Ein breites Produktspektrum zum Marktpreis anbieten
- Häufige Erneuerung von Modellen

Geringere Kosten

- Permanentes „Value Engineering" der Produkte
- Beseitigung von Verschwendung im gesamten Unternehmen
- Montage verschiedener Produkte in gleichen Produktionseinheiten
- Gestaltung von Produkten, die für die Erstellung geeignet sind bzw. den Kundenbedürfnissen entsprechen.

Abbildung 1-8. Typische „Lean"-Ziele – Kunden zufrieden
stellen und Kosten reduzieren

Wenn man sich diese Beispiele anschaut, werden Sie verstehen, wieso ich mich in Jim Collins´ Erkenntnissen über große Unternehmen wiedergefunden habe. Es bietet einen viel größeren Blickwinkel von „Lean" als die einfache Idee, dass man mit einem Abbau von Verschwendung die Produktionszeit verkürzen könnte. Es wird jeden Bereich des Unternehmens erfassen und die Fähigkeiten verbessern, dem Kunden einen Mehrwert anzubieten.

Leider wird „Lean" zu oft nur als ein Werkzeug zur Reduktion von Verschwendung angesehen. Dies führt zu einer Vorstellung, dass man hiermit Sachen beseitigen kann. Es eröffnet die Möglichkeit, unnötige Schritte und Aktivitäten zu eliminieren, um dann weiter nach anderen Verschwendungen zu suchen. War es das, was Sakichi Toyoda eigentlich gemacht hat? Entstand die Idee des weltbesten Webstuhls auf der Grundlage, dass Sakichi Toyoda im Betrieb Verschwendung entdeckte und dies beseitigen wollte? Das ist ganz klar nicht der Fall gewesen. Er hat sich seiner Vision mit Innovationen auf kreative Weise genähert.

Das 4P Model verbindet Philosophie, Prozesse, Personen und Problemlösung

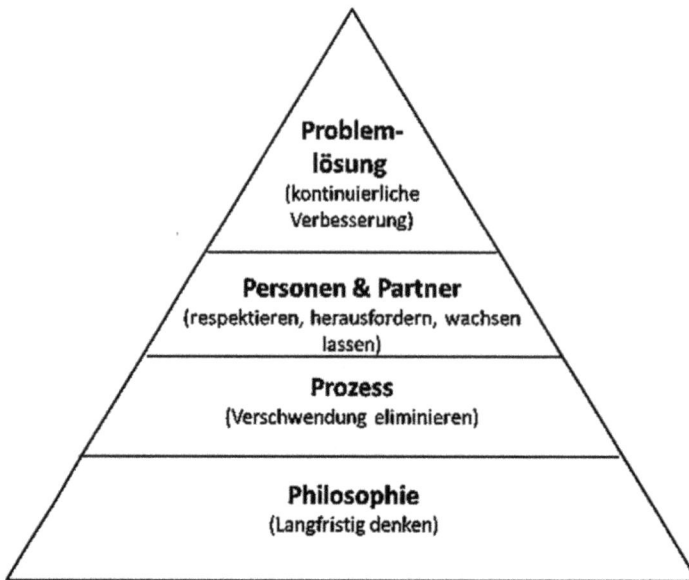

Abbildung 1-9. Liker's Pyramide (4Ps) der Toyota-Methode

Toyota hat für die Darstellung des „Toyota-Weges" ein Haus verwendet. Ich hingegen nahm hierfür eine Pyramide (siehe Abbildung 1-9). Ich fing mit dem Fundament – der Philosophie – an, d. h., wie man über das Unternehmen denkt. Es ist auf Langfristigkeit angelegt. Als Unternehmen entwickeln Sie etwas Großartiges. Dies wird durch hervorragende Prozesse erzielt, die quer durch alle Abteilungen gehen. Man konzentriert sich auf die Kundenbedürfnisse. Die Gesamtheit des „Toyota-Weges" stellt die Philosophie von Toyota dar.

Auch wenn manche es sich anders vorstellen, sind es keine Prozesse, die von selbst laufen. Auch wenn man einen automatisierten Prozess hat, muss dieser ständig überprüft, überwacht und angepasst werden. Es wird immer Bedarf geben, die Prozesse zu optimieren, und dies erfordert Einfallsreichtum, wo nun die Problemlösung und die Mitarbeiter eine Rolle spielen können.

„Lean"-Prozesse als ein System

Die Philosophie ist sehr weit gefasst bezüglich der Frage, was nötig sein wird, damit man langfristig ein großartiges Unternehmen werden und dies auch entsprechend aufrechterhalten kann. Dann gibt es den Gedanken der Kundenzufriedenheit und da brauchen wir einen Weg, um dies zu erreichen. Man wird einen Durchführungsmechanismus benötigen, welcher aus einer Reihe von Prozessen im

Unternehmen bestehen wird. Dabei spielen die Art des Unternehmens und Kundenbedürfnisse keine Rolle.

Im Gesundheitswesen gibt es eine Reihe von Prozessen, die eine direkte Auswirkung auf den Patienten haben und ihm einen Mehrwert geben. Ein Beispiel dafür wäre, einen Bluttest machen zu lassen, wo man schnell die Ergebnisse erhält und daraus eine Diagnose ermitteln kann. Sofern es notwendig ist, wird eine Operation durchgeführt. Andere Patienten werden von Allgemeinärzten empfangen und behandelt. Zudem gibt es eine Vielzahl von unterstützenden Maßnahmen. Es gibt Menschen, die den OP-Saal für Operationen vorbereiten, im Labor arbeiten, komplexe Diagnosegeräte bedienen, Reinigungs- und Wäschedienste verrichten, Medikamente bestellen und viele andere Arbeiten erledigen. Es ist möglich, alle Wertschöpfungs- und Unterstützungsprozesse zu verbessern. Man kann sie beispielsweise durch Verkürzung der Produktionszeit erzielen. Alternativ kann man die Anzahl der Varianten kürzen und ein verlässlicheres Produkt herstellen. Es gibt einen Prozess und „Lean" hat auch einige Tools im Werkzeugkasten, die helfen können, Prozesse zu verbessern, um den Kunden einen größeren Nutzen zu verschaffen.

Vertikale und horizontale Prozesse

Um das Leben noch weiter zu erschweren, erstrecken sich diese Prozesse meist über eine Reihe von Abteilungen. In einem vertikalen Unternehmen ist das Leben gut. Ich bin der Boss. Ich weiß, was ich von Ihnen will. Ich bin der leitende Einkäufer. Sie sind der Einkäufer. Ich möchte Teile, die weniger kosten, aber gleichzeitig von hoher Qualität sind und welche auch pünktlich geliefert werden. Das ist unbestreitbar. Ich will, dass mein Lieferant mir die beste Qualität zur Verfügung stellt, aber es soll möglichst zu einem geringen Preis erfolgen. Es wäre für mich sehr leicht möglich, dies zu beurteilen, und ich kann Sie als Untergebenen besser prüfen, inwieweit dies auch erzielt wird. Als Untergebener weiß man genau, wie es gemessen wird, und es liegt in Ihrer Macht, es zu erreichen. Sie müssen einen geringeren Preis anstreben und Sie wissen, wie man mit den Lieferanten verhandelt.

Vertikal ↑	**Horizontal** →
• Fokus: Produktion, Leistungs-erstellung	• Fokus: Prozesse
• Budgets, SOP's	• Zweck
• Zahlen erreichen	• Probleme sichtbar machen
• Führungskräfte abseits der Arbeit	• Führungskräfte konzentrieren sich auf die Arbeit
• Einfallsreichtum der Mitarbeiter wird genutzt, "um das System zu schlagen"	• Einfallsreichtum der Mitarbeiter wird genutzt, "um das System zu verbessern"
• Vorgesetzte "steuern" Mitarbeiter	• Vorgesetzte arbeiten mit ihren Mitarbeitern, um Probleme zu lösen

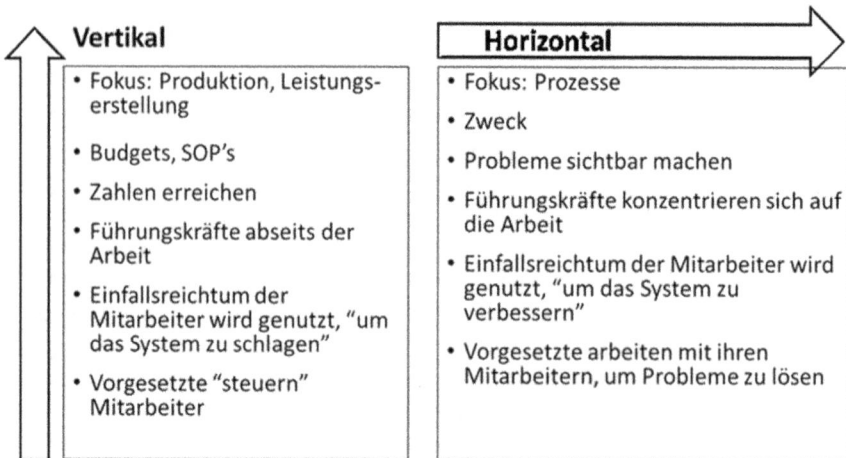

Abbildung 1-10. Vertikale vs. horizontale Organisationen

Die Vorgesetzten teilen ihren Mitarbeitern spezifische Ziele zu, wo auch das Gefühl besteht, sie unter Kontrolle zu haben. Das Empfinden beruht auf der Tatsache, dass man nur wenige, einfache Sachen kontrolliert. Die Angestellten wissen genau, welches Spiel sie spielen müssen, um die Zahlen in einem guten Licht zu präsentieren (siehe Abbildung 1-10). Dies ist eine Kulturform. Es ist die Kultur, die Vorgaben zu erreichen, in der Hierarchie aufzusteigen, und sie wandelt sich in eine Einkaufs- bzw. Verkaufskultur. Ganz ehrlich, den Kunden interessiert es gar nicht. Dem Kunden ist es egal, welche Spiele Sie mit dem Lieferanten spielen. Der Kunde ist vielmehr am Produkt interessiert, das er erwirbt. Da spielt der Kostenfaktor, die Qualität und Innovation im Produktdesign eine Rolle. Ebenfalls von Bedeutung ist der Umgang mit dem Kunden, falls einmal ein Problem auftreten sollte, sowie der Service im Allgemeinen. Der Kunde interessiert sich für das, was auf ihn eine Auswirkung hat.

Für den Kunden haben nicht nur die Geschehnisse in einer Abteilung Auswirkung. Oft ist das Zusammenspiel der Abteilungen von entscheidender Bedeutung. Beispielsweise ist der Einkauf darauf fokussiert, den geringstmöglichen Preis für Einzelteile zu sichern, wohingegen die Ingenieure dabei sind, ein spezifisches Kundenproblem – wie die Besorgung eines Einzelteils mit einer extrem engen Toleranz –, das nur von ganz wenigen Lieferanten weltweit hergestellt wird, zu lösen. Hier wird ein Interessenskonflikt zwischen den Ingenieuren und dem Einkauf entstehen. Der Einkauf will einen Hersteller, der günstig ist, und die Ingenieure wollen einen Hersteller, der in der Lage ist, qualitativ gute Einzelteile zu produzieren. Hier wird man horizontal auf einen Konflikt stoßen, der sich durch den Wertstrom zieht, was eine negative Auswirkung auf den Kundenwert haben wird.

Der horizontale Fokus zieht sich durch die Abteilungen und hat einen Zweck. Dieser Zweck ist, den Kunden zufrieden zu stellen. Es geht um die Gesamtqualität, Kosten, Lieferung und natürlich die Sicherheit. Man muss sich mit einer Reihe von Variablen auseinandersetzen und muss mit Menschen zusammenarbeiten, die einem nicht unterstehen. Plötzlich macht es keinen Spaß und es ist nicht mehr einfach. Man muss nachdenken. Nachdenken macht keinen Spaß. Es ist schwere Arbeit. Es ist nötig, mit anderen Menschen zu reden und mit ihnen zusammenzuarbeiten. Dies kann durchaus schmerzhaft sein, sofern dies zwar im Sinne des Kunden ist, aber im Konflikt mit den Kriterien steht, an denen man selbst gemessen und belohnt wird.

Jetzt sollen die Personen, die über Jahre auf der vertikalen Ebene ihre Spiele getrieben haben, auf der horizontalen Ebene zusammenarbeiten. Dies ist ein großer Kulturwandel. Man will den Einfallsreichtum von Mitarbeitern lenken. Das ist derselbe Einfallsreichtum, der es ermöglichte, die Zahlen besser darzustellen als der eigentliche Prozess. Diese Genialität wird jetzt benutzt, um einen großartigen Prozess zu entwickeln. Die Vorgesetzten werden nun die Mitarbeiter nicht nur anhand von Zahlen kontrollieren, sondern werden auch mit ihnen arbeiten, um Probleme zu lösen.

Sie werden feststellen, dies ist eine dramatische Kehrtwende in der Denkweise. Wir verändern das Unternehmen grundlegend in der Art und Weise, wie Mitarbeiter denken, miteinander zusammenarbeiten, wie die Arbeit verrichtet wird und auch, wie sie ihre eigene Rolle in der Organisation bewerten. Dies ist keinesfalls belanglos. Tools wie Wertstromanalyse, wenn sie richtig angewendet werden, können Gruppen dabei helfen, ein besseres Verständnis für den Ist-Zustand zu bekommen. Zudem kann man sehen, wie schlecht in Bereichen die Zusammenarbeit ist, und feststellen, wo es Verschwendung gibt. Auf dieser Basis ist es dann möglich, einen künftigen Plan zu entwickeln, damit man effektiver zusammenarbeiten kann, um die Kundenbedürfnisse besser zu erreichen. Ein künftiger Plan muss auch in die Tat umgesetzt werden, damit dieser dann im Wertstrom auch zu einer Verbesserung führt.

Viele getrennte Abläufe und Warenbestände

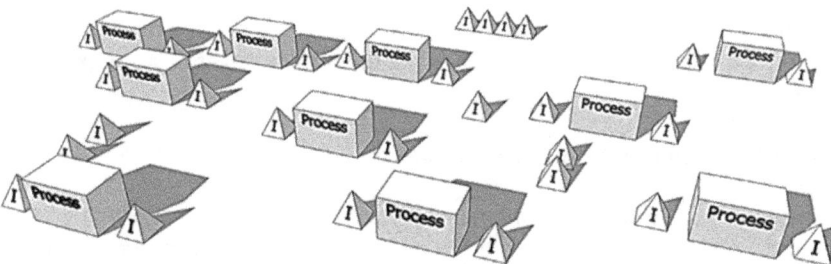

Quelle: *The Toyota Way to Continuous Improvement*
Abbildung 1-11. Getrennte Prozesse und versteckte Warenbestandsprobleme

Getrennte und versteckte Probleme

Dies ist eine Möglichkeit, wie man über „Lean" denken kann. Man fängt mit der Frage an: Was ist der Prozess? Wir tun ein paar Sachen rein und nehmen ein paar Sachen raus.

Es gibt Ein- und Ausgänge. In einem traditionellen Prozess gibt es ein Bündel an Eingängen, also eine Lieferung, was als Bestand bezeichnet werden kann. Alternativ könnte man es als Informationsbestand ansehen. Ich habe eine große Anzahl von E-Mails im Posteingang, oder ich erhalte einen Stoß Berichte von der Technik, oder ein Bündel Testberichte vom Labor. Dann produzieren wir auf der Basis unserer Logik, was uns zur Verfügung steht und was unsere Prioritäten sind. Danach stellen wir Informationen, Produkte und Dienstleistungen zur Verfügung. Nun wartet es darauf, dass es abgeholt und benutzt wird. Es ist ein Prozess, wo der Bestand kommt und geht (siehe Abbildung 1-11).

Die Realität ist, dass es in einem Unternehmen viele Prozesse gibt. Die meisten von ihnen arbeiten unabhängig voneinander, wobei sie gemäß Standards und Funktion operieren. Einkauf ist Einkauf. Die Stanzabteilung stellt Stahlteile in bestimmten Formen her. Die Lackiererei lackiert sie. Die Buchhaltung stellt Berichte zusammen. Man hat getrennte Prozesse und alle arbeiten mit Bestand und produzieren Bestand.

Eins, was uns bezüglich Bestand/Lager durch Taiichi Ōno bekannt ist, dass der Lagerbestand Probleme verstecken kann. Er sagte: „Je größer der Bestand ist, desto geringer ist die Wahrscheinlichkeit, dass man wirklich das hat, was man auch braucht." Solange ich beschäftigt bin und nicht direkt mit dem Kunden in Verbindung stehe, kann ich glücklich und ignorant sein. Ich muss mich nicht mit der Tatsache beschäftigten, dass die Informationen, die ich zur Verfügung stelle, nicht gut sind. Ebenfalls bin ich nicht daran interessiert, ob man überhaupt versteht, was ich wirklich sagen wollte und wo etwas im Bericht versteckt wird. Ich kann über Verschwendung hinwegsehen und glaube, dass ich eine tolle Arbeit leiste, solange ich beschäftigt bin und meine Produktivitätsziele erreiche.

Ich lösche Brände. Ich arbeite und bin ein guter Mensch, weil ich viel Arbeit mache. Der Bestand und die Trennung der Prozesse erlaubt es, Mitarbeitern in ihren „Silos" zu bleiben. Je größer der Puffer ist – sei es ein Zeitpuffer, physischer Puffer oder ein Puffer, der aus mehreren unterschiedlichen Berichten oder Analyseergebnissen besteht – desto mehr Zeit hat man für die Problemlösung. Dies hat dann keine negative Auswirkung für den Kunden.

Verbundene Prozesse und sichtbare Probleme

Im wahrsten Sinne des Wortes bekommt man einen so genannten „One-Piece-Flow" und man generiert genau das, was man im nächsten Prozess und auch zum richtigen Zeitpunkt braucht. Als interner Kunde bekommt man das, was gebraucht wird. Wenn etwas stoppt, dann bleibt alles stehen. Es wird sofort ersichtlich und plötzlich schaut Sie jeder an, weil Sie den Prozess angehalten haben. Dies ist der Punkt, wo die Probleme erkennbar werden. In Abbildung 1-12 wird kein „One-Piece-Flow" gezeigt, sondern es sind mehr kleine Puffer, die von Pull-Systemen kontrolliert werden. Je kleiner der Puffer ist, desto schneller werden die Probleme sichtbar.

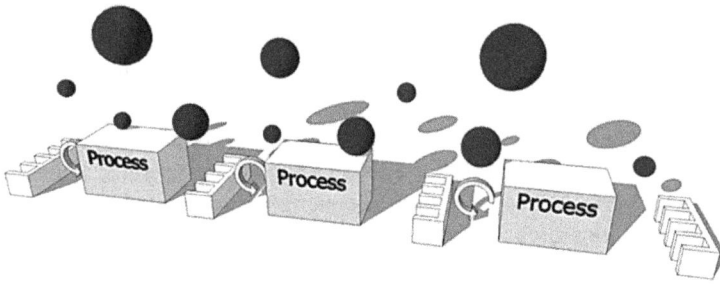

Quelle: *The Toyota Way to Continuous Improvement*
Abbildung 1-12. Bei verknüpften Prozesse werden Probleme sichtbar.

Es gibt zu viele Probleme, daher müssen wir einen Fokus setzen

Es könnten kleine, mittlere oder große Probleme sein. Ein großes Problem könnte darin bestehen, inwieweit eine komplette Operation geplant wird. Ein kleineres Problem könnte es sein, dass Einzelteile nicht richtig zugeordnet, falsch einsortiert und in die entgegengesetzte Richtung eingesetzt wurden. Es gibt eine Reihe von Problemen, die man nach Priorität sortieren muss. Die Priorisierung verlangt mehr, als sich nur auf die großen Probleme zu fokussieren und dabei die kleinen zu vernachlässigen. Es ist also ein Zuweisungsprozess.

Wir weisen Problemen eine Priorität zu sowie teilen ein, wer daran arbeitet, um eine Verbesserung zu erzielen. Die kleineren Probleme können Arbeitsgruppen überlassen werden. Die größeren Probleme – wie Planung und Terminierung – werden eher dem Führungsstab oder speziellen Abteilungen zugewiesen. Sie sortieren und weisen zu. Danach müssen die Mitarbeiter die Verantwortung übernehmen und den Problemlösungsprozess durchgehen (siehe Abbildung 1-13).

Problemsammlung und -zuordnung

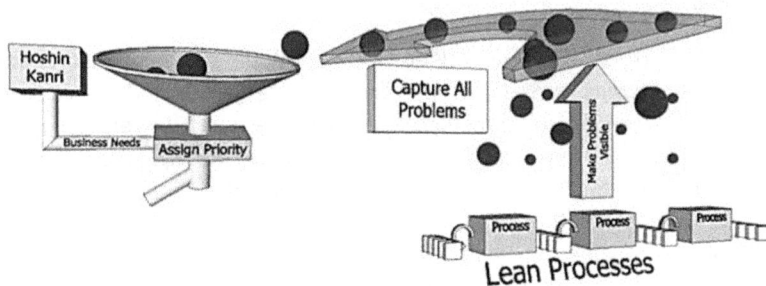

Quelle: *The Toyota Way to Continuous Improvement*
Abbildung 1-13. Probleme erfassen und sortieren sowie Priorität zuweisen

Bei einem höheren Reifegrad kann man Problemen eine Priorität gemäß ihrer Bedeutung für die gesamte Geschäftsstrategie geben, wenn *Hoshin Kanri* angewendet wird, was in Kapitel 7 besprochen wird. Es stellt allen Organisationsebenen entsprechende Ziele für das gesamte Jahr bereit. Diese Jahresplanung ermöglicht es mir, zu entscheiden, worauf ich den Fokus legen soll, damit ich weiß, was wichtiger ist. Wenn wir eine Prioritätsaufgabe erhalten, wird der „Plan-Do-Check-Act" eingesetzt, wie es die PDCA-Scheiben zeigen (siehe Abbildung 1-14). Wir werden auch einige Probleme mit einer geringeren Priorität einstufen müssen, solange sie nicht die ausgelieferte Qualität oder Sicherheit unmittelbar betreffen. Wir ignorieren bewusst Probleme, damit wir uns auf unsere Prioritäten konzentrieren können.

Quelle: *The Toyota Way to Continuous Improvement*
Abbildung 1-14. Priorität-1-Probleme (PDCA) und Priorität-2-Probleme

„Plan-Do-Check-Act" ist die treibende Kraft von kontinuierlicher Verbesserung

Der nächste Schritt ist dann der „Plan-Do-Check-Act", bei dem zwei Dinge von Bedeutung sind. Erstens verbessern wir die Prozesse selbst, indem sie schlanker, beständiger, hochwertiger und pünktlicher gemacht werden. Zweitens entwickeln wir Mitarbeiter. Individuen sind für die Problemlösung zuständig. Wenn es visuelles Management gibt (siehe Abbildung 1-15), dann sehen die Mitarbeiter die gleichen Informationen, die in Rot (hinter der Zielsetzung), Gelb (hinter der Zielsetzung, aber Gegenmaßnahme eingeleitet) und Grün (pünktlich) gekennzeichnet sind. Dies verdeutlicht, wo Probleme existieren. So können die passenden Mitarbeiter, die von der richtigen Führungskraft angeleitet werden, mit dem systematischen Problemlösungsprozess beginnen. Sie können den Ist-Zustand bestimmen, Gegenmaßnahmen planen und testen, das Gelernte überprüfen und entscheiden, was davon geteilt werden sollte, sowie daran arbeiten, Verbesserungen zu unterstützen.

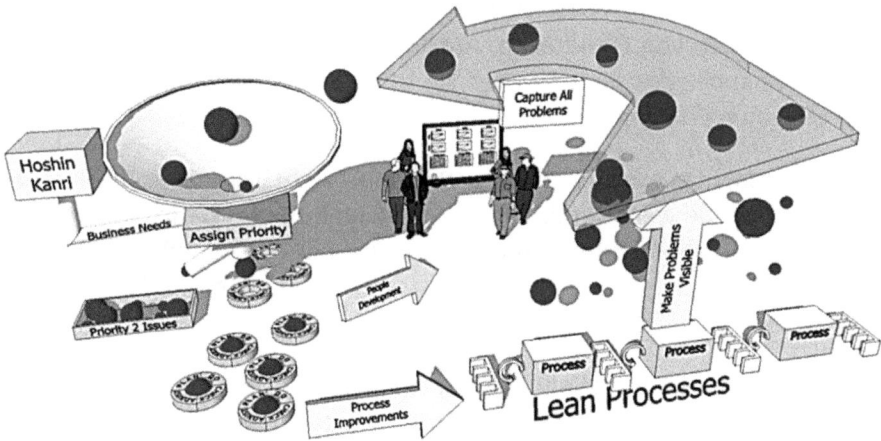

Quelle: *The Toyota Way to Continuous Improvement*
Abbildung 1-15. Das komplette „Lean"-System

Irgendwann wird das System einigermaßen stabil sein und es werden weniger Probleme auftauchen. Durch die Reduktion des Bestandes wird das System dem Druck ausgesetzt, was die Prozesse stärker miteinander verbinden und gleichzeitig weitere größere Probleme aufzeigen wird.

Nun haben Sie nicht eine Woche, sondern nur einen Tag, um es zu liefern. Wenn man damit klarkommt, wird die Zeitspanne auf einen halben Tag und später sogar auf eine Stunde gekürzt. Mit der Verdichtung der Prozesse werden die Schritte enger und alle Probleme, auch die kleinsten, werden schnell ersichtlich. Wir sehen sehr oft, dass „Lean"-Projekte sich auf die größeren Probleme fokussieren und kleinere Probleme eher ignoriert werden. Man muss den Weg der kontinuierlichen Verbesserung konsequent verfolgen. Mit der Lösung von größeren Problemen kommt man dazu, sich mehr auf die kleineren Problemen zu konzentrieren. Beispielsweise bei standardisierter Arbeit geht es um sehr detaillierte Fragen. Man beschäftigt sich hier mit sehr kleinen Problemen und irgendwann ist es nötig, sich auch mit diesen Aspekten zu beschäftigen, um die Lieferpräzision zu erreichen, die von „Lean"-Unternehmen angestrebt wird.

Entwicklung außergewöhnlicher Menschen durch Problemlösung

Ursprünglich erstellte ich diese 4Ps mit „Personen" auf der dritten Ebene und dann schaute sich ein Toyota-Manager das mal an und sagte: „Wo sind unsere Partner?"

Ich sagte: „Das sind doch auch Menschen."

Er sagte: „Wir legen einen besonderen Fokus auf unsere externen Partner, egal ob sie Lieferanten von Einzelteilen, Ausrüster, Anwälte oder Händler sind. Sie sind zwar unabhängige Firmen, aber sie tragen genauso wie unsere eigenen Mitarbeiter zum Erfolg bei."

Seine Empfehlung war es, neben Personal zusätzlich auch die Partner aufzuführen. Beide werden mit Respekt behandelt, was - wie ich schon gesagt habe - heißt, sie herauszufordern und sie zu entwickeln und nicht, sie einfach nur nett zu behandeln. Das suggeriert, dass man den externen Partnern hilft, besser zu werden.

In *The Toyota Way* gebe ich ein Beispiel eines Anwalts, der zum „Phoenix Man of the Year" gewählt wurde, als ich ihn interviewte. Er selbst und seine Kanzlei entwickelten sich prächtig. Er hatte die Auszeichnung „Man of the Year" bekommen, weil er gleichzeitig für eine gemeinnützige Stiftung arbeitete, die neue Krebsheilungsmethoden erforschte. Er hob besonders die Rolle Toyotas weltweit hervor und dass er sich dank der Unterstützung der Toyota-Führungskräfte neu erfunden hatte. Er sagte, dass er erst mit Toyota ein Verständnis dafür bekam, wie er als Anwalt arbeiten sollte. Toyota stellte so viele Fragen, wie es niemand vorher gemacht hatte. Er hatte das Gefühl, wieder an der Uni zu sein. Sogar sein Anwalt lernte von dieser Interaktion. Sie müssen in Mitarbeiter und Partner bis zu einem bestimmten Grad investieren, was in anderen Unternehmen ungewöhnlich wäre.

In Personal und Partner investieren

George: „Du sagst, für viele Unternehmen wäre es ungewöhnlich, so viel in seine Mitarbeiter zu investieren, wie Toyota es macht. Was ist daran ungewöhnlich?"

Jeff: „Gute Frage. Will nicht jedes Unternehmen hervorragende und großartige Mitarbeiter haben, die sich zum Unternehmen bekennen? Die Antwort ist ja. Ich glaube nicht, dass man ein Leitbild ohne diese Kernaussage finden wird. Man muss sich anschauen, wie das Unternehmen intern agiert und hier sieht man, dass es bei Toyota nicht allein bei dem Bekenntnis bleibt, sondern hier entsprechend auch in die Mitarbeiter investiert wird.

Ein typisches Unternehmen schickt seine Mitarbeiter zum Training und die Mitarbeiterinvestition wird in Einheiten gezählt. Wenn man ein 40-Stunden-Training absolviert hat, ist man viermal besser als jemand mit nur 10-Stunden-Training. Ich kann mich daran erinnern, dass die Gewerkschaft bei Ford eine Auseinandersetzung mit dem Management über die geringe Anzahl der Fort- und Weiterbildungsmaßnahmen hatte.

Bei Toyota hatte man einen anderen Ansatz. Sie waren der Auffassung, dass nicht die Anzahl der Stunden im Kurs entscheidend waren, sondern das Gelernte, was sich zu einer vorzeigbaren Fähigkeit entwickelt. Es ist nötig, sich eine neue, konsequente Denkweise anzueignen und Fähigkeiten zuzulegen. Was man festgestellt hat, ist, dass man sich keine Fertigkeiten aneignen und seine Denkweise radikal ändern kann, wenn man nur in einem Kursraum sitzt. Ein Kursraum ist für die Entwicklung der Fähigkeiten wohl der denkbar ungünstigste Ort. Der *Gemba* ist wohl die beste Umgebung. Wenn Sie Golf lernen wollen, bleiben Sie nicht im klimatisierten Zimmer und schauen dem Trainer zu. Sie gehen auf die Driving Range oder Golfplatz – den *Gemba* – und schwingen den Golfschläger.

Bei Toyota finden alle wichtigen Lernprozesse bei der Arbeit statt. Sie benutzen hierfür den Begriff ‚OJD' oder ‚on the job development'. Um den Mitarbeitern Rahmenbedingungen zu geben, wird ein wenig Training im Klassenraum stattfinden, aber dann geht es direkt zum *Gemba*. Hier beginnt das intensive Lernen. Natürlich macht der *Gemba* keinen Sinn, wenn man die Tätigkeit falsch verrichtet. Für die Entwicklung der Fähigkeiten ist es von großer Bedeutung, dass man überwacht und unterwiesen wird, bis man es letztlich alle Komponenten der Fähigkeit gemeistert hat. Sie üben, bis Sie es gemeistert haben, und dann geht es zur nächsten Übung und Fähigkeit. Lernen wird zu einem fortlaufenden Prozess.

Was ich allzu oft bei anderen Organisationen höre, die ich besuche, sind Sachen wie: ‚Wir haben eine Lean-Abteilung und haben diese Personen eingestellt oder diese von einem anderen Unternehmen abgeworben. Sie haben etwas Lean-Training absolviert, das von einer Universität oder Kammer angeboten wurde. Sie haben einen „Black Belt". Meine Antwort lautet meist, dass das wichtigste Lernen bei der Arbeit stattfindet. Sie müssen Projekte umsetzen und je größer der Umfang ist, desto mehr Fähigkeiten wird man brauchen. Es ist wahrscheinlich sinnvoller, mit einem kleineren Umfang anzufangen, um beispielsweise Standardarbeit für einen einzelnen Prozess zu entwickeln. Die Entwicklung von Standardarbeit für einen einzelnen Prozess erfordert auch große Fertigkeiten. Man bekommt ein tieferes Verständnis für Standardarbeit. Man muss sich diese individuellen Fähigkeiten aneignen und man muss auch wissen, wie man eine Gruppe von Menschen gemeinschaftlich zusammenbringt. Es ist auch nötig, die Führungskraft zu coachen, damit diese einen bereichsübergreifenden Kooperationsprozess leiten kann. Es gibt eine Reihe von technischen und sozialen Fähigkeiten, die man meistern muss, und daher muss man auch gewillt sein, ein Leben lang zu lernen."

Dann frage ich: „Lass uns ein wenig Training machen. Ist es jedoch möglich, anstatt vierzig Stunden Training in fünf Tagen, zwei Stunden Training pro Woche ein ganzes Jahr über zu machen?"

Geschäftsführer: „Nein, das ist nicht möglich."

„Wieso ist es nicht möglich?"

Geschäftsführer: „Weil es nicht möglich ist, Mitarbeiter für eine solche kurze Zeitspanne kosteneffektiv zusammenzubringen."

„Was wäre, wenn wir dorthin gehen, wo die Mitarbeiter sind? Wir können vor Ort mit kleinen Gruppen zusammenarbeiten, die an Projekten arbeiten können, und wir gehen dann zurück und überprüfen es."

Geschäftsführer: „Also das wäre zu teuer, denn wir müssten Sie für Ihre Zeit und Reisekosten bezahlen."

„Was können wir tun?"

Geschäftsführer: „Wäre ein Fünf-Tage-Kurs für Sie denkbar?"

„Also wie wäre es mit einem Kurs über 2½ Tage? Die Mitarbeiter machen dann selbstständig etwas am *Gemba* und nach zwei Wochen machen wir wieder einen Kurs über 2½ Tage?"

Geschäftsführer: „Okay, das kriegen wir hin."

Am Ende bleibt ein großer Kompromiss übrig, der davon abweicht, was man eigentlich gelernt hat. Die Informationen werden schnell in einem kurzen Zeitraum vermittelt, welche vom Langzeitgedächtnis nicht aufgenommen und auch nicht zu Fähigkeiten entwickelt werden können. Es gibt kein ständiges Coachen, kein Agieren, kein Versuchen, kein Reflektieren und kein Lernen.

Problemlösung ist die Dynamik des „Toyota-Weges"

Das letzte P ist Problemlösung. Wie vorhin erläutert, ist für Toyota das Streben nach einem klar formulierten Ziel die Problemlösung. Das Ziel ist die Lücke, die zwischen dem angestrebten und dem Ist-Zustand besteht. Sie sind hier und wollen dahin. Für jeden im Unternehmen stellt sich die Frage, wie man den Verbesserungsprozess dazu nutzen kann, um herausfordernde Ziele zu erreichen – sei es die Entwicklung der nächsten Generation von kraftstoffsparenden Fahrzeugen, die Überlegung, wie man am besten die Wasserstoff-Brennstoffzellen kosteneffektiv macht, oder die Überlegung, den Bewegungsverbrauch zu eliminieren.

Ich bezeichne die Problemlösung als „Dynamik des Toyota-Weges", weil es der Weg ist, wie man vom Ist-Zustand zum besseren Zustand durch Problemlösung kommt. Die zugrunde liegende Philosophie von Problemlösung baut auf dem Konzept von Dr. Deming, welches als „Plan-Do-Check-Act" (manchmal auch als „Plan-Do-Check-Adjust" oder „Plan-Do-Study-Act") bezeichnet wird. Es ist ein Zyklus – in Japan wurde es auch „Deming Wheel" genannt –, also ein Rad, das kontinuierlich rotiert. Es bewegt sich ständig. Hier ist man ständig dabei, die künftigen Aktivitäten im Voraus zu planen, die bestehende Situation besser zu verstehen, Ziele zu definieren, Ursachen zu identifizieren, Gegenmaßnahmen zu entwickeln, um sie zu testen, dann den Prozess zu überprüfen und zu reflektieren, was man gelernt hat, sowie, was als nächstes zu tun ist. Man teilt das Gelernte (*„yokoten"*), was möglicherweise anderen helfen könnte. Zudem führt ein PDCA-Zyklus meist zur Ermittlung des nächsten Problems, was zu weiteren

Planungen führt. Egal, für welche Art Ziel (das kleinste oder das größte) ist es notwendig – man muss eine Reihe von PDCA-Zyklen durchlaufen. In Kapitel 2 wird dieses kritische Thema detaillierter besprochen.

„Lean" jetzt neu definiert

Wie werden wir „Lean" jetzt definieren? Ich habe eine Reihe von Themen besprochen, u. a. *Good to Great*, herausragende Unternehmen, Problemlösung, Philosophie, Menschen und gute Prozesse. „Lean" als Möglichkeit zur Reduktion der Verschwendung anzusehen – das geht ganz einfach. Wir werden die Verschwendung finden und beseitigen, aber wird es Sie zu einer hervorragenden Leistung bringen?

Wir haben alle schon eine Organisation erlebt, die schlecht organisiert ist, wo die Mitarbeiter nicht richtig miteinander kommunizieren, wo es an einem klaren Verständnis fehlt, was die Kundenwünsche sind, wo die Mitarbeiter versuchen, das System zu umgehen, um ihre Produktivitätszahlen zu erzielen. Nehmen wir mal an, wir führen einige isolierte Projekte durch, um Verschwendung zu minimieren – wir füllen Formulare aus, definieren den Prozess neu, legen neue Standardarbeitsanweisungen fest. Haben wir damit das Unternehmen so fundamental verändert, dass dem Kunden ein besserer Mehrwert zu einem besseren Preis angeboten wird und gleichzeitig ein guter Gewinn gewährleistet ist? Die Antwort lautet: „Nein". Es ist nicht möglich, allein mit der Eliminierung von Verschwendung eine Kehrtwende zu schaffen.

Eine gute Definition für Lean

> Lean ist eine Strategie für das Erreichen operativer Exzellenz basierend auf klar definierten Werten um Mitarbeiter zu verpflichten kontinuierlich Sicherheit, Moral, Qualität und Kosten zu verbessern.

Meiner Meinung nach sollte die Vision von „Lean" die Erreichung der operativen Exzellenz sein, die auf einem klar definierten Wertesystem sowie einem Weg basiert, Menschen zur kontinuierlichen Verbesserung zu verpflichten. Die Ziele können generell mit Sicherheit, Arbeitsmoral, Qualität, Kosten und Produktivität zusammengefasst werden. Wenn Sie diese Dinge erzielen können, werden Sie als Unternehmen erfolgreich sein. Man wird seine Kunden zufrieden stellen und größere Einnahmen erzielen.

Sie müssen all diese Dinge machen. Es ist nicht so einfach, zu sagen, dass „Lean" sich beispielsweise nur auf den Kostenfaktor konzentriert, und dass es für die

Sicherheitsfragen ein gesondertes Sicherheitsprogramm gibt. Diesen Zielen liegen dieselben Kernkonzepte zugrunde, welche u. a. Problemlösung, Annahmen in Frage stellen, Gegenmaßnahmen kreativ entwickeln, Sicherheit im Unternehmen verbessern, Qualitätsprobleme und Kosten reduzieren sowie die Kundenzufriedenheit gewährleisten, beinhalten. Die Dynamik von PDCA ist zentral, um den Weg nach oben zu bestreiten.

KAPITEL 2: PROBLEMLÖSUNG, VERBESSERUNG UND A3-DENKWEISE

Probleme lösen, um den Idealzustand zu erreichen

W ir begrüßen Sie zum wohl wichtigsten Kapitel in diesem Buch. Ich werde mich mit Problemlösungen auseinandersetzen und auch bildlich einen Weg für Problemlösungen aufzeigen, was oft auch als „A3-Reporting" oder „A3-Storytelling" bezeichnet wird. Ich werde es „A3-Denken" nennen. Es ist eher ein wissenschaftliches Verfahren, über Verbesserungen nachzudenken, als eine Art Verfahren, Informationen auf einem Stück Papier zu dokumentieren. Ich werde auch kurz die *Toyota Kata* erläutern, was ein neuerer Ansatz ist, sich in Richtung einer Herausforderung zu verbessern.

Der Grund, wieso dieses Kapitel so entscheidend ist, liegt darin, dass in *The Toyota Way* Problemlösung einer der wichtigsten Treiber für kontinuierliche Verbesserung und Respekt vor den Menschen ist. Es ist in all den zentralen Werten erfasst und dies besonders bezüglich der Herausforderung, *Kaizen* und *genchi genbutsu*. Dies ist eine Kernkompetenz, die ein „Lean Leader" haben muss, aber gerade hier hat man viele Defizite. Wenn Sie dieses Kapitel durchlesen, werden Sie feststellen, dass in *The Toyota Way* sich die Problemlösung in Kernpunkten von üblichen Ansätzen unterscheidet.

Als Beispiel machen Sie ein Brainstorming und sammeln Sie alle Begriffe, die Ihnen in den Kopf kommen, wenn Sie an Problemlösung denken. Sie werden vielleicht auf „Brandbekämpfer" kommen. Vielleicht kommt Ihnen „Wir haben eine Krise" in den Sinn. Möglicherweise sagen Sie: „Etwas ist kaputt und muss repariert werden". Bei Toyota hingegen, wenn man über Problemlösung spricht, dann sieht man hierin **die Lücke zwischen dem Wunschzustand und dem tatsächlichen Zustand**. Wir wollen die beste Qualität anbieten und wollen der Autobauer mit der größten Arbeitssicherheit der Welt sein. Zu den anderen Automobilherstellern schließt sich die Lücke des Wettbewerbsgefälles. Wir müssen diese Lücke vergrößern, indem wir besser werden. Für Toyota ist die Problemlösung ein Streben und eine Verbesserung. Es ist nicht einfach, auf ein Problem zu reagieren und dies möglichst schnell zu beheben. Dies wird in Mike Rothers *Toyota Kata* besonders deutlich, der sich dazu entschied, den Begriff „Problemlösung" durch den Begriff „Verbesserungs-Kata" zu ersetzen.

Toyota setzt kontinuierliche Verbesserung dadurch um, dass die Problemlösung zum Idealzustand führen soll. Es kann sich beispielsweise um eine Kleinigkeit handeln, wie das Umstrukturieren des Wagens mit den notwendigen Teilen für den Monteur, was Verschwendung sowie Aufwand reduziert. Es könnte aber auch etwas viel Großartigeres sein, etwa die Einführung der neuen Marke „Scion" (in Kapitel 8 näher erläutert). Es kann sein, dass man Innovationen einführen muss. Wir müssen den Aufwand um die Hälfte für die Entwicklung und den Bau einer Pressform verkürzen, die Karosserieteile ausstanzen kann. Dies wird sowohl kleine Verbesserungen (wird auch als *Kaizen* bezeichnet) als auch bahnbrechende Verbesserungen (werden auch *kaikaku* genannt) erfordern.

Wir sehen die Problemlösung als eine Folge von Schritten an, die beschritten werden müssen – was wir als kontinuierliche Verbesserung ansehen –, welche notwendig sind, um den Idealzustand zu erreichen, und Sie müssen auch diesen Idealzustand definieren. Toyota hat seine eigenen Vorstellungen für das Unternehmen als Ganzes in *The Toyota Way*, 2001, dargelegt. Für ein spezielles Problem könnte es sein – wie im Fall von „Scion" –, dass man den jüngsten Käufer in der Automobilindustrie zur Toyota-Familie bringt.

Ich werde damit beginnen, ein Modell zu konzipieren, das aufzeigt, wie man von da, wo man momentan ist, zu dem Zweck hinkommt. Der Zweck sollte sowohl eine **geschäftliche** als auch eine **menschliche Zweckrichtung** haben. Der geschäftliche Zweck wäre, den bestmöglichen finanziellen Gewinn zu erzielen. Der finanzielle Zweck soll Stabilität bringen und Aktionäre belohnen. Wenn Toyota sagt, dass man die Qualität und Sicherheit für den Kunden verbessern will, dann gibt dies den Teammitgliedern durchaus etwas Inspiration. Es ist aber immer noch ein geschäftlicher Zweck.

Und es gibt noch einen menschlichen Zweck, der mehr einen internen Fokus aufweist. Wir wollen Menschen auf allen Ebenen fortbilden, damit sie bessere Problemlöser werden, sich bezüglich kontinuierlicher Verbesserung entwickeln und mehr Selbstvertrauen haben. Zudem sollen sie sich den schwierigen Herausforderungen stellen, von denen sie nicht wissen, wie man sie lösen kann. Letztlich sollen sie persönlich zum Wachstum und Wohlbefinden beitragen – sowohl für sich selbst als auch für ihre Familien. Darüber hinaus gibt es auch externe persönliche Zwecke, wie Beiträge zur Gesellschaft und Gemeinschaft zu leisten, wo Toyota tätig ist. Dies geht stark einher mit philanthropischen Aktivitäten. **Der geschäftliche und der persönliche Zweck sind sehr allgemein.** Dies ist der generelle Zweck für das Unternehmen, für die Mitarbeiter in Ihrer Firma, für die Geschäftspartner und für die Gesellschaft.

Als Nächstes definieren Sie den Idealzustand. Wie würde es aussehen, wenn man Perfektion erreichen würde? Uns ist bewusst, dass wir Perfektion nicht erzielen können. Wir müssen herausfordernde, aber machbare Ziele setzen, damit wir uns in Richtung Idealzustand bewegen. Es kann die „True North"-Vision für den Aufbau eines Arbeitsplatzes oder für die Entwicklung einer neuen Marke sein. Interessanterweise wird „True North" in bestimmten Bereichen gar nicht gebraucht. Zum Beispiel ist *kanban* eine Möglichkeit, um mit Pufferlagern basierend auf einem Pull-System umzugehen. Hier wäre aber Puffer und *kanban* kein „True North".

Die Lücke zum Idealzustand muss vielmehr in eine genaue und erreichbare Herausforderung aufgeteilt werden. Später werde ich über ein Beispiel sprechen, wo Gary Convis gefragt wurde, sich der Aufgabe anzunehmen, die Gewährleistungskosten um 60% in den USA zu senken. Zu dem Zeitpunkt war Toyota schon in der Branche führend und hatte die geringsten Gewährleistungskosten. Dies schien eine unmögliche Aufgabe zu sein, aber Gary sagte: „Ja, ich werde die Aufgabe übernehmen", und begann mit dem Problemlösungsverfahren.

Ein spezifisches Ziel kann als Ergebnis oder Soll-Zustand definiert werden, wie Mike Rother es in *Toyota Kata* beschrieben hat. Zum Beispiel könnte das Ergebnis sein, pünktlich und im Rahmen des Budgets eine neue, sehr flexible Produktionsstätte aufzubauen, mit den genauen Qualitäts- und Produktivitätszielen. Man könnte eine Mischzelle implementieren, welche gemäß Kundennachfrage und Takt angepasst werden kann, ohne eine Veränderung des Produktionsniveaus vornehmen zu müssen. Es ist etwas Visuelles, was man messen und beobachten kann. Es gibt Ihnen eine Prozessbedingung vor, wonach man streben sollte, und so nach Ihrer Theorie in Richtung des gewünschten Ergebnisses führen wird. Manche sprechen von Management in Bezug auf Mittel statt Management in Bezug auf Ziele. Sie beziehen sich auf Überlegungen zu Prozessmerkmalen, welche notwendig sind, um das gewünschte Ergebnis zu erreichen, anstatt übereilt zum Ergebnis zu gehen. Um umsetzbar zu sein, muss der abstrakte Idealzustand in konkrete Herausforderungen aufgeteilt werden, die wiederum in weitere separate, kurzfristige Soll-Zustände aufgespalten werden müssen, auf die man mit raschen Tests hinwirken kann.

„Plan-Do-Check-Act" ist ein Problemlösungsprozess

Sobald Sie wissen, in welche Richtung es gehen soll, ist es notwendig, ein Verständnis von Ihrem Ausgangspunkt, dem Ist-Zustand, zu haben. In Bezug auf „Lean" heben wir *genchi genbutsu* hervor oder gehen zum *Gemba*. Wir betonen die Bedeutung, sich ein detailliertes Bild von der aktuellen Situation zu verschaffen. Dies schließt auch die Analyse von Daten mit ein, auch wenn Sie sie noch nicht haben. Ebenfalls sollte man sich die Fakten vor Ort anschauen sowie mit Personen entsprechender Fachgebiete sprechen. Zudem ist es sinnvoll, sich die Zeit zu nehmen, um zu beobachten, es soll aber über den gewöhnlichen Ein- oder Zwei-Minuten-Rundgang durch die Produktionsstätte hinausgehen.

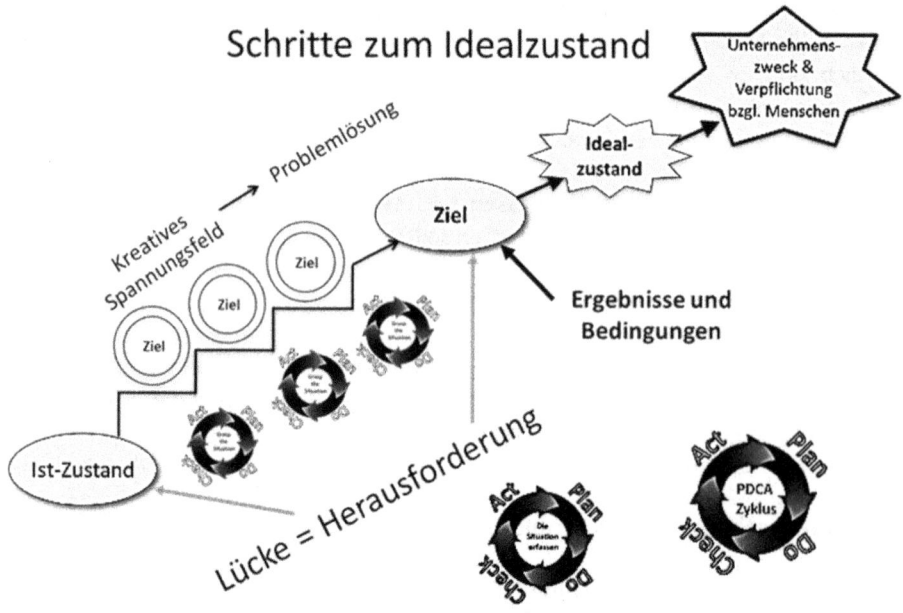

Quelle: *The Toyota Way to Continuous Improvement*
Abbildung 2-1: Problemlösung auf dem Weg zum Idealzustand

Wenn Sie Ihr Ziel im Vergleich zum Ist-Zustand verstehen, dann haben Sie die Lücke identifiziert, was nun Ihre Herausforderung ist (siehe Abbildung 2-1). Mit dem „Plan-Do-Check-Act" (PDCA) können Sie die Herausforderung meistern, auf die wir in diesem Kapitel näher eingehen werden. „Plan-Do-Check-Act" ist eine wissenschaftliche Methode für Innovation und Lernen. Es ist eine Denkweise und Philosophie. Es suggeriert, dass wir mit einem Plan starten, der schließlich in Gegenmaßnahmen mündet. Toyota nutzt diese „Gegenmaßnahmen" anstelle von Lösungen, weil man nicht weiß, ob sie auch funktionieren werden, bis sie umgesetzt und Annahmen überprüft worden sind. Basierend auf der Überprüfung und den Lehren, welche gezogen werden, wird eine Entscheidung getroffen, welche weiteren Maßnahmen folgen sollen.

Wir werden dem „PDCA" folgen, um vom Ist-Zustand zum Ziel zu kommen. Dies wird erreicht, indem Zwischen-Soll-Zustände gesetzt werden. Was denke ich, was im Prozess notwendig wäre, um das gewünschte Ergebnis zu erreichen? Wäre ich am Fließband, könnte es mein Ziel sein, Qualitätsmängel um die Hälfte bis zum Ende des Jahres zu reduzieren. Ich würde dieses Ziel vielleicht über einen Zeitraum von einem Jahr verteilen. Ich werde mir einen Bereich nach dem anderen vornehmen und werde die Mängel zunächst um 25% reduzieren, dann um 50%, gefolgt von 75 %, wo ich letztlich das Ziel von 50 % bis 100 % ansteuern werde. Bei der Verbesserungs-Kata würde ich noch weiter gehen und die Arbeitsschritte analysieren, um dann Soll-Zustände für die neu gewünschten Strukturen zu definieren. Dann würde ich mich dem nächsten Bereich widmen. Ich würde den Problemlösungsprozess in Schritte über einen Zeitraum aufteilen, wie ich es bei einem ehrgeizigen Gewichtsabnahmeziel machen würde.

Der Unterschied zwischen dem „PDCA", schrittweise seinen Weg zum Ziel zu erlernen, und dem detaillierten 14-Stufen-Strategieplan, wo Mitarbeiter exakt nach Anweisung handeln, ist gewaltig. Es stellt den Unterschied zwischen der Denkweise und Philosophie dar, welche *The Toyota Way* repräsentiert, und den traditionellen westlichen Denkmustern, wo man üblicherweise die ausführlichen Pläne von Experten befolgt, von denen man annimmt, sie hätten einen größeren Erfahrungsschatz. Im Hinblick auf *The Toyota Way* braucht man Menschen vom Fach, die durch ihre lokale Führung auch das nötige Verständnis für die Materie haben. Zudem werden auch Anregungen und Vorschläge von der obersten Führung und Fachexperten eingeholt. Man wird täglich experimentieren, sich langsam jedem Soll-Zustand nähern und letztlich die Herausforderung meistern.

Das könnte erklären, wieso es bezüglich *Kaizen* Verwirrung gibt. Dies rührt daher, dass kontinuierliche Verbesserung oder *Kaizen* viele kleine Veränderungen bedeutet. Dann kommt die Frage: „Was ist denn mit den großen Veränderungen?" Manchmal wird es anstelle von *Kaizen* auch *kaikaku* verwendet. Es ist meine feste Überzeugung und – basierend auf meinen Erfahrungswerten – wäre es sehr ungewöhnlich, dass ein *kaikaku* in einem Schritt realisiert wird. Die Gewährleistungsreduzierung von 60% für ganz Nordamerika war für Gary Convis ein *kaikaku*. Aber er erreichte diesen *kaikaku* mit vielen *Kaizen* – vielen kleinen Einzelschritten, jeweils immer mit der entsprechenden Implementierung von „PDCA".

Den Weg zum Ziel erlernen

„PDCA" ist sowohl ein großer Prozess – es wird einen allgemeinen „PDCA" vom Ist-Zustand zum Ziel geben – als auch viele kleine „PDCAs" um dahin zu gelangen. Wenn wir ein Ziel haben, das unerreichbar scheint und wesentlich aggressiver ist als die bestehende Situation, entsteht ein kreatives Spannungsfeld. Diese Spannung führt zur Innovation, jedoch nur dann, wenn der Lernende, der die Herausforderung annimmt, einen definierten Prozess für Verbesserung hat. Zudem bedarf es Selbstvertrauen, Motivation und einen guten Coach.

Denken Sie an das Ziel von John F. Kennedy zurück, der vor den Russen den ersten Mann zum Mond schicken wollte. Dies erzeugte eine große Menge an kreativer Spannung. Die NASA hat nicht nur diese Herausforderung überwunden, sondern hat auch viele Dinge erfunden, die wir heute im Alltag benutzen, wie beispielsweise schnurlose Werkzeuge, langlebigere Reifenprofile, leichte Stoffe, die den heißen und kalten Temperaturen widerstehen können, UV-Beschichtung für Gläser und vieles mehr. Alle diese Erfindungen bzw. die kreative Energie entstehen in dem Spannungsfeld zwischen der Herausforderung, welche wir verstehen, zu dem wir einen Bezug haben und unbedingt erreichen wollen, und dem Verständnis vom aktuellen Zustand, wo man jetzt gerade ist.

George: „Jeff, würdest du sagen, dass der große PDCA-Zyklus als ‚Mutter A3' und die drei kleinen als ‚Baby A3' bezeichnet werden können?"

Jeff: „Das ist eine interessante Sichtweise, dass man den großen ‚PDCA' als Mutter und die kleinen ‚PDCAs' als Kinder ansieht. Als Metapher ist dies durchaus in Ordnung."

Nehmen wir als Beispiel, dass Toyota den Prozess der Entwicklung einer neuen Generation von *Camry* begonnen hat. Der gesamte Prozess der groß angelegten Entwicklung von *Camry* ist der Mutter-PDCA. Es ist ein riesig großer „PDCA"-Kreislauf. Es gibt ein Verfahren, um die Kundenwünsche zu definieren, um festzustellen, was das Problem ist, sowie unsere Vision eines Fahrzeugs darzulegen. Es schließt auch mit ein, welche Eigenschaften das Fahrzeug haben wird – die so genannten „Gegenmaßnahmen" –, welche den Kunden überraschen sowie erfreuen werden und *Camry* gegenüber seinen Wettbewerbern einen Vorteil verschafft. Dann wird dies umgesetzt, überprüft und es gibt auch einen Lernprozess sowie Reflektion, damit man es beim nächsten Fahrzeug noch besser machen kann.

Auf dieser Ebene ist es ein großer PDCA-Zyklus, der einige Jahre dauert, der jedoch aufgebrochen wird. Wenn ich der Ingenieur bin, der für die Stoßstange des Autos verantwortlich ist, dann gehe ich durch viele PDCA-Zyklen für die Stoßstange. Als nochmal, ein großer PDCA von Beginn bis zum Ende und viele kleine PDCAs, um Eigenschaften der Stoßstange zu entwickeln, die die Belastbarkeit und den Unfallschutz erhöhen.

„Toyota Business Practices": Eine Firma, ein Verbesserungsprozess

Die vier Phasen des „PDCA"-Problemlösens

Die vier Phasen beginnen mit einem Plan. Zuerst wird damit begonnen, das Problem zu bestimmen. Hierbei sollte sich das Problem auf eine Lücke stützen, welche zwischen dem, wo Sie sich momentan befinden und wo Sie sich befinden möchten, existiert. Als Nächstes müssen Sie die Gegenmaßnahmen formulieren. Diese stehen im Plural, da mehr als nur eine vorhanden sein sollte, damit man dadurch mehr Auswahl erhält. Außerdem sollten Sie zu diesem Zeitpunkt kreativ sein und einen hohen Aufwand betreiben.

Sie wissen jetzt, was Sie tun möchten, kennen die möglichen Gegenmaßnahmen, und nun müssen Sie nur noch die Initiative ergreifen. Um dies zu tun, müssen Sie vorher einen Plan entworfen haben und diesen durchführen, um den Versuchsprozess einzuleiten. Dieser beinhaltet, dass man weiß, wer, was, wo und wann zu tun hat. Sie müssen ihn kommunizieren. Sie müssen ihn ausführen. Sie müssen den Fortschritt der Durchführung kontrollieren. Während Sie überprüfen, handeln Sie zugleich auch. Sie gleichen ihn an, während Sie ihn überprüfen. Es gibt viele PDCA-Wiederholungen, während Sie handeln, überprüfen und Änderungen vornehmen, bis Sie ein Niveau erreichen, von dem Sie glauben, Ihr Ziel erreicht zu haben.

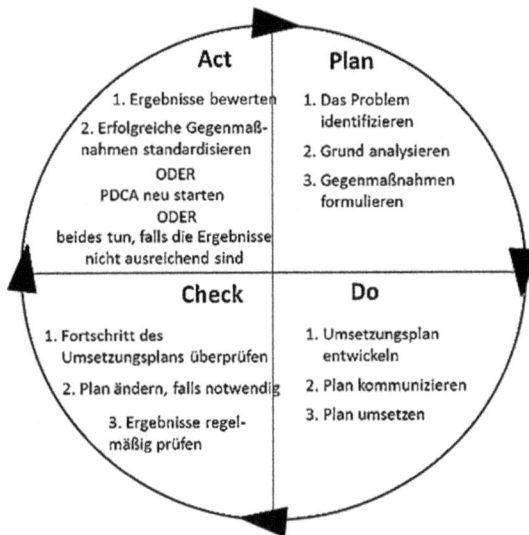

Abbildung 2-2. Der „Plan-Do-Check-Act"-Zyklus

In der Act-Phase nehmen Sie eine endgültige Auswertung der Resultate vor. Was auch immer zu den Resultaten geführt hat, wollen Sie nun verallgemeinern, stabilisieren, weitervermitteln und so oft üben, bis es zur Routine wird. In manchen Fällen entscheiden Sie sich vielleicht, dass Sie gescheitert sind. Dann fangen Sie wieder von vorne an. In anderen Fällen kann es sogar sein, dass Sie beides tun. Sie werden einige Aspekte vereinheitlichen und mit anderen wieder ganz von vorne anfangen. Die Handlung sollte auch mit dem übereinstimmen, was Sie denken, bereits gelernt zu haben, wovon Sie der Meinung sind, dass Sie dieses Wissen an andere weitergeben sollten, die dieses Wissen möglicherweise selbst anwenden können. Zugleich sollten Sie jedoch bereits auch weitere PDCA-Wiederholungen für das nächste herausfordernde Projekt planen.

George: „Sagen die Angestellten von Toyota eigentlich die Worte wie PDCA? Benutzen sie diese Abkürzung? Suchen sie auch nach diesen Schritten? Und was ist mit den Aufzählungszeichen unter diesen Schritten? Nennen sie diese auch wirklich eins, zwei, drei – ich meine so, wie Du sie beschrieben hast? Oder ist es für sie bereits selbstverständlich?"

Jeff: „Toyota benutzt eigentlich das Konzept des ‚PDCA' genauso, wie ich es absichtlich hier dargestellt habe. Ja, für die bereits fortgeschrittenen Problemlöser ist es auch selbstverständlich geworden. Mittlerweile machen sie es vielleicht sogar, ohne darüber auf diese Art und Weise zu reden. Später befassen wir uns mit den „Toyota Business Practices" – eine Reihe von Schritten, die den „Plan-Do-Check-Act"-Kreislauf umfassen – , welche in Wahrheit ein wenig anders sind, als ich es hier bei diesem allgemeinen Fall dargestellt habe. Es wird in erster Linie für größere Verbesserungen benutzt. Man wird zum Beispiel nicht sehen, dass sich der Gruppenleiter jedes Mal, wenn eine Maschine anhält und er ein Problem gelöst hat, fragen wird, was er wohl als Nächstes tun wird, oder, was er denn überprüfen sollte, um herauszufinden, was passiert ist, oder, was genau er nun daraus gelernt hat. Man löst tagtäglich Probleme, um das System zu seinem Normalzustand zurückzubringen, und, während man die „PDCA"-Methode oft genug befolgt hat, wird es für Sie zu einer selbstverständlichen Denkweise.

Andererseits werden sie Projekte absichtlich machen, welche sie auf A3 dokumentieren. Ein Grund dafür, ihr Verständnis davon zu vertiefen. Man muss sein Wissen immer wieder auffrischen und anwenden, sonst kommt man aus der Übung. Das ist wie mit jeder anderen erdenkbaren Fähigkeit: Man kehrt zu den Grundlagen zurück und übt diese, um auf einem hohen Niveau zu bleiben.

Die Gefahr, sich zu viel vorzunehmen

Ein beliebter Fehler ist es, *kein* klares Verständnis von den Bedürfnissen einer Organisation zu haben. Ebenso fehlerhaft ist es, kein klares Verständnis davon zu haben, wie es im Zusammenhang mit dem nächsten logischen Schritt zu dessen Verbesserung steht. Viele Unternehmen wollen zu End-to-End-Verbesserungen springen, bevor sie überhaupt die Kompetenz und Stabilität auf der Verfahrensebene erreicht haben.

Ich habe mit einem bedeutenden russischen Unternehmen zusammengearbeitet, welches den Rohstoff von Minen in den Rohstoff für Kernkraftwerke verarbeitete. Das Unternehmen hatte zuvor mit einem Toyota-*Sensei* gearbeitet. Toyota hatte der Firma den *Sensei* – einer seiner besten Leute – kostenfrei zur Verfügung gestellt. Dies war eine Vereinbarung, welche auf Präsidentenebene getroffen wurde.

Bei einem Besuch des Toyota-*Sensei* traf er sich mit dem CEO. Dieser zeigte dem *Sensei* einen Makro-Wertstrom, welcher vom Bergbau bis hin zum Kernkraftwerk reichte. Er war riesig und äußerst kompliziert. Der CEO hatte diesen mit einigen Leuten erstellt und war sehr stolz darauf, dass sie diesen als ein „Lean Team" erstellt hatten. Die Antwort des Toyota-*Sensei* darauf war ein wenig überraschend: „Ach du grüne Neune! So viele Probleme, so viele Probleme. Wo werden Sie nur anfangen?"

Natürlich waren der CEO und die anderen Mitarbeiter ein wenig empört: „Wie konnte dieser Kerl sie nur kritisieren! Er ist doch ein ‚Lean'-Typ, und wir machen ‚Lean', also muss es doch gut sein!" Worüber sich der *Sensei* jedoch Sorgen machte, war, dass man mit einem so umfassenden Hieb auf einer Makro-Ebene keines der Probleme im Detail verstanden hatte. Man hatte keine Vorgehensweise, wie man Probleme priorisierte. Sie könnten sich die längste „Durchlaufzeit" anschauen, doch diese stellte möglicherweise nicht zugleich das größte Problem dar. Sie werden oft von einem Toyota-*Sensei* Sachen zu hören bekommen wie: „Woher wissen Sie, dass das Ihr größtes Problem ist?" „Woher wissen Sie, dass, wenn Sie es lösen, es der Organisation sowohl im kaufmännischen als auch im Bereich der Personalentwicklung zu Gute kommen wird?" Wofür sich der *Sensei* hierbei im ersten Jahr entschied, war, mit einer einzigen Verarbeitungsanlage an einer einzigen Produktlinie zu arbeiten, um ein Modell zu entwickeln, von dem sie das TPS als System erlernen und verstehen konnten. Bis die Führungskräfte dieser Firma dieses Verständnis erlernt hatten, war er der Meinung, dass jegliches Projekt, mit dem in der Zwischenzeit begonnen werden solle, nicht effektiv sein könne.

Die „Toyota Business Practices" (TBP): Plan-Phase

„TBP" ist der einzige, ehemals sanktionierte Verbesserungsprozess. Dies heißt wiederum jedoch nicht, dass Sie ihn bei jedem kleinen Problem, mit dem Sie jeden Tag konfrontiert sein werden, anwenden müssen. Sie sollten „PDCA" mental durchführen, aber wenn Sie dieses formelle Projekt durchgehen – vielleicht ist es ein Projekt, welches sich über drei bis sechs Monate erstreckt, oder vielleicht ist es genau das Projekt, dessen Ziel es ist, Qualitätsfehler um die Hälfte zu reduzieren –, es kann sein, dass sie verschiedene A3s haben werden. „TBP" sollte fromm befolgt werden.

Lassen Sie mich es noch einmal betonen, dass Toyota den Prozess der Verbesserung verallgemeinert, nicht jedoch bezüglich bestimmter Lösungswege oder „Best Practices", wie sie auch genannt werden. Toyota macht sich ausführliche Gedanken über die Verallgemeinerung, über die Spezifizierung und somit über die Tötung des *Kaizen*. Eine Sache, welche sie jedoch gerne im Detail spezifizieren, ist der Verbesserungsprozess. Der spezielle Inhalt dessen, was man verbessert, wird in jedem Teil der Firma unterschiedlich sein. Niemand wird eine „Best Practice" blind kopieren, ohne davor den Verbesserungsprozess durchzugehen und zu schauen, welche Gegenmaßnahmen für ihn und seinen Bereich am besten funktionieren.

„Toyota Business Practices" ist ein Acht-Stufen-Prozess. Manch einer fragt sich wohl: Warum nennt man einen achtstufigen Prozess „Toyota Business Practices"? Weshalb nennt man ihn nicht einfach einen „Problemlösungsprozess", welchen man in einem Workshop erlernt?

Kurz nachdem Fujio Cho *The Toyota Way*, 2001, einführte, führte er „Toyota Business Practices" als die konkrete Methode ein, um den „Toyota-Weg" in die Tat umzusetzen. Der „Toyota-Weg" ist eine Reihe von Prinzipien. Es ist nicht anfechtbar. „Toyota Business Practices" ist die Methode, um den „Toyota-Weg" einschließlich der grundlegenden Werte umzusetzen, eine lebendige Realität in der Unternehmenskultur Toyotas.

Kontinuierliche Verbesserung ist ein Pfeiler des „Toyota-Weges", der aus Respekt vor den Menschen eingehalten werden muss, welches den zweiten Pfeiler darstellt. Dies reflektiert die starke und grundlegende Behauptung des Unternehmens, dass der einzige Weg, mit einer neuen Umgebung umzugehen, welche sich ständig verändert und uns vor neue Herausforderungen stellt, ist durch konstante Anpassung und Verbesserung mittels „PDCA" in jedem Teil der Firma. Die „Toyota Business Practices" sind das Muster der Verbesserung, welches dies erlaubt. Dasselbe Muster kann auf jedes Problem übertragen werden – vom größten Erdbeben in der Geschichte Japans, welches zu erheblichen Teileverknappungen führte, bis hin zur Effizienzverbesserung eines einzigen Arbeitsplatzes.

Plan   SCHRITT 1: Problemdefinition vs. Idealzustand
[Problemdefinition und True North]

Plan   SCHRITT 2: Die IST-Situation erfassen und die Lücken erkennen
[Das reale Hauptproblem zur weiteren Klärung]

Plan   SCHRITT 3: Problem aufgliedern und Ziele setzen
[Probleme handhabbar aufgliedern sowie Ziele und
Messgrößen festlegen]

Plan   SCHRITT 4: Grundlegende Ursachen analysieren
[Bestimmung der Hauptursachen]

Plan   SCHRITT 5: Gegenmaßnahmen entwickeln
[Identifizierung von WAS, WANN und WER]

Do   SCHRITT 6: Gegenmaßnahmen durchsetzen
[Dem Plan folgen und Abweichungen aufzeichnen]

Check   SCHRITT 7: Sowohl Ergebnisse als auch Prozesse verfolgen
[Die Ergebnisse vs. Ziele prüfen]

Act   SCHRITT 8: Standardisieren und Verbreiten
[Handeln, um die Effekte zu festigen und Lerneffekte auf
andere Bereiche übertragen}

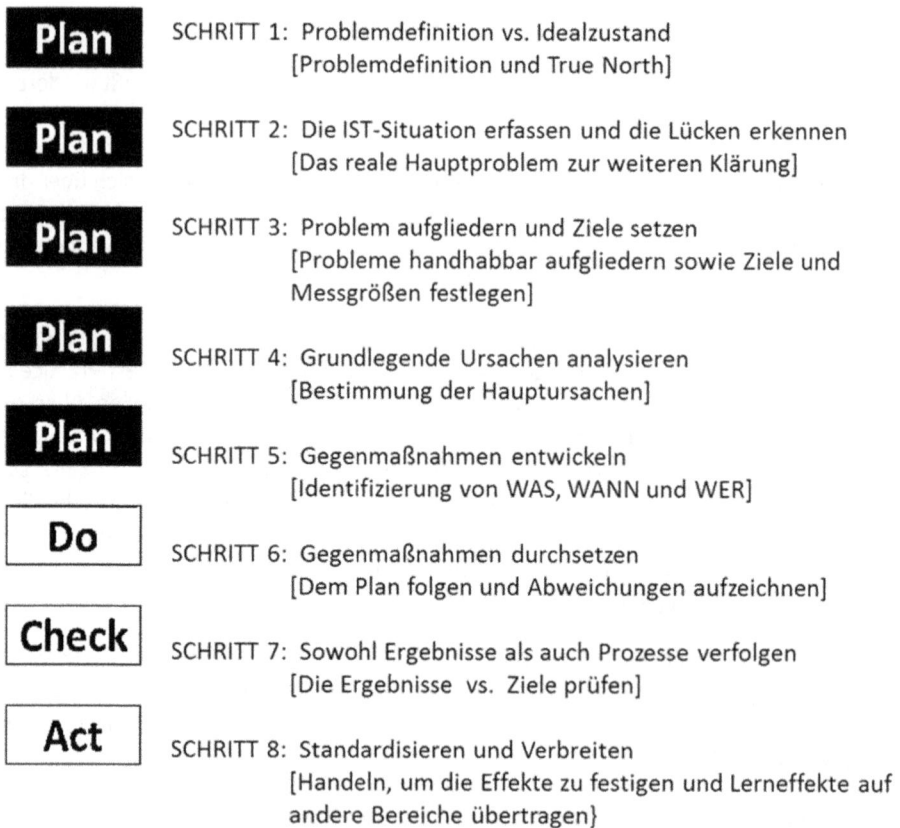

Abbildung 2-3. Die acht Stufen bei der Anwendung von „Toyota Business Practices"
(TBP)

„Plan-Do-Check-Act" wird neben den acht Schritten, welche oben genannt sind, gezeigt. Genau das ist die Definition von Toyota. Der „PDCA" erscheint wiederholt in Toyotas Modellen und Zahlen.

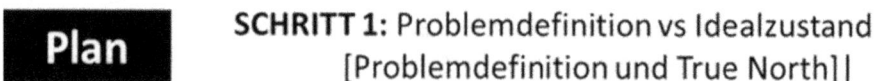

Plan   **SCHRITT 1: Problemdefinition vs Idealzustand**
[Problemdefinition und True North]|

Abbildung 2-4. Plan-Phase: Stufe 1

Der erste Schritt (siehe Abbildung 2-4) ist es, das Problem klarzustellen und es dem Idealzustand gegenüberzustellen, welches wir bereits besprochen haben. Sie müssen eine „True North"-Vision haben, welche Sie selbst bestimmen. Die „True North"-Vision müssen Sie jedoch von einer Firma haben, wie z. B. im Fall von Toyota. Dass man der führende globale Produzent von Mobilitätslösungen für Kunden ist – dies stellt zugleich den Idealzustand des Unternehmens dar.

Sie brauchen auch einen Idealzustand für Ihren speziellen Prozess. Vielleicht ist es ein Arbeitsplatz, und der Idealzustand wäre dann die perfekte Qualität jedes Mal und ohne jeglichen Schwund. Denken Sie daran, „True North" wird niemals erreichbar sein. Sie werden niemals in der Lage sein, diesen Grad von Perfektion zu hundert Prozent erreichen, aber Sie können zumindest damit anfangen, die Richtung festzulegen, in welche Sie sich verbessern wollen.

Plan

SCHRITT 2: Die IST-Situation erfassen und die Lücken erkennen
[Das reale Hauptproblem zur weiteren Klärung]

Abbildung 2-5. Plan-Phase: Stufe 2

Im zweiten Schritt (siehe Abbildung 2.5) müssen Sie sich die momentane Situation erfassen und die Lücken erkennen. Nun werden wir das Problem realitätsgetreu aufzeigen. Den Idealzustand haben wir definiert. Als Nächstes werden wir versuchen, uns zu erden, denn die Lücke zwischen, wo wir uns momentan befinden und dem Idealzustand, ist wie eine Schlucht. Dies ist keine kleine Spalte, welche wir erfolgreich mit Leichtigkeit überspringen können. Dies ist auch bei Toyota so. Wenn wir versuchen, Perfektion mit klarem Kopf zu definieren – vorausgesetzt, man nimmt dies wirklich ernst! –, wird einem klar, dass die Spalte zum Idealzustand dauerhaft riesengroß ist. Somit bleibt man bescheiden und ist stets zur Verbesserung motiviert.

Plan

SCHRITT 3: Problem aufgliedern und Ziele setzen
[Probleme handhabbar aufgliedern sowie Ziele und Messgrößen festlegen]

Abbildung 2-6. Plan-Phase: Stufe 3

Wenn man sich die Spalte zur Perfektion anschaut, kann man unmöglich wissen, wo man anfangen sollte, außer wenn man sich dem dritten Schritt (siehe Abbildung 2.6) widmet und die Schlucht in kleinere, nachvollziehbare, verbesserungsfähige Bereiche mit festgelegten Zielen einteilt. Im Vergleich zum Ideal sind die Ziele vielleicht bescheiden, dennoch immer noch herausfordernd und anspruchsvoll. Dies ist der Punkt, an dem man Sie vielleicht fragen wird: „Weshalb haben Sie genau dieses Problem ausgewählt? Ich verstehe Ihren Idealzustand. Sie haben bezüglich des Verständnisses von Ihrem momentanen Zustand gute Arbeit geleistet, aber warum haben Sie aus all den Lücken, welche Sie von Ihrem Idealzustand trennen, genau diese ausgewählt? Wie haben Sie Ihre

Prioritäten gesetzt?" Bei Toyota müssen Sie darauf eine nachvollziehbare Antwort haben.

Plan   **SCHRITT 4:** Grundlegende Ursachen analysieren
[Bestimmung der Hauptursachen]

Abbildung 2-7. Plan-Phase: Stufe 4

Im vierten Schritt (siehe Abbildung 2.7), da man nun weiß, wie und auf welche Bereiche man sich konzentrieren und welche Ziele man verfolgen muss – zum Beispiel als Gruppenleiter die Defekte in dem zuständigen Bereich um die Hälfte zu reduzieren –, kann man damit anfangen, die grundlegenden Ursachen festzustellen. Wir müssen nicht alle Lücken herausfinden. Wir suchen nur nach der für unseren Bereich relevanten Ursache. Wir tun dies, indem wir Kennzahlen benutzen und uns fragen: „Warum?". Und wir machen es fünfmal. Es muss nicht genau fünfmal sein, aber wir realisieren, dass unser erster Eindruck auf der Ursache haftet, etwa eine Person macht oberflächliche Fehler. Oft liegt die Ursache tiefer, etwa die Teile wurden nicht so entworfen, folglich lassen sie sich nur schwer zusammenfügen.

Plan   **SCHRITT 5:** Gegenmaßnahmen entwickeln
[Identifizierung von WAS, WANN und WER]

Abbildung 2-8. Plan-Phase: Stufe 5

Der fünfte Schritt (siehe Abbildung 2.8) ist die Entwicklung von Gegenmaßnahmen. Sie werden eine Reihe von Gegenmaßnahmen erstellen und Ihre Prioritäten setzen – zwischen denen, die die größte Aussicht auf Erfolg haben, und denen, die vielleicht relativ preiswert sind und mit denen man experimentieren kann. Falls möglich, sollten Sie versuchen, große Ausgaben und lange Lieferzeiten für die Ausstattung oder Software zu vermeiden. Sie möchten vielleicht im Nachhinein andere Gegenmaßnahmen ergreifen oder neue Ideen entwickeln, falls die vorherigen Sie nicht an Ihr Ziel gebracht haben. Dann müssen wir einen Plan entwerfen und bestimmen, wer, was, wo und wann zu tun hat. Sie könnten nun argumentieren, dass das „Was", „Wann" und „Wer" alles Teil des Machens an sich ist, oder Sie könnten sagen, dass es auch Teil der Planung ist. Es gibt viele Planungen und Aktivitäten, welche in jedem Aspekt von „Toyota Business Practices" eingebettet sind.

Die „Toyota Business Practices": Experimentieren und Lernen

Do, Check, Act (Durchführen, Überprüfen, Agieren)

Nun sind Sie bereit für das „Do". Hier hören wir oft die Aussage: „Just do it." Oft denken wir, dass diese Aussage nichts anderes bedeutet, als nur den eigentlichen Plan einfach zu überspringen und etwas nach dem Zufallsprinzip anzufangen. Es gibt Momente, an denen Sie dies vielleicht auch durchaus machen möchten. Wenn Sie sehen, dass Ihr Team nicht vorankommt und Angst hat, Veränderungen vorzunehmen – vielleicht analysieren sie die Angaben bis hin zur hundertsten Dezimalstelle –, gerade da müssen Sie beisteuern, damit man *vorankommt*. Sie könnten vielleicht eine kurze *Kaizen*-Tätigkeit organisieren, bei welcher der Coach eine Herausforderung mit der Anweisung „Just do it." festlegt.

Wenn Toyota mit anderen Firmen zusammenarbeitet, ist es üblich, dass der *Sensei* die Herausforderung stellt, Maßnahmen zügig zu ergreifen. Zum Beispiel passierte dies bei Grand Haven Stamped Products, einem Autolieferanten in Michigan. Beim allerersten Besuch lief der *Sensei* durch die Produktion und sah, dass die Arbeiter unterbrochene Prozesse hatten. Er entschied sich dazu, ihnen einen umgehenden und dramatischen Auftrag zu erteilen. Er forderte sie auf eine Zelle zusammenzustellen, bei der ein Schweißroboter von einer Seite zur anderen Seite der Fabrik transportiert wurde. Er sagte ihnen, dass er am Folgetag wieder kommen würde, um zu sehen, wie sie vorankamen. Das war ein „Just do it.", was wirklich gewaltig war. Das gesamte Managementteam inklusive dem Vorstand waren in der Fabrik anwesend um, den Roboter manuell über den Boden zu schieben und ihn in die richtige Position zu bekommen. Der *Sensei* wollte nicht, dass sich die Firma zukünftig auf diese Weise verbessert, aber es war der Weg, wie man die Prozesse in Gang bringt.

Der „Doing"-Zustand folgt dem Plan, weicht aber auch, falls nötig, von ihm ab. In dem Fall werden die Abweichungen als Lernprozess wahrgenommen. Bei jedem Schritt des „Plan-Do-Check-Act"-Zyklus wird dies durchgeführt und jeder Schritt ist Teil eines noch größeren Zyklus. In der Do-Phase planen Sie, was Sie machen werden. Sie werden kontrollieren, was passiert. Sie werden Veränderungen vornehmen und den „PDCA" verfolgen, bis Sie Ihr Ziel erreicht haben.

Im Fall von Grand Haven Stamped Products hat die Zelle zu Beginn *nicht* funktioniert. Zum Beispiel war das Problem, dass der Roboter nicht durchgängig arbeitete und er somit die Zelle zum Stoppen brachte. Die Arbeit war nicht ausgeglichen. Man konnte mit verschiedenen Produkten und Zykluszeiten nicht umgehen. Es gab keine Standardzeiten und es benötigte viel „PDCA", um die Zelle nach diesem Tag auf einem hohen Niveau funktionsfähig zu machen. Der *Sensei* hatte den Angestellten die Aufgabe erteilt, Vorräte aufzustocken, denn ihm war bewusst, dass sie Schwierigkeiten bekommen würden. Er gestaltete diese Herausforderung bewusst so, damit sie gezwungen waren, diese zu lösen, bevor sie überhaupt ausliefern konnten. Dies führte zu einer Arbeitsweise, welche viel produktiver und von höherer Qualität war. Sie lernten den Wert von „Learning by Doing" sowie auch, dass man den Vorstand und das Management mit einbeziehen soll.

In der Check-Phase sollten wir uns bewusst machen, was wir erreicht bzw. nicht erreicht haben. In *The Toyota Way* berufe ich mich auf *hansei* oder Besinnung, und *hansei* geschieht durch diesen Prozess. Ein großer *hansei* wird in dieser Check-Phase sein, wo wir über das Geschehen nachdenken – sowohl bezogen auf die Resultate als auch auf die Prozesse. Man hat vielleicht Resultate erzielt und hatte ein wenig Glück mit einer großen Idee, welche funktioniert hat, aber das war die Idee einer einzigen Person. Diese Person war der Manager. Niemand anderer war involviert. Niemand anderer entwickelte sich. Der Vorgang scheiterte, obwohl die Resultate gut aussahen.

In der Act-Phase nehmen wir eine weitere Reflektion auf den gesamten Prozess vor. Dann werden wir Standardisieren, was funktioniert, und werden das, was wir für richtig halten, verbreiten. „Spread" („Verbreiten") nennt Toyota *yokoten*. *Yokoten* (in Japan) würde folgendes Bild ergeben: Sie wollen eine wertvolle Pflanze von einer Umgebung in eine andere Umgebung umpflanzen. Sie müssen die neue Umgebung jedoch vorbereiten und die Voraussetzungen verstehen, unter welchen die Pflanze ursprünglich gedieh. Sie müssen gute Voraussetzungen für diese exotische Pflanze schaffen. Die Details der Landschaft werden trotzdem anders sein, auch wenn Sie wunderschöne Pflanzen aus einer Umgebung in eine andere bringen.

Sie werden nicht einfach unbedacht „Best Practices" ausführen. Sie müssen sich tiefsinnige Gedanken über die Voraussetzungen machen. Falls die „Best Practice" Ihnen als eine nützliche Gegenmaßnahme erscheint, sollten Sie von ihr lernen, jedoch unter dem Vorbehalt, dass die beste Vorgehensweise, welche vielleicht an einem anderen Ort funktioniert hat, nicht zwangsweise auch für Sie funktionieren muss, ohne dass Sie im Voraus Veränderungen und weitere Verbesserungen vorgenommen haben. Sie könnten sogar Ideen entwickeln, von denen auch die ursprüngliche Partei profitieren kann. So kann dies hin und her gehen.

George: „Jeff, das Wort ‚*Yotoken*' hat die Bedeutung, „wo und wie man eine Umgebung vorbereitet", und das Wort „Spread" hat eine andere Bedeutung. Ist das einer der Gründe, weshalb man einige japanische Begriffe verstehen sollte, weil sie mehr als nur eine Bedeutung haben können?"

Jeff: „‚*Yotoken*' bedeutet wortwörtlich übersetzt ‚überall verbreiten', und dennoch wird dies nicht von Toyota so interpretiert. Es ist viel wichtiger, die dahinterliegenden Denkprinzipien zu verstehen, als das Wort an sich. Ich würde aus diesem Grund vom Merken einer Vielzahl japanischer Begriffe abraten."

„Toyota Business Practices" für die Gewährleistungsreduzierung

Wie schon vorhin erwähnt, stand Gary vor der Aufgabe einer riesigen Gewährleistungsreduzierung in Nordamerika. Das Problem wurde ihm von einem Vorstandsmitglied mitgeteilt. Zu der Zeit war Gary Managing Officer in Japan, der zuständig für die Produktion in Nordamerika war. Er war zudem auch Direktor Operations Nord Amerika. Der globale Leiter Qualität schlug ihm vor, dass es eventuell eine gute Idee wäre, wenn er die Gewährleistungen um 60% reduzieren würde. Wenn ein Vorstandsmitglied einen Vorschlag macht, unternimmt man etwas. Es ist nicht einfach eine Idee, sondern etwas, was man sehr ernst nehmen muss, und Gary sah diesen Vorschlag eher als eine Erwartung, welche an ihn gestellt wurde, und nicht als einen nett gemeinten Vorschlag.

Im Flugzeug, auf dem Nachhauseweg von Japan nach Amerika, kämpfte Gary mit sich. Er hatte ziemlich viel Angst. Er fragte sich, wie er bloß die Reduzierung um 60% erreichen könnte. Toyota war bereits die beste Industrie und hatte über Generationen hinweg eine Gewährleistungsreduzierung vorgenommen. Wie konnte er es nur um weitere 60% reduzieren?

Na ja, also die gute Nachricht war ja, dass er diese Aufgabe nicht in einem Jahr bewältigen musste. Er konnte sich dafür sechs oder sieben Jahre lang Zeit nehmen. Die Gewährleistungsreduzierung jedes Jahr um 10% erschien ihm als durchaus machbar. Er musste nicht darüber besorgt sein, die ersten 10% (im ersten Jahr) zu erreichen und er konnte dies sogar auf Monate verteilen, so dass es besser steuerbar ist. Oft hört man im Sport, dass es nicht darum geht, sofort die Weltmeisterschaft zu gewinnen, sondern, dass man immer erst einmal das nächste Spiel gewinnen muss. Gary musste sich also zuerst um das nächste Spiel kümmern.

Was würden Sie an seiner Stelle tun? Sie würden diesen Auftrag womöglich Ihren besten Ingenieuren überlassen, aber **das machen Sie nicht**, wenn Sie bei Toyota sind. Gary war persönlich dafür zuständig. Er hatte zugestimmt. Er würde das Projekt nun persönlich leiten, da es bedeutend genug war, um es auf Vizepräsidentenebene, als Leiter Manufacturing Nord Amerika zu handhaben. Gary wusste, dass er es nicht nur innerhalb der Produktion ausführen konnte. Er konnte es keineswegs durchführen, ohne dabei in die Produktentwicklung zu gehen, was automatisch bedeutet, dass man in den Einkauf gehen muss, da vieles, was das Design angeht, auch von den Lieferanten selbst abhängt. Dies bedeutet auch, dass man in den Vertrieb einzieht, da dieser derjenige ist, der über die Daten bezüglich der Gewährleistungsprobleme verfügt und die Gewährleistungen handhabt. Er war nun dabei, die Führung horizontal zu übernehmen, was innerhalb von Toyota als die höchste Führungsposition angesehen wird. Das ist dann der Fall, wenn Sie führen, ohne Ihre formale Autorität mittels Belohnung und Bestrafung anzuwenden.

Abbildung 2-9. Die Situation erfassen im Zentrum des PDCA

Also was genau war der erste Schritt, den Gary nehmen musste? Selbstverständlich musste er das Problem gemäß den Toyota Business Practices erst einmal definieren. Bevor er dies tat, gab es einen Schritt, den er zuerst nehmen musste. Er musste die Situation erfassen (siehe Abbildung 2-9). Sie müssen genug lernen, um zu verstehen, was los ist. Auf diese Art und Weise wissen Sie wenigstens, dass Sie im Baseballstadion sind, wenn Sie dieses Problem definieren. Das Problem zu erfassen, bedeutet, dass Gary alle Leiter großer Abteilungen besuchen musste, welche die Gewährleistung beeinflussten. Er traf sich mit dem Leiter der Vertriebsabteilung von Toyota, mit der Leitung des Technical Center von Toyota in Michigan sowie mit einigen Leitern verschiedener Produktionsbereiche, z. B. die Qualitätsgruppe. Er ging nach Japan und traf sich dort mit dem Qualitätsleiter sowie mit dem Ingenieursleiter.

Basierend auf all diesen Treffen, hat er sich nicht nur mit Menschen getroffen und Informationen gesammelt, sondern er tat das, worüber wir später noch sprechen werden. Das ist etwas, was unter dem Namen *Nemawashi* bekannt ist. Er fing an, sich eine unterstützende Vereinigung aufzubauen, und diejenigen, die er besuchte, wurden zu Mitgliedern in seinem Team. Sie befanden sich alle auf seinem Niveau oder gar darüber, insofern konnte er sie nicht herumkommandieren, aber er konnte sie dazu bringen, sich untereinander einig zu werden, und das war sehr wichtig. Sie waren dabei und würden alles in ihrer Macht Stehende tun, um seinem Ziel beizusteuern.

Dann traf sich das Team und fing damit an, sich durch die Toyota Business Practices zu arbeiten. Der Idealzustand ist dann erreicht, wenn Kunden vollkommen zufrieden sind und sie ihre Fahrzeuge nie zur Garantiereparatur bringen müssen (see Figure 2-10). Wenn drei oder vier Reparaturen in kurzer Zeit wieder notwendig sind, fragen sich die Kunden, ob sie ihrem Fahrzeug und dem Unternehmen noch trauen können.

> **Das Ideal sind vollkommen zufriedene Kunden. Derzeit sind einige Kunden durch Autoprobleme beeinträchtigt.**

Abbildung 2-10. Plan-Phase: Stufe 1 – Problem im Vergleich zum Idealzustand definieren

Die derzeitige Situation (siehe Abbildung 2-11) war, dass, obwohl Toyota in der Industrie besser als andere war, es dennoch nicht ausreichte. Es gab immer noch zu viele Kunden, die ihre Autos zur Garantiereparatur brachten, und dies führte zu hohen Kosten für Toyota.

> **Zu viele Kunden bringen ihren Toyota zu Garantiearbeiten vorbei, was ihnen Zeit und Zufriedenheit kostet, sowie Toyota Geld kostet.**

Abbildung 2-11. Plan-Phase: Stufe 2 – Die IST-Situation erfassen und die Lücken erkennen

Das Zerlegen des Problems (siehe Abbildung 2-12) bestand darin, dass man sich auf zwei Bereiche des Teams beschränken musste, welche man dann als Quelle für Gewährleistungsprobleme identifizierte: der eine war die Herstellung und der andere die Produktentwicklung. In der Produktentwicklung könnten Produkte entwickelt werden, die nicht leicht zu produzieren waren. Man musste z. B. die Fehlerüberprüfung einführen, um zu verhindern, dass der linke und der rechte Seitenspiegel vertauscht wurden.

> **Garantieprobleme resultieren aus der Produktentwicklung (z.B. schlechte Fehlerprüfung), werden der Fertigung zugeschrieben (z.B. Fehler) und werden im Einsatz entdeckt. Die unmittelbare Aufmerksamkeit gilt der Fertigung durch Kundenrückmeldungen und Rücklauf. Ziel = 60% Reduktion.**

Abbildung 2-12. Plan-Phase: Stufe 3 – Zerlegen von Problemen und Festlegung von Zielen

Wenn Sie dies nicht getan hätten, wären Probleme in der Herstellung aufgetreten, welche jedoch in Wahrheit auf die Produktentwicklung zurückzuführen wären. Aber auch in der Herstellung werden natürlich Fehler gemacht. Da es jedoch keine abschließende Kontrolle gibt, bedeutet dies, dass sich leicht Fehler einschleichen können.

Der unmittelbare Fokus – wie beschlossen wurde - bestand darin, den Problemen Grenzen zu setzen, **statt** ein brandneues Fahrzeugdesign anzufertigen. Es würde Jahre dauern, bis man überhaupt Resultate erhalten würde. Stattdessen schaute man sich die Fahrzeuge an, welche derzeitig produziert wurden, und zwar von Beginn der Produktion bis hin zu dem Zeitpunkt, an dem der Kunde Feedback über Probleme liefert. Dieses kann dann an den richtigen Stellen genutzt werden, sei es im Bereich der Qualität, Produktion oder im Engineering. Danach entscheidet man, welche Aktionen aus dem Feedback ergriffen werden. Das Ziel wurde bereits auf 60 Prozent festgelegt, aber man verteilte es auf 10 Prozent pro Jahr.

Toyota musste die größten Gewährleistungsprobleme identifizieren, eine Leichtigkeit, und dann den grundlegenden Auslöser analysieren, was gar nicht so einfach war. Während man immer mehr Manager und Ingenieure aus der mittleren Managementebene hinzuholte, um die Detailarbeit durchzuführen, wuchs das Team auf einige hundert Mitarbeiter. Sie waren dabei, Messungen durchzuführen und herauszufinden, wo die Probleme auftreten, als ihnen bewusst wurde, dass weitaus schwerwiegende Fehler im Bereich des Engineering als im Bereich der Produktion gemacht wurden. Das Engineering war ein Teil des Teams. Trotz allem gab es natürlich immer noch Probleme bei der Herstellung. Es gab Fehler, welche unbemerkt „durchrutschten". Jedes Werk musste daran arbeiten, die Fehler zu erkennen und die grundlegenden Ursachen zu verstehen (siehe Abbildung 2-13). Ein interessantes Problem bestand zum Beispiel darin, dass in der endgültigen Teststation ein hoher

Lärmpegel herrschte. Manchmal konnte der Prüfer deshalb kein Klappern oder Schütteln hören. Die Lösung hierfür war relativ unkompliziert. Sie konnten schalldichte Abteile installieren, um dort die Tests durchzuführen. Sie probierten dies im Werk in Georgetown, Kentucky, und sahen einen sofortigen Rückgang bezüglich der Fehler, welche unentdeckt blieben.

Für Ingenieure war die Lösung nicht so einfach. Es gab viele Probleme und selbst die grundlegenden Ursachen herauszufinden ergab sich als kompliziert. Der normale Ablauf, mit dem Sie vertraut sind, ist, dass Sie Ihr Fahrzeug zum Händler bringen, wenn Sie damit ein Problem feststellen oder es einen Rückruf gibt. Dort verweilt es für einige Zeit. Das Auto wird Ihnen dann in der Regel komplett repariert zurückgebracht. Sie empfinden das Ganze vielleicht als ein negatives Erlebnis.

Mangelndes Bewusstsein über potenzielle Fehlerquellen im Fertigungsprozess sowie Übersehen von Mängeln während der Prüfung.
Rückmeldungen und Stellungnahmen während des Einsatzes sind ungenügend identifiziert und kommuniziert. Anforderungen an Änderungen sind ungenau und nicht effektiv.

Abbildung 2-13. Plan-Phase: Stufe 4 Grundlegende Ursachen analysieren

Der Händler gibt die Informationen in das Computersystem von Toyota ein und damit ist sein Job getan. Traurigerweise ist die Problemschilderung oft sehr grob. Es gibt viele Kategorien im Computersystem, so dass man einfach eine auswählen kann. Es zeigt an, dass eventuell ein Problem mit der Elektronik vorliegt und wo genau der Fehler auftritt. Aber man weiß nicht direkt, weshalb der Kurzschluss stattfand. Man weiß nur, dass irgendein Teil versagt hat.

Was passierte, war, dass diese Art der Information nicht sehr nützlich für das Engineering war. Wenn ein gängiges Problem auftritt, würde man danach schauen, sofern es die Zeit erlaubte. Zudem stellte das Team fest, dass jeder Teil von Toyota in Nordamerika Änderungsanträge an das Engineering stellte. Dies beinhaltete jedes Werk, jede Vertriebsorganisation, jeden Stellvertreter, jeden Gewährleistungsstellvertreter und die Qualität im gesamten Nordamerika. Sie wurden nicht priorisiert. Das Problem wurde nun klarer, nämlich: Wie konnte man eine Analyse der Kernursachen bei den häufigeren Gewährleistungsproblemen erhalten und wie die Fehler zu priorisieren, dass die Ingenieure wussten, was von höchster Priorität war?

Toyota nannte die Gegenmaßnahme in der Herstellung „eingebaute Qualität mit Besitz" (engl.: „Built-in Quality with Ownership"), mit welcher es zu den grundlegenden Prinzipien von Sakichi Toyoda zurückkehren wollte und ließ somit ein Problem nie über den Entstehungsort hinaus treten (siehe Abbildung 2-14), d. h., nie einen Defekt verpassen und es nicht aus der Station hinauslassen. Eigentum bedeutet, dass, sobald ich ein Problem gefunden habe, habe ich dies zum Besitz gemacht. Ich trage dafür die Verantwortung. Ich kann es nicht „durchrutschen" lassen und davon ausgehen, dass sich die Inspektion darum kümmert. Darüber hinaus muss ich mir Gedanken über den Input für meinen Prozess, über die Charaktereigenschaften meines Prozesses und über die Methode, welche für eine manuelle Arbeitsweise benutzt wird, machen. Die Idee der „eingebauten Qualität" besteht bereits dem Anfang des Unternehmens und damit seit Jahrzehnten. Doch dies war eine neue Initiative auf einem höheren Niveau. Um das Bewusstsein zu schärfen, müssen Sie erneut **zu den Wurzeln zurückkehren**, weil Menschen zurückfallen. Es war an der Zeit, neue Tools zu entwickeln, um die Ursachen von Qualitätsproblemen zu analysieren.

Die Gegenmaßnahme der Geräuschisolierungsräume war eine von zehntausend Verbesserungen, welche innerhalb von sechs Jahren vorgenommen wurden, um Fehler die zu reduzieren, die aus den Werken kamen.

> **Manufacturing-built-in-quality mit Verantwortung bei allen Arbeitsprozessen und ein verbesserter Prüfprozess.**
> **Rückmeldung und Stellungnahme-System für Ursachenfeststellung der Garantie-fälle und Optimierung der Rückmeldungen an die entsprechende Konstruktions-abteilung.**

Abbildung 2-14. Plan-Phase: Stufe 5 – Gegenmaßnahmen entwickeln

Was kann man möglicherweise im Engineering tun, um zur Kernursache der Gewährleistungsprobleme zu gelangen? Man hätte zum Händler gehen und bei ihm nachfragen können, ob er sich die Fahrzeugteile des Kunden anschauen könnte. Dieser hätte sie zurück an die Vertriebsabteilung von Toyota übergeben, damit man eine genaue Liste anfertigt, mit deren Hilfe die für die Wartung zuständige Person etwas näher an der Kernursache forschen könnte. Toyota überlegte sich jedoch etwas Besseres. Sie realisierten, dass sie eine interne Gruppe von Kunden direkt im Unternehmen hatten. So würden Toyota-Arbeiter gute Angebote bezüglich der Leasingverträge bekommen. Da sie für Toyota arbeiten, würden sie als Autobesitzer gebeten werden ihre Autos direkt mitzubringen. Auf diese Weise könnten fehlerhafte Teile zurückgegeben werden, damit man die Wurzel des Problems feststellen könne.

Wie hat Toyota das umgesetzt? Sie suchten sich Toyota Motor Sales mit mehreren Tausend Angestellten aus. Sie fragten die Angestellten, ob sie am Programm teilnehmen würden. Die Mitarbeiter brachten ihre Autos direkt in Toyotas Fertigungs- und Vertriebsstätten und eins nach dem anderen wurden die Ursachen von Problemen aufgedeckt.

> **Umsetzung durch ein weltweites Netzwerk von Führungskräften, die Verant-wortung übernehmen.**

Abbildung 2-15. Umsetzungs-Phase: Stufe 6 – Gegenmaßnahmen verfolgen

Auch andere Unternehmensteile von Toyota wurden in diesen Vorgang involviert. Man hatte die Leiter aller Teilbereiche von Toyota in einem Team vereint. Die Verbesserungsvorschläge im Bereich Engineering nahm ausschließlich das Kundenzufriedenheitscenter (siehe Abbildung 2-15) entgegen. Man wollte, dass die Probleme durch einen Filter gingen und Prioritäten gesetzt wurden, bevor diese entweder an das Technical oder Engineering Center von Toyota in Japan oder an Lieferanten zurückgingen. So weit wie möglich wurde somit die Ursachenanalyse in Amerika durchgeführt.

Über sieben Jahre intensiv beobachtet mit kontinuierlichen Anpassungen.

Abbildung 2-16. Check-Phase: Stufe 7 – Sowohl Ergebnisse als auch Prozesse kontrollieren

Das Weiterentwickeln und Verbessern war ein langfristiger Prozess (siehe Abbildung 2-16). Deshalb stellte sich heraus, dass man dafür auch sieben Jahre benötigte, um endlich die gewünschten 60 Prozent zu erreichen. Man verfolgte das Ziel und verbesserte kontinuierlich den Prozess. Im vierten Jahr trat Gary zurück. Toyota hatte bereits Fortschritte gemacht, um die neuen Prozesse in den Bereichen wie Produktion, Vertrieb und Engineering zu standardisieren. Dieser Prozess musste jedoch immer mehr zur Routine werden. Es sollte die neue Arbeitsweise in Nordamerika werden (siehe Abbildung 2-17).

Viele Prozesse in den Bereichen Fertigung, Konstruktion und Vertrieb wurden vereinheitlicht. Die Arbeitsprozesse machten in Bezug auf die Hauptursache Fortschritte: Besseres Training und Weiterentwicklung der Ingenieure und Standardisierung des Konstruktionswesens, built-in quality mit Verantwortung in der Fertigung, sowie ein optimiertes Berichtswesen der Garantiefälle im Verkauf.

Abbildung 2-17. Act-Phase: Stufe 8 – Standardisieren und das Wissen verbreiten

3-Monate-Gewährleistungen in den nordamerikanische Werken

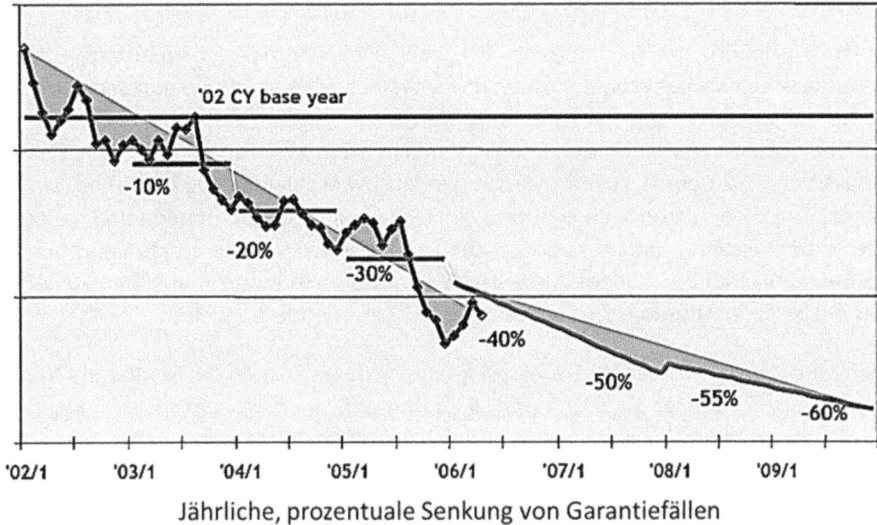

Jährliche, prozentuale Senkung von Garantiefällen

Quelle: Toyota Engineering and Manufacturing of America, Inc.
Abbildung 2-18. 3-Monate-Gewährleistungsreduzierung in Nordamerika-Werken

Sie fragen sich bestimmt, wie es lief. Es lief sehr gut, wie Sie an der obigen Grafik erkennen können. Die kurzen horizontalen Linien waren die Ziele. Wie Sie sehen können, waren es 10 Prozent pro Jahr vom Startjahr 2002. Die gepunktete Linie repräsentiert, was unter Garys Führung passierte. Man erreichte 40 Prozent nach vier Jahren. Nachdem er ging, überprüften wir den Fortschritt. Man hatte tatsächlich im siebten Jahr die 60-Prozent-Marke erreicht.

Natürlich gingen die Reparaturen nicht geradlinig zurück und sie lagen nicht genau bei 10 Prozent pro Jahr. Sie können erkennen, dass sie manchmal unter und manchmal über dem Ziel lagen. Am besten ist es, wenn man darüber nachdenkt wie viele „PDCA"-Zyklen am Laufen waren – Dinge ausprobieren, manche Dinge funktionieren und andere scheinen zu funktionieren, so dass wir manchmal vor unserem Zeitplan liegen. Und dann fallen wir plötzlich wieder hinter unseren Zeitplan, da wir ein großes Problem mit einigen Autoteilen haben und wir diese erst wieder löse müssen.

Dieser Prozess war nicht das Resultat davon, dass Gary anordnete, die Gewährleistung um 10 Prozent zu reduzieren, wie es in manchen Firmen üblich ist. Als Vorstand hat Gary ein gesamtes Team von Führungskräften auf Executive-Ebene aktiv geführt. Man hatte mehrere Hundert Leute, die im Team zusammenarbeiteten, und mittels „PDCA" erreichte man dieses außergewöhnliche Ziel. Ich würde es eine dauerhafte Verbesserung auf dem Weg zum endgültigen Durchbruch nennen. Es ist *kaikaku*, verwirklicht mit viel *Kaizen*.

Mit den fünf „Warum?"-Fragen die grundlegende Ursache finden

Das Herausfinden der Kernursache ist wahrscheinlich der am häufigsten falsch verstandene Teil bei der Problemlösung und sicherlich wichtig. Die Kernursache hört sich sehr wissenschaftlich an, als ob es eine Kernursache gäbe und man jede mögliche Methode nutzen müsste, um exakt den eigentlichen Grund herauszufinden. Die Realität ist, dass, wenn Sie überall, zu jeder Zeit und jeden Tag Problemlösung betreiben, Sie Ihre gesamte Zeit damit verbringen könnten, die Kernursache herauszufinden und nie etwas anderes tun würden. Man muss einige Abkürzungen nehmen. Sie müssen akzeptieren, dass Sie manchmal die goldene Mitte treffen werden und manchmal nicht. Schließlich ist es die beste Vermutung, die Sie dann durch Experimentieren testen.

Taiichi Ōno lehrte, wie man die Kernrsache eines Problems durch die 5x-Warum-Fragen-Methode lösen kann. Er glaubte daran, dass Ihre größte Erfolgschance darin liegt, den Prozess tiefgründig zu beobachten, nachzudenken und sich selbst dauerhaft herauszufordern. Weiß ich wirklich, dass dies auch die Kernursache ist? Wieso ist es passiert? Und dies fünfmal zu wiederholen, schien die richtige Anzahl zu sein. Sie betrachten Daten, aber benutzen vielleicht nicht unbedingt die raffinierteste Regressionsanalysemethode oder die statistische Versuchsplanung (engl.: „design of experiments"). Das Ziel ist es, eine plausible Kette von Erklärungen aufzustellen, damit Sie diese testen können.

Das am meisten verbreitete Problem ist nicht die fehlende Genauigkeit beim Ausfindigmachen der Kernursache. Das häufigste Problem ist, dass wir es nicht einmal versuchen, sondern sofort glauben, dass wir wissen, was der Grund ist, und sofort vom Problem zur Lösung springen.

Abbildung 2-19. Ein Mann springt in einen Pool mit Wasser (links). Rechts kein Wasser vorhanden

Wir zeigen in der obigen Abbildung einen Mann, der in einen Pool voller Wasser springt. Stellen Sie sich vor, der Pool hätte kein Wasser und der Mann würde einfach, ohne zu schauen, hineinspringen. Genau das ist es, was auch letztendlich passiert. Wenn Sie sich das Problem anschauen, fangen Sie an, Ideen zu sammeln und dann realisieren Sie diese. Das ist in etwa so, als ob Sie blind fliegen würden. Manchmal müssen Sie dies bei kleineren Problemen tun. Zum Beispiel haben Sie vielleicht ein hour-by-hour Meeting, und jede Stunde fragen Sie Ihre Mitarbeiter, ob sie das Ziel erreicht haben. Falls sie das Ziel nicht erreichen, fragen Sie nach, was der Grund dafür war, und dann haben Sie vielleicht auch eine Spalte für Gegenmaßnahmen. Was Sie tun, ist, dass Sie von Problemen zu Lösungen springen, aber Sie tun es bei kleineren Problemen, welche wiederholt stattfinden. Manchmal ist der Grund dafür offensichtlich (zum Beispiel war ein Teil außerhalb der Spezifikation und es steckte in der Maschine fest). Wenn Sie diese Probleme sammeln und die größten finden, sollten Sie eine Root-Cause-Analyse durchführen - und nicht voreilige Schlüsse ziehen.

Die fünf „Warum" und nicht die fünf „Wer"

Taiichi Ōno sagte: „Betrachten Sie den Shopfloor ohne Vorurteile und mit klarem Gedankengang. Wiederholen Sie „Warum" fünfmal bezüglich jeder Angelegenheit." Er war sehr berühmt für seinen Ōno Kreis. Er stellte sich in den Kreis, beobachtete, was passierte, und fragte durchgehend „Warum". Er versuchte, die Probleme und Kernursachen zu verstehen. Zwei Stunden später kehrte er zurück und tat dasselbe. Normalerweise stand er den ganzen Tag lang im Kreis. Er legte Pausen ein, ansonsten blieb er aber dauerhaft im Kreis stehen. Jedes Mal, als er zurückkehrte, erwartete er von den Mitarbeitern eine tiefere Analyse. Er sprach dabei mehrere Themen an und hatte sich über das „Warum" weitere Gedanken gemacht. Man beachte, dass er nicht fragte, um die schuldigen Parteien zu finden. Er hat nicht gefragt, um die fünf „Wer" zu finden. Wenn man das erste Mal „Warum" fragt, dann ist es meistens eine Person, die einen Fehler gemacht hat. Aber wenn man fragt, weshalb diese Person den Fehler begangen hat, wird dies Sie früher oder später zur Systemursache führen.

Prozess zur Fokussierung

Was passieren sollte, ist, dass Sie mit einem sehr großen Problem beginnen, welches zunächst sehr vage ist oder auch nur Symptome eines Problems aufweist (siehe Abbildung 2-20). Wir haben Qualitätsprobleme und wollen diese lösen. Wir wissen aber nicht, wo wir anfangen sollen. Sie müssen sich also zunächst stärker auf die Problembeschreibung konzentrieren. Ihr Ausgangspunkt könnte dann z. B. wie folgt aussehen: „Wir streben es an, die Nummer eins bei der Kundenzufriedenheit bei einer bestimmten Kundengruppe in zwei Jahren zu sein. Oder Sie wollen bei einer Produktionslinie, auf die Sie sich konzentrieren bis zum Ende des Jahres die Fehler um 80 Prozent zu reduzieren. Wenn Sie dann dahin gelangen, dass Sie an einem Teil einer anfangs breiten Problembeschreibung arbeiten, wie etwa an der Qualität des Arbeitsprozesses, was die meisten Fehler verursacht, dann fangen Sie an nach dem wahrscheinlichen Kern der Ursache zu suchen. Dann gehen Sie weiter und fragen sich als

Nächstes, wo das Problem entspringen könnte. Dann können Sie die direkte Ursache herausfinden. Bevor Sie also anfangen fünfmal die 5 W`s zu fragen, müssen Sie den „Point of Cause" identifizieren (wo das Problem entsprang) sowie die direkte Ursache herausfinden.

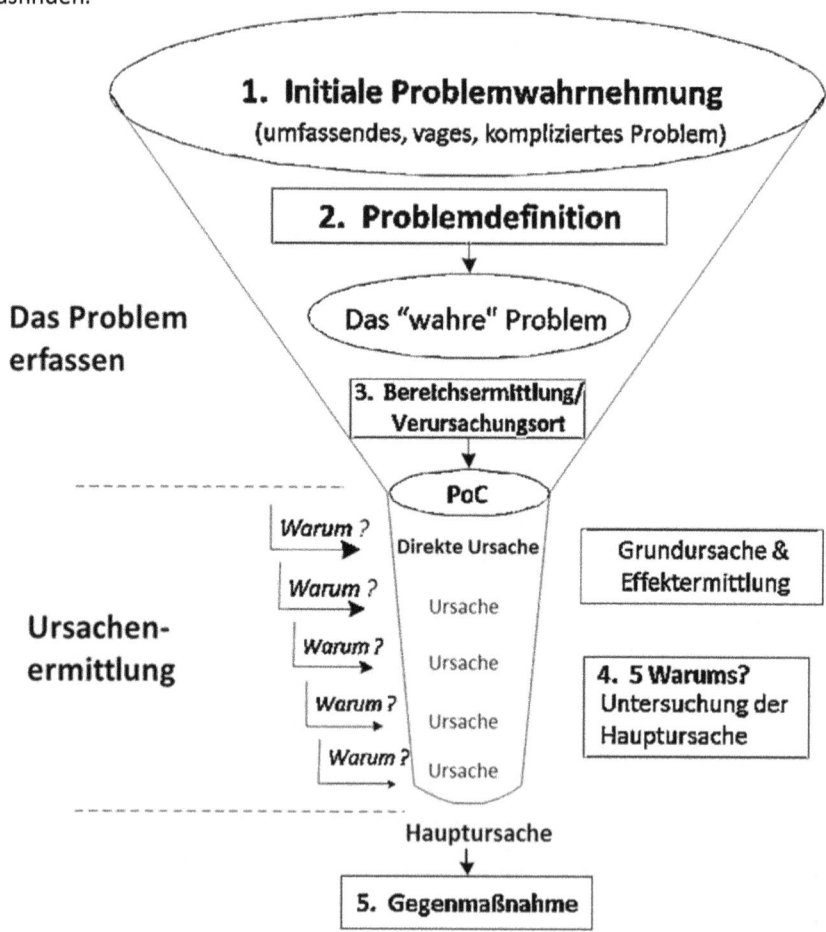

1. Initiale Problemwahrnehmung
(umfassendes, vages, kompliziertes Problem)

2. Problemdefinition

Das Problem erfassen

Das "wahre" Problem

3. Bereichsermittlung/ Verursachungsort

PoC

Direkte Ursache

Grundursache & Effektermittlung

Ursachen- ermittlung

Warum ?
Warum ?
Warum ?
Warum ?
Warum ?

Ursache
Ursache
Ursache
Ursache

4. 5 Warums? Untersuchung der Hauptursache

Hauptursache

5. Gegenmaßnahme

Quelle: Toyota Way Fieldbook
Abbildung 2-20. Den Fokus schärfen

Es gibt eine berühmte Geschichte über Taiichi Ōno, in der er Nampachi Hayashi, einem seiner besten Schüler, die Aufgabe stellt, ein Fließband so lange zu beobachten, bis ein Problem auftaucht. Hayashi erkannte ein ernstes Qualitätsproblem und konnte es kaum abwarten, dieses zu lösen. Ōno wollte dann wissen, wo das Problem entstanden sei. Das Problem war ein Teil, welches nicht genau passte. Als er darüber nachdachte, wurde ihm klar, dass dieses Problem vielleicht einen früheren Ursprung haben könnte. Ōno fragte ihn, weshalb er denn noch hier wäre, wenn das Problem nicht hier entstanden sei.

Hayashi rannte sofort stromaufwärts am Fließband entlang und als er von Ōno gefragt wurde, wohin er denn ginge, erwiderte er, dass er zurück zum Produktionsprozess laufe, um sich das Problem näher anzuschauen. Ōno fragte ihn, was mit der Montage des Teils sei und ob er denn weiterhin mangelhafte Teile montieren lassen wolle. Er wollte Hayashi klar machen, dass dieser gründlich über Probleme nachdenken musste, und somit zuerst das Problem in der Montage beseitigen musste, bevor er sich um die Produktion kümmern konnte. Es machte durchaus keinen Spaß, von Ōno zu lernen, sein Ansatz aber war sehr effektiv.

Übliche Fehler bei den 5-„Warum"-Fragen: den Anderen die Schuld geben

Ich habe Ihnen erklärt, dass Sie den „point of cause" – wo das Problem auftritt – ausfindig machen müssen, dies aber „unter Vorbehalt" durchführen müssen, und zwar müssen Sie sich auf das fokussieren, was Sie auch kontrollieren können. Nachfolgend folgt eine angemessene 5-W-Fragen-Analyse, welche David Meier und ich in *The Toyota Way Fieldbook* beschrieben haben. Das Problem ist, dass die Fehlerquote zu hoch ist – das Ziel wird nicht erreicht –, und der Grund dafür ist, dass wir zu viele fehlerhafte Teile haben. Warum? Weil Teile *nicht richtig* im Montageprozess bei der Montage zusammengefügt wurden. Oft tendieren wir hier dazu, dem Arbeiter die Schuld dafür zu geben. Warum? Weil die Arbeiter die Fehler begehen. Warum begehen sie Fehler? Sie begehen Fehler, weil die Teile nicht richtig aufeinander abgestimmt sind und somit nicht richtig passen. Warum passen Sie nicht zusammen? Weil die Teile *nicht richtig* entworfen wurden. Das bedeutet, dass wir nun zu den Ingenieuren gehen müssen, welche sich vielleicht in einer anderen Niederlassung oder sogar in einem anderen Land befinden. Wir müssen ihnen sagen, dass sie die Teile richtig entwerfen müssen.

Warum? ┐
        ┴→ **Designer hat nicht richtig konzipiert**

Abbildung 2-21. Die erste Antwort auf die Frage: Warum wurden die Teile *nicht richtig* entworfen?

Sobald Sie damit anfangen, anderen Parteien (siehe Abbildung 2-21) die Schuld zu geben, auf welche man keinen direkten Einfluss nehmen kann, ist es möglich, dass es eine längere Vorlaufzeit geben könnte, bis man sich mit dem Problem beschäftigen kann. Es kann dazu kommen, dass Sie den neuen Entwurf erst in einigen Monaten oder gar Jahren zu sehen bekommen. Nun müssen Sie schauen, ob es eine andere Antwort auf Ihre Fragestellung gibt, welche Sie zu etwas Brauchbarem führen *wird*, worauf Sie auch direkten Einfluss ausüben.

Effektive Root-Cause-Analyse

Problembeschreibung: Die Fehlerquote ist über Plan

Warum? ↴
| **Zu viele defekte Teile** |

Abbildung 2-22. Antwort auf die Frage: Warum ist die Fehlerquote zu hoch?

Das ist etwas, was wir effektive Analyse der Kernursache nennen. Das ist es nämlich, was wir hier getan haben. Wir haben immer noch den Arbeiterfehler (siehe Abbildung 2-22) und wissen auch noch, dass die Teile nicht genau ineinander passen. Aber nun fragen wir uns, ob es eine Möglichkeit in der Montage gibt, was die Teile dazu bringt, ineinander zu passen. Warum passen die Teile nicht zueinander?

Warum? ↴
| **Keine Fehlerprüfvorrichtung** |

Abbildung 2-23. Zweite Antwort auf die Frage: Warum passen die Teile nicht zueinander?

Wir verfügen über kein Gerät, das ständig nach Fehlern sucht und die Teile daran hindert, zur nächsten Station zu gelangen (siehe Abbildung 2-23). Die Vorrichtung, welche Sie sich ausdenken, könnte ganz schlicht sein, aber wir müssen eine Methode finden, die Teile so zusammenzubauen, dass dabei ein Endprodukt entsteht, welches den Kunden befriedigt. Das bedeutet immer noch, dass Sie den Ingenieuren Bescheid geben werden, damit sie im Laufe der Zeit das Design so verändern können, dass das Teil generell einfacher zusammengefügt werden kann, auch komplett ohne die Vorrichtung. Um das Problem jedoch einzuschränken, müssen wir sofort handeln, damit Qualitätsprobleme während der Montage nicht mehr auftreten. Anderen Parteien, die Schuld in die Schuhe zu schieben, kann oft auch eine Ausrede sein, damit man selbst nichts dagegen tun muss.

Sobald wir die Kernursache erkannt haben, wovon *wir* denken, dass es tatsächlich so sein könnte, müssen *wir* einige Ideen entwerfen, um die Ursache oder das Problem der Ursache zu eliminieren. Wie bereits vorher erwähnt, nennt Toyota diese Ideen „Gegenmaßnahmen", weil wir uns nicht sicher sein können, ob sie funktionieren werden oder ob wir eventuell noch bessere Lösungswege finden können. Wenn wir heute eine gute Lösung finden, könnte diese bereits morgen durch eine bessere Lösung ersetzt werden. Was uns als eine passende Gegenmaßnahme erscheint, muss durch ein wissenschaftliches Experiment bewiesen werden. Nun wird diese zu einer Hypothese. Wenn ich diese Gegenmaßnahme durchführe, glaube ich daran, dass dadurch die Lücke verringert wird.

Ein häufiger Fehler ist, dass wir denken, mehr zu wissen, als es eigentlich der Fall ist. Ich habe die Antwort. Dann setzen wir diese Antwort durch. Vielleicht hilft es für kurze Zeit oder vielleicht hilft es auch nur ein bisschen, aber ist das dann auch wirklich die beste Lösung? Vielleicht hätte ein Gruppenmitglied einen besseren Lösungsweg oder eine bessere Gegenmaßnahme gehabt. Der Übermut, der fast schon wie eine Krankheit ist, ist die größte Hürde, wenn es um einen Lösungsweg geht. Wenn Sie glauben, das Problem lösen zu können, werden Sie es nur oberflächlich lösen, wenn überhaupt.

Gegenmaßnahmen und Problemlösung, um Mitarbeiter zu entwickeln

„Nemawashi"

Ein weiteres Wort, welches oft im Problemlösungsprozess vorkommt, ist *Nemawashi*. Sie haben vielleicht bereits vor Ewigkeiten über *Nemawashi* in den Büchern zum Thema „Japanisches Management" gelesen. Das ist für Toyota nicht ungewöhnlich. Die eine Möglichkeit, dies zu übersetzen, bezieht sich auf die Natur und bedeutet „den Boden vorbereiten, bevor man einen Baum pflanzt". Im Kontext „den Boden vorbereiten" bedeutet dies, dass alle Parteien, die betroffen sind, wie auch alle Parteien, die die Entscheidung absegnen müssen, sich bereits gedanklich darauf vorbereitet haben, nun formell einen Vorschlag zu machen. Man bringt ein Dokument von Angesicht zu Angesicht in den Umlauf zu bringen. Skype ist in Ordnung, aber die Face-to-Face-Kommunikation ist immer besser. Am besten, man kommuniziert einzeln mit den Beteiligten, man diskutiert mit ihnen, tauscht Ideen aus, hört ihnen zu. Während man ihnen zuhört und mit ihnen diskutiert, nennt man ihnen Gründe, weshalb man ihre Ideen berücksichtigt und versucht, diese mit einzubeziehen. Man benutzt seine gesamte soziale Kompetenz, um einen Konsens aufzubauen. Wenn man dann den offiziellen Vorschlag macht, wird man Ihnen bereits zugestimmt haben.

Verbesserungsmöglichkeiten identifizieren und auswählen (Plan)

Wenn wir unsere Verbesserungsmöglichkeiten auswählen und identifizieren – unsere Gegenmaßnahmen sind immer noch Teil des Planungsprozesses –, werden wir *Nemawashi* benutzen, um viele großartige Ideen hervorzubringen. Danach werden wir diese Ideen einschränken, indem wir sie in puncto Wirksamkeit, Kosten, Schwierigkeitsgrad sowie bei der Fähigkeit, Dinge schnell umsetzen zu können bewerten. Sie können eine ganze Reihe von Kriterien benutzen und sie alle auf einer Drei-Punkte-Skala beurteilen. So erhalten Sie schnell eine Zahl. Benutzen Sie auch Ihr Urteilsvermögen, um eine kleinere Anzahl von Dingen zu finden, welche Sie schlussendlich testen werden. Im Prozess selbst, während Sie noch dabei sind, die Dinge zu testen, berichten Sie von Ihren Ergebnissen und sind dauerhaft dabei, Ihren Konsens aufzubauen. Im *Nemawashi*-Prozess werden somit mehr Ideen generiert. Immer wieder werden Sie *Nemawashi* in jeder Prozessphase anwenden. Eines der Dinge, worüber wir später in diesem Kapitel noch berichten werden, ist, dass A3 ein mächtiges Werkzeug für *Nemawashi* ist. Es kann Teil des Prozesses sein, in dem Konsens ausgebaut wird, aber nur dann, wenn man es für genau den Zweck benutzt, was folglich bedeutet, dass wir es nicht alleine erfüllen können und uns nur all unseren eigenen Ideen gegenüber verpflichten können.

Verbesserungen planen und durchführen (Do)

In der Durchführung wollen Sie nicht warten. Sie wollen nicht, dass Fehler oder Verschwendungen auftreten, bis Sie die Kernursache gefunden haben. Wie vorher bereits erwähnt, müssen Sie das Problem erst einmal einschränken. Zum Beispiel ist es in einem Toyota-Werk so, dass, wenn jemand die Leine (*Andon*) zieht, gleich ein Licht angeht. Vielleicht kommt auch gleich ein Teamleiter angerannt. Seine erste Aufgabe ist es, das Problem einzugrenzen, damit man mit der Produktion fortfahren kann. Falls es nötig ist, kann das Team dann zurücktreten und nach längerfristigen Lösungen suchen. Es kann sogar sein, dass man zuerst das Problem eingrenzen muss, bevor man den „PDCA" durchführt. Erst dann setzt man die „PDCA"-Methode ein, um herauszufinden, was die größten Probleme sind, auf die man sich konzentrieren muss.

Ich war im Zingermans Versandhauslager, wo man gerade dabei war, ein neues Gestell zu entwerfen, das Pakete unterschiedlicher Größen fassen konnte, um entsprechend verschiedene Produkte zu verschicken. Eine der schwierigsten Aufgaben für die Arbeiter ist es häufig, die richtige Paketgröße auszuwählen. Man war ständig dabei, an einem Gestell herumzubasteln, es dem Arbeitgeber zum Testen zu geben, und dann erneut daran herumzubasteln. Man ging wochenlang den „PDCA"-Prozess durch und erzielte schließlich zufrieden stellende Arbeitsergebnisse. Somit hat man das Endprodukt an allen Arbeitsplätzen eingeführt. Die Umsetzung ist ein kontinuierlicher Prozess bestehend aus Experimentieren, Reflektieren und Anpassen.

Problemlösung ist die Methode, Menschen weiterzuentwickeln

Der Toyota-Way bedeutet kontinuierliche Verbesserung und Respekt vor den Menschen und diese zwei Pfeiler werden als ineinander verflochten gesehen. Verflochtenheit bedeutet, dass, während Menschen Probleme lösen, sie auch zugleich viele neue Fähigkeiten erlernen. Diese Fähigkeiten beinhalten *Nemawashi*, neue Ideen zu erfinden, ihren Horizont zu erweitern, tiefgründig zu beobachten, nachzudenken und nachzufragen, warum. Die Menschen entwickeln ein ganzes Repertoire an Fähigkeiten und Gewohnheiten. Gleichzeitig lösen sie reale Probleme und verbessern sich dabei stetig. Das Resultat der Problemlösungen ist die Mitarbeiterentwicklung.

Als Gary den Versuch leitete, die 60-Prozent-Gewährleistungsreduzierung mit einigen der Besten Leute von Toyota zu erreichen, fragte niemand, ob man die 60 Prozent erreichen würde, oder ob es auch genügen würde, wenn man nur 57 Prozent erreicht. Das Ziel lag bei 60 Prozent. Man würde es erreichen und man wusste, dass man es erreichen würde. Man wusste, wie: durch den Problemlösungsprozess. Man kannte aber die genaue Lösung nicht, welche funktionieren würde. Während man sich durch den Prozess arbeitete, entwickelten alle Fähigkeiten auf einem höheren Niveau, insbesondere Gary.

Toyota Business Practices: Menschen durch Problemlösungen weiterentwickeln

Was Toyota in den Business Practices tut, ist, dass zwei Dinge parallel behandelt werden. Eines bezieht sich auf die Frage, was die genauen Aktionen und Prozesse sind, welche benötigt werden, um das Problem zu lösen. Das zweite beantwortet die Frage, welche Werte und Fähigkeiten wir den Menschen vermitteln wollen, während sie diesen Prozess durchlaufen. Sie nennen dies Antrieb und Hingabe (siehe Abbildung 2-24). Während man die acht Schritte durchläuft, werden der Antrieb und die Hingabe aufgebaut. Zum Beispiel sollte für Sie, wenn Sie sich das Problem vor Augen führen, immer der Kunde an erster Stelle stehen, was bedeutet, dass man sich zuerst fragt, wer der Kunde ist, und dann, was der Kunde von Ihnen benötigt, um zufrieden zu sein. Wenn Sie Gegenmaßnahmen entwickeln, dann versuchen Sie, Ihre Entscheidung basierend auf Fakten feinzujustieren, wie zum Beispiel, dass man die Probleme priorisiert. Sie involvieren Stakeholder und Sie lernen, wie man mit ihnen redet, wie man ihre Ideen umsetzt und wie man sie überzeugt, indem man ihnen zuhört und ihre Ideen ernst nimmt.

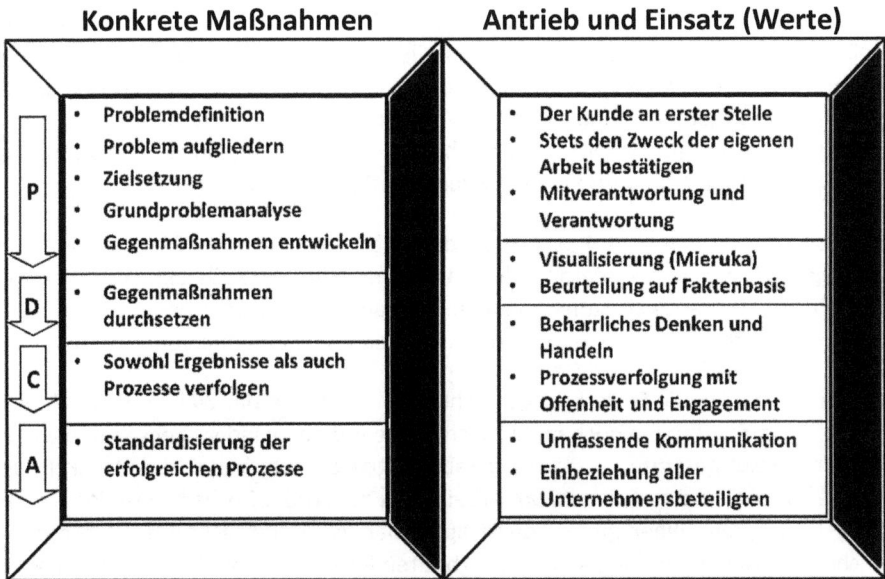

Abbildung 2-24. Toyota Business Practices – auf einen Problemlösungsprozess ausgerichtet

In einem Aktionsplan geht es um Verantwortung

Wenn Sie zum Aktionsplan gelangen, um die Gegenmaßnahmen zu testen, werden wir einen visuellen Zeitplan haben, der dort aufgehängt wird, wo er sehr gut sichtbar ist. Normalerweise werden Sie eine Tafel am *Gemba* haben, auf der der Fortschritt des Problemlösungsprozesses inklusive Was, Wer und Bis wann verfolgt wird.

Sie sollten immer die Namen von Einzelpersonen aufschreiben – nicht Teams und auch nicht, was jede einzelne Gruppe macht. Bei jedem Schritt gibt es jemanden, der für diesen Schritt verantwortlich ist. Teil der Check-Phase ist es, dass die jeweilige Person an den Sitzungen beteiligt ist. Wenn man etwas fertigstellen soll, wird somit sofort sichtbar, ob man sich Gedanken darüber gemacht hat, oder ob man dies nicht sorgfältig genug getan hat. Jedes Mal, wenn Sie sich mit dieser Person treffen, stellt dies eine Möglichkeit für die Person dar, Rückmeldung zu erhalten und ihre Problemlösungsfähigkeiten zu verbessern. In einem Aktionsplan geht es deshalb um Verantwortung und dies ist ein weiteres Werkzeug, um Ihre Mitarbeiter zu entwickeln.

Überprüfen heißt Lernen

Wir können mit der Check-Phase des „PDCA"-Zyklus fortfahren, was eine weitere Möglichkeit für Mitarbeiterentwicklung darstellt. Während Sie die Situation beobachten, werden Sie gecoacht. Wenn Sie kommen und sagen: „Schauen Sie sich meine großartigen Resultate an." und zeigen nur Zahlen, wird der *Sensei* Sie fragen: „Haben Sie den Prozess beobachtet? Wie lange haben Sie dies getan haben? Haben Sie mit den Leuten gesprochen?". Er wird Sie zurück zum *Gemba* schicken.

Sie müssen darauf vorbereitet sein, Veränderungen vorzunehmen. Oft sind wir uns zu früh siegessicher und Sie werden die Check-Phase als eine Check- und Act-Phase wahrnehmen. Diese zwei Stufen werden ineinander verschmelzen, weil Sie durch Beobachtung lernen sollen, was Sie dazu bringt, neue Gegenmaßnahmen zu entwickeln.

Sie haben bereits einen Fortschritt gemacht, aber Sie haben das Ziel immer noch nicht erreicht. Dann müssen Sie noch mehr machen. Sie müssen wieder checken und wieder anpassen. Dieser gesamte Prozess ist darauf ausgelegt, Mitarbeiter zu entwickeln und die Organisation dazu zu bringen, am Arbeitsplatz zu lernen. Deshalb verteilen Sie das, was Sie lernen, über einen gewissen Zeitraum. Man verbreitet nicht Best Practices, wie manche fälschlicherweise glauben. Sie verbreiten Ihr Lernen und Ihre Beiträge werden zu einem Input eines Denkprozesses bei demjenigen, dem sie das kommunizieren.

Zukünftige Maßnahmen in tiefgründiger Reflektion

Die letzte Maßnahme im „PDCA"-Zyklus ist eine tiefgründige Reflektion, und dies geht so lange, bis Sie sich sicher sind, dass sich der Prozess stabilisiert hat. Oft hören wir, dass die Lösung nicht aufrechterhalten werden kann. Wenn Sie dann einige Monate später wieder zurückkehren, funktioniert es nicht mehr so, wie Sie es ursprünglich geplant hatten. Menschen wollen der Standardmethode, welche Sie entwickelt haben, nicht folgen. Das Problem liegt in der Regel darin, dass Sie nicht lange genug anwesend waren, um die Arbeiter weiterhin zu überprüfen, zu coachen und zu unterstützen, bis der neue Prozess für sie zur Routine wurde – die neue Methode, wie wir unsere Aufgaben erledigen. Sie tragen die Verantwortung, Ihnen gehört das Problem – Sie sind also dafür verantwortlich, die Lösung aufrechtzuerhalten und dauerhafte Verbesserungen vorzunehmen.

Häufig erleben wir, dass ein Unternehmen einen Piloten für die Lean-Einführung (manchmal wird es auch ein „Leuchtturm"-Projekt genannt) aufsetzt. Sobald man den einen Bereich bearbeitet hat und darin erfolgreich war, kommt es vor, dass wir den Auftrag erhalten, dies überall umzusetzen. Keiner wird mehr zum Pilotbereich zurückkehren. Der Wert des Piloten ist es, dass es sich hierbei um einen Übungsbereich handelt. Sie können weiterhin dazu lernen und über andere Unternehmensteile herausragen, aber meistens hält der Lernprozess frühzeitig an, weil Sie damit beschäftigt sind, was auch immer Sie gelernt haben, zu verbreiten, und dann bildet sich dieser Bereich wieder zurück. Währenddessen kann es sein, dass die Kopien wahrscheinlich nicht genauso gut wie das Original sind, da zum einen dieselbe Lösung nicht genauso in einem anderen Kontext angewendet werden kann, und zum anderen haben Menschen in den Bereichen, in denen sie die „Best Practice" verbreiten, nicht denselben Lernprozess durchgemacht und verstehen deshalb das Modell nicht gut genug, um es zu akzeptieren und die grundlegenden benötigten Routinen weiterzuführen.

Warum wird „PDCA" so selten befolgt?

Quelle: Toyota Way to Continuous Improvement
Abbildung 2-25. PDCA-Zyklus (Plan–Do–Check–Act /Adjust) oder Deming Wheel

Wird die „PDCA"-Methode so, wie ich sie beschrieben habe, häufig umgesetzt? Ist dies typischerweise auch der Weg, wie Mitarbeiter Verbesserungen vornehmen? Schließlich haben eine Reihe von Unternehmen die Qualitätsrevolution der 80er- und 90er-Jahre durchlebt. Mittlerweile sollten wir alle Qualitätsexperten sein. In einem dieser Qualitätskurse haben wir etwas über die „Plan-Do-Check-Act"-Methode (siehe Abbildung 2-25) und die grundlegenden Problemlösungswerkzeuge erfahren sowie gelernt, ein Ursache-Wirkungs-Diagramm zu erstellen. Ist dies also nichts anderes als eine alte Idee? Diejenigen, die schon länger dabei sind, werden sicherlich hiervon gehört haben. Was aber eigentlich tagtäglich passiert, wird in Abbildung 2-26 dargestellt.

Quelle: The Toyota Way to Continuous Improvement
Abbildung 2-26. Das PDCA-Rad mit nur Do – Make it Happen!

Wir kommen in einen Kreislauf, wo wir nur noch Dinge tun, irgendetwas planen bzw. analysieren oder überprüfen. Dabei werden weitere Aktivitäten wie das Agieren bzw. das Verbessern sowie das Anpassen völlig vernachlässigt. Wieso passiert denn das? Wir haben es im Kurs gelernt und wissen, dass „PDCA" die richtige Vorgehensweise ist. Jedoch, wenn man sich die Praxis genau anschaut und die Mitarbeiter bei der Arbeit beobachtet, sind sie die meiste Zeit mit dem „Tun" beschäftigt. Wie kommt das?

Man stellt fest, dass es ein Teufelskreis ist, aus dem es sehr schwierig ist, herauszukommen. Sie passen das System an, weil es nicht mehr funktioniert. Dann taucht das nächste Problem auf und man versucht nun, dieses Problem zu beheben. In der Zwischenzeit wird ein anderes Problem wieder auftauchen, das zuvor nicht wirklich gelöst wurde. Es kommt zu einem so genannten Schneeballeffekt. Man ist dann ständig dabei, Probleme zu bewältigen. Das System wird eher schlimmer, als dass es besser wird. Wenn man einmal in einem Teufelskreis ist, fühlt man sich gefangen, weil man keine Zeit fürs Planen, Überprüfen oder Anpassen hat. Man kann sich nur um die aktuellen Tagesprobleme kümmern.

Wechselt man zum positiven „PDCA"-Zyklus, läuft es gleich besser und es gibt eine größere Stabilität. Nun gibt es Zeit, damit man planen, überprüfen und anpassen kann. Es gibt nun zusätzliche Ressourcen für die Problemlösung. Dadurch, dass nun die Probleme richtig gelöst werden, verbessert sich die Situation. Somit wird ermöglicht, dass Sie mehr Zeit für *Kaizen* eingeräumt bekommen. Wir können entweder einen selbst entwickelten positiven Zyklus oder einen selbstzerstörerischen Teufelskreis haben. Viele Unternehmen sind in einem selbstzerstörerischen Teufelskreis gefangen.

George: „Nun, lieber Jeff, was ist Deine Gegenmaßnahme für Unternehmen, die in diesem Zyklus gefangen sind? Wie schaffst Du es, sie immer wieder zur Deming-Modell-Denkweise zu bewegen und wie gehst Du als Berater vor?"

Jeff: „Die einfachste Antwort ist **Führung**. Einer muss damit aufhören, ständig Brände zu bekämpfen, sondern sich proaktiv mit der Problemlösung auseinanderzusetzen. Einer muss die Führungsrolle übernehmen. Es kann ein Manager oder ein Vorgesetzter sein, der darüber nachdenkt: „So, genug für heute. Ich gehe nach Hause, es ist schon spät." Und jeden Tag wird man dadurch wahnsinniger und frustrierter. Man behandelt seine Familie schlecht. In der weiteren Nachdenkphase kommt man dann zum Entschluss: „Mir geht es elend und ich habe einfach genug davon. Ich muss etwas anders machen." Ein löblicher Entschluss reift in uns: „Ich werde jetzt die Möglichkeit ergreifen, etwas über „Lean" zu lernen, und werde meinen Führungsstil ab sofort ändern."

Ich hatte schon Menschen, die mir E-Mails folgenden Inhalts geschrieben haben: „Mit großem Interesse habe ich Ihr Buch gelesen und fing gleich damit an, die Prinzipien in meinem Bereich anzuwenden. Für einen Moment unterbrach ich die Arbeit und war am Hinterfragen, was das Problem sei. Dabei wurde die 5-Warum-Methode angewandt. Wir fingen an, Probleme zu lösen. Dafür standen uns einige „Lean"-Werkzeuge zur Verfügung. Die Dinge verbesserten sich und wir hatten mehr Zeit, die tatsächlichen Probleme zu lösen. Nun fragt mich das Management, was sich denn verändert hat. Wieso übertreffen Sie die anderen Abteilungen? Meine gleichrangigen Vorgesetzten sagen, dass ich mich bei der Geschäftsführung anbiedere. Was soll ich machen? Die Geschäftsführung versteht nicht, was ich mache, und andere Vorgesetzte sind sauer und neidisch. Darum wollen sie nicht, von mir zu lernen."

Es ist ja aber auch echt ein Problem, aber ich sage ihnen, sie müssen durchhalten und sie sollten das machen, was sie für richtig erachten. Irgendwann werden die Anderen ihre Sicht ändern. Die bessere Ausgangsposition ist, wenn eine hochrangige Führungspersönlichkeit Veränderung will: „Ich mache nicht mehr mit. Ich will mich verändern." Dr. Richard Zarbo, der das Testlabor von Henry Fords Health System leitete, verfasste darüber ein Kapitel in *The Toyota Way to Continuous Improvement*. Er hatte das Deming-Training Jahrzehnte zuvor absolviert. Irgendwann schaute er in den Spiegel und sagte: „Wir setzen gar nichts von dem um, was Dr. Deming uns beigebracht hat. Ich werde das nun in den Labors umsetzen." Es traten nun dramatische Veränderungen ein und den Anfang machte Dr. Richard Zarbo. Wie wir es später sehen werden, ist der erste Schritt, um ein „Lean Leader" zu werden, die Selbstentwicklung. Sie selber müssen den Willen haben, sich zu verändern. In einem Teil des Unternehmens werden Sie nur das verändern können, was in Ihrer Macht steht.

Wenn mir Menschen die Frage stellen: „Was soll ich tun? Ich habe keine Unterstützung seitens der Geschäftsleitung und durch andere Vorgesetzte.", dann antworte ich nur einfach darauf: „Machen Sie nur weiter so, tun Sie die guten Dinge." Vielleicht geht man dann zufriedener nach Hause und wird dadurch ein besserer Vater, Ehemann und Mitglieder der Gesellschaft. Ihr Leben hat eine bessere Qualität. Wieso würden Sie wieder einen Schritt zurück machen wollen?

In der Zwischenzeit, je länger Sie das machen und die Ergebnisse erzielen, wird jemand, der weiter oben in der Hierarchie steht, dies zur Kenntnis nehmen und darauf kommen, dass man von Ihnen etwas lernen kann. Das passiert oft. Sie müssen irgendwo anfangen und das könnte unten, in der Mitte oder gar ganz oben sein. Am effektivsten ist es natürlich, wenn die obere Führungsliga die Leidenschaft für Veränderung entwickelt. Dies kommt meist von außen. Beispielsweise hatten wir ein Patent. Wir erzielten eine 100 %ige Gewinnspanne. Nun ist das Patent ausgelaufen und wir haben Mitbewerber. Die Gewinnspanne ist jetzt nur noch 15%. Entweder verändern wir uns oder gehen unter. In Kapitel 7 werden wir am Beispiel von Dana sehen, wie eine Krise die oberste Führungsebene zum Umdenken bewegen kann.

Warum schließen so viele Unternehmen das „PCA" aus dem „PDCA"-Zyklus aus?

Lasst uns noch einmal fragen: Warum ist es so, dass Menschen das Planen, Überprüfen und Agieren überspringen und direkt zum Durchführen übergehen? Warum schauen Menschen auf ein Problem – vor allem, wenn man ein Topmanager ist – und denken, dass sie mit der richtigen Lösung sofort müssen? Ich habe das Problem verstanden. Ich bin jetzt gefordert mit einer Lösung zu kommen. Dann muss ich darauf achten, dass meine die beste Lösung ist, damit jeder auf mich zeigen und sagen kann: „Du bist ein Held! Du hast das Problem gelöst!" Warum machen Leute das?

Es gibt tatsächlich eine ganze Menge neuer Forschungsarbeit, die uns hilft, das zu verstehen. Es gibt Forschungsarbeit auf dem Gebiet der Gehirnchemie, und es gibt auch einen Bestseller *Schnelles Denken, langsames Denken* von Daniel Kahneman, einem einflussreichen Wissenschaftler der kognitiven Psychologie, der seine berufliche Laufbahn dem Studium der menschlichen Vernunft und dem menschlichen Entscheidungsverhalten widmete. Für ihre Arbeit gewannen die beiden US-Amerikaner, Daniel Kahneman und Amos Tversky, sein Kollege und ebenso Mitautor, den Nobelpreis.

Auf einfachste Weise sagt er in seinem neuen Buch: „Nehmen Sie einmal an, dass Ihr Gehirn aus zwei Gehirnhälften besteht, die voneinander unabhängig sind." Das ist nicht die Realität, aber das wäre nur eine vereinfachte Ansicht. Sie haben also diese beiden Computerprozessoren in Ihrem Gehirn. Eine Gehirnhälfte liebt es, vom Problem zur Lösung zu springen. Sie will schnell denken und reagieren. Stereotypisierung kommt vom schnellen Denken, d. h. ich sehe Sie und ziehe sofort Schlussfolgerungen. Diese Person sieht intelligent aus. Diese Person sieht faul aus. Diese Person ist ein schlecht bezahlter Arbeiter. Diese Person ist ein sehr erfolgreicher Manager. Schnell entwickeln sich viele Attribute, die auf bisherigen Erfahrungen beruhen – sei es die Berufsbezeichnung oder einfach nur das Aussehen. Das ist ein Teil Ihres Gehirns, das so schnell wie möglich die Schlussfolgerungen ziehen will. Diesen Teil des Gehirns zu verlangsamen kann schmerzhaft und frustrierend sein.

Es gibt einen anderen Teil im Gehirn, der sagt: „Warte mal, Jeff. Wie kommst du darauf? Wie weißt Du das? Du hast den Typen erst jetzt gesehen. Wie kannst Du überhaupt etwas über ihn wissen, wenn Du ihm nicht einmal Fragen gestellt und mehr über ihn erfahren hast? Also nimm das Tempo raus." Nun kämpfen diese zwei Gehirnteile miteinander. Der schneller denkende Teil möchte die Bestätigung und will weiter, während der langsamer denkende Teil anhalten möchte und zunächst Daten sammeln und auswerten will. Der schnell denkende Teil sagt: „Du Blödmann. Wir haben dafür keine Zeit. Wir müssen das Problem lösen. Zieh endlich deinen Kopf aus dem Sand." Der langsam denkende Teil sagt dagegen: „Nimm das Tempo raus und durchdenke alles genau, bevor wir Ärger bekommen."

Mit seinen Experimenten will uns Kahneman zeigen, dass, wenn es einen Mangel an Informationen gibt, wird das System eins – der schnell denkende Teil – die Oberhand gewinnen, da es wie eine Maschine agiert und nach den Schlussfolgerungen greift. Der schnell denkende Teil sagt: „Wir wissen nichts Genaues, also mache ich das, was ich für richtig erachte." Je mehr Informationen zur Verfügung stehen, die abrufbar und sichtbar sind, desto größer ist die Chance, dass der langsam denkende Teil abbremsen kann.

Das, was wir mittels „Lean" tun, ist Visual Management, wo man auf einen Blick sehen kann, ob ein Prozess unter oder außer Kontrolle geraten ist. Das ist die „alles entscheidende" Information, dass sich der schnell denkende Teil nicht so ohne Weiteres behaupten kann. Zum Beispiel wissen wir, dass etwas passiert ist und haben die Linie unterbrochen. Der schnell denkende Teil hat das Problem sofort aufgenommen, muss jetzt aber den langsam denkenden Teil warten, und wird gezwungen jetzt wenig nachzudenken: „Warum konnte das passieren?"

George: „Das ist sehr interessant. Ist dieses Buch einfach nur ein gutes Buch oder haben wir hier einfach nur erfahren, dass wir mehr von dem wissen sollten, was Du gesagt hast?"

Jeff: „Ich bin mir sicher, dass wir einiges gelernt haben. Es ist in der Tat ein recht dickes Buch. Es umfasst Hunderte von Seiten. Ein Akademiker hat es geschrieben, aber dieser Akademiker war gleichzeitig auch ein genialer Kommunikator, ja so brillant, dass er ein 400 bis 500 Seiten langes Buch geschrieben hat, das man als Briefbeschwerer nutzen könnte, und er schaffte es, mit seinem grandiosen Werk für ein Jahr oder noch länger in die Top Ten der *New York Times*-Bestsellerliste zu kommen. Millionen Menschen kauften dieses Buch und vermutlich haben es auch etliche gelesen. Ich denke jedoch, dass viele Menschen das Buch nicht komplett von der ersten bis zur letzten Seite gelesen haben. Ich habe das Buch auch nicht vollständig gelesen, aber es bietet ein sehr spannendes, animierendes Leseerlebnis, weil der Verfasser in blumiger Art und Weise von faszinierenden Experimenten erzählt."

George: „Das, was Du zu visuellen Systemen gesagt hast – in dieser Art und Weise habe ich noch nie darüber nachgedacht. Das ist so ein guter Weg, dies zu erklären. Wir kämpfen gegen die menschliche Neigung, gleich irgendwelche Schlussfolgerungen zu ziehen, ohne Informationen vorliegen zu haben."

Jeff: „Das ist absolut korrekt. Es hilft also, wenn der Manager vorbeischaut und auf das, was man tut, blickt. Er verlangsamt Dich und sich selber ein wenig, indem er Dir Fragen stellt. Es ist ein großartiges Tool. Dies ist eine weitere Schlussfolgerung von Kahneman – und auch eine Schlussfolgerung der Wissenschaftler, die Hirnforschung betreiben –, dass wir alle als natürliche, visuell geprägte Wesen geboren werden. Wenn die Daten tief in den Abgründen des Computers stecken, sind sie wertlos, und wenn es zu viel davon gibt, sind sie auch wertlos."

Man braucht sehr klare, gezielte Informationen, die anzeigen, dass es eine Lücke gibt. Es ist ein Problem aufgetreten. Man muss sich dafür genügend Zeit nehmen, um das Problem zu lösen. Wir werden ausführlicher auf visuelles Management in Kapitel 3 eingehen.

Eine andere Implikation ist es, dass – wie auch die Hirnforschung gezeigt hat – die meisten Menschen von Natur aus lieber schneller im Denken sind. Es fühlt sich gut an. Es erzeugt Endorphine. Es ist wie ein Rausch. Man fühlt sich gut. Man löst das Problem, und dies geschieht sofort. Wenn man dann langsamer wird und sich konkrete Fragen stellt wie: „War das eben das richtige Problem?", dann werden unsere Augen glasig. Unser Arbeitsgedächtnis wird dann aktiviert, was schmerzhaft ist. Etwas Neues zu lernen ist schmerzhaft. Intensives Denken ist schmerzhaft. Kahneman verweist auf das „Gesetz der geringsten geistigen Anstrengungen" (engl.: „The law of least mental effort") und schnelles Denken ist die geringste geistige Anstrengung.

Das Positive, was Kahneman aufzeigt und was Hirnforscher gelernt haben, ist, dass je mehr man den langsam denkenden Teil des Gehirns nutzt, desto mächtiger wird dieser, ebenso wie das Fitnesstraining des Körpers einen stärker macht. Es ist wirklich schwierig, fünf Liegestütze zu machen. Sie üben weiter und auf einmal können Sie 25 Liegestützen machen. Der langsam denkende Teil des Gehirns kann trainiert werden und kann lernen. Dadurch bekommen Sie sogar noch mehr Freude, die wirkliche Ursache für das Problem zu ermitteln und das Problem zu lösen. Ganz im Gegensatz dazu, wie Sie in der Vergangenheit mit Problemen umgegangen sind. Die gute Nachricht ist, dass es einen Nutzen am Ende des Tunnels gibt, wenn man durch diesen schwierigen Prozess des

Lernens geht, um das Gehirn zu trainieren, langsamer, tiefgründiger und systematischer zu denken.

Quelle: Toyota-Werk, Georgetown, USA
Abbildung 2-27. Visuelles Management-Board

Es ist wichtig, Visual Management als ein Instrument zur Förderung des langsamen Denkens hervorzuheben. Dies war der visuelle Meeting-Bereich (siehe Abbildung 2-27) für einen Gruppenleiter im Toyota-Werk, Kentucky. Es sieht ausgereift genug aus, dass es durchaus für das gesamte Werk reichen könnte. Wohl gemerkt, es ist nur für einen einzigen Gruppenleiter gedacht! Toyotas Gruppenleiter haben in der Regel etwa 25 Mitglieder im Team. Das Unternehmen beschäftigt in Georgetown, Kentucky, ca. 6 000 Menschen und dort gibt es viele Tafeln. Man druckt immer noch das Papier aus, obwohl es aus einem Computer kommt, und dann wird es an den Tafeln aufgehängt. Man hat eine einfache Visualisierung, die möglicherweise schwer zu lesen ist, dennoch wird man die roten Xs bemerken und das ist es, worauf die Augen gerichtet werden sollten, denn es ist genau da, wo die Probleme liegen. Ein Problem bedeutet, dass wir uns nicht da befinden, wo wir gerade sein sollten. Das ist unser Wochen-Soll, was wir diese Woche an Qualitätsverbesserung und auch an Sicherheitsverbesserung und Kostenreduzierung schaffen sollten, und wir haben es nicht geschafft, was die Sicherheit angeht, und nun haben wir ein Problem. Genau hier ist es, wo Sie nun Unterstützung bzw. Schulung brauchen. Das Topmanagement schaut vorbei, sieht das und sie diskutieren dies dann.

Die Manager machen den Rundgang durch das Werk, treffen sich mit dem Team vor der Tafel und versuchen, den Mitarbeitern zu helfen, meist durch herausfordernde Fragen. Wir werden noch einmal auf diese Tafel in Kapitel 6 eingehen, wenn wir über effektive Arbeitsgruppen diskutieren werden.

„A3-Denken", um die Problemlösung zu verlangsamen

A3-Berichte sind zu einem grundlegenden Bestandteil des „Lean"-Werkzeugkoffers geworden, auch wenn sie nur selten wie vorgesehen verwendet werden. Die eine Sache, die ein A3-Prozess bewirken kann, ist, die langsame Denkregion unseres Gehirns anzuregen. Der Bericht wird auf einer einzigen A3-Seite festgehalten. Man füllt die Felder des Problemlösungsprozesses aus, mit dem man sich gerade beschäftigt. Der richtige Weg, dies zu tun, ist mit einem Coach. Sie füllen es Feld für Feld aus, während Sie durch den Prozess voranschreiten. Zum Beispiel können Sie sich bei der Lösung von Problemen wochenlang mit der Definition des Problems beschäftigen (das erste Feld), bevor der Lehrende Sie weitermachen lässt.

Die Geschichte von A3 ist im gewissen Sinne enttäuschend, denn man würde gerne glauben, dass es einen großen Durchbruch gab, wie als wenn plötzlich jemand sagte: „Eureka! Ich habe A3 entdeckt, und dies ist ein wichtiges Werkzeug bzw. Mittel für den Toyota-Weg." Dies war aber nicht die Art und Weise, wie es passierte. Was passierte, war, dass es eine Reihe von Erkenntnissen gab.

Eine wichtige Erkenntnis ist, dass wir dokumentieren müssen, dass der Prozess vorangeht, und dies ist ein Bestandteil von *Nemawashi*. Man muss etwas haben, um es den Leuten zeigen zu können, und wenn man etwas zeigen kann, dann liegt es in Ihrer eigenen Verantwortung und nicht in der Verantwortung der Anderen, dass man es auf einem möglichst klaren und einfachen Wege zeigen möchte. Kurz ist besser. Das Verenden eines großen Berichtes mit Tabellen und Unmengen von Text wird sicherlich nicht gut ankommen. Sie erwarten, dass man den 40-seitigen Bericht vielleicht kurz vor der Sitzung überfliegen würde, aber man wird nicht unbedingt die wichtigsten Punkte herausfiltern. Aus diesem Grund schreiben wir Executive Summaries.

A3 war eine Methode, die wichtigsten Ideen auf einem Blatt Papier zusammenzufassen, mit dessen Hilfe sich die Menschen, denen wir dies zeigen, auf einen Blick mit den wichtigsten Punkten vertraut machen und unserem Denkprozess folgen können. Zusätzlich können sie uns noch direkt Feedback geben. Warum A3? A3 hat ca. die Maße von 28 cm x 43 cm, die zu der Zeit das größte Format war, das man per Fax versenden konnte. Das Senden einer Faxnachricht wurde zur Hauptmethode für die Kommunikation mit Menschen außerhalb des Gebäudes.

A3 bei Toyota wird als eine *Story* (Geschichte) angesehen, denn eine Geschichte ist etwas, was sich entfaltet. Ein Bericht ist etwas, was man normalerweise zum Schluss anfertigt, wenn die Geschichte zu Ende ist. Denn dann ist es nämlich zu spät, wenn die Geschichte schlecht konzipiert und ist mit Mängeln behaftet war.

Vier Arten von A3-Stories

Vieles von dem, was man schon formell von Toyota bezüglich der A3-Berichte gehört haben mag, wurde von den US-Amerikanern entwickelt. Zum Beispiel hat man in den 1990er-Jahren im Toyota Technical Center in Ann Arbor bemerkt, dass die US-amerikanischen Manager noch nicht in der Problemlösung geschult waren. Die alt eingesessene Stammbelegschaft hatte jedoch japanische Trainer an die Seite bekommen, die ihnen Dinge zeigten wie: „Bitte erstellen Sie auf einem Blatt Papier einen Bericht, der auf eine Seite passt. Es muss so aussehen, wie hier. Ich werde Sie dabei unterstützen." Die Amerikaner lernten A3, auch wenn sie dies möglicherweise anders bezeichnet haben mochten.

Während das R&D-Center wuchs und man viele neue Mitarbeiter einstellte, lernten diese nicht von der kleinen, japanischen Stammbelegschaft. Also hat eine Trainingsgruppe Kurse zur Formalisierung des Wissens entwickelt – etwas, was man in Japan nicht getan hat. Man entwickelte Kurse in *Nemawashi*. Man entwickelte Kurse über den Problemlösungsprozess. Man entwickelte auch einen A3-Kurs. Die Fähigkeit zum Problemlösen und *Nemawashi* waren die Voraussetzungen dafür. Man definierte formal verschiedene Arten von A3-Stories, die man bei den Japanern gesehen hat. Abbildung 2-28 zeigt vier verschiedene Arten von A3-Stories in einer logischen Abfolge aus der ursprünglichen Intention, dass es ein Problem zu einer aktuellen Situation gibt.

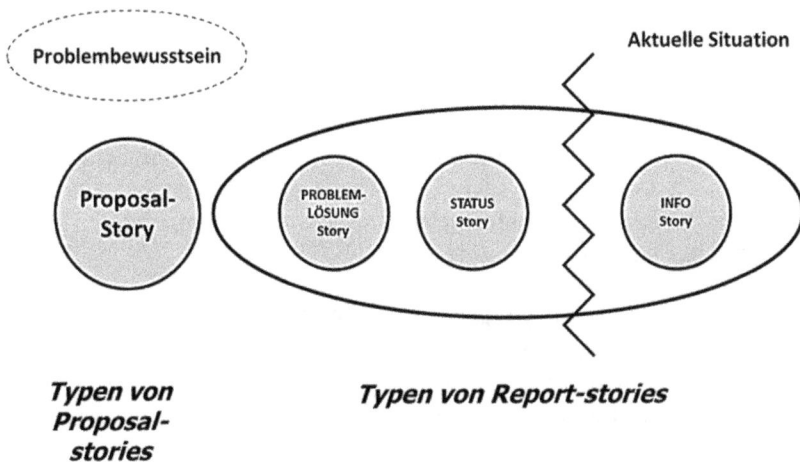

Quelle: Mit freundlicher Genehmigung des Toyota Technical Center
Abbildung 2-28. Vier Arten von A3-Stories

Die Proposal-Story wird angewendet, wenn es ein Problem gibt und man eine Genehmigung benötigt, um mit der Problemlösung fortfahren zu können. Wenn eine Genehmigung dazu vorliegt, können Sie mit der Problemlösungs-Story beginnen und zum Beispiel die „Toyota Business Practices" durchlaufen. An verschiedenen Punkten des Problemlösungsprozesses oder bei Ihrer täglichen Arbeit müssen Sie möglicherweise einen Bericht über den Stand der Produktion, Qualität, Sicherheit oder was auch immer abgeben. Das können Sie dann via A3-Visualisierung kommunizieren, die die wichtigsten Informationen zeigt wie z.B. den Status, wo man gerade ist und wo man bis dahin sein sollte.

Auf der anderen Seite können Sie Informationen teilen. Zum Beispiel könnten Sie etwas Technisches im Karosserierohbau gelernt haben, was Sie mit allen anderen Karosserierohbau-Ingenieuren teilen wollen. Sie sollten dazu eine A3-Informations-Story verwenden. Auch dies wird auf einem Blatt Papier, was auf eine Seite passt, festgehalten. Dort werden Ihre Fehler sowie Ihre Gegenmaßnahmen angezeigt, und gleich danach kommt die Datenauswertung.

Diese A3s sind unterschiedlich. Womit wir am besten vertraut sind, ist die Problemlösungs-Story. Ich will nur ganz kurz auf die anderen A3-Stories eingehen und dann werde ich vor allem den Fokus auf die Problemlösungs-Story richten.

A3-Report: Umsetzung wichtiger Punkte

Es gibt einige allgemeine wesentliche Punkte – Schlüsselpunkte – in allen A3-Stories, unabhängig vom Typ. Sie sollten einige Zeit in Anspruch nehmen, um die ganze Situation zu verstehen, bevor Sie beginnen, einen A3 zu konzipieren. Das bedeutet, dass Sie eine breite Palette von Informationsquellen beachten müssen, wo andere Beteiligten mit involviert sind, so wie Gary das getan hat, als er mit den Führungskräften sprach und *Nemawashi* machte. Das ist eine Art, das Team zu formen, das den Prozess ausführen und leiten wird. Versuchen Sie, Fakten zu finden, nicht bloß Meinungen. Wenn Sie nun eine Meinung wollen, seien Sie wie ein Detektiv und versuchen, herauszufinden, ob es wahr ist oder nicht. Des Weiteren sollten Sie auch einige der langfristigen Auswirkungen auf das, woran Sie arbeiten, in Betracht ziehen, oder überlegen, ob dies vielleicht nur ein kurzfristig angelegter Lösungsansatz wäre.

Was für eine Geschichte müssen Sie erzählen? Welche der vier Stories? Wer ist die Zielgruppe? Welche Informationen könnten nützlich für Sie sein? Und was sind die Unternehmenswerte und -philosophien, auf die sich diese bestimmte Geschichte bezieht? Sie sollten die Geschichte im Zusammenhang mit diesen Werten erzählen, wie z. B. der Kunde ist König.

Ich möchte Ihnen hier kurz einen Einblick in einen Bericht gewähren, der auf den Werten basiert. Es gab vor Jahren eine bekannte Ankündigung. Es geschah eigentlich nach dem Verkauf des NUMMI-Werkes an Tesla. Toyotas Jointventure-Projekt mit GM war zu Ende, und dieses riesengroße Werk stand quasi leer. Dann arrangierte Toyota mit Tesla, dass Tesla das Gelände beziehen würde. Tesla ist zwar ein relativ kleiner Hersteller von Elektroautos, wohl aber ein sehr innovatives Unternehmen. Toyota hat in Tesla investiert, woraufhin Akio Toyota eine Ankündigung gemacht hat: „Wir haben mit Tesla einen starken Partner an der Seite, denn wir wollen von ihnen lernen." Was man für sich wünschte, war, dass ein Teil dieser Begeisterung, die Kraft, das Engagement für Innovation auf Toyotas Ingenieure abfärben würde, die schon seit langer Zeit in einer Arbeitsbürokratie tätig waren.

Ich sah einen Projektbericht für den RAV4 (Recreational Active Vehicle 4-Wheel Drive), der die Inbetriebnahme des Tesla-Antriebsstrangs in einem RAV4 beinhaltete. Es musste mit der Übertragung des RAV4 funktionieren. Viele Probleme mussten gelöst werden. Eine der Herausforderungen war, dass es geschützte Technologien in Toyotas und Teslas Computermodulen gab; man konnte den Code nicht wirklich gemeinsam nutzen. Man betrachtete es als eine Blackbox und musste den Input und Output verstehen wie auch, was passiert, wenn man etwas probiert. Man hatte einen sehr engen Zeitplan – etwa die Hälfte der Zeit, die man normalerweise für so etwas beanspruchen würde. Das Team definierte in ihrem A3-Report das Ziel, ein neues Level von Innovation und ein neues Maß an Teamarbeit durch die Zusammenarbeit mit Tesla zu erreichen. Natürlich musste der RAV4 auf den Markt kommen. Das war der geschäftliche Zweck, dennoch waren es das menschliche Ziel und die Werte, die wirklich mit zu den besten Innovatoren der Welt gehörten. Das sind die Werte, die man wirklich angepeilt hat und die von Akio Toyoda in Zusammenarbeit mit Tesla verkündet wurden. Man berichtete nicht nur, wie man die anspruchsvollen Ziele fristgerecht erreicht hat, sondern auch, wie gut man über Innovationen gelernt hat sowie wie man dies mit anderen teilen würde.

A3-Bericht: Ausführung wichtiger Punkte

Hier nun ein paar weitere wichtige Punkte. Wie bei jeder guten Geschichte, sollte es einen Fluss geben. In diesem besonderen Fall wird man das nicht wie ein Schriftsteller ausarbeiten können. Man möchte viel eher Schlüsselaspekte, zum Beispiel Stichpunkte, Gliederungspunkte, nicht ganze Absätze, wohingegen Grafiken und Bilder dem Text vorgezogen werden sollten. Jedes Wort sollte zählen. Es sollte konkret dargestellt werden. Man sollte Fachjargon vermeiden, den andere Mitarbeiter in dem Bericht nicht verstehen werden. Sie können verhindern, dass einige Abkürzungen verwendet werden, die Sie zwar gewohnt sind, andere wohl aber nicht. Sie sollten es wie ein Künstler in Betracht ziehen, wie jedes Feld im Bericht optisch auf die Zielgruppe wirken würde. Welchen Eindruck haben Sie, wenn Sie auf die Box blicken? Werden die Informationen leicht verständlich von den Mitarbeitern aufgenommen?

Zweck der A3-Proposal-Story

Bei den verschiedenen A3-Typen ist der Ausgangspunkt jeweils eine „Proposal Story" und wir werden sie dafür nutzen, wenn es an diesem Punkt keinen Plan oder Ziel gibt, dafür aber einen Unternehmenswert, der adressiert werden muss. Oder wir haben eine bestimmte Vorstellung, dass es etwas gibt, was wir verbessern können. Es kann natürlich eine Idee sein, wie wir die Kundenerfahrung beim Händler viel angenehmer machen könnten. Als oberstes Gebot sollte gelten: „Der Kunde ist König".

Einen Plan oder ein Ziel mag es geben, aber das Unternehmen, die Werte, die Unternehmensstrategie oder das Unternehmensumfeld könnten sich auch geändert haben. Sie brauchen einen Plan, um diese Änderungen zu adressieren. Es kann eine völlig neue Richtung oder eine völlig neue Strategie sein. Sie brauchen ein Ziel oder einen Plan, diese Änderungen einzuleiten. Als Beispiel könnten Sie ein Budget vorschlagen. Einmal besuchte ich das Toyota Technical Center und befragte den Vizepräsidenten. Während des Besuches keuchte er und stand prustend und kaputt dar.

Er erklärte: „Ich habe gerade diesen großen Report fertiggestellt, an welchem ich die letzten vier Wochen gearbeitet habe."

Jeff: „Was war das für ein Bericht?"

Vizepräsident: „Er beinhaltete das gesamte Budget für das Toyota Technical Center: Tausende von Menschen eingeschlossen."

Jeff: „War das ein A3-Bericht?"

Vizepräsident: „Ja, natürlich."

Stellen Sie sich das gesamte Budget für das Toyota Technical Center vor, einschließlich der Gründe für das Budget, und das alles auf einem Blatt Papier. An diesem Punkt war das Budget ein Proposal (Vorschlag), das sagen sollte: „Basierend auf *Nemawashi* und der ganzen Arbeit, die ich tat, schlage ich dieses Budget vor." Es wird keine Entscheidung getroffen, bevor kein Review erfolgt ist. Natürlich gibt es eine Menge an Hintergrunddokumentationen, aber im Wesentlichen wird durch die A3-Visualisierung klar, worum es geht. Es wurde mittels *Nemawashi* entwickelt, wo viele Menschen involviert waren.

Quelle: Mit freundlicher Genehmigung des Toyota Technical Center
Abbildung 2-29. Die A3-Proposal-Story

Das Format kann wie folgt aussehen (siehe Abbildung 2-29). Ich persönlich bin nicht wirklich ein Verfechter einer standardisierten Berichterstattungsmethode, wo jede Box genau die gleiche Größe oder Form hat. Sie müssen es vor allem bei der Proposal-Story oder bei dem Statusbericht je nach Situation anpassen. In diesem Fall, wie in jedem guten Buch, beginnen Sie mit einer Einleitung. Sie haben einen Vorschlag, den Sie machen. Es gibt einen Lesefluss. Dann gibt es noch den Plan. Es gibt Fragen, die Sie zum Zeitpunkt des Berichts noch nicht lösen konnten. Des Weiteren gibt es noch eine detaillierte Planung, wie eine Umsetzung in der Praxis aussehen könnte.

Wenn man sich die Budget-Story anschaut, die ich erwähnt habe, dann würde sie nicht genau so aussehen wie diese. Die Einleitung muss nicht sehr lang sein. Es handelt sich um einen jährlich stattfindenden Routine-Budgetplanungszyklus und einfach um den Hinweis auf der Titelseite, dass das der Vorschlag für die Aufstellung des jährlichen Budgets des Toyota Technical Center ist. Das sollte eigentlich auch schon für eine Einleitung genügen. Der Vorschlag selbst wird eine Budgetplanung sein, kombiniert mit einer gewissen Logik. Der Plan könnte der Prozess für die Bewilligung des Budgets sein. Wenn es ungelöste Fragen gibt, sollten sie gestellt werden. Vielleicht gibt es sie, vielleicht auch nicht. Es kann einige Punkte geben, bei denen man schätzen muss, und dies sollte auch deutlich gemacht werden. Dann gibt es noch einen Zeitplan, und der endgültige Endpunkt könnte möglicherweise die Genehmigung des Budgets sein. Das meiste auf diesem Papier – für ein gesamtes Budget ist das an sich nicht viel! – wird das Budget selber sein.

Die Proposal-Story startet bevor man den eigentlichen Plan entwickelt – also vor dem „PDCA". Sie beginnt mit dem Erfassen der Situation, wo einige Hintergrundinformationen gegeben werden und eine Beschreibung der gegenwärtigen Situation erfolgt. Der Plan wären dann Empfehlungen. Wenn es sich um einen Vorschlag handelt, bei dem etwas gekauft werden soll, sollten Sie Kosten und Nutzen auflisten. Stellen Sie anschließend die Details zusammen, wie Sie das umsetzen wollen. Vielleicht geben Sie auch ein paar Statements ab, womit Sie später feststellen können, ob Sie erfolgreich sind. Sie werden in der Tat nicht den gesamten Weg der Umsetzung im Proposal darstellen, da dieser, wenn das Proposal genehmigt wird, im eigentlichen „PDCA"-Zyklus stattfindet.

Weitere A3-Stories

Zweck der A3-Status-Story

Die dritte Art der Story – wir überspringen an der Stelle die A3-Problemlösung – ist die Berichterstattung über den Status. Im Fall von *Hoshin Kanri* (Kapitel 7) gibt es immer ein groß angelegtes Review zum Halbjahr sowie ein großes Jahresabschluss-Review. Dieses würde in Form von A3-Statusberichten von jeder Gruppe vorgestellt werden.

Quelle: Mit freundlicher Genehmigung des Toyota Technical Center
Abbildung 2-30. A3-Status-Story

Wie es aussehen könnte, zeigt Abbildung 2-30. Was ist das Thema des Statusberichtes? Sie müssen einige Hintergrundinformationen geben sowie benennen, was Ihre Ziele sind und wo Sie sich im Vergleich zu den Zielen befinden. Was ist der Stand der Umsetzung?

Oder manchmal kann man es mit Ampelsymbolen zeigen: Grün für „im Zeitplan", Gelb für „nicht auf Kurs, aber es gibt einen Plan, um wieder auf Kurs zu kommen", und Rot steht für „es wurden bisher noch keine Gegenmaßnahmen gefunden, um wieder auf den Kurs zu kommen". Es kann dann einen größere Übersicht mit Grafiken und Diagrammen geben, einschließlich dem Gesamteffekt, was bis zu diesem Zeitpunkt getan wurde. Es sollten auch ungelöste Probleme, Hindernisse, die noch zu bewältigen sind, sowie das, was Sie als Nächstes tun werden, aufgelistet werden.

Zweck der A3-Informations-Story

Die Informations-Story ist in der Regel eine Zusammenfassung der aktuellen Situation oder einiger neuer Informationen. Sie müssen also nichts bewerten. Sie versuchen, sich selbst dem Problem bewusst zu werden, es Anderen bewusst zu machen und tauschen mit ihnen Informationen aus, die sie für ihre Arbeit nützlich finden könnten. Bei einer technischen Informations-Story werden Sie möglicherweise etwas in Betracht ziehen, was wie ein Problemlösungsprozess aussieht: Mit welchem Problem starten wir? Liegen uns bereits Informationen vor, die zeigen, dass es durchführbar ist? Und: Was sind die Bedingungen und wo sind die Grenzen? In diesem Fall stellen Sie eigentlich eine Analyse vor. Wieder muss man sich fragen, was die Zielgruppe ist. Was möchte ich meinem Publikum vermitteln? Wie kann ich dies auch auf dem einfachsten Wege tun?

A3-Problemlösungs-Story

Die Problemlösungs-Story dürfte die am weitesten verbreitete sein (siehe Abbildung 2-31). Wenn wir die Problemlösung als Kern der kontinuierlichen Verbesserung und des Respekts vor den Menschen definieren, dann unterstützt die A3-Problemlösungsvisualisierung diesen Kern.

DETAILLIERTER PROBLEMLÖSUNGSBERICHT

THEMA

Beantwortet die Frage – "Was versuchen wir zu tun?"

PROBLEMSITUATION

- Der Standard
- IST-Situation
- Abweichung / Ausmaß des Problems

Grundprinzip der Herangehensweise (Bedeutung für die Unternehmensaktivitäten, Ziele oder Werte der Organisation)

VORGABE / ZIEL

Messbare Beschreibung der gewünschten Veränderung; Menge, Zeit

URSACHENANALYSE

PROBLEM:

Mögliche Ursache

Wahrscheinlichste direkte Ursache:
Warum? → Warum? → Warum? → Warum?

Kernursache:

GEGENMASSNAHMEN

(resultierend aus der Ursachenanalyse)
- Vorübergehende Maßnahme
- Langfristige Gegenmaßnahme

IMPLEMENTIERUNG

WAS	WO	WER	WANN
Notwendige Maßnahmen		Verantwortliche/r	Zeiten, Kalenderdaten

NACHVERFOLGUNG

- Ungeklärte Themen und passende Maßnahmen
- Wie prüfen Sie die Effekte?
- Wann prüfen Sie die Effekte?
- Wie berichten Sie über Erkenntnisse?
- Wann berichten Sie über Erkenntnisse?

AUTOR: _____   DATUM: _____

Quelle: Mit freundlicher Genehmigung des Toyota Technical Center
Abbildung 2-31. Detaillierte Problemlösungs-Story

Zweck der A3-Problemlösungs-Story

Der Verwendungszweck einer A3-Problemlösungs-Story ist die Problemlösung selbst. Es gibt einen Plan, ein Ziel oder ein Standard, den wir derzeit nicht erreichen. Auf der anderen Seite kann es sein, dass wir die aktuellen Standards erreichen, aber gebeten wurden, einen neuen Standard zu setzen, etwa die Gewährleistungsreduzierung um 60%.

Dies ist ein beispielhaftes Format – und ich möchte das besonders betonen – für den Problemlösungsfall. Es ist auf einem ziemlich hohen Level und man kann wahrscheinlich fast jeden guten „PDCA"-Prozess in diese Felder einordnen. Zum Beispiel könnten Sie die acht Schritte der Toyota-Business Practices diesen sechs Feldern zuordnen.

Wenn Sie durch Ihren Problemlösungsansatz gehen, müssen wir sehr flexibel sein. Wenn Sie einen Standardansatz in Ihrem Unternehmen haben, dann nutzen Sie diesen, es sei denn, es gibt einige grundsätzliche Schwächen, wie zum Beispiel, dass etwas an dem Problemlösungsprozess fehlt. Sie benötigen eine Definition des Problems und Sie müssen ein Ziel haben, oder ein Ziel, das Sie erreichen möchten. Sie müssen eine Ursachenanalyse machen. Des Weiteren müssen Sie Gegenmaßnahmen bestimmen. Es sollte allerdings mehr als eine einzige Gegenmaßnahme sein. Wenn die Möglichkeit besteht, diese zu priorisieren, sollten Sie die Priorisierung in dem Bericht niederschreiben. Warum haben Sie sich diese Gegenmaßnahme ausgesucht? Sie müssen einen Plan für die Implementierung haben und Sie müssen diesen verfolgen. Sie sehen, dass der Plan den ganzen Weg durch die Gegenmaßnahmen geht. Das Tun betrifft das *Do* und das Follow-up ist das *Check* und das *Act*. Aus diesem speziellen Berichtsformat geht hervor, dass Sie *Check* noch nicht getan haben, aber der Bericht könnte durchaus die Ergebnisse des *Checks* enthalten. Es ist auch okay, wenn Sie die acht Felder nach dem Vorbild der „Toyota Business Practices" nehmen. Die Anzahl der Felder ist nicht so wichtig, der Säuretest aber schon. Folge ich eigentlich dem gesamten Plan–Do–Check–Act–Prozess?

In jedem der Felder stehen einige Details zur Verfügung. Noch einmal: dies ist nicht das A und O, wie jeder Bericht auszusehen hat, aber es gibt einige Richtlinien. Wenn man das Thema „Problem Statement" zu fassen weiß - die beste Beschreibung des Problems - sollte man verstehen, was man zu tun versucht. Für die Problemsituation sollte man wissen, was der Standard ist, den Sie erreichen wollen und man sollte die aktuelle Situation kennen. Auch über die Diskrepanz und die Lücke sollte man Bescheid wissen sowie über den Grund, warum Sie diesen bestimmten Problempunkt gewählt haben.

Wenn Sie die Ziele formulieren, sollte man wissen, was sich ändern wird, die Menge und bis wann. In der Kernursachenanalyse sollte die Ursache beschrieben sein – wo trat die Ursache auf – und wie Sie diese nachgeforscht haben und welche Methoden Sie angewandt haben. Wenn es die 5-W-Fragen sind, dann warum sind es denn fünf? Man sollte die 5-W-Analyse und die Erläuterungen für die angenommene Kernursache sehen. Dasselbe gilt für die Gegenmaßnahmen: Wenn eine temporäre Schadensbegrenzungsmaßnahme unternommen wurde, dann sollte sie auch aufgeführt werden. Was sind die langfristigen Gegenmaßnahmen, die Sie testen? Der Aktionsplan, der Zeitplan, wer, was, wo, wann und abschließend die Fortsetzung: die Kontrollen und die Aktionen. Noch einmal: Ich sage nicht, dass das der Maßstab aller Dinge ist, oder dass Sie dieses Format befolgen müssen, aber wenn Sie diese Fragen durchgehen und sagen: „Wir wissen ja, dass unsere aktuelle Methode nicht wirklich gut ist, um die Lücken oder Kernursachen aufzudecken.", dann können Sie dies zu Ihrer A3-Berichtsmethode hinzufügen. Sie müssen es nicht verwerfen, aber hinzufügen, was auch immer fehlt.

A3-Problemlösung: Produktions-Story

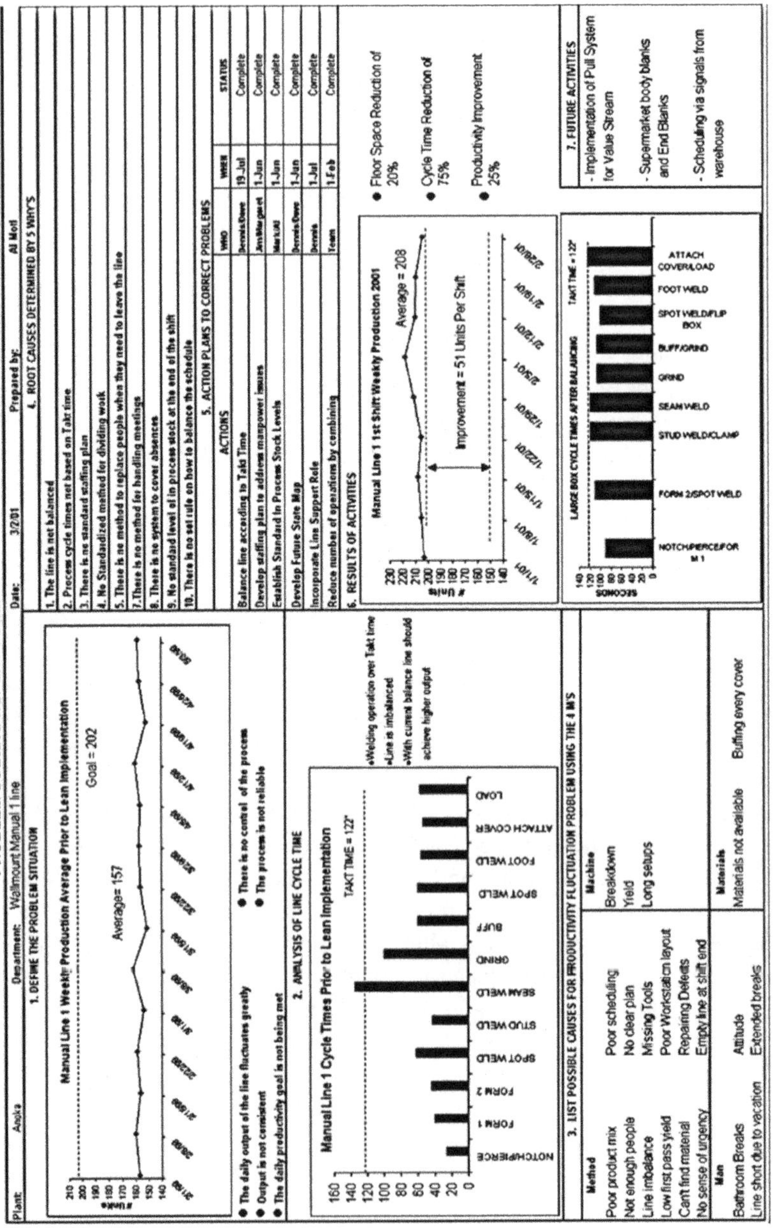

Quelle: David Meier

Abbildung 2-32. A3-Problemlösungs-Story in der Produktion

Dies ist nur ein Beispiel von einem Produktionswerk, das wir sehr ausführlich in *The Toyota Way Fieldbook* diskutieren (siehe Abbildung 2-32). Mein Mitverfasser, David Meier, hat das beleuchtet, als er an einem Projekt bei einem Autoteilehändler mitwirkte. Das Problem war, dass man nicht nach Plan gearbeitet hat. Man hat ständig zu wenig produziert. Um die Ursache zu ermitteln, benutzte man ein so genanntes Work-Balance-Chart. Mit diesem Hilfsmittel schaute man auf verschiedene Prozesse und hat gemessen, wie viel Zeit man tatsächlich für einen Zyklus aufgebracht hat. Sofort wurde deutlich, dass man im Vergleich zu dem Takt und dem gewünschten Output Engpässe hatte. Es gab auch einige Prozesse, die nicht ausgelastet waren.

In diesem Fall ging man dann einen Schritt weiter. Man hat die Kernursachen tiefer analysiert und Methoden, Menschen, Maschinen und Materialien untersucht. Man verwendete die 4Ms. Manche verwenden 5Ms. Das Wesentliche daran ist, einen weiteren Blick zu bekommen. Es könnte sein, dass man sich nur auf die Maschinen fokussiert und dabei die beteiligten Personen vergisst, die involviert sind, oder vergisst, dass es Material gibt, und wenn das Material weg ist, wird dies die Produktion anhalten. Es ging um eine breitere Darstellung einer Vielzahl von möglichen Ursachen, bevor man die Ursachen, die man näher betrachten wollte, vertieft analysiert hat. Die Gegenmaßnahmen sind in dem Aktionsplan aufgeführt, der zeigt, wer mit wem experimentiert und bis wann.

Man sieht dann die Ergebnisse. Es gibt einen direkten Zusammenhang zwischen der Problemberichtsanalyse von Ursachen und der Art und Weise, wie die Ergebnisse präsentiert werden. Wir haben nicht genug produziert. Jetzt erreichen wir regelmäßig das Produktions-Soll. Es war ein Ungleichgewicht in der Arbeitslast und jetzt sind wir mit viel Arbeit eingedeckt. Es gibt keine Engpässe und alle Mitarbeiter sind ständig ausgelastet.

Wir sind eine Menge Verschwendung losgeworden, und es werden immer weniger Menschen für das Projekt benötigt. Es gibt dann auch eine Reihe von zukünftigen Aktivitäten. Dies ist ein schönes Problemlösungsbeispiel der A3-Story. Im Produktionsprozess kann man häufig oft noch genauer messen als in einem Engineeringprozess, bei dem die Arbeit weniger Routine hat.

Eine Sache, die Sie vielleicht bemerken werden, ist, dass dieses besondere A3-Illustrationsbeispiel mit dem Computer erstellt wurde. Es wurde in PowerPoint erstellt. Möglicherweise wissen Sie ja auch, dass es mit Bleistift und Papier erstellt werden sollte. Warum mit Bleistift? Weil man radieren kann. Dies ist eine Geschichte, die sich weiter entfaltet. Sie schreiben tatsächlich die Geschichte und leben sie. Im frühen Stadium wurde dies mit Bleistift und Papier gemacht. Zum Zwecke der Weitergabe beschloss man, es in PowerPoint zu machen. Wenn Sie sich die A3s bei Toyota anschauen, so werden Sie sehen, dass sie oftmals mit Microsoft PowerPoint oder in Excel erstellt worden sind. Dennoch wurde begonnen, alle Gedanken auf Papier niederzuschreiben. Es könnte sein, dass Einige einen Stift benutzen und Sachen durchstreichen, dennoch wird die Geschichte live, Box für Box, dokumentiert. Dies kann per Beamer an die Wand geworfen und später auf A3 verkleinert werden.

Zuerst definieren wir also das Problem, an dem wir arbeiten und vielleicht will man die Daten zeigen, die verdeutlichen, dass wir das Produktions-Soll nicht erreichen. In diesem Fall ist es offensichtlich, dass etwas getan werden muss. In anderen Fällen könnte es der Vorschlag zur Verbesserung der Effizienz durch eine neue Technologie sein und man muss eine Genehmigung einholen, etwaige Analysen vornehmen sowie Lieferanteneinträge prüfen zu dürfen. Die erste Box ist für Diskussion vorgesehen. Ist das tatsächlich ein Problem heute? Ist es ein Problem, das IT erfordert? Was ist das Problem? Wenn das Problem ist, dass wir die Produktivität steigern wollen, dann stellt man das auch so dar. Denn das kann zu vielen verschiedenen Wegen führen, wie die Produktivität verbessert werden könnte, also nicht nur durch IT. Es ist ein guter Prozess, wenn Sie Box für Box durchgehen. Wenn Sie vor dem Computer oder zu Hause am Schreibtisch mit Stift und Papier sitzen und die gesamte A3-Story komplett schreiben, dann leben Sie die Geschichte nicht. Sie gehen nicht das eigentliche Problem an. Sie schreiben lediglich einen Bericht.

Beispiel: A3-Report zum Erstellen einer Einkaufskarte für die Belegschaft des Toyota Technical Center

Dieses Einkaufsbeispiel (siehe Abbildung 2-33) zelgt, dass dies auch bei Problemen außerhalb der Produktion Anwendung findet. Dies war ein echter Bericht, der später für die Trainings im Toyota Technical Center verwendet wurde. In diesem Fall versuchte man, eine Kaufgenehmigung per Kreditkarte einzuholen, die Mitarbeiter nutzen könnten, um Artikel zu kaufen, die weniger als 500$ kosten. Sie können sich sicherlich einige Proposals vorstellen, wenn es um die Markteinführung eines neuen Produktes geht und dafür Equipment benötigt wird, das mehrere Hundert Millionen Dollar kostet. Gleichzeitig kommen Mitarbeiter angerannt und fragen, ob sie einen Hefter für ein paar Dollar kaufen könnten. Letzteres durchlief den gleichen Genehmigungsprozess ebenso wie mehrere Hundert Millionen Dollar für das Equipment.

Purchasing Card Implementation

CURRENT SITUATION

Processing costs (labor and material)

	PO	Invoice
Purchasing dept.	$37	—
Finance dept.	$39	$27
Technical dept.	$27	$27
Total	$103	$54

2005 volumes

	≤$250	≤$500	≤$1,000
# Purchases	813	1200	1525
# Invoices	2316	2740	3026
Time req'd (hrs.)	5525	7148	8489

Comparison: % POs to Dollar Amount

(Percentage of Total chart: % POs and % Invoices by Purchase Order Dollar Amount — ≤$250, ≤$500, ≤$1000)

PROPOSAL

Implement use of purchasing credit cards for purchases —≤$500 to incur the following savings, and increases in efficiency:
- Labor hours saved, Tech groups, Purchasing, APD
- Labor and Material Cost savings
- Reduced P.O., RFP, Expense Reports, Invoice paperwork
- Customer Service to T/A's through reduction of time spent on paperwork.
- Ease of performing spot transactions, Test Trips, Emergency transactions, Etc.
- Helps to maintain existing ADM & APD headcount while TTC grows over 5-10 yrs.
- Reallocated time used on higher ticket buys, priority projects, Etc.

LABOR COST & TIME ANALYSIS

Labor and material cost savings

	PO	Invoice
Current cost per transaction	$103	$54
Est. purchasing card costs	$20	$20
Savings per transaction	$83	$34
Potential annual cost savings	$99,600	$93,160

Time savings (hours)

	PO	Invoice
Current PO system	3,300	3,900
Est. purchasing card	650	1300
Potential annual time savings*	2,650	2,350

* Approx. 1/3 of time savings is to Tech Groups

PLAN

- Dept. manager determines which associates are issued cards for specific dept. purchases.
- Purchasing is issued cards.
- Acceptable business-related purchases using card:

Small tools	Seminars	Photo processing and film
Auto supplies	Office supplies	Postage
Minor equipment repairs	Printer services	Copy services
Electrical supplies	Safety supplies	Building maint. supplies
Catering	Florists	Coffee services
Hardware	Signage	

- Unacceptable uses of card (blacklist):

Personal user	Cash advance	Travel & entertainment
Computer hardware	Capital purchases	Indep. contract services
Jewelry, furriers		

- All card users required to sign a purchasing card agreement stating that all use of the card will be for business purposes and within the procedures set forth.

IMPLEMENTATION

1. Card user obtains approval from dept. manager for each purchase.
2. Card user contacts vendor, places orders, and provides vendor with appropriate information.
3. Goods shipped as specified and labeled "Purchasing Card"– cardholder name.
4. Goods received per standard receiving procedure with the following exception: packing list and receipt is forwarded to card user.
5. All packing lists and receipts are retained by requestions and matched against monthly statement.
6. Card user reviews statement, attaches appropriate packing lists and receipts, records JRM #'s, signs and forwards to dept. manager.
7. Dept. manager reviews statement for accuracy and initials and dates statement.
8. Dept. manager forwards to finance dept. Finance audits statement and supporting documents for compliance, sales tax, 1099.
9. Finance dept. pays from master invoice received directly from the purchasing card bank.

CONTROLS

- Monthly dollar limits per card
- $500 single transaction limit
- Limited number of transactions per card per day
- Merchant category blocking (i.e., cash advances, jewelry stores, appliances, etc.)

TIMELINE

9/3/2006	9/4-9/20	9/18-11/15	11/18-3/31	11/18-3/31	4/1-4/15	4/16-4/18	4/21-5/30	6/2/2007
Present at cb mtg.	Policy guide, user selection, supplier enrollment	Training for Pilot, facilities, porcholin, management	Pilot Program	Concurrently revise policy and procedures	Audit, analyze 3 mo.Pilot	Report Training: results company-wide	Audit, analyze results	Company-wide implementation

- Company anticipates growth through the next 5–10 years; administrative overhead will also increase without efficiency gains.
- Current paper-based system for processing purchase orders (POs) does not take advantage of new financial technologies.
- Emergency and spot transactions are currently burdensome and time consuming.
- All purchases are treated the same, regardless of dollar amount.

Quelle: Mit freundlicher Genehmigung des Toyota Technical Center

Abbildung 2-33. A3-Problemlösungs-Story – Implementierung der Einkaufskarte

Obwohl es möglicherweise übertrieben wirken mag, aber die Toyota-Führungskräfte wollten zu dieser Zeit sehr genau die Kosten kontrollieren. Sie blieben sehr eng bei ihren Budgets, es sei denn, es lag ein guter Grund zum Abweichen vor. Sie wollten wohl einen gut durchdachten Plan, beginnend mit der Definition des Problems. Bei der Beschreibung des Problems wird eine Grafik verwendet, die zeigt, dass die Mehrheit der

Käufe wirklich sehr geringfügig war und man den größten Teil der Zeit für die Bearbeitung dieser kleinen Anfragen gebraucht hat. Man hat die Mitarbeiterzeiten signifikant verkürzt. Man hat die Einkaufszeit geschmälert. Es war Verschwendung. Man sollte einfach in der Lage sein, sich den Hefter leisten zu können, sollte man einen brauchen. Als Nächstes geht man die Möglichkeiten durch, wie man das tun würde. Man wird tatsächlich an einem Punkt angelangen, an dem man eine spezifische Art der Kreditkarte implementiert, d. h. die spezifischen Kontrollen dort einsetzt, wo man mit der Karte sein Mittagsbuffet oder das Essen an der Bar nicht mehr bezahlen konnte. Man hat also einen Zeitrahmen für deren Umsetzung festgelegt und so wurde die Einkaufskarte erfolgreich eingeführt. Sie kam gut an und das machte die Budgetverantwortlichen, die Abteilungsleiter und die Mitarbeiter sehr happy.

A3-Problemlösungsprozess: Reduzierung der Handverletzungen

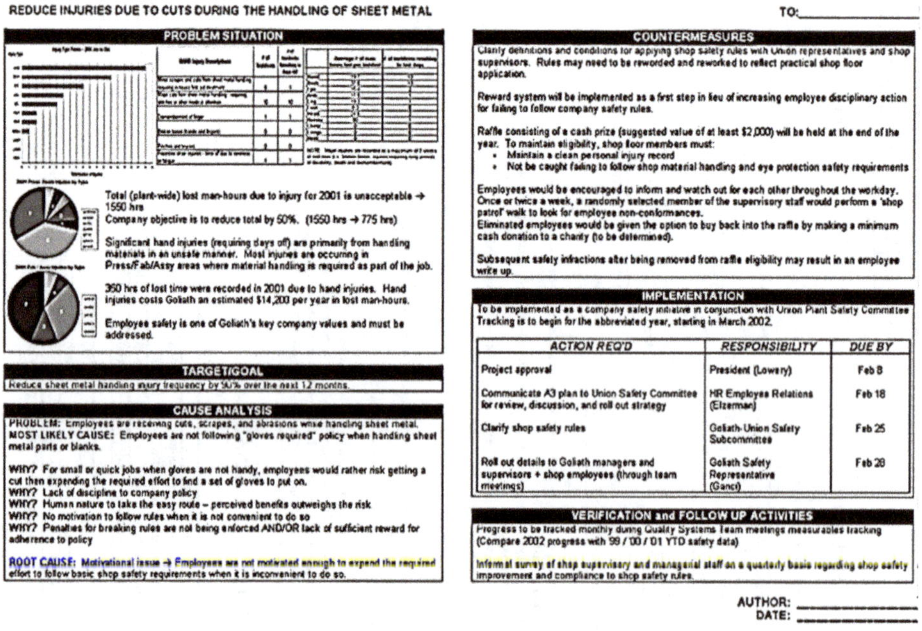

Abbildung 2-34. A3-Problemlösungs-Story – Ein weiteres Beispiel aus der Produktion

Ein weiteres A3-Beispiel ist ein Thema mit der Sicherheit und das Problem ist, wie man Verletzungen reduzieren kann (see Figure 2-34). Dies ist ein weiteres Beispiel aus der Produktion.

Dieses Produktionswerk stanzt Stahlteile. Es gab viele Handverletzungen – hauptsächlich Schnittwunden, die durch das Arbeiten mit scharfem Metallblech verursacht wurden. Die verschiedenen Problemkategorien wurden dokumentiert und in einem Chart dargestellt, wie viele Produktionsstunden wegen Verletzungen verloren gingen (see Figure 2-35).

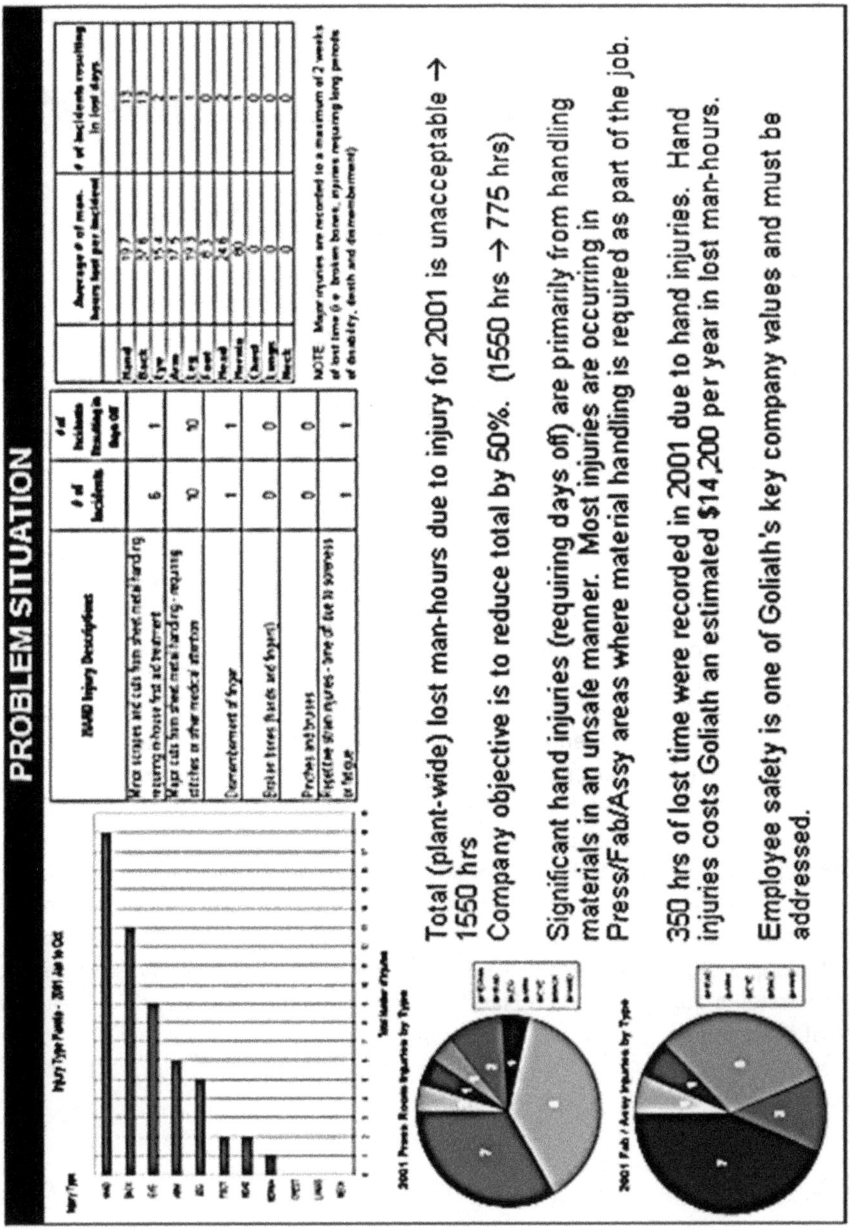

Abbildung 2-35. Bericht über die Reduzierung von Handverletzungen –
Problemsituation

Dann definierte man ein Ziel, welches darin bestand, die Handverletzungen um 90% innerhalb der nächsten 12 Monate zu reduzieren. Das ist ein ziemlich anspruchsvolles Ziel (siehe Abbildung 2-36).

VORGABE/ZIEL
Die Reduzierung der Handverletzungen bei Metallblechverarbeitung von 90% in den nächsten 12 Monaten.

URSACHENANALYSE
PROBLEM: Mitarbeiter erleiden Schnitte, Schrammen und Schürfwunden während des Umgangs mit Metallblechen.

WAHRSCHEINLICHSTE URSACHE: Mitarbeiter befolgen die Handschuhpflicht nicht, während der Verarbeitung von Metallblechteilen oder Rohlingen.

WARUM? Wenn bei kleineren Metallarbeiten keine Handschuhe zur Verfügung stehen, riskieren Mitarbeiter lieber einen Schnitt, als sich die Mühe zu machen ein Handschuhpaar zu organisieren.

WARUM? Mangelnde Disziplin bezüglich der Firmengrundsätze

WARUM? Der Mensch nimmt den einfachsten Weg – für sich empfundene Vorteile überwiegen das Risiko

WARUM? Wenn es nicht als praktisch empfunden wird, gibt es keine Motivation sich an die Regeln zu halten

WARUM? Sanktionen für Regelverstöße werden nicht verfolgt oder/und mangelnde Belohnung für Regeltreue

KERNURSACHE: Motivationsthema → Die Mitarbeiter sind nicht ausreichend motiviert um den nötigen Einsatz der Verfolgung der grundlegenden Sicherheitsregeln zu zeigen, wenn es nicht als praktisch empfunden wird.

Abbildung 2-36. Vorgabe/Ziel bei Handverletzungen und Ursachenanalyse

Als man die 5-Warum-Analyse durchgeführt hatte, war dies ein Beispiel, bei dem die Antwort auf das abschließende „Warum?" die Motivation der Mitarbeiter war. Oft sagen wir, dass das letzte „Warum?" nicht ein „Wer?" sein sollte – jemanden zu beschuldigen –, aber in diesem Fall beschuldigt man nicht wirklich eine einzelne Person der Faulheit. Vielmehr sagte man: Es gibt keinerlei Motivation, die auf das System einwirkt, damit man sich bemüht, bewährte Sicherheitspraktiken zu befolgen. Man musste den Mitarbeitern sehr klar machen, was das Problem war, und man musste sehr deutlich sagen, was die Mitarbeiter tun sollten und warum. Dies wird durch Gegenmaßnahmen definiert (siehe Abbildung 2-37) sowie durch Anreize (in diesem Fall auch Incentives eingeschlossen). Man erstellte außerdem einen Plan für die Implementierung, aber viel weiter ist man nicht gekommen.

GEGENMASSNAHMEN

Spezifizierung der Definitionen und Bedingungen bezüglich der Anwendung von Sicherheitsvorschriften mit Gewerkschaftsvertretern und Betriebsverantwortlichen. Die Regeln müssen eventuell neu formuliert und inhaltlich überarbeitet werden, um eine praktische Handhabbarkeit in der Werkstattanwendung zu erreichen.

Als ersten Schritt wird ein Belohnungssystem eingeführt, anstelle eines Sanktionsverfahrens bei Nicht-Beachtung der Firmengrundsätze für Sicherheit.

Eine Verlosung mit einem Bargewinn als Gewinnlos (Richtwert mindestens $2,000) findet jeweils zum Jahresende statt. Um die Teilnahmeberechtigung zu erhalten müssen Mitarbeiter des Fertigungsbereichs
* Einen eintragsfreien Verletzungsbericht vorweisen
* Keinerlei Vorkommen mit mangelnder Beachtung der Sicherheitsanforderungen vorweisen

Mitarbeiter würden ermutigt im Arbeitsalltag andere Kollegen zu informieren und aufeinander zu achten. Ein zufällig ausgewählter Betriebsverantwortlicher führt ein- bis zweimal die Woche einen ‚Kontrollgang' durch, um Fehlverhalten zu identifizieren.
Mitarbeiter, die an der Verlosung nicht mehr teilnehmen durften, wird eine Option des sich „Wieder-einkaufens" gegeben. Dies soll durch eine kleine Spende an eine noch zu benennende wohltätige Organisation erfolgen.
Anschließende Sicherheitsverstöße, nach Ausschluss aus der Verlosung, können mit einem Eintrag in der Personalakte enden.

Abbildung 2-37. Gegenmaßnahmen bei den Handverletzungen

In diesem Fall haben wir eine Mischform zwischen einer Proposal-Story und einer Problemlösungs-Story, wo Gegenmaßahmen vorgeschlagen werden, aber nicht die gesamte Umsetzung verfolgt wird. Das Planen erfolgte mit einem Proposal und man hätte dann in eine Status-Story übergehen müssen, wo der Umsetzungsstatus auf dem Weg zum 90%-Ziel aufgezeigt wird (s. Abb. 2-38). Insofern ist der Bericht nicht vollständig. Um ihn zu vervollständigen, hätte man mit verschiedenen Gegenmaßnahmen experimentieren müssen und hätte dadurch berichten können, was in der Check- und Act-Phase gelernt wurde. Man hat eine Ursache angenommen, die vielleicht gar nicht die richtige ist und die vorgeschlagene Gegenmaßnahme mag zum Ziel hinführen, vielleicht aber nicht.

IMPLEMENTIERUNG		
Im Unternehmen einzuführende Sicherheitsinitiative in Kooperation mit dem gewerkschaftlichen Sicherheitsausschuss. Die Überprüfung der Maßnahmen beginnt für das verkürzte Kalenderjahr ab März 2002.		
ERFORDERLICHE MASSNAHME	**VERANTWORTLICH**	**BIS**
Projektfreigabe	Vorsitzender (Lowery)	Feb-08
Vermittlung des A3 Plans an Sicherheitskomitee der Gewerkschaften zur Überprüfung, Diskussion, Umsetzungsstrategie	HR –Mitarbeiterbetreuung (Elzerman)	Feb-18
Festlegung der Sicherheitsregeln	Goliath–Sicherheitskomitee der Gewerkschaften	Feb-25
Umsetzungsschritte an Goliath Manager, Vorgesetzte + Fertigungsangestellte (in Teambesprechungen)	Goliath Sicherheitsbeauftragter (Ganci)	Feb-28
ÜBERPRÜFUNG und FOLGEMASSNAHMEN		
Monatliche Fortschrittsverfolgung während der Quality Systems Team Meetings. Messbare Verfolgung. (Vergleich 2002 Fortschritt mit '99 / '00 / '01 Jahreswerte von Sicherheitsdaten)		
Formlose Umfrage bei Bereichsverantwortlichen und Management auf Quartalsbasis, bezüglich der Sicherheitsverbesserungen und Regelkonformität.		

Abbildung 2-38. Implementierung der Handverletzungsgegenmaßnahmen, Überprüfung und Folgemaßnahmen

Dies ist eine gute Gelegenheit, um über die Idee der Verbreitung zu sprechen. Im vorliegenden Fall geschah dies in einem Fertigungsbetrieb. Ich kenne diesen Fall. Es war im Großraum Detroit. Es war in einer Unternehmenskultur, in der die Mitarbeiter sich an den Gedanken gewöhnt hatten, dass, wenn sie etwas Gutes tun, was das Management von ihnen erwartet, bekommt man dann dafür ein Entgelt. Geld war die Währung für Motivation. Im Toyota-Produktionsbetrieb wird von vornherein darauf verzichtet, dass Geld ausgezahlt wird. Als Abteilung kann man jedoch für das besonders gute Sicherheitsengagement belohnt werden. Man kann mit Platin, Gold oder Silber ausgezeichnet sowie mit Geschenken belohnt werden, die dafür extra spendiert wurden. In der Regel werden diese dann auf verschiedenen Tischen ausgebreitet, damit man sich selbst was aussuchen konnte. Man will vermeiden, eine Unternehmenskultur zu entwickeln, in der man nichts tut, auch dann nicht, wenn es sich um das Richtige zur eigenen Sicherheit handelt, es sei denn, man wird dafür entlohnt. In dieser besonderen Detroit-Unternehmenskultur dachte man daran, ein Gewinnspiel zu veranstalten. Jedes Mal, wenn etwas in Sachen Sicherheit gemacht wurde, wurde jedoch nicht jeder dafür entlohnt, dafür gab es aber eine Tombola sowie eine bedeutende Auszeichnung, wenn man ausgewählt wurde. Das wirkte sich positiv auf ihre Unternehmenskultur aus. Bei diesem Detroit-Beispiel schien dies hilfreich zu sein, aber das bedeutet lange noch nicht, dass andere Firmen mit verschiedenen Unternehmenskulturen diese Lösung nachmachen sollten.

Die Verbesserungs-Kata: Ein anderer Ansatz

Wir beziehen uns an verschiedenen Stellen auf Mike Rothers *Toyota Kata*. Der Begriff *Kata*, oft verwendet in der Kampfkunst, bedeutet eine „Routine" oder „Gewohnheit". Wir wollen, dass Menschen gute Gewohnheiten für Verbesserung entwickeln und den vollständigen PDCA-Zyklus enthalten. Wir werden nicht ausführlich auf die systematische Herangehensweise beim Verfolgen der Ziele eingehen, weil sie großartig in Mike Rothers Buch beschrieben wurde, aber auch in seinem neuen Handbuch, an dem derzeit gearbeitet wird (hier können Sie schon einen Blick hineinwerfen: http://www-personal.umich.edu/~mrother/Homepage.html). Wir wollen einige wichtige Unterschiede zwischen der Verbesserungs-Kata und dem A3-Ansatz zusammenfassen. Das wird in diesem Kapitel behandelt. In SlideShare finden Sie mehr dazu: http://de.slideshare.net/mike734/a3-and-the-improvement-Kata

Der Ausgangspunkt für die Verbesserungs-Kata ist die Erkenntnis, dass es einfach zu viele Probleme gibt, die an unserer limitierten Zeit und Aufmerksamkeit zehren; Problemen nachzujagen ist eine verlorene Schlacht (siehe Abbildung 2-39)..

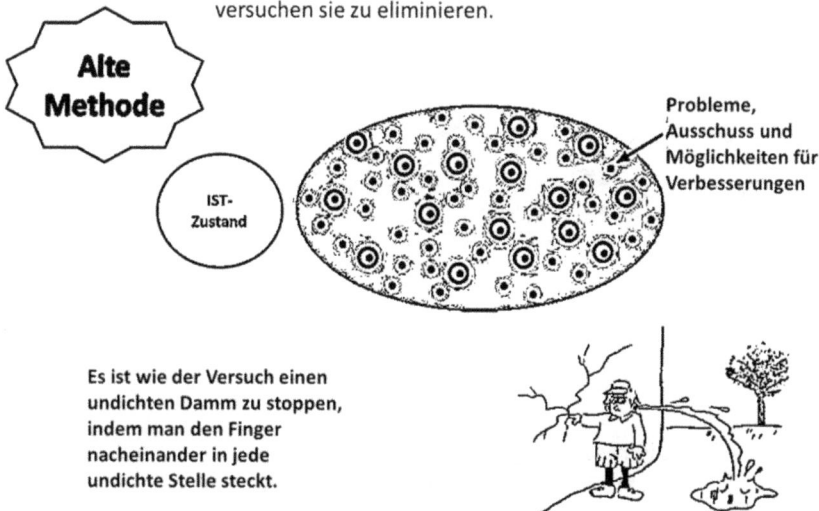

Quelle: Mike Rother

Abbildung 2-39. Nach Ausschuss zu suchen und auf Probleme zu reagieren ist ein verlorener Kampf

Wenn wir uns genau anschauen, was und wie Toyota-*Senseis* lehren, dann erkennt man, dass sie immer mit einer Herausforderung beginnen, die eine Richtung für weitere Verbesserungen vorgibt (siehe Abbildung 2-40). *Senseis* leiten die Lernenden an, Dinge über „PDCA" auszuprobieren und dabei immer den Blick auf das Ziel zu richten. Man muss beachten, dass viel Verschwendung absichtlich ignoriert wird, um die Aufmerksamkeit auf das Erreichen eines Ziels zu lenken. Es verhält sich wie mit Scheuklappen bei einem Pferd, so dass es nicht abgelenkt ist. Man muss auch beachten, dass wir nicht wissen, wie wir das vorgegebene Ziel erreichen. Es ist nicht klar und wir müssen experimentieren, um den Weg zum Ziel zu finden. Eine gezielte Suche durch Experimentieren führt uns zum Erreichen des nächsten Ziel-Zustands, um im Zuge dessen eine vorgegebene Herausforderung zu meistern.

Die VERBESSERUNGS-KATA IST EIN ANDERER ANSATZ

Mit der Verbesserungs-Kata arbeitet man iterativ in Richtung eines SOLL-Zustands, auf dem Weg zu einer Herausforderung und lernt auf dem Weg dahin. Man entdeck dabei Themen, an denen man arbeiten *muss*, um den nächsten SOLL-Zustand zu erreichen.

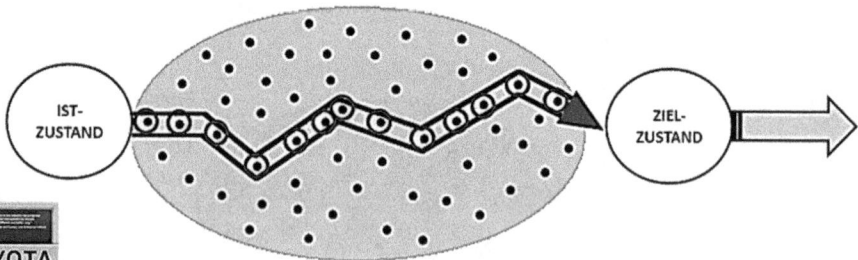

Quelle: Mike Rother

Abbildung 2-40. Die Verbesserungs-KATA ist konzentriertes Experimentieren in Richtung eines definierten Ziel-Zustands

DIE SCHRITTE DER VERBESSERUNGS-KATA

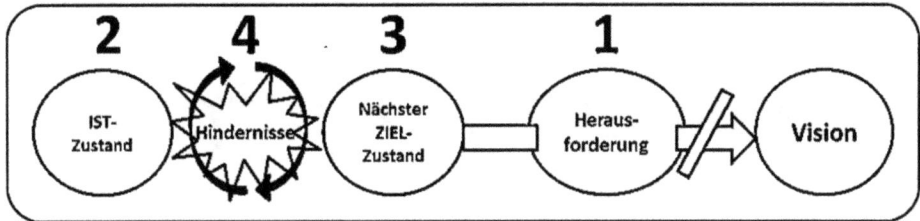

Schritt 1: In Anbetracht einer Richtung oder <u>Herausforderung</u>...

Schritt 2: Den <u>IST-Zustand</u> erfassen.

Schritt 3: Den nächsten <u>ZIEL-Zustand</u> definieren.

Schritt 4: Sich dem nächsten SOLL-Zustand iterativ annähern, der <u>Hindernisse</u> aufdeckt, die behoben werden <u>müssen</u>.

Quelle: Mit freundlicher Genehmigung von Mike Rother

Abbildung 2-41. Die vier Schritte der Verbesserungs-Kata

Die vier Schritte der Verbesserungs-Kata sind im Vergleich zu den „Toyota Business Practices" vereinfacht dargestellt, aber es gibt eindeutige Überschneidungen (siehe Abbildung 2-41). Wir beginnen mit der Herausforderung, die in der Regel auf 1–3 Jahre ausgerichtet ist und im messbaren Bereich liegt. Die Herausforderung sollte die Geschäftsstrategie unterstützen. Wir zerlegen die Herausforderung in bestimmte Prozesseigenschaften (Ziel-Zustände), wovon wir glauben sind, dass dieser Schritt uns in Richtung Herausforderung bringt. In der Regel soll das Ziel in 2 bis 6 Wochen erreicht werden. Diese sind Prozessmuster, die wir zu erreichen versuchen, und von denen wir glauben, dass sich dadurch die Nadel in Richtung des Output-Indikators bewegt. So stellen wir eine Hypothese auf, dass, wenn wir so arbeiten oder der Prozess so funktioniert, wir infolgedessen Verbesserungen in den Ergebnisindikatoren sehen.

Ein umstrittener Teil dieses Prozesses ist die Wahl des Wortes „Hindernisse" anstelle von „Kernursachenanalyse". Mike hat beobachtet, dass viele Unternehmen sich schwer tun, DIE Kernursache zu finden und ihre wertvolle Zeit dafür verschwenden, die eigentlich für das Experimentieren am *Gemba* verwendet werden könnte, um Annahmen zu überprüfen. So schlägt er vor, Hindernisse zu identifizieren, um einen kurzfristigen Ziel-Zustand zu erreichen sowie Gegenmaßnahmen zu testen, von denen man glaubt, dass man damit jedes Hindernis überwinden könnte. Aus den Experimenten würden die Kernursache oder die Ursachen hervorgehen. In der Toyota Kata wird zwischen dem Lernenden, der das Verbesserungsprojekt leitet, und dem Coach, der die Lernenden anleitet, unterschieden. Der Lernende benutzt ein Storyboard, das die vier Schritte des Verbesserungsprozesses dokumentiert (siehe Abbildung 2-42). Der Lernende, der das

Verbesserungsprojekt leitet, trägt ein, was in Echtzeit passiert, und zwar auf einem Storyboard im Standardformat, indem er die Kata unter der Leitung eines Coaches exakt anwendet.

Learner's Ablaufplan

Fokusprozess:		Herausforderung:	
ZIEL-Zustand erreicht bis...	IST-Zustand:	PDCA Zyklus Bericht	
		Hindernisse Parkplatz	

Formblätter erhältlich auf der Toyota Kata Webseite

http://www-personal.umich.edu/~mrother/Homepage.html

Abbildung 2-42. Storyboard für das Coaching von Lernenden der Verbesserungs-Kata

Einige Organisationen, die bei sich das A3-Story*telling* eingeführt haben, haben Schwierigkeiten damit, wie man die Verbesserungs-Kata in den A3 integriert. Dies kann getan werden und dabei hilft es, sich den A3-Ansatz wie eine kurze Momentaufnahme der mehr detaillierten, live generierten Informationen am Storyboard des Lernenden vorzustellen (siehe Abbildung 2-43). Die Check- und die Act-Phase der A3-Methode kann zu den wichtigsten Meilensteinen werden, um darüber zu reflektieren, was bisher geschehen ist und wohin man weitergehen muss.

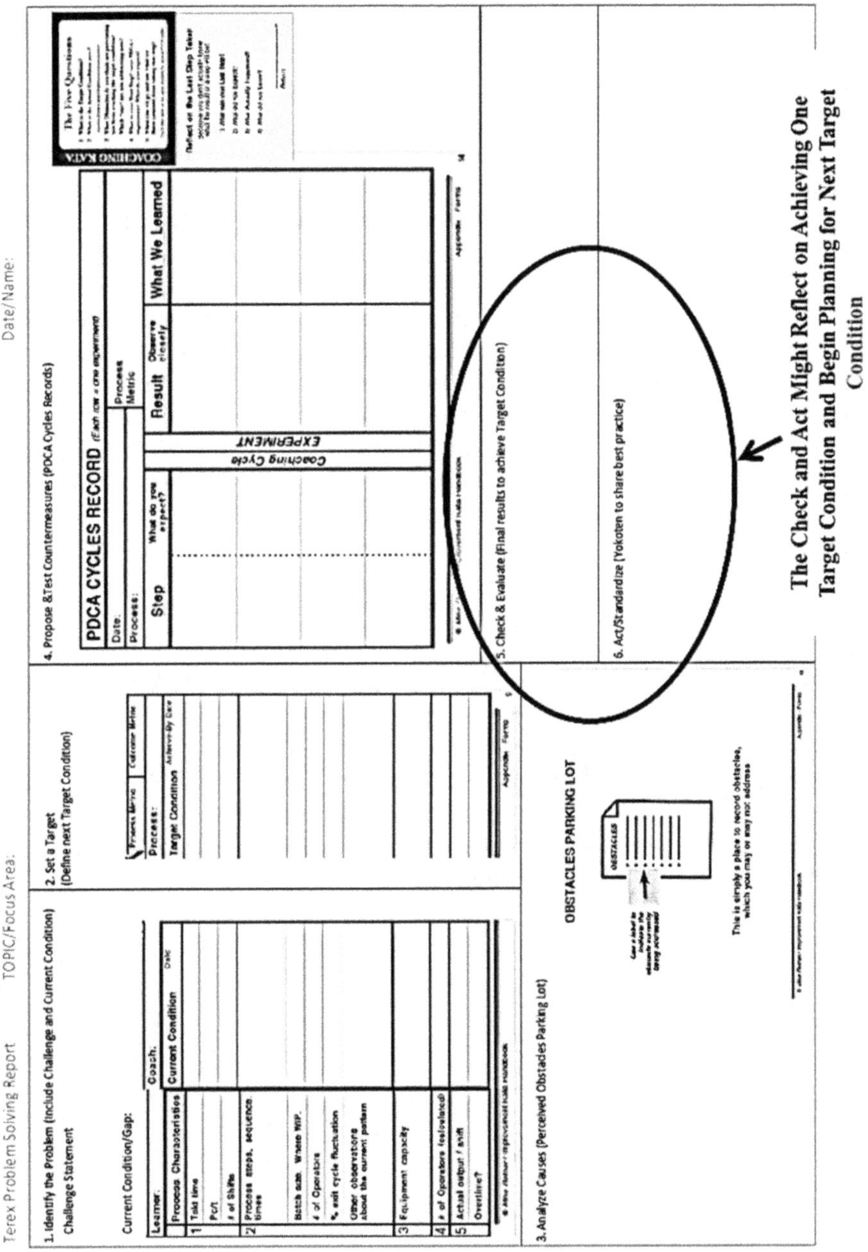

Quelle: Jenny Snow-Boscolo

Abbildung 2-43. A3 und die Verbesserungs-Kata können gemeinsam funktionieren

Die Toyota Kata ist nicht dafür gedacht, um die „Toyota-Weg"-Philosophie zu ersetzen, sondern eher um eine praktische Methodik zu entwickeln, die dazu dient, das Gewünschte in ein tatsächliches Verhalten umzuwandeln. Sie ist so konzipiert, dass die Verbesserung in kleineren Schritten erfolgt und gezielt geübt wird, wie dies auch beim Erlernen einer komplexen Fähigkeit geschieht. Man wird kein Mozart-Konzert erlernen, wenn man als Laie mit dem Geigenspielen anfängt. Man würde zunächst den Umgang mit dem Bogen lernen. Man würde einen Lehrer haben, der den Lernenden die richtige Technik zeigt. Man hätte regelmäßig Unterricht und würde jeden Tag üben, um sichere Routinen für das Spielen eines Instruments sowie für die Praxis zu entwickeln, damit man sich darin verbessert. Während man die Basis gelernt hat, muss man sich nicht mehr auf die Grundlagen der Kata fokussieren, sondern man kann sich auf einer höheren Ebene den Fähigkeiten wie zum Beispiel der Interpretation der Musik widmen. Es kann sein, dass die Toyota Business Practices sowie das hohe Level der A3-Methode zu kompliziert für Anfänger sind, die kein tägliches Coaching in einer etablierten Verbesserungskultur wie der von Toyota haben. In jedem Fall hat jedoch die Philosophie von „PDCA", das Aufteilen einer großen Herausforderung in kleinere Schritte, d. h. jeden Tag etwas tun, das Anleiten durch einen Coach sowie das Dazulernen durch erfolgreich gemeisterte schwierige Herausforderungen, mit der Toyota Kata und dem „Toyota-Weg" was gemeinsam.

„Lean Leader" streben nach kontinuierlicher Verbesserung

Zusammengefasst lässt sich sagen, dass kontinuierliche Verbesserung eine Verbesserung bedeutet, die kontinuierlich passiert. Als David Meier, Mitverfasser von *Praxishandbuch Der Toyota Weg*, und ich dabei waren, das Praxisbuch zu beenden, schickte er mir dieses Diagramm (siehe Abbildung 2-44) und sagte: „Jeff, wir müssen das irgendwo mit einbeziehen, weil das ist wirklich die Methode, wie ich kontinuierliche Verbesserung von meinem *Sensei* bei Toyota gelernt habe."

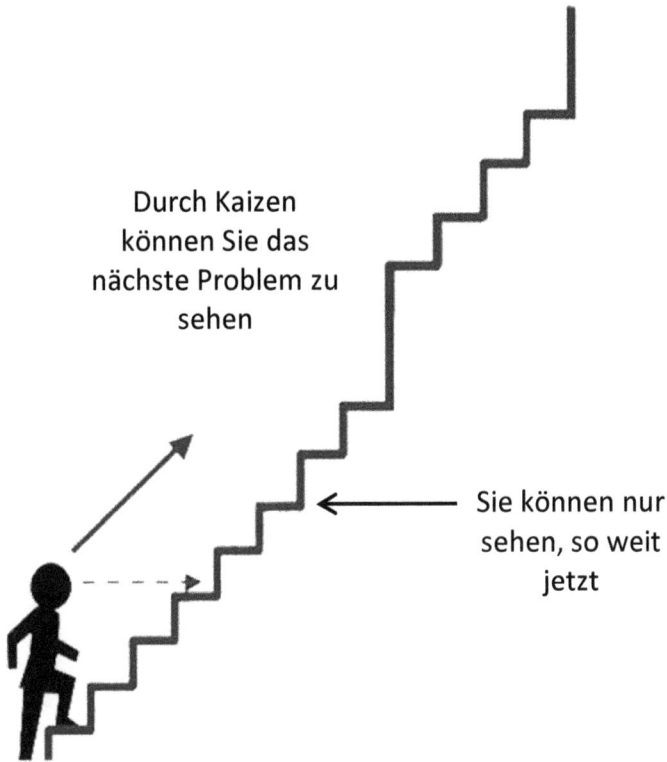

Durch Kaizen können Sie das nächste Problem zu sehen

Sie können nur sehen, so weit jetzt

Quelle: The Toyota Way Fieldbook
Abbildung 2-44. Täglich eine Stufe hochklettern

David war als Gruppenleiter in der Plastikabteilung ständig damit beschäftigt, auftretende Probleme zu bekämpfen und hatte keine Zeit für *Kaizen*. Sein *Sensei* rief ihn herbei und bat ihn, sich ans Whiteboard zu stellen und er begann, eine Treppe und dann ein Strichmännchen zu zeichnen. Es sagte: „Sie sind erst hier und können nur so weit in die Zukunft sehen. Es ist notwendig, täglich *Kaizen* zu machen, denn, während Sie das machen, beginnen Sie damit, die Stufen zu erklimmen. Mit jeder Stufe werden Sie einen breiteren Horizont sehen. Sie werden mehr Probleme sehen, die zunächst nicht ersichtlich waren, als Sie noch unten waren. Jeden Tag bewegt man sich ein Stück nach oben. An manchen Tagen wird der Sprung groß sein." Was David klarmachen wollte, ist, dass man nicht so lange warten sollte, bis man die perfekte Lösung gefunden hat, oder man hätte alle Probleme an einem Tag gelöst und hätte dann noch ein wenig Zeit. Wenn man sich keine Zeit dafür nimmt, die erste Stufe zu erklimmen, wird es nicht möglich sein, die nächste Stufe zu sehen.

Das alles umfasst die Philosophie der Problemlösung, welche besagt, ich muss die Richtung kennen, die ich erreichen will. Ich muss diesen „True North" haben. Ich muss ein explizites Ziel haben, worauf ich genau jetzt hinarbeite. Dann muss ich mich damit wohlfühlen, dass ich nicht weiß, wie ich dieses Ziel erreichen werde. Ich habe keinen Plan. Ich muss es herausfinden, und der Weg, um es herauszufinden, ist ein Schritt-für-Schritt-Prozess - und mit dem ersten Schritt wird heute begonnen.

Das gibt Ihnen ein unsicheres Gefühl, wo viele Personen sich unwohl fühlen würden. Sie wollen einen Plan. Sie wollen wissen, bevor die Reise angetreten wird, dass der Plan auch funktionieren wird. Aber bei kreativer Problemlösung ist der Ausgang nie gewiss. Sie werden nicht wissen, ob es funktionieren wird oder aufrechterhalten werden kann. Aus diesem Grund brauchen Sie den Tatendrang und die nötige Hingabe. Darum brauchen Sie kontinuierliche Verbesserung und keine einmalige Verbesserungsaktion, die dann wieder in Vergessenheit gerät. Die *Toyota Kata* von Mike Rother bietet Verfahrensroutinen an, die es ermöglichen, wie man dem „PDCA" ganz natürlich folgen kann, wie man eine Herausforderung definiert und sie dann in überschaubare Teile aufbricht und jeden Tag einen Schritt nach vorne macht.

Das ist das Wesen von „Lean". Unglücklicherweise ist uns vorgespiegelt worden, dass das Wesen von „Lean" nur im Kopieren von „Lean"-Konzepten in Toyota-Werken ist. Diese sind die Gegenmaßnahmen für die heutigen Probleme, von denen man weiß, dass sie verändern werden. Was sind die Probleme, die man angehen will? Es gibt immer Probleme. Es gibt Zehntausende oder gar Millionen. Man muss vielmehr Prioritäten bei der Arbeit setzen, ein Ziel entwickeln, das bedeutsam ist, einen Konsens erreichen, ein Team zusammenstellen und Verantwortung übernehmen, und dann einen Schritt machen, dann reflektieren und dann den nächsten Schritt nehmen. „PDCA", „PDCA", „PDCA" – das ist die Quintessenz von „Lean".

Eine der ermutigten Aussagen, die David von seinem *Sensei* bekam, war: „David-*san*, tue dein Bestes und probiere einfach etwas aus, und ich werde Dich dabei unterstützen."

KAPITEL 3: STANDARDS, STANDARDIESIERTE ARBEIT UND VISUELLES MANAGEMENT

Standardisierte Arbeit und visuelles Management

In diesem Kapitel werden wir über mein Lieblingsthema sprechen, welches auch eines der umstritteneren Themen bei „Lean" ist: Die Rolle der Standardisierung und Standardarbeit. Zunächst wird ein Überblick über die grundlegenden Prinzipien und Vorteile der Standardisierung und Standardarbeit gegeben. Wir wollen verstehen, warum es nicht nur für Produktions-, sondern auch für Dienstleistungsprozesse von Bedeutung sein kann. Diese Dienstleistungsprozesse können entweder Teil der täglichen Arbeit sein, wie beispielsweise Tätigkeiten im Callcenter, oder aber auch weniger routinemäßige Aufgaben beinhalten, wie beispielsweise Verkaufsgespräche. Wir werden diskutieren, warum „Lean"-Führungskräfte für die Entwicklung, Überprüfung und Verbesserung von Standards und Standardarbeit verantwortlich sind. Danach werden wir visuelles Management als zentrales Instrument für Führungskräfte und Teammitglieder bestimmen, wodurch die Lücke zwischen dem Standard und der aktuellen Situation viel einfacher zu bestimmen ist. Dies ist auch von besonders großer Wichtigkeit für die kontinuierliche Verbesserung.

Die Philosophie von Standards und kontinuierliche Verbesserung

Die Ideen, die in ihrer Gesamtheit als „Toyota-Weg" oder „Lean" bezeichnet werden, haben einige unterschiedliche Ursprünge. Die Japaner waren für ihre Rolle als Entleiher bekannt und Toyota war auch sehr stolz darauf, dass man sich bestimmte Sachen entlieh. Es ging aber über das einfache Kopieren hinaus. Man wollte das Prinzip verstehen und so analysierte man ganz genau, wie sich dieses Prinzip oder die Methode in das System, welches man gerade baute – das Toyota Produktionssystem (TPS) –, integrieren ließe.

Henry Ford war ein bedeutender Master, Lehrherr, jemand, von dem man sich so einiges abgeschaut hatte. Leider hat sich aber die Ford Motor Company über Jahrzehnte hinweg nicht viel von Henry Ford abgeschaut. Eine der klugen Beobachtungen von Henry Ford war die Standardisierung. Wie Sie wissen, führt dies oft zum Papierkrieg, Bürokratie und zu endlosen Verfahrenshandbüchern, die eigentlich niemand befolgt. Sollte man sie aber dann doch befolgen, so würde man gar nicht mehr zur eigentlichen Arbeit kommen.

Henry Ford schrieb: „Die heutige Standardisierung ist das notwendige Fundament, auf dem die Verbesserungen von morgen basieren." Dies ist eine tiefgründige Aussage. Er argumentiert, dass die Standardisierung für die kontinuierliche Verbesserung nötig (keineswegs aber hinreichend) ist. Ohne Standardisierung wird man keine kontinuierliche Verbesserung erzielen. Er sagte auch: „Wenn Sie an „Standardisierung" als die bestmögliche Praktik denken, die es heute gibt, die aber morgen schon weiter verbessert werden kann, dann sind Sie auf dem richtigen Weg. Wenn Sie unter Standardisierung allerdings Einengung verstehen, dann stoppen Sie den Fortschritt."

Dies stammt aus seinem Buch *Today and Tomorrow*, aus dem Jahr 1926. Heute sieht man es aber auch noch in den meisten Unternehmen, dass die Standardisierung als Einengung betrachtet wird. Wir haben eine Reihe von bürokratischen Abteilungen mit Experten, deren Aufgabe es ist, eine Vielzahl von Regeln zu erarbeiten, an die sich andere Mitarbeiter halten müssen. Es kann durchaus sein, dass man auch gar nicht überprüft, ob diese Regeln eingehalten werden, oder welche Auswirkungen es haben könnte, wenn diese Regeln nicht eingehalten werden, was sich als verhängnisvoll herausstellen könnte. Abteilungen mit „Black Belt"-trainierten Mitarbeitern, die zu den Hütern rigider Standards werden und diese auch überwachen, nutzen oft „Six Sigma"-, „Lean"- oder „Lean Six Sigma"-Programme für ihre bürokratischen Strukturen.

Wozu brauchen wir also überhaupt Standardarbeit oder Standards? Ein altes Sprichwort besagt: „Wiederholung ist die Mutter aller Fähigkeiten." Damit wollen wir sagen, dass Übung der beste Weg ist, um komplexe Fertigkeiten weiterzuentwickeln. Mit genug Übung wird es irgendwann zur Routine und man denkt nicht mehr darüber nach. Dann haben wir Einheitlichkeit erreicht. Man denkt auch nicht jeden Morgen darüber nach, wie man seine Schuhe schnürt.

Natürlich ist es möglich, sich sowohl schlechte als auch gute Angewohnheiten anzueignen. Ziel der Standardarbeit ist aber, eine Beständigkeit bezüglich guter Angewohnheiten zu erreichen. Dies schließt mit ein, dass die Ausrichtung klar definiert ist, damit jeder ein klares Verständnis für den Sinn der Aufgabe hat. Wir wollen auch, dass es bei der Performance Beständigkeit gibt. Wer auch immer die Aufgabe erledigt, wird diese mit hoher Qualität ausführen und Ergebnisse erzielen, die konstant hoch bleiben und somit eine konstante Kundenzufriedenheit gewährleisten.

Henry Ford sagte auch: „Wenn wir einen Standard erreicht haben und Menschen diesem Standard folgen, schauen wir uns noch einmal diesen Standard an und finden heraus, dass es eine noch bessere Idee gibt und so modifizieren wir diesen Standard. Dadurch gehen wir kontinuierlich einen besseren Weg und machen ständig Verbesserungen."

Wie wir durchgehend in diesem Buch argumentiert haben, können die besseren Ideen aus vielen verschiedenen Bereichen kommen, aber wenn die Arbeitsgruppe nicht selbst für das Herausfiltern, Dokumentieren und Integrieren des besseren Weges in den Arbeitsstandard verantwortlich ist, dann wird es keine Kontinuität und keine ständige Verbesserung geben.

Standardarbeit bei sich wiederholenden Aufgaben oder Prozessen

Wenn Sie zu Firmen kommen, die bereits über Erfahrung mit „Lean“ verfügen (vielleicht haben Sie ja selbst solche Erfahrung gesammelt), werden Sie häufig ein aufgehängtes Standardarbeitsblatt bei jeder Arbeitsstation vorfinden (siehe Abbildung 3-1), das beschreibt, wie die Person den Job machen sollte. Dies ist eine gängige Art eines Standardarbeitsblatts einer Arbeitsstation. Was man hier sieht, ist eine Liste mit den Arbeitsschritten für diese spezielle Aufgabe. Außerdem sehen wir die Zeit, die man dafür braucht, um die Arbeit oder die wertschöpfenden Aufgaben zu erledigen. Man sieht die zurückgelegten Wege des Mitarbeiters, welche in diesem Fall ohne Mehrwert wären, sogar Verschwendung. Wenn ein Kunde jemanden dafür bezahlt, seinen Hund auszuführen, dann könnte das Gehen wertschöpfend sein, aber bei den meisten Arbeiten ist dies unnütz.

Standardarbeitsblatt

Arbeitstitel		Teilebezeichnung:	T/L:	SIP Stock:
Gruppe		Teile #:	S/L:	Takt: 76 Sek

#	Work Elements	Arbeits-zeit	Wege-zeit
>1	Aufnahme Klammer A	>1	
2	Beladen der Vorrichtung	6	2
3	Aufnahme Klammer B	1	2
4	Beladen der Vorrichtung	5	3
5	Aufnahme Seitenverstärkung	1	3
6	Beladen der Vorrichtung	3	1
7	Aufnahme Versteifung	1	1
8	Beladen der Vorrichtung	8	2
9	Aufnahme Klammer	1	2
10	Beladen der Vorrichtung	5	3
11	Start des Roboterzyklus	1	3
			1
			23
	Total	33	

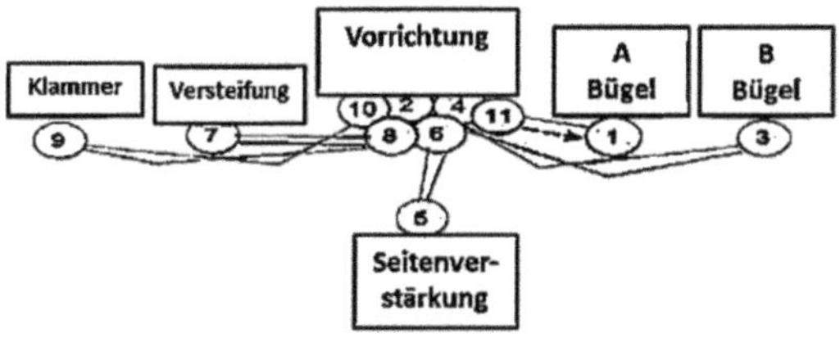

Abbildung 3-1. Ein Standardarbeitsblatt

In dieser Grafik (siehe Abbildung 3-2) ist ein Ablauf zu sehen, das zeigt, wie sich Menschen bewegen sollten. Dies ist auch bekannt als „Spaghetti-Diagramm“. Wir können uns das näher anschauen und eine Person isoliert darstellen, um zu bestimmen, wie sich diese während eines Arbeitsprozesses bewegt. Wir könnten ein Spaghetti-Diagramm erstellen, und uns anschauen, wie dieses Dokument durch das Unternehmen wandert. Wir können die Bewegungen einer Person durch das Bürogebäude nachverfolgen, wie diese zum Beispiel an den Kopierer geht, oder zu einem Kollegen ins Büro abbiegt, und dann wieder zurück ins Büro marschiert. Wir können somit jedes Bewegungsverhaltensmuster von einer Sache oder Person erstellen.

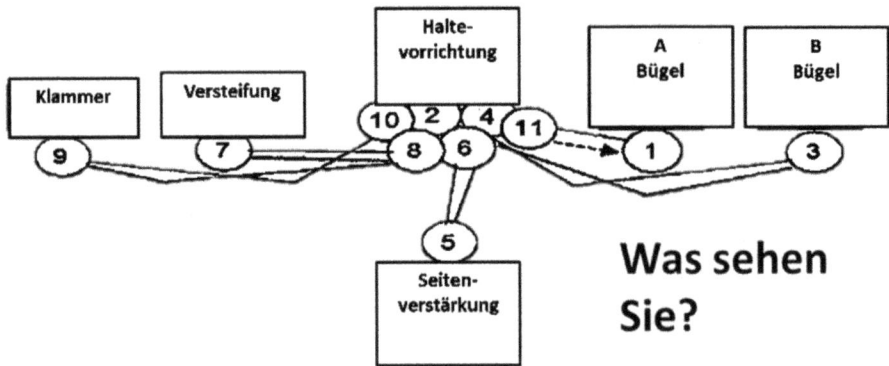

Abbildung 3-2. Prozessschritte

In diesem Fall sehen wir eine Person, die von Maschine zu Maschine läuft, und in der Regel wieder zurück zur zentralen Maschine kommt und dann an eine andere Maschine geht. Wenn man das Bewegungsmuster dieser Person beobachtet, dann sieht man sehr viel Verschwendung. Man würde sich fragen, aus welchem Grund der Mitarbeiter stets von der Maschine weg und dann wieder zu ihr zurückgeht. Gibt es eine Möglichkeit, den Weg zu verringern? Mit diesem Diagramm lässt sich Verschwendung visualisieren. Im nächsten Schritt kann man damit anfangen, Ideen für Verbesserungen zu sammeln.

Mit dieser Art von standardisierter Arbeit, was wiederkehrende Aufgaben sind, können wir festlegen, dass diese Schritte getan werden müssen. Der beste Weg, um diese zu tätigen, wäre in dieser Reihenfolge. Dadurch kann man gut abschätzen, wie lange man für jeden dieser Schritte brauchen wird. Wir können die einzelnen Schritte addieren und dann die Gesamtdauer als die Summe der Zeit für die Arbeitsaufgaben plus der zurückgelegten Wege bestimmen. Wir können diese Werte mit den Kundenansprüchen vergleichen und beurteilen, wie viele Mitarbeiter benötigt werden, um diesen Anforderungen gerecht zu werden. Das hört sich gut an, aber möglich ist es nur im Falle einer sich wiederholenden Aufgabe.

Es gibt ein anderes Dokument, welches ich in Kapitel 6 – wenn wir über Arbeitsgruppen sprechen werden – vorstellen werde. Dieses heißt *Job Breakdown* (oder Aufgabenbeschreibung). Darin unterteilen wir diese Schritte in mehrere, mikroskopisch kleine Teilschritte, und für jeden Schritt stellen wir uns die Frage: „Wie führen wir diesen bestimmten Schritt auf dem bestmöglichen Wege aus?" Wenn wir beispielsweise versuchen, ans Werkzeug zu gelangen, sollten wir mit unserer rechten oder linken Hand danach greifen? Gibt es eine besondere Art, das Werkzeug so zu halten, dass es unser Handgelenk nicht verletzt? Könnten diese Tipps zu den wichtigen Punkten für die ausführenden Personen werden und dabei als eine Training-on-the-Job-Maßnahme umgesetzt werden? Diese detaillierten Schritte, die wichtigsten Punkte und die Gründe, warum die wesentlichen Punkte so notwendig sind, werden die Grundlage für das so genannte „Training on the Job" bilden. Dies wird in unserem Buch *Toyota Kultur* zusammenfassend dargestellt und ist sehr ausführlich in *Toyota Talent* erläutert.

Standardarbeitspapier für nicht-zyklische Arbeiten

Was tun wir mit Arbeiten, bei der sich nicht wiederholende Schritte innerhalb eines Zyklus nötig sind? Das ist sicherlich im Hinblick auf die vielerlei Aufgaben im Büro der Fall. Wir heften vielleicht ein paar Stücke Papier zusammen. Später nehmen wir vielleicht den Hörer ab. Anschließend gehen wir vielleicht die Post holen. Jede von diesen Aufgaben kann zu einem gewissen Maße Routine sein, aber wir verrichten viele verschiedene Aufgaben und jede hat ihre eigene Reihe von Schritten. Vielleicht ist sogar die Reihenfolge bei der Durchführung dieser Schritte nicht klar. So kommt es zum Beispiel auf die Situation an, sprich, was wir sagen, wenn wir einen Anruf entgegennehmen.

Standardarbeitsblatt für nicht-zyklische Arbeitschritte	
Abteilung _____ Auftrag _____ Tätigkeit _____	
HAUPTSCHRITTE	**WICHTIGSTE PUNKTE**
#	
1	
2	
3	
4	
5	
6	

Abbildung 3-3. Standardarbeitspapier für nicht-zyklische Arbeit

In diesem Fall haben wir ein Standardarbeitsdokument (siehe Abbildung 3-3) für nicht-zyklische Arbeit, was einem, sich nicht wiederholenden Muster folgt, und es kann sein, dass wir nicht in der Lage sind, die Reihenfolge der einzelnen Schritte zu spezifizieren. Wir könnten die Schritte und auch die wichtigsten Punkte in keiner bestimmten Reihenfolge aufzeigen. Wenn Sie wissen, was die wichtigsten Punkte sind und die Schritte kennen, dann können Sie jetzt jemanden darin unterrichten, was der Standard ist; man muss dafür sorgen, dass man alle diese Schritte auf diesem Wege macht. Die Reihenfolge ist nicht wichtig, aber ich muss alle diese Schritte korrekt durchführen oder zumindest alle diese Punkte prüfen. Es könnte so etwas wie eine Checkliste eines Flugzeugpiloten sein. Es kann auch sein, dass sich ein bestimmter Schritt gar nicht auf das, was ich mache, anwenden lässt. In diesem Fall kann ich das Kontrollkästchen „Nicht zutreffend" ankreuzen. Die wichtigsten Punkte werden zu Memos — stellen Sie also sicher, dass Sie diese berücksichtigen. Wenn Sie zum Beispiel den Hefter verwenden, halten Sie ihn mit der linken Hand fest, während Sie mit der rechten Hand einen gleichmäßigen, starken Druck nach unten ausüben.

Dies ist die unterste Ebene der Standardarbeit, bei der wir ganz einfach wissen, dass wir diese Dinge machen müssen, und dies ist der beste Weg, den wir kennen. Von heute an beginnen wir, diese Schritte zu machen. Wir könnten ein Standardarbeitspapier für die Aufgabe „Telefonate" haben. Es können Teile diese Tätigkeit wiederholend vorkommen und in einer Sequenz stattfinden, die wir zu befolgen haben, wenn ein Kunde anruft, wie beispielsweise uns immer als Erstes vorzustellen, immer den Kunden nach dem Grund seines Anrufs zu fragen, und es mag auch ein paar wichtige Fragen geben. Wir haben gegebenenfalls immer noch einige Informationen auf Papier oder am Computer, mit denen wir die üblichen Fragen beantworten können, aber wir möchten uns nicht so weit aus dem Fenster lehnen und jede Frage, die ein Kunde jemals fragen könnte, spezifizieren. Im Gegenteil: Wir möchten vielmehr wiederkehrende Teile und wichtige Punkte im Allgemeinen für jede Aufgabe wie diese spezifizieren.

Zwei Arten von Bürokratie: Zwangsmaßnahmen und Befähigung

Es gibt auch andere Arten von Standards zusätzlich zur Standardarbeit. Zum Beispiel könnte ein bearbeitetes Metallteil möglicherweise einen Qualitätsstandard haben, der angibt, dass ein Loch einen bestimmten Durchmesser mit einer Toleranz von plus/minus 1 Millimeter haben soll. Vielleicht gibt es einen Leistungsstandard, dass jeder Verkäufer mindestens 15 Kaltakquiseanrufe pro Tag tätigen sollte. Ein weiterer Standard könnte ein Ziel für den Einkauf sein, die Kosten um 1% pro Quartal für das laufende Jahr zu senken.

Es gibt verschiedene Arten von Standards und wir haben Unternehmen, deren Haupttätigkeit es ist, Standards zu entwickeln. Dies ist ein Teil von dem, was wir als Bürokratie bezeichnen. Wenn ich häufig mit Personen spreche und ich frage sie: „Sagen Sie mir bitte die ersten Worte, die Ihnen sofort einfallen, wenn ich Bürokratie sage", dann antworten sie starr: „Papierkrieg", „top-down", „Kontrolle" und „Zeitverschwendung".

Professor Paul Adler von der University of Southern California untersuchte NUMMI. Das heute geschlossene NUMMI-Werk wurde als ein Jointventure zwischen Toyota und General Motors in Kalifornien gegründet. Professor Adler hörte damals von all dem Engagement der Mitarbeiter für das Toyota Produktionssystem (kurz: TPS) und erwartete eine flache Organisation mit wenig Bürokratie, fand aber das Gegenteil vor. Er war überrascht, zu sehen, dass es Standards für alles gab. Man geht zu Sachbearbeitern, schaut in Büros, man geht in die Engineering-Abteilung – überall hängen an den Wänden die verschiedensten Arten von Standards. Der Standard könnte z. B. eine hohe Bauteilqualität sein. Es werden fünf verschiedene Möglichkeiten aufgezeigt, wie das Teil beschädigt werden kann und so zu einem Fehler führt. Dies könnte dann ein Standardarbeitsblatt sein. Ein Standard könnte auch sein, wie oft und welche Schritte man für die präventive Wartung einer speziellen Maschine benötigt.

Man könnte meinen: „Das sind ein Haufen Bürokraten, und es gibt Menschen in einem Büro, die all diese Dinge erzeugen." Allerdings fand Professor Adler nur relativ wenige

Mitarbeiter im Büro vor und der Standard war in der Verantwortung der Arbeitsgruppen am Shopfloor, geführt von zwei verschiedenen Einheiten: Team- und Gruppenleiter. Die Gruppenleiter stellen die unterste Führungsebene dar. Teamleiter sind Mitarbeiter auf Stundenbasis, aber sie haben eine führende Rolle. Schon Henry Ford schlug vor, man muss mit den Ingenieuren arbeiten, um Standards zu verbessern. Die Standards waren oft zunächst in einem ersten Entwurf von den Ingenieuren oder von einer Stabstelle entwickelt. Später hatten die Arbeitsgruppen, mit Zustimmung des Gruppenleiters, das Recht, die Standards zu ändern und zu testen, ob die Änderungen tatsächlich den Prozess verbesserten.

Professor Adler kam zu dem Schluss, wie von Henry Ford vorgeschlagen, dass Bürokratie nicht immer beschränkend ist. Bürokratie kann die Grundlage für Verbesserungen sein, aber nur, wenn es die Regeln, Standards und Verfahren *ermöglichen*, dass die Menschen ihre Arbeit besser erledigen und sich verbessern, wie sie ihre Arbeit erledigen. Das Problem war, dass wir schlechte Bürokratie zu häufig erleben, was er als *Zwang* bezeichnete. Schlechte Bürokratie beinhaltet starre Regeln, erstellt und durchgesetzt von Stabstellen, die die Arbeit nicht verstehen, oder nicht wissen, wie man Mitarbeiter befähigt. Unter diesen Zwangsmaßnahmen beobachten Manager dann ihre Mitarbeiter, um so schlechte Leistung zu erkennen. Sie sind auf der Suche nach Menschen, die schlampig arbeiten. Wenn Sie den Standard nicht beachten, wird die (Standard-)Polizei kommen und Ihnen drohen, oder sogar das Verhalten unter Strafe stellen, damit Sie wieder auf die richtige Spur kommen. Bei bürokratischen Zwangsmaßnahmen wird erwartet, dass alle dem Standard genauestens folgen. Abweichungen werden bestraft. Es wird davon ausgegangen, dass diese qualifizierten Personen, welche die Standards in ihrem Büro entwickelt haben, mehr wissen, als die Menschen, die die Arbeit verrichten.

In einer befähigenden Bürokratie ist das genau das Gegenteil. Die Annahme ist, dass die Personen, die die Arbeit verrichten, und die Personen, die diese Leute führen, ein sehr detailliertes Verständnis von dem haben, was hier im Gange ist. Wenn es eine Standardabweichung gibt, ist man am *Gemba,* um das Problem zu identifizieren und die Ursache zu finden. Warum traten die Abweichungen auf? Warum hat sich diese Person erst so spät um ihre Aufgabe gekümmert? Warum hat sie so lange gebraucht? Man brauchte so lange, weil nicht gut genug eingearbeitet worden ist. Warum wurde man nicht gut genug eingearbeitet? Man wurde nicht gut genug eingearbeitet, weil man keine Standardarbeit hat, um die Leute darin zu trainieren.

In einer Zwangsmaßnahmen-Bürokratie planen und beobachten Spezialisten die Standards, also übernehmen sie das Denken, und in einer befähigenden Bürokratie sind die Standards für jedermann sichtbar, d. h. der Arbeitsgruppe gehören die Standards. Von der Arbeitsgruppe wird erwartet, dass sie sich überlegt, wie man sich mittels Standards verbessern kann. „Zwangsmaßnahmen-Bürokratie betrachtet Standards als Anweisungen, die zu befolgen und nicht infrage zu stellen sind. Sie wollen womöglich genau das Gegenteil machen und vielleicht wollen Sie ja auch, dass Menschen immer wieder die Standards infrage stellen.", so Professor Adler. Der Standard wird dann zu etwas, was wir als eine Art Vorlage empfinden, aber wir wollen, dass die Leute hinterfragen, infrage stellen, mitdenken und sich verbessern.

Standards und kontinuierliche Verbesserung

Zusammenfassend kann gesagt werden, dass ein Standard, egal ob es sich um ein bestimmtes Ziel (zum Beispiel die Anzahl der Anrufe pro Tag oder der Prozentsatz an Kundenzufriedenheit) oder um ein Standardarbeitsblatt handelt, welches uns die Basis gibt. Nun können wir diesen Standard regelmäßig erreichen sowie uns ein neues Ziel überlegen, das noch anspruchsvoller ist. Zum Beispiel: Wir haben 80% Kundenzufriedenheit. Jetzt wollen wir 95% Kundenzufriedenheit. Das ist unser neuer Standard. Die Latte ist nun höher gesetzt (siehe Abbildung 3-4).

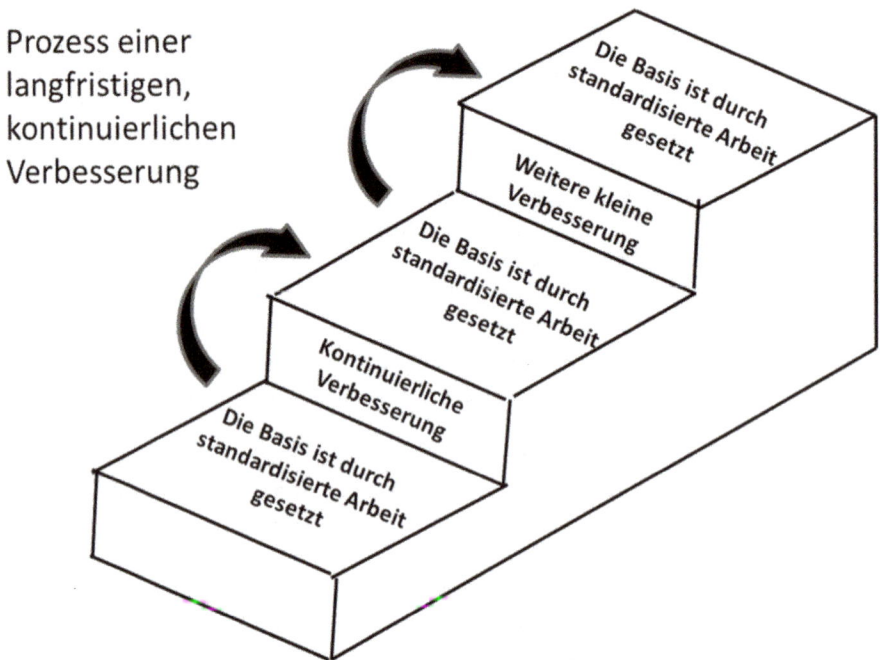

Abbildung 3-4. Der Prozess einer langfristigen, kontinuierlichen Verbesserung

Um einen neuen Standard zu erreichen, müssen wir Verbesserungen vornehmen. In der Regel empfehlen wir, nicht gleich von 80% auf 95% hinzusteuern, sondern lieber ein kleineres Ziel anzusteuern, wie etwa einen Anstieg von 80% auf 81%. Dann nehmen wir diesen Schritt und überprüfen diesen. Jetzt sind wir bei 81%. Was haben wir also gelernt? Wie werden wir auf 82% kommen? Durch diese Schritte auf dem Weg zum nächsten Ziel, das dann die neue Basis sein wird, werden wir das oberste Ziel von 95% erreichen.

Das ist es, was wir mit einer kontinuierlichen Verbesserung meinen. Es ist jeder, an jedem Ort, und unser Augenmerk soll die ganze Zeit darauf gerichtet sein, wo Verbesserungen im Vergleich zu dem, was der Standard fordert, möglich wären. Dadurch wird es uns ermöglicht, uns vorwärts zu bewegen, Schritt für Schritt, und durch Ausprobieren. Man experimentiert mit einer Gegenmaßnahme, überprüft, ob sie funktioniert hat, standardisiert, was funktioniert hat, und fährt mit dem nächsten Experiment – sich wiederholende „PDCA"-Zyklen – fort.

Eines der Probleme, die wir manchmal in den Unternehmen vorfinden, ist, dass man sich einen neuen Standard setzt. Zu den Managern sagt man z. B. Folgendes: „Wir wollen auf 95% kommen. Zurzeit sind wir bei 80%." Nach der Ankündigung sagen die Manager zu ihren Leuten: „Hier ist unser Ziel. Das ist, was wir erreichen müssen." Dann gehen sie weg und die Arbeitsgruppen tun sich schwer in der Umsetzung. Auch wenn sie sie sich auf 90% verbessern, werden sie enttäuscht sein. Sie werden entmutigt, weil sie nicht bei 95% sind.

In einer befähigenden Bürokratie wollen wir aktive Führung. Die Führungskraft ist hier tatsächlich bei den Mitarbeitern. Ihre Botschaft ist: „Wir müssen am Ende des Jahres die 95-Prozent-Marke erreichen. Wir müssen jedoch dieses Ziel nicht mit einem Male erreichen. Wir müssen auch nicht gleich an die 95% denken. Wir müssen aber an den ersten Schritt denken. Was ist das Erste, was wir tun können? Wir sollten uns mit den Daten beschäftigen. Wir müssen die Abweichungen vom Standard verstehen. Lassen Sie uns die größte Abweichung auswählen und versuchen, zu verstehen, warum das Problem auftritt, denn nur so bringen wir Ideen für Verbesserungen hervor. Suchen Sie sich eine aus und probieren Sie." Das ist der Kern der Verbesserungs-Kata (siehe Kapitel 2).

Die Führungskräfte leiten den Problemlösungsprozess systematisch, und wenn man eine effektive Führungskraft ist, wird sie das Team befähigen. Das Team wird immer gute und ein paar nicht so gute Ideen haben, aber durch permanente Versuche, durch eine Wiederholung bis hin zu einem Ziel lassen sich dann auch die Fortschritte sehen. Dann muss man diesen Erfolg feiern, sobald er erzielt wurde. Es könnte ein großer Schritt in einer Woche sein und vielleicht sollte eine Party gegeben werden oder man besorgt ein paar kleine Geschenke für alle. Das oberste Ziel von 95 % ist greifbar und das Team weiß: „Wir haben noch einen langen Weg zu gehen." Man kann auch zeigen, was man bereits im Vergleich zu den 95 % geleistet hat. Man ist auf halbem Wege zum Ziel, wobei es erst die Jahresmitte ist. Manchmal kann ein Thermometer oder eine andere Visualisierung dazu verwendet werden, um den Fortschritt im Hinblick auf das Endziel zu veranschaulichen.

Stellen Sie die richtigen Fragen und motivieren Sie das Team. Sie werden dann Schritt für Schritt beginnen, Fortschritte zu machen. Wenn Sie etwas versuchen, was nicht funktioniert, ist es so nützlich, wie wenn Sie etwas tun würden, was auch funktioniert. Was hat nicht funktioniert? Bei der Entwicklung einer funktionierenden Glühbirne sagte Thomas Edison: „Ich bin nicht gescheitert. Ich habe gerade mal 10.000 andere

Möglichkeiten gefunden, sollte das nicht funktionieren." Diese Lernphilosophie muss geschult werden.

Suchen Sie nach Lücken

Was wir eigentlich sagen möchten, ist, dass Standards einen Vergleich liefern. Wir können zwischen dem, was wir glauben geschehen muss und dem, was tatsächlich passiert, vergleichen. Die Differenz ist eine Lücke, die geschlossen werden muss. Die Art und Weise, wie eine Person zu arbeiten hat, ist in vielen Fällen unklar, und deshalb verwenden Menschen unterschiedliche Arbeitsweisen. In diesem Fall ist eine Verbesserung nicht wirklich zu erkennen, da Menschen häufig nicht bereit sind, das Gelernte mit anderen zu teilen.

Standardarbeit wird zur Theorie über unsere Arbeit. Das ist unsere Theorie über die beste Art und Weise, die uns heute bekannt ist, diese spezielle Aufgabe zu erledigen. Wir wissen in der Tat nicht genau, ob die Standardarbeit perfekt bzw. der beste Weg ist. Im Gegenteil: Wir gehen davon aus, dass es immer einen besseren Weg gibt. Wenn wir also von der Standardarbeit abweichen, dann haben wir entweder das Problem, dass jemand nicht gut ausgebildet ist, oder dass die Geräte nicht richtig funktionieren, oder dass die Person, die Sie mit Input versorgt, Ihnen die Informationen nicht korrekt gegeben hat. Es gibt viele mögliche Ursachen, und dann können wir uns darauf konzentrieren, die Ursachen eines Problems zu ermitteln. Alternativ kann es sein, dass die Abweichung vom Standard der bessere Weg ist. In beiden Fällen ist das eine Chance für Verbesserung. Standardarbeit ist eigentlich die Basis, dass Probleme oder Lücken an die Oberfläche gelangen, was dann die Grundlage für *Kaizen* ist.

Entwickeln Sie Menschen

Standardarbeit ist unsere Theorie, wie die Arbeit am besten erledigt werden kann. Ich wiederhole: Wir können nicht alle Eventualitäten oder Situationen, denen eine Person gegenübersteht, angehen, aber wir kennen einige grundlegende Dinge, die jeder in diesem Job tun sollte. Dies ist die Art und Weise, wie ein Buchhalter mit Forderungen umgehen sollte. Wir haben einige Ideen dazu, und das umfasst unsere Theorie. Wenn wir diese Theorie dokumentieren, dann haben wir die Möglichkeit, Menschen zu schulen, und zwar Personen durch Standardarbeit für diesen Job zu schulen. Was wir uns wünschen, ist, dass alle dieser Theorie – der Standardarbeit – folgen, so dass wir dann die Probleme, die auftreten, wenn man dem Standard folgt, erkennen können.

Das ermöglicht es uns, den Prozess zu verbessern, und dann, wenn wir den Prozess verbessern, entwickeln wir uns als „Lean"-Führungskräfte weiter. Wir werden immer besser darin, Abweichungen zu erkennen. Wir werden immer besser darin, die Standardarbeit zu verbessern. Wir werden besser beim Problemlösungsprozess und entwickeln andere Menschen weiter, die dann immer besser werden. Hinzu kommt, dass wir die Pflicht haben, es mit anderen zu teilen, was wir darüber denken, so dass es für andere in dem Unternehmen nützlich sein könnte. Wir haben nicht das Recht, andere

Menschen in anderen Arbeitsgruppen anzuweisen, das zu tun, was wir getan haben, denn das, was wir getan haben, könnte nur auf unsere spezielle Situation zugeschnitten sein. Sie sollten sich Ihre Situation vergegenwärtigen und können sogar vielleicht einen besseren Weg finden. Aber dennoch haben wir die Verpflichtung, zumindest das, was wir als Allgemeinwissen bewerten und was für andere wichtig ist, mitzuteilen. Vielleicht wird das Management andere dazu ermutigen, ähnliche Arbeiten zu verrichten, um die Standards zu testen, und dann kommt man mit eigenen Verbesserungen.

„True North" ist unser ultimativer Standard

Wir diskutierten im ersten Kapitel, dass der „Toyota-Weg" eine Möglichkeit ist, den „True North" zu definieren. Dies verleiht Toyota Werte und Standards für den richtigen Umgang mit Menschen und ebnet einen richtigen Weg für Verbesserungen. „True North" ist die von uns gewünschte Richtung, wohin wir steuern. Wir können beurteilen, ob wir auf dem richtigen Weg zu diesem Ideal sind, selbst wenn wir es nicht erreichen können. Zum Beispiel definieren wir einen Aspekt von „True North" für die Kundenserviceabteilung, dass 100% der Kundenbeschwerden direkt beim Kunden und nicht im Büro untersucht werden, wo nur Vermutungen aufgestellt werden können. Uns ist tatsächlich daran gelegen, das reale Problem zu bestimmen. Wir suchen nach der Kernursache, die dann zur Lösung der wirklichen Probleme führt. Im Idealfall sollte das Problem nicht wiederkehren. Der perfekte Prozess soll zu perfekten Ergebnissen führen: eine 100 %ige Kundenzufriedenheit.

Ich betone: Wir werden darauf hinarbeiten, das Ideal zu erreichen. Wir werden im Laufe des Lebens die Kundenbeschwerden nicht zu 100% untersuchen können. Wenn wir jeder Reklamation nachgehen müssten, könnten wir nicht in 100% der Fälle die Ursache entdecken, aber es ist etwas, was wir uns wünschen können.

Während Sie dabei sind, die Kundenbeschwerden genau zu bestimmen und die Probleme anzugehen, sollten Sie diese in neue Standards umwandeln oder bestehende Standards überdenken. Sollten Sie dies nicht tun, wird, wer auch immer diese Untersuchung durchgeführt hat, nur kurzfristig das Problem lösen, langfristig aber wird sich das Problem vermutlich wiederholen, wenn die Person die Position im Unternehmen plötzlich aufgeben muss.

„Lean Leadership"-Kernmodell

Standardarbeit und Standards sind ein fester Bestandteil von Lean Leadership. Wir versuchen, die Produktion in einer Fabrik oder jeglichen anderen Prozess im Vergleich zum Standard zu visualisieren (siehe Abbildung 3-5). Dies ist der Sinn von *Genchi Genbutsu*.

Go and See

Die Produktion visualisieren

um Probleme offen zu legen, schnell reagieren zu können

und die Probleme nacheinander lösen

um den Standard und die Herausforderung anzuheben

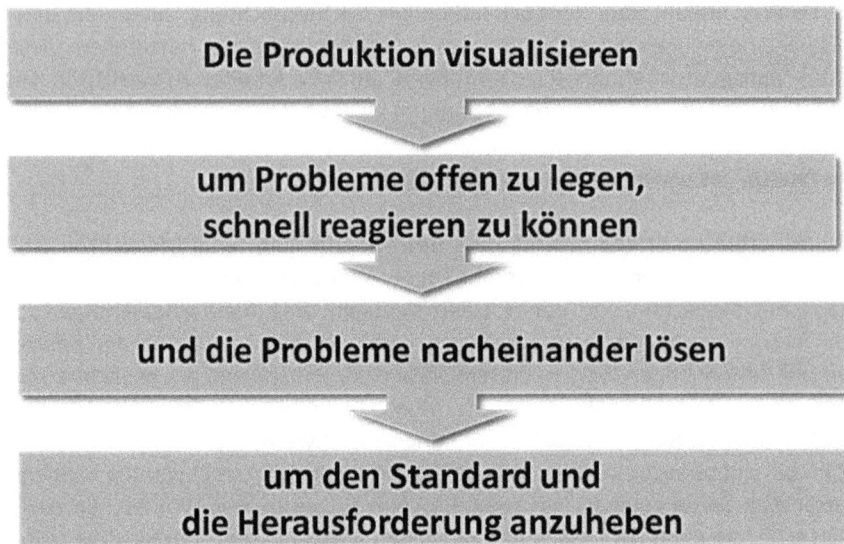

Quelle: Mit freundlicher Genehmigung von Michael Ballé

Abbildung 3-5. Visualisierung von Ist-Situation vs. Standard um die Probleme nacheinander zu beheben.

Der Grund für die Visualisierung der aktuellen Wirklichkeit gegenüber dem Standard ist es, Probleme aufzudecken und schnell zu reagieren. Wenn wir die Lücke zwischen dem Standard und dem tatsächlichen Ist-Zustand schnell sehen können, dann können wir nach und nach Probleme lösen, sobald sie auftreten, anstatt, dass sich Probleme in einem großen Puffer anhäufen.

Zum Beispiel könnten wir den Blick auf die Daten aus dem letzten Monat werfen: Was ist im letzten Monat passiert? Na klar, alles Mögliche. Grob betrachtet wissen wir, dass solch ein Problem bereits mehrfach aufgetreten ist, aber wir kennen nicht die Situation in jedem einzelnen Fall, bei dem das Problem aufgetreten ist. Stellen Sie sich einen Detektiv vor, der zu einem Tatort einen Monat später nach der Tat kommt. Wenn wir die Probleme lösen, also direkt dann, wenn sie auftreten, kennen wir die tatsächliche Situation im Detail: wir kennen die Fakten. Bis Ende des Monats haben wir die Probleme gelöst und dann denken wir vielleicht in dem Monat darüber nach und fragen uns, welche unserer Probleme und Gegenmaßnahmen wir mit anderen teilen sollten.

Das hilft uns, einen besseren, wiederholbaren Prozess auf ein neues Level zu bringen. Wir haben 80% Kundenzufriedenheit. Das heißt, dass in 20% der Fälle Menschen nicht zufrieden waren. Wir haben 95% Kundenzufriedenheit erreicht. Das bedeutet immer noch, dass 5% der Kunden nicht zufrieden sind. Nun ist es an der Zeit, einen neuen Standard zu setzen, vielleicht 99% Kundenzufriedenheit.

Der neue Standard wird wieder „PDCA"-Zyklen benötigen. Wir müssen visualisieren, wo wir im Vergleich zu dem Standard liegen. Wir müssen bei der Problemlösung ansetzen. Wir müssen uns auf einer neuen Ebene der einheitlichen und kontinuierlichen Leistung ansiedeln. Das Lean Leadership-Modell treibt diesen Prozess an. Daher müssen wir alle Elemente bzgl. der Entwicklung von Standards, deren Visualisierung, die Problemlösung sowie die Kommunikation mit anderen was die wesentlichen Punkte für ihre Verbesserungsversuche betrifft, verstehen. Im zweiten Teil dieses Kapitels werden wir viel mehr über Visualisierung sprechen – wie wir tatsächlich den Prozess visualisieren, auch wenn es sich nicht um einen zyklischen oder physischen Prozess wie in der Fertigung handelt.

Was haben wir über Standards gelernt?

Wenn wir noch einmal Revue passieren lassen, haben wir mit Henry Ford und seiner klugen Beobachtung begonnen, dass Standards die beste Lösung darstellen, die man heute kennt, und die jedoch zukünftig verbessert werden müssen. Es sind keine starren Standards. Wir wollen keine Roboter kreieren. Wir versuchen, mitdenkende Menschen zu schaffen, dafür aber geben wir ihnen einen Ausgangspunkt und eine Grundlage für einen Vergleich. Es gibt viele Standards. Es kann sich um Richtlinien, Verfahren und technische Spezifikationen handeln.

Wir könnten tatsächlich Standardarbeit entwickeln, die Schritte spezifiziert, sowie, was bei jedem dieser Schritte passieren soll, und sogar deren Timing spezifizieren. Standardarbeit selbst ist unsere Theorie über die beste Methode bei der Durchführung einer Aufgabe oder einer Reihe von Aufgaben. Für sich wiederholende, routinemäßige Aufgaben können wir die Schritte in vielen Details bestimmen, unter anderem die Sequenz, die Zeit, die man dafür brauchen würde, sowie die wichtigsten Punkte. Bei den nicht wiederkehrenden Aufgaben müssen wir bescheidener sein. Es könnte bestimmte Aspekte bei den nicht wiederkehrenden Aufgaben geben, die eine hohe Routine brauchen und dann können wir Standardarbeitsblätter für die entsprechenden Bereiche erstellen. Für nicht routinierte Arbeiten können wir immer noch die notwendigen Schritte und die wichtigsten Punkte identifizieren, die die Grundlage für eine Checkliste und Mitarbeiter-Schulung bilden.

Standards können sehr starr behandelt werden und können Teil der Zwangsmaßnahmen-Bürokratie werden, oder sie können flexibel genutzt werden – wie Leitlinien – und an das Team weitergeleitet werden, so dass das Team sie verbessert. Wir nennen es „befähigende Bürokratie". Es gibt schlechte Bürokratie, die wir „Zwangsmaßnahmen-Bürokratie" nennen, und es gibt gute Bürokratie, die wir als „befähigende Bürokratie" bezeichnen. Wir müssen weg vom Standpunkt, dass wir bei Bürokratie nur an Negatives denken - oder dass Standardisierung immer gut ist.

Es kann leicht zu einer bedeutungslosen Regel werden. Das muss aber nicht sein. Was wäre die Alternative? Ist Anarchie gut und Bürokratie schlecht? Professor Adler lehrte uns, dass wir zwar Bürokratie brauchen, aber es gibt eine bestimmte Methode bei der Verwendung von Regeln, Standards und Verfahren, was zum Lernen und zur kontinuierlichen Verbesserung führt. Die befähigende Bürokratie hängt stark von den Führungskräften am *Gemba* (an Ort und Stelle) ab, um die Disziplin in Bezug auf die Standards aufrechtzuerhalten sowie die Verbesserung von Standards zu steuern. Darüber hinaus bedeutet dies, dass die Gruppe, die sich mit Rückmeldungen immer an ihre Führungskraft wendet, nicht zu groß sein darf, daher auch die Teamleiterrolle bei Toyota, worauf wir später, in Kapitel 6, im Detail eingehen werden.

Standards werden für ein Team, das sich hinsichtlich ihres Prozesses um Verbesserung bemüht, am effektivsten sein, wenn es sich um optische Darstellungen handelt, d. h., wenn wir sehen können, ob es im Standardbereich oder außerhalb des Sollbereichs liegt. Das wird das Thema der folgenden Abschnitte dieses Kapitels sein. Wenn wir etwas sehen, was außerhalb des Sollbereichs ist, so ist dies nicht unbedingt ein Grund zur Panik, aber es ist eine Möglichkeit, eine weitere Lücke zu schließen und den Prozess zu verbessern.

Schließlich gibt es eine Reihe von Verfahren, die Sie verwenden können, damit auch Ihre eigene Arbeit als Teamleiter ein gewisses Maß an Standardisierung besitzt. Das heißt, es gibt bestimmte Dinge, die Sie als Führungskraft tun und was für Sie Routine ist. Ihr ganzer Tag muss nicht unweigerlich durch die Sitzungen, die Sie ansetzen, durchgeplant werden. Sie können bestimmte Routinen haben, und die Routinen, die wirklich im Mittelpunkt stehen sollten, sind die Dinge, die Sie naturgemäß zu Gunsten von „Firefighting" nicht tun sollten.

Wir wissen beispielsweise, dass Sie an den *Gemba* gehen sollten und überprüfen sollten was ihre Mitarbeiter machen, ob die Standards eingehalten werden und wo es Abweichungen gibt – Sie sollten als Coach fungieren. Das ist etwas, was im turbulenten Arbeitsalltag leicht in Vergessenheit geraten kann. Wenn wir also tatsächlich diesen Part der Besichtigung vor Ort und Stelle standardisieren – was wir hier als Führungsstandardarbeit bezeichnen –, dann können wir es tatsächlich planen und damit sichergehen, dass es geschieht. Dies wird ein Thema in Kapitel 6 (Unterstützung des täglichen *Kaizen*) sein.

Zusammenfassend kann gesagt werden, dass Standards beengend wirken können, Bürokratie mit sich ziehen und zur Ineffizienz führen können sowie die Arbeit unangenehm machen können. Auf der anderen Seite können Standards nützlich, ja befähigend sein, und auch die Freude an der Erledigung der Arbeitsaufgaben erhöhen. Nun, das mag vielleicht merkwürdig klingen, dass wir Regeln und Verfahren anwenden, um es noch angenehmer zu machen. Darum erörtern wir im zweiten Teil dieses Kapitels einen Fall namens „Menlo Innovations". Es ist ein Softwareunternehmen, dessen Leitprinzip es ist, Freude auf der Welt zu schaffen und Freude am Arbeitsplatz zu haben. Man erreicht dies durch sehr viel befähigende Bürokratie, sprich klare und sichtbare Prozesse für die Festlegung von Anforderungen und die Entwicklung von Software.

Visuelles Management, um die Lücken zu erkennen: Standard im Vergleich zum tatsächlichen Ist-Zustand

Visuelles Management baut auf dem auf, was wir als Standardarbeit, Standards, Standardprozesse, Ziele, Zielbedingungen bezeichnet haben, indem man sonst leblose Informationen, die überall im Büro vorzufinden sind – wie etwa Poster, Dateien, Infotafeln und sogar Computerbildschirme –, mit Leben füllt. Arbeitsplätze sind voll von visuellen Elementen. Manchmal bleiben Menschen dort einfach stehen und wollen diese lesen, um dann wieder an ihre Arbeit zurückzukehren.

Visuelles Management – im Vergleich zu Visuellem – ist das, was wir tatsächlich nutzen, um unsere Arbeit zu unterstützen, damit deutlich gezeigt werden kann, was man jetzt tun sollte. Es soll helfen, die Lücke – wenn eine überhaupt existiert – zwischen dem, was man tun sollte und was man tatsächlich tut, zu erkennen. Stellen Sie sich jemanden vor einem Jobaushang vor, der einen Zettel mit der Telefonnummer abreißt, um sich die Telefonnummer etwas später anzuschauen. Dann macht sich dieser Mensch wieder an die Arbeit und diese Aktion hatte nichts mit der eigentlichen Arbeit zu tun.

Abbildung 3-6. Die Ampel

Visuelles Management ist live und so Teil Ihrer Arbeit. Eine Ampel ist ein gutes Beispiel dafür. Die Ampel (siehe Abbildung 3-6) ist etwas, was wir alle kennen. Wenn wir ein Licht sehen, dann müssen wir nicht die Bedienungsanleitung studieren, um zu verstehen, was Lichtzeichen der Ampel „Grün", „Gelb" und „Rot" bedeuten, denn wir wissen genau, was wir tun sollen. Ob wir uns nun an die Regeln halten oder nicht, wir wissen, dass, wenn die Ampel Rot leuchtet, müssen wir anhalten und bei Grün kann man losgehen. Bei Gelb sollte man zügig gehen, bevor die Ampel auf Rot schaltet (ein kleiner Scherz!). Auf einen Blick wissen wir jedenfalls, was wir tun sollten.

Werfen Sie bitte einen Blick auf so etwas wie zum Beispiel ein gut konzipiertes Messgerät, farblich gekennzeichnet mit „Grün", „Gelb" und „Rot". Es ist leicht zu erraten, dass ein Trend in Richtung Rot negativ ist. Es liegt direkt an der Grenze zu Rot und das bedeutet, dass die Maschine Gefahr läuft, ein Problem zu bekommen – möglicherweise ist der Füllstand zu gering. Sie erkennen den Status der Maschine also auf den ersten Blick.

Nun werfen Sie den Blick auf die Grafik. Nehmen wir an, das Grün ist das Ziel für etwas – es könnte für Umsatz stehen oder es könnte Gewinn bedeuten. Rot ist das, was tatsächlich angezeigt wird. Dort kann man sehr deutlich sehen, ob es sich um eine Übererfüllung handelt oder ob man hinter dem Zeitplan liegt.

All dies sind gute Beispiele für das Visuelle Management. Sie werden zum visuellen Management, wenn man sie dafür benötigt, um zu wissen, wann Handlungsbedarf aufkommt sowie als Ziel für Verbesserungen. Als „Lean Leader" haben Sie die Aufgabe, sicherzustellen, dass es nutzvolle Grafiken gibt, die täglich verwendet werden, um die Arbeit durchführen zu können. Es ist hilfreich, damit Sie wissen, ob die Arbeit von hoher Qualität ist, ob Sie die Kontrolle innehaben, ob Sie Ihrem Kunden das, was er will, in der Menge, die er will und wann er es will, geben können.

Es gibt ganz einfache Bestandteile eines guten Visuellen Managements. Können Sie mit nur einem Blick auf die Visualisierung mit Sicherheit sagen, ob Sie sich in einer normalen oder unnormalen Situation befinden? Wir müssen definieren, was normal ist. Normal ist das, was wir als Standard festgelegt haben. Abnormal bedeutet, es gibt einen Unterschied zwischen dem Standard und dem Ist-Zustand. Wenn ich diesen Unterschied sehen kann, kann ich Maßnahmen ergreifen. Je schneller ich diesen Unterschied erkenne, desto schneller kann ich dagegen angehen.

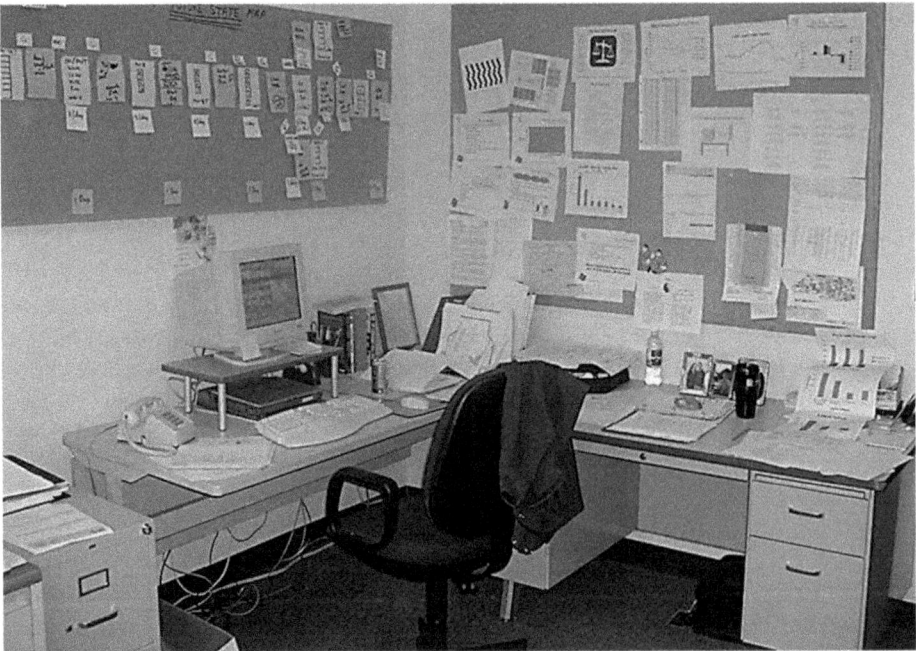

Abbildung 3-7. Ein Büroarbeitsplatz ohne 5S

Schauen Sie sich einmal den Arbeitsplatz auf dem Foto (siehe Abbildung 3-7) an. Was ist Standard und was ist kein Standard mehr? Kann man das mit einem Blick erkennen? Das ist eigentlich keine schlechte Arbeitsumgebung. Der Schreibtisch scheint vernünftig organisiert zu sein. Eine Pinnwand mit farbigen Notizzetteln zeigt an, woran wir gerade arbeiten. Das mag klar für die Person sein, die im Büro arbeitet, aber es gibt noch eine Menge anderer Informationen am Schwarzen Brett. Es stehen viele Gegenstände auf dem Schreibtisch. Sicherlich wird sich eine Führungskraft, die gerade ihre Bürorunde macht, damit schwer tun, es auseinanderzuhalten, was hier im Standardbereich und was außerhalb des Sollbereichs ist.

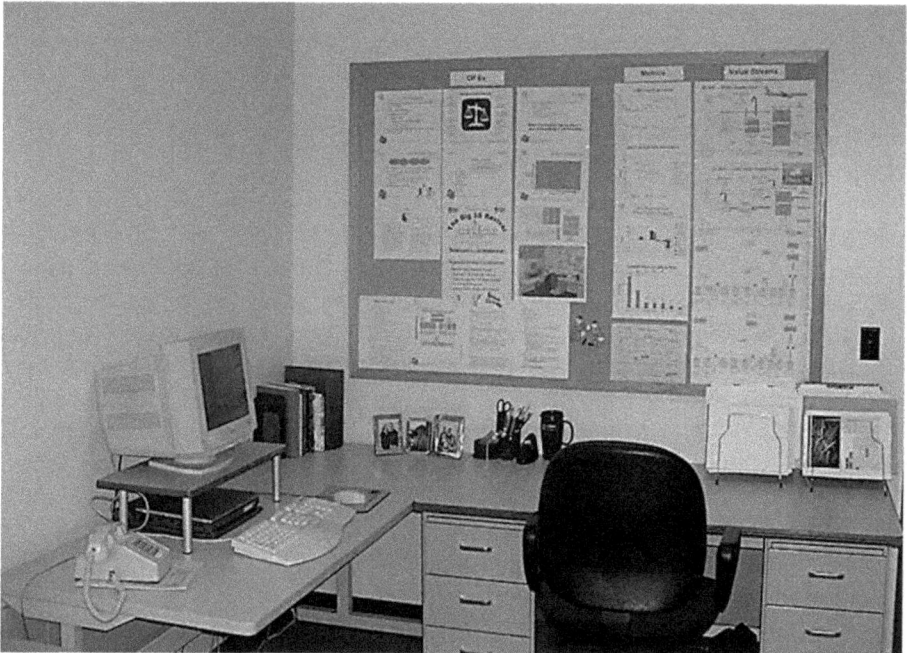

Abbildung 3-8. Ein Büroarbeitsplatz mit 5S

Wie sieht es aber nun mit demselben Büro (siehe Abbildung 3-8) hier aus? Ein 5S-Workshop wurde durchgeführt. Es gibt Platz für alles und alles ist an seinem Platz. Wenn wir also sagen, es gibt für alles Platz, heißt das, dass wir Standards haben. Wir wissen, wo das Telefon stehen soll. Wir wissen, wo der Ordner hingehört. Es kann eine Reihe von Ordnern mit der Eingangspost und eine Reihe von Ordnern für das, was wieder weitergereicht wird (Ausgang), geben. Wir können aber auch eine bestimmte Anzahl von Plätzen für die Ordner haben, so dass wir wissen, dass, wenn wir mehr als fünf Ordner zum Abarbeiten gebracht bekommen haben, werden wir überlastet sein und benötigen zusätzliche Hilfe. Dabei kann es sich um eine Visualisierung handeln, die eine Obergrenze für „work-in-process" darstellt.

Michael Ballé definiert das gut in *The Lean Manager*: „Visuelles Management geht über das gemeinsame S*ehen*, also *wissen* wir zusammen und so können wir gemeinsam *handeln*, angefangen vom Mitarbieter bis hin zur Geschäftsführung." Wir haben das Sehen, das Wissen und das Handeln betont, aber das Wort, das uns immer wieder begegnet, ist der Name „zusammen".

Dies wird zu einem kooperativen Prozess, bei dem es für alle Teammitglieder und Führungskräfte klar ist, was derzeit Standard und kein Standard ist – Sind wir dem üblichen Zeitplan voraus? Sind wir im Verzug? –, und dann finden wir einen Weg, den wir einschlagen können, wenn wir außerhalb des Standards sind. Die Gegenmaßnahme sollte es sein, das Problem an der Wurzel anzupacken, damit eine direkte Verbindung zum kontinuierlichen Verbesserungsprozess besteht.

Ein nicht traditioneller „Lean"-Fall: Menlo Innovations

Visuelles Management ist sehr nützlich, wenn man die Arbeit in kleine Schritte zerlegt – zum Beispiel in Büros –, und dann kann es hilfreich sein, ein Diagramm von standardisierten Arbeitsabläufen zu erstellen, auch bei sich nicht wiederholenden Tätigkeiten außerhalb des Werkes. Menlo Innovations entwickelt kundenspezifische Software – das verlangt Wissen! – und es scheint schier unmöglich, diese Arbeit starr und akribisch in Schritte zu zerlegen (wie in dem Buch *Joy, Inc.* von CEO Richard Sheridan beschrieben). Dies ist ein kreativer Gestaltungsprozess, und doch findet man die Möglichkeit für die Zusammen- und Teamarbeit, so dass die Programmierer – jene, die den Code erstellen – wissen, ob sie vor oder hinter dem Standard-Soll (es kann sich um eine Stunde am Tag oder um zwei, oder auch manchmal um drei bis vier Stunden handeln) liegen. Man hat kleine Arbeitsschritte definiert, so dass man wohl unmittelbar an einen geregelten Prozess denkt. Man fängt an, sich Softwareentwickler als demoralisierte Sklaven der Uhr vorzustellen.

Das Ziel des Unternehmens sollte genau das Gegenteil sein. Das Ziel sollte es sein, Softwaredesign und dessen Entwicklung sowohl für alle Teammitglieder als auch für den Kunden als eine erfreuliche Erfahrung zu machen. Dies ist im Leitbild des Unternehmens zementiert. Um diese Freude zu erreichen, hat die Unternehmensleitung die Art und Weise, wie dessen Softwaredesign ablaufen soll, grundlegend geändert.

Menlo Innovations ist ein kleines Unternehmen in der Stadt, in der ich lebe – Ann Arbor, Michigan. Es wurde 2001 gegründet, dessen Unternehmensleitlinie ist: „Wieder Freude an einem der einzigartigsten Bestrebungen in unserer Geschichte zu erfahren, und das ist Softwareentwicklung." Außerdem gibt das Unternehmen die Erklärung ab, was es zu vermeiden versucht: „Das Beenden des menschlichen Leidens in der Welt, da es mit Technologie zu tun hat." Sicherlich erkennen Sie, dass derer Bewertung der üblichen Praxis in der Entwicklung von Software ziemlich schlecht ist.

Richard Sheridan, der Geschäftsführer und einer der Gründer, hat über seine Erfahrungen in Softwareunternehmen berichtet. Jeden Tag verlor er etwas mehr

Enthusiasmus und Energie und wollte nur, dass er mit seiner Erfahrung bei der neuen Firma „Menlo Innovations" tatsächlich etwas Positives für die Menschen hervorbringt, um deren Leben zu bereichern, zu entwickeln und Energie zu verleihen.

Seine Inspirationen galten der Edison-Erfindungswerkstatt, ursprünglich in Menlo, New Jersey, angesiedelt, daher rührt auch der Name „Menlo Innovations". Es gibt ein Buch namens *Extreme Programming*, welches ein Manifest für einen radikalen Ansatz bei der Entwicklung von Software darstellt, im Einklang mit vielen „Lean"-Prinzipien. Er lernte viel vom Autor des Buches und auch von Peter Senge´s *The Learning Organisation* über systematisches Denken. Letzteres ermöglichte ihm, über den eigenen Tellerrand hinauszuschauen und das größere Bild wahrzunehmen, dann dieses näher zu betrachten, um darin die Einzelheiten zu erkennen, und so dass es alle im Unternehmen gemeinsam lernen konnten.

Im Fall von Menlo wird *mit* dem Kunden gelernt. Menlo Innovations ist mit einem Team von aktuell rund 40 Mitarbeitern und Subunternehmern tätig. Das Unternehmen hat Jahr für Jahr expandiert. Man ist sehr selektiv, was die Menschen betrifft, die man einstellt, aber auch bezüglich der Kunden. Man will nur die Leute einstellen, die zur Unternehmenskultur passen, die in der Lage sind, zusammenzuarbeiten, und die mit einer gehörigen Portion Enthusiasmus ans Lernen herangehen. Von den Kunden wird erwartet, dass sie sich stark in den Entwicklungsprozess einbinden.

Zusammenarbeit bei Menlo

Lasst uns eine Führung durch die Firma Menlo Innovations machen. Das erste Bild ist eine Aufnahme eines Arbeitsablaufs in ihren ursprünglichen Räumlichkeiten (siehe Abbildung 3-9). Was sehen Sie, wenn Sie sich diese Arbeitsumgebung anschauen? Sieht es aus, wie man es von einem Softwareentwicklungsunternehmen erwarten würde? Sehen Sie einzelne Personen oder erkennen Sie die Zusammenarbeit?

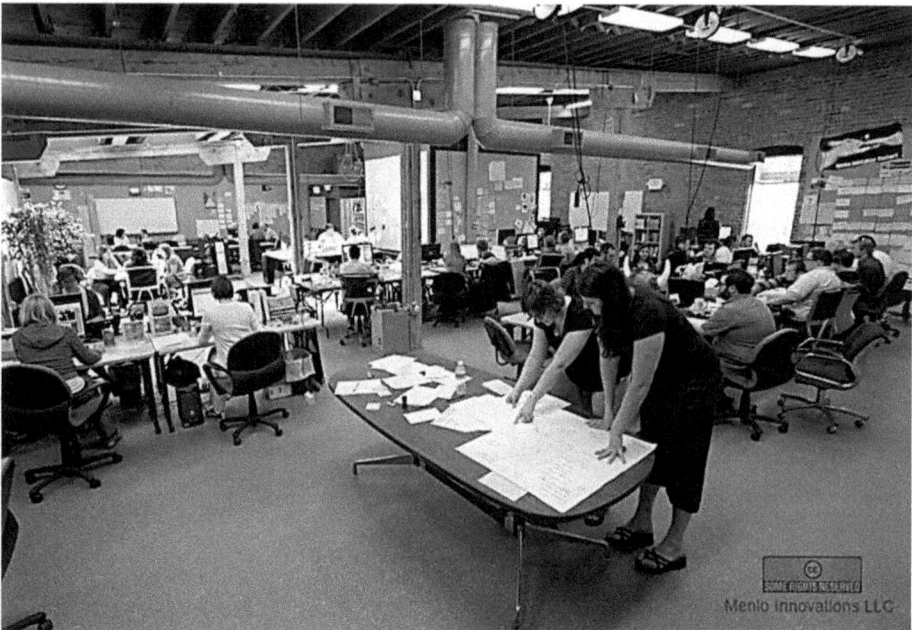

Abbildung 3-9. Die Arbeitsumgebung bei Menlo

Wenn ich mir den Arbeitsplatz eines Softwareunternehmens anschaue, sehe ich normalerweise Menschen, die vor ihren Computern in dunklen Nischen sitzen. Man will sie in Ruhe lassen und nicht ablenken. Mit ernsten Gesichtern, hoch konzentriert, auf den Bildschirm starrend, sitzen sie da und machen irgendetwas. Solange sie damit beschäftigt sind, scheint es, als wären sie produktiv. Verschiedene Leute arbeiten an verschiedenen Software-Teilaufgaben bzw. es herrscht Arbeitsteilung. Die Teile können am Ende entweder zusammenpassen oder es könnte aber auch sein, dass sie es nicht tun. Richard hat verstanden, warum Zusammenarbeit nicht nur in der Softwareentwicklung so wichtig ist, sondern auch generell in der Welt, in der wir leben, die in immer stärkerem Maße vom Wissen, Wissensaustausch und von der Fähigkeit, schneller zu lernen als die Konkurrenz, abhängig ist.

Sieht Zusammenarbeit wie Chaos oder wie strukturierte Teamarbeit aus? Wenn Sie nichts darüber wüssten, was Menlo Innovations tut und wie „Lean" im Unternehmen umgesetzt wird, dann könnten Sie denken, im Büro gebe es ein wüstes Durcheinander. Es stehen Menschen herum. Zwei Mitarbeiter starren auf einen Bildschirm. Warum braucht man zwei Personen? Warum nicht einfach nur eine Person? Sie sehen nachdenklich aus. Bedeutet das, dass sie über ihre Programmierung nachdenken, oder denken sie über Probleme im persönlichen Bereich nach? Dies mag zwar wie eine ungeordnete Umgebung aussehen, da es keine abgeschotteten Arbeitsplätze gibt und die Leute in Gruppen arbeiten, aber was Sie tatsächlich sehen, sind Gruppen von Menschen, die sich auf die Entwicklung eines Rechenprogramms nach sehr klaren Anweisungen konzentrieren. Die Anweisungen geben an, was der Kunde braucht, und es gibt eine ständige Qualitätsprüfung des Codes zur Selbstkontrolle, während er entwickelt wird. Richard erläutert:

„Das sind nun Anforderungen an unsere Branche, dass Teams zusammenarbeiten, um ein gemeinsames Ziel zu erreichen. Wir kennen keine bessere Möglichkeit, dies zu tun, als eine ganze Kultur der Zusammenarbeit zu schaffen. Alles, was Sie hier sehen, wie der Platz organisiert wird, die Art und Weise, wie die einzelnen Personen organisiert sind, die Art und Weise, wie die Teams zusammengestellt werden, die Art und Weise, wie die Tische alle zusammengeschoben sind – alles zeigt die Art und Weise, wie wir arbeiten. Alles ist auf die Förderung der Zusammenarbeit und auf die effektivste Art der Kommunikation ausgerichtet – keine Meetings ansetzen, keine E-Mails abrufen und keine Statusberichte erzeugen, sondern nur die Face-to-Face-Kommunikation. Wir bezeichnen das als High-Speed-Voice-Technologie."

Richard spricht von einer Kultur der Zusammenarbeit, die er und seine Partner absichtlich in Menlo Innovations integriert haben. Mit „absichtlich" meine ich, dass sie viel darüber nachgedacht haben, was für eine Kultur sie schaffen wollten. Sie haben ganz bewusst daran gearbeitet, diese Kultur weiterzuentwickeln. Sie hatten beide Kulturen in Erfahrung gebracht, die sie nicht wollten. Richard hatte deutlich früher die Gelegenheit dazu, etwas auszuprobieren sowie mit der Veränderung der Kultur in einem größeren Softwareentwicklungsunternehmen als Vizepräsident zu experimentieren. Mit dieser Erfahrung und mit einigen, wirklich cleveren Partnern, begannen sie, ihre Vorstellung von einer erfreulichen, kooperativen Arbeit zu entwickeln, die dem Kunden das gibt, was er braucht.

Der gesamte Menlo-Prozess

Wir beginnen mit einem vereinfachten Überblick über den Prozess, den Menlo verwendet (siehe Abbildung 3-10), und dann werde ich jeden Schritt dieses Prozesses erläutern. Der Prozess beginnt mit dem Kunden, wie es bei jedem „Lean"-Prozess der Fall ist. Was möchte der Kunde? Was benötigt der Kunde? Was er möchte, ist nicht unbedingt auch das, was er braucht. Wie Henry Ford einst bemerkte: *„Wenn ich die Menschen gefragt hätte, was sie wollen, hätten sie gesagt schnellere Pferde."* Menlo Innovations hat eine neue Rolle geschaffen, die man „technische Anthropologen" nannte.

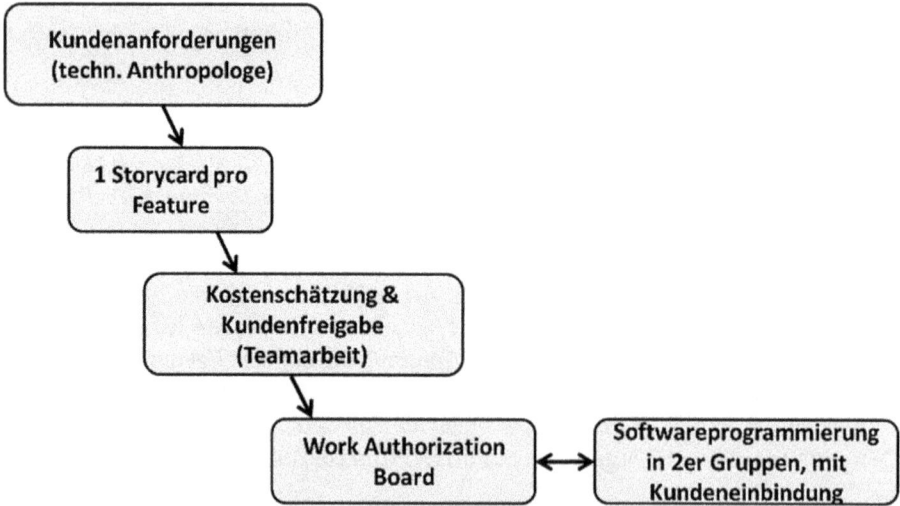

Abbildung 3-10. Der technische Anthropologe

Der technische Anthropologe lebt mit dem Kunden „wie eine Fliege an der Wand" und legt fest, was der Kunde seiner Meinung nach braucht, um eine freudige Erfahrung mit der Software zu machen. Dann skizziert man, wie der Monitor aussehen sollte, um diese freudige Erfahrung zu verwirklichen. Die Elemente auf verschiedenen Bildschirmen werden dann in Form von Storycards beschrieben. Man benutzt physische Karten. Auf jeder Karte ist ein Feature enthalten, das sich mit einem Bild oder Wort beschreiben lässt. Diese Karten, die die Features beschreiben, werden dann an den Projektmanager und ein Team von Softwareentwicklern weitergereicht. Als Team schätzt man, wie lange es dauern könnte, die einzelnen Features zu programmieren. Die Schätzungen sind nicht auf die Minute genau, sondern sind eher Stundenangaben, wie 1 Stunde, 2 Stunden, 4 Stunden, 8 Stunden, 16 Stunden oder 32 Stunden etwa.

Was der Kunde verstehen sollte

Richard beschreibt, was dann mit diesen Features sowie mit den geschätzten Zeiten geschehen soll:

„Was wir hier eigentlich machen, ist, dass wir Projektmanagement mit Origami tun. Ich nehme ein Stück Papier und diese spezielle Größe hat einen Wert von 16 Stunden. Wenn wir diese 16 Stunden durch 2 teilen, wie viele Stunden erhalten wir? Acht. Wenn ich acht Stunden durch 2 teile, wie viele Stunden habe ich dann? Vier. Und so weiter und so fort. Nun gibt es Leute, die sagen: „Was, bitte schön, tun Sie für eine 32-Stunden-Karte?". Wir kleben die 16-Stunden-Karte auf ein Blatt Papier und das zeigt uns, dass es 32-Stunden sind."

Sie fragen sich sicherlich, warum wir nur bis 32 gehen. Wir können höhere Werte erreichen, aber das ist das Maximum, das unsere Kunden kaufen. Unser Kunde kauft ein

Blatt Papier. Dieses Blatt Papier hat einen Wert von zwei Menschen mit 40 Stunden Arbeit (32 Stunden fürs Programmieren und acht Stunden Standardarbeit) und das wird pro Blatt in US-Dollar umgewandelt. Das sind die drei Dinge, die wir als Projektmanager wissen wollen. Gleich zu Wochenbeginn findet die Projektkommunikation mit einem Stand-up, inklusive der sich wiederholenden Projekt-Kick-off-Meetings zu Aufwandschätzungen, Demonstrationen und Erläuterungen statt.

Dies ist ein ganz einfaches Projektmanagement-Tool. Es ist sehr einfach zu verstehen. Ich habe zwei Jungen im Alter von neun Jahren und sie könnten beide hierher kommen und das vorführen, denn es gibt keinen Grund für sie, höher als bis 40 zu zählen. Wenn Sie bis 40 zählen und die 32 in die Box kleben können, dann haben Sie unser System verstanden. Sie könnten schon morgen starten. Nicht wahr? Die anderen acht Stunden an Aufgaben werden vom Kunden bezahlt, aber wir haben erkannt, dass die Aufgaben wiederholbar sind. Sie müssen jede Woche gemacht werden, wie z. B. Aufwandschätzungen sowie ein Treffen mit dem Kunden mit dem Ziel der Projektprüfung. Und so machen wir diese zu einem Teil unseres permanenten Plans. Das geschieht jede Woche. Man darf sich 32 Stunden an wertvoller, produktiver Arbeit für sich selber aussuchen."

Lasst uns den Gesamtprozess aus der Sicht des Auftraggebers betrachten. Um den Gesamtaufwand der Arbeit abschätzen zu können, muss der Kunde vorbeikommen und sich mit dem Team treffen. Der Kunde entscheidet dann, was er bereit wäre, auszugeben, und ob er all diese Features haben möchte oder ob er dann doch einige der Features weglassen möchte, da sie zu teuer sind. Vielleicht ist es auch so, dass man in der ersten Phase der Softwareentwicklung einige Features herausnimmt, um sie gegebenenfalls später in den Quelltext wieder einzuarbeiten. Diese Karten sind dann, sobald der Kunde diesen zugestimmt hat, die Genehmigung dafür, mit der Arbeit zu beginnen. Diese werden dann visuell an der Wand – auf dem so genannten *Authorization Board* (Arbeitsgenehmigungstafel) – angezeigt. Diese visuelle Darstellung der Karten ist der einzige Zeitplan für den Programmierer, der die Arbeit für die ganze Woche auslegt. Die Softwareprogrammierer wählen sich eine Karte aus. Darin wird gezeigt, welches Ergebnis erzielt werden sollte – sprich, welche Funktion die Programmierung haben sollte –, und dann geht es ans Programmieren. Sie treffen sich wöchentlich mit dem Kunden, um ihm zu zeigen, was sie bisher (in der laufenden Woche) gemacht haben. Sie bekommen wöchentlich Feedback vom Kunden. Lassen Sie mich dies weiter spezifizieren.

Visuelles Management und Teamwork bei Menlo Innovations

Die Anforderungen des Kunden werden durch die technischen Anthropologen definiert, die keinen Softwareentwicklungshintergrund haben. Es können Vertriebsmitarbeiter sein, oder jene, die im Schul-/Hochschulrat sitzen, oder es können Journalisten sein. Sie alle haben die Software benutzt, aber sie wurden ausgewählt, da sie ein gutes, intuitives

Gefühl für das haben, was Menschen brauchen, damit sie ihre Arbeit gut machen können. Sie sind in der Lage, Menschen in ihrer heimischen Umgebung zu beobachten, also bei der Arbeit. Sie sind in der Lage, zu verstehen, was die Probleme sind: Womit plagt sich die Person herum, wenn sie die Software zu benutzen versucht?

Man braucht Einfühlungsvermögen, um sich in den Kunden hineinzuversetzen, den Sachverhalt durch seine Augen zu sehen und zu verstehen, was er erlebt. Der Kunde kann einige Dinge für selbstverständlich halten. Es genügt also nicht, zu sagen: „Wir geben dem Kunden, was er möchte." Wie es Henry Ford treffend beobachtet hat, ist das, was der Kunde will, nicht unbedingt das, was er braucht. Der Kunde denkt, dass es normal ist, drei zusätzliche Schritte in der Softwareentwicklung zu machen, weil man es schafft, diese Aufgabe zu erledigen, die so zur Gewohnheit geworden ist. Allerdings würde eine bessere Software uns erst gar nicht dazu verleiten, drei Schritte zu tätigen, wenn man lediglich einen Klick machen müsste.

Die technischen Anthropologen erstellen erste Modelle – tatsächliche Zeichnungen – von den einzelnen Computerbildschirmen, die dann zu den Storycards werden – einzelne Funktionen –, und die der Programmierer dann in einen Quelltext übersetzen wird. Die Storycard ist eine schriftliche Beschreibung der Funktion, was sie dem Kunden bringt (warum man sie überhaupt braucht), und beinhaltet Tipps, wie man es benutzerfreundlich machen kann. Dies ist die Sicht des Anthropologen, die er dann mit dem Kunden und dem Programmierer teilen wird. Aller Voraussicht nach werden dann diese beiden gemeinsam Änderungen vornehmen.

Einfach nur eine Karte zu schreiben berechtigt noch keinen, dass er mit dieser Aufgabe betraut sein wird, aber wenn die Karten zusammen sind, bilden sie den potenziellen Umfang des Projekts. Bitte beachten Sie, dass dies nicht papierlos geschieht. Ich war schon auf vielen Menlo-Betriebsführungen und immer wieder wurde danach gefragt: „Warum haben Sie das alles auf Papier? Sollte es nicht auf dem Computer sein? Immerhin ist das ein Softwareunternehmen." Die Antwort darauf ist, dass eine effiziente Zusammenarbeit nur dann möglich sein kann, wenn man es visualisiert, es greifbar macht und es tatsächlich auf diesem Board platziert sowie die Arbeitsstunden von einer Woche veranschaulicht. Es ist viel schwieriger, zusammenzuarbeiten, wenn man vor dem Computerbildschirm zu zweit sitzen und die Zeit damit verbringen muss, verschiedene Dokumente zu öffnen. Irgendwie ist es einfach anziehender, nach dem Stück Papier zu greifen, es dann in die Hand zu nehmen und zu sagen: „Moment mal. Aber bitte nicht so! Ich denke, es sollte so aussehen.", und man skizziert es direkt auf dem Papier. An einem gewissen Punkt werden Computer vielleicht so benutzerfreundlich sein, dass es am PC genauso einfach zu machen sein wird, wie es mit Papier und Bleistift zu machen ist. In der Praxis sind wir an diesem Punkt noch nicht.

Abbildung 3-11. Schätzung der Zeit, die für jede Storycard gebraucht wird

Jetzt hat man alle Storycards, auch wenn diese noch nicht freigegeben worden sind, und man muss nun abschätzen, wie lange es dauern wird, um die jeweilige Funktion zu programmieren. Wir sehen eine Gruppe von Menschen, die die Zeit pro Karte schätzen und es sieht so aus, als ob die Leute Spaß hätten (siehe Abbildung 3-11). Der Wikingerhelm ist ein Symbol, das eher zufällig zu Stande kam, als Richard und seine Frau in Norwegen Urlaub machten und diesen als Souvenir von der Reise mitbrachten. Er wird für verschiedene Zwecke genutzt. In diesem Fall trägt man ihn einfach nur, um etwas lustig und amüsant auszusehen und dabei Spaß zu haben.

Wir sehen hier drei Gruppen und das ist ein weiterer Bestandteil der Unternehmenskultur von Menlo: man arbeitet immer zu zweit. Die Gruppen schauen sich zusammen die Features an und schätzen gemeinsam ab, wie lange man dafür braucht. Als Nächstes wird man den Mittelwert der drei Teams nehmen. Wenn es einen großen Unterschied in den Schätzungen gibt, wird man darüber genauer diskutieren. An diesem Punkt ist ihnen nicht daran gelegen, die Schätzungen perfekt hinzubekommen. Man weiß, dass diese immer ein bisschen abweichen, aber man hat zumindest eine erste Vorstellung davon, wie lange es wohl dauert. Jede dieser Aufgaben ist einzigartig, denn man hat diese noch nie zuvor bearbeitet. Es ist also einfach die bestmögliche Schätzung. Durchschnittlich kommt diese Schätzung aber meist gut hin. Jede Karte ist möglicherweise hoch bzw. niedrig. Es gibt eine Möglichkeit, diese Irrtümer nachzubessern und die Unterschiede in den Schätzungen zu verringern, aber man versucht, es erst gar nicht zu großen Abweichungen kommen zu lassen. Der Kunde zahlt letztendlich für die Zeit, die für die eigentliche Arbeit benötigt wird, und die Kunden sind offenbar zufrieden mit den Schätzungen, die genügend Informationen bieten, um die Leistungsmerkmale der Funktionen bezüglich der Kosten zu priorisieren.

Der Kunde steht im Mittelpunkt bei Menlo Innovations. Das Unternehmen steht stets im Dienste seiner Kunden, aber der Kunde muss sich an dem Menlo-Prozess orientieren bzw. ihm folgen. Beim ersten Treffen beschäftigt man sich mit der schwierigen Aufgabe, den Arbeitsumfang für das Projekt zu identifizieren. Man schaut auf die Blätter, die den Arbeitstag von acht Stunden zeigen. Man stellt sich Fragen bezüglich des Karteninhalts – die Features. Man gibt Feedback und fragt sich: „Ist das Feature sein Geld wert?" Man schaut sich die Karten an und erstellt zusammen mit dem Kunden den Arbeitsumfang in dieser Sitzung. Nach der Anfangsphase wird der Kunde jede Woche überprüfen müssen, was man in der letzten Woche erreicht hat. Erst dann wird der Kunde die Arbeit für die nächste Woche genehmigen. Es läuft also dynamisch ab, jedoch kann sich die Arbeit, die zu Beginn des Projekts genehmigt wurde, im Laufe des Projekts ändern. Dies ist „PDCA in Action", Woche für Woche.

Lasst uns erneut auf den Richard zu sprechen kommen. Er soll uns beschreiben, was als Nächstes geschieht, nachdem die Karten freigegeben und so Teil des Visuellen Managements an Menlo-Wänden wurden.

Das Work Authorization Board

Richard erläutert:

> *„Die physischen Artefakte, die wir an den Wänden anbringen, dienen der Kommunikation unserer wichtigsten Begriffe über das, woran wir jetzt arbeiten. Was sind unsere Ziele? Was sind die Informationen, die wir kommunizieren müssen? Viel zu oft sind Technikfirmen der Versuchung nahe, all diese Dinge auf einem freigegebenen Laufwerk irgendwo abzuspeichern, worauf jeder über das unternehmenseigene Intranet zugreifen kann. Wir sind der Ansicht, dass das Wichtigste, was wir tun können, ist, diese Materialien an der Wand zu befestigen, wo sich dies jeder den ganzen Tag über anschauen könnte."*

Die Tafel mit der erteilten Genehmigung (siehe Abbildung 3-12) zeigt visuell die täglichen Arbeitsabläufe. Das ist, was tatsächlich von den Programmierern und Projektmanagern genutzt wird, um das Tempo für den Arbeitstag sowie für die Arbeitsstunden einzuteilen. Sie sehen ja, dass man die Karten für den jeweiligen Tag dort angebracht hat, mit den Namen drauf. Diese Namen beziehen sich auf die jeweilige Gruppe von Programmierern. Der Projektleiter befestigt die Karten jede Woche an der Tafel. An jedem Montagmorgen erfahren die Programmierer, mit wem sie gemeinsam an welchem Projekt arbeiten. Man geht zur Tafel und bekommt eine Storycard, um dann die Funktion, die auf der Karte steht, zu programmieren.

Man verwendet farbige Punkte, um den Status der Karte zu deuten. Rot bedeutet, dass man die Arbeit noch nicht begonnen hat. Gelb bedeutet, dass die Arbeit im Gange ist. Orange heißt, dass aus der Sicht der Programmierer diese Aufgabe abgeschlossen ist. Grün bedeutet, dass ein „Qualitäts-Advokat" es freigegeben hat, dass die Funktion das können muss, was der Kunde will. Ursprünglich gab es Grün, Gelb oder Rot, aber das Team ergänzte es noch um einen orangefarbenen Punkt im Rahmen der *Kaizen*-Verbesserung. Es geschah, als Richard weg war und dann wiederkam und gedacht hatte, dass es ein Fehler war, weil da ein orangener Punkt war, aber in Wahrheit war das eine Verbesserung. Was den Programmierern klar geworden ist, war, dass nur, weil man der Meinung ist, die Aufgabe abgeschlossen zu haben, es nicht automatisch heißt, dass man tatsächlich fertig ist, da die „Qualitäts-Advokaten" die Ergebnisse erst überprüfen müssen, um sicherzustellen, dass die Funktion so arbeitet, wie der Kunde dies erwartet. Orange bedeutet, dass man als Programmierer seine Aufgabe fertiggestellt hat.

Die Programmierer bauen in jede Zeile des Quellcodes eine Überprüfung ein, die testet, ob die Programmierung das tut, was sie soll. Dies wird als „Unit Testing" bezeichnet. Sie programmieren es so, um sicherzugehen, dass es auch auf dem Rest des Programms läuft. Darüber hinaus messen die Programmierer, wie lange es tatsächlich dauert, bis man die Aufgabe erledigt hat. Es ist notwendig, um die erbrachte Leistung dem Kunden in Rechnung zu stellen, aber auch als Kontrolle für die anfänglich geschätzte Zeit. Die Storycard wird mit einem grünfarbenen Punkt markiert, wenn die „Qualitäts-Advokaten" sagen: „Wir haben es kontrolliert und geprüft. Als technische Anthropologen verstehen wir, was der Kunde braucht und wir sind fest davon überzeugt, dass dies die Anforderungen des Kunden hundertprozentig erfüllen wird. Das Programm ist fertig." Interessant ist, dass die „Qualitäts-Advokaten" nicht einmal wissen müssen, wie das Programmieren funktioniert.

Man sieht hier einen Faden, der sich durch die Pinnwand hindurchzieht. Richard bekommt ständig Lob dafür, dieses Visualisierungsmittel erfunden zu haben. Der Faden zeigt an, an welchem Tag wir uns befinden. Karten oberhalb dieses Fadens sind fertig. Sie sollten zumindest orange markiert sein, was bedeutet, dass die Programmierer ihre Arbeit ordentlich gemacht haben. Wenn das, was über dem Faden immer noch rot ist, kann der Projektmanager sofort mit einem Blick erkennen, dass sie sich im Rückstand befinden, und das wäre eine Abweichung vom Sollwert.

Abbildung 3-12. Die visuelle Tafel mit den Arbeitsaufgaben

Nun, was tun Sie, wenn Sie ein Programmmanager sind und eine Abweichung sehen? In einem herkömmlichen System finden Sie unter Umständen die verantwortliche Person. Was Sie in einem „Lean"-System machen, ist, darauf hinzuweisen: „Hm, schau mal bitte, hier gibt es gerade eine Unregelmäßigkeit." Das bedeutet, dass ich eine Führungskraft bin und ich muss verstehen, was hier vor sich geht. Ich muss auch den Grund für die Störung verstehen. Der Programmmanager ist in der Lage, auf den ersten Blick zu erkennen, ob dieser Prozess unter oder außer Kontrolle geraten ist – d. h., ob es im Standard- oder außerhalb des Standardbereichs liegt –, und dann wird man das im Team prüfen. Das Team kann bereits Abhilfe geschaffen haben. Dabei kann es sich um ein lokales, besonderes Problem gehandelt haben. Beispiel: Computerabsturz. Auf der anderen Seite rechtfertigt es den „PDCA"-Zyklus.

Sie müssen möglicherweise einen neuen Standard schaffen oder mit anderen Menschen kommunizieren, oder aber es besteht dazu möglicherweise keine Notwendigkeit. Die Führungskraft wird sicherstellen, dass die richtigen Entscheidungen getroffen und die richtigen Menschen darüber informiert werden. Die Führungskraft überprüft sowohl den Prozess als auch die Mitarbeiter, um sicherzugehen, dass man dann auch richtig reagiert und so für alle Prozessverbesserungen, die notwendig sein sollten, verantwortlich ist.

Visuelles Management unterstützt die Kultur der Zusammenarbeit

Ich habe bereits erwähnt, dass Menlo Innovations die Kultur unterstützt, bei der in Zweiergruppen zusammengearbeitet wird. Sie tun alles in Zweiergruppen. Es gibt

Zweiergruppen, die Interviews führen. Es gibt Zweiergruppen, die die Kostenschätzung übernehmen. Es gibt Zweiergruppen von technischen Anthropologen, die den Kunden vor Ort besuchen. Programmierer programmieren in Zweiergruppen. Sie sind nun gänzlich davon überzeugt, dass zwei Menschen, die zusammenarbeiten, produktiver sind, als es eine Person wäre, die alleine arbeitet. Die Kreativität und die Qualität werden auch höher sein. Es macht grob betrachtet nicht viel Sinn, dass zwei Menschen, die zusammenarbeiten, produktiver sind, als eine Person, die alleine arbeitet, bis man dann doch erkennen muss, was denn geschieht, wenn man in einer Zweiergruppe die Arbeit verrichtet.

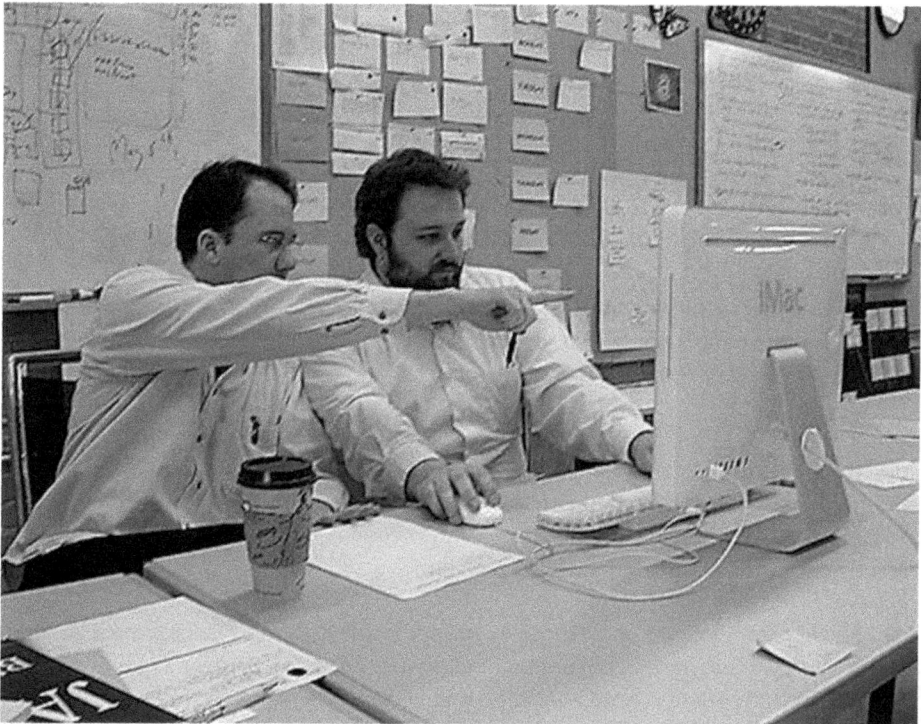

Abbildung 3-13. Teamarbeit – Programmieren in Zweiergruppen

Wir sehen, dass eine Person über die Maus verfügt und die Programmierung macht, während die andere Person auf den Bildschirm zeigt (siehe Abbildung 3-13), als möchte sie sagen: „Hey, schau mal. Es gibt hier ein Problem." Dadurch, dass man nun das Problem an der Wurzel gepackt hat, versucht man, die Nacharbeit zu vermeiden, die tatsächlich in einigen Unternehmen bis zum Kunden durchdringt und diesen unzufrieden macht. Dann muss man noch mehr nacharbeiten oder mit einem unzufriedenen Kunden leben – diese nachgeschaltete Arbeit ist viel größer als die Kosten von zwei Mitarbeitern. Wie gesagt, dies ist etwas, was sich bei Menlo Innovations intern bewährt hat. Es muss nicht zwangsläufig Teil Ihrer Kultur sein, aber es lohnt sich, im Kopf zu behalten, dass Zweiergruppen oft produktiver sein können, als es Einzelpersonen sind.

Jetzt hören wir von Richard eine der größten Erfolgsgeschichten – der Accuri-Durchflusszytometer –, der eine neue Erfindung war. Menlo Innovations arbeitete Hand in Hand mit und erhielt einen Anteil an der Firma für die Entwicklung der Software. Jeder machte eine Menge Geld und Kunden waren unglaublich zufrieden mit dem Produkt. Richard erklärt stolz, dass es zwar teurer war, zu programmieren (auch wenn es offenbar viel weniger kostete, als was die Konkurrenz dafür verlangen würde), doch die Gesamtkosten für den Kunden in Bezug auf Benutzerfreundlichkeit und unnötige Nachbearbeitungen wurden wesentlich geringer: „Mein Favorit bisher ist ein Softwareanalysemodul für ein Gerät, das Durchflusszytometer heißt, den wir für Accuri Laser gebaut haben. Dies ist vor allem ein Gerät, das den Markt für Krebsforschung, Immunologie etc. revolutioniert hat. Das war einfach der absolute Hammer. Die erste kommerzielle Lieferung, die an Accuri gesendet wurde, wurde von Leo, Accuris Kundenservice-Mitarbeiter, ganz vorsichtig in die Verpackung getan."

Leo hat den Kunden angerufen und hat ihm mitgeteilt: „Es wird per FedEx. geliefert. Die Sendung wird morgen zugestellt. Rufen Sie mich doch bitte an, wenn Sie es ausgepackt haben. Vielleicht so etwa gegen neun Uhr." Der Kunde antwortete: „Mache ich! Bis bald!"

Leo war so was von aufgeregt, dass er gleich am nächsten Morgen die Sendung auf der FedEx-Webseite zurückverfolgen wollte. „Ah, es ist unterzeichnet und somit angenommen. Gegen 8.45 Uhr wurde es getrackt."

Er horchte auf das Telefon. Es ist neun Uhr. Es klingelt nicht. Es ist schon Mittag und immer noch kein Anruf. Später schaut Jen Baird, Geschäftsführerin von Accuri, vorbei und fragt: „Leo, haben Sie schon den Anruf erhalten?"

Leo erwidert: „Nein, sie haben nicht angerufen."

Der Tag geht fast zu Ende und immer noch kein Anruf. Der Tag zwei geht fast zu Ende und immer noch kein Anruf. Leo verliert langsam den Verstand. Er ist verzweifelt. Er steht wegen Suizid unter Beobachtung bei Accuri. Schließlich greift er zum Hörer und ruft dort an: „Guten Tag. Hier ist der Leo von Accuri."

Die Dame am Telefon antwortet: „Ich grüße Sie, Leo. Wie geht es Ihnen?"
Leo erwidert: „Danke, gut. Und selbst?"
Als Entgegnung darauf antwortet man: „Danke, auch gut."

Leo fragt: „Haben Sie unsere Sendung erhalten?"
Die Dame am Telefon antwortet: „Jawohl, haben wir. Vor zwei Tagen am morgen, so gegen 8.45 Uhr."

Leo sagt: „Nun, Sie wollten mich anrufen, erinnern Sie sich? Ich soll Ihnen helfen, die ersten Hürden bei der Installation zu meistern."

Zu seiner großen Überraschung antwortete man: „Oh ja! Wir haben es ausgepackt. Wir fingen schon an, es zu benutzen. Bereits seit zwei Tagen betreiben wir Wissenschaft damit. Großartig! Es läuft wie am Schnürchen! Vielen Dank." ... „Im Hinblick auf das Preis-/Leistungsverhältnis wissen wir auch, wo wir die beste Qualität und Leistung bekommen, so dass die Kosten dabei gering bleiben. Eine klasse Sache."

Was haben wir über Visuelles Management gelernt?

Was haben wir über Visuelles Management von Menlo Innovations sowie aus den früheren Diskussionen, die wir dabei hatten, gelernt? Der Definition gemäß sollte visuelles Management den Personen, die die Arbeit verrichten, und den verantwortlichen Führungskräften zeigen, wo sie im Vergleich zu dem Standardsoll stehen. Es sollte leicht verständlich sein. Eine Ampel ist ein gutes Beispiel dafür. Sie zeigt „Rot", „Gelb" oder „Grün". Wir wissen auf einen Blick, was wir tun sollten. Die Polizei würde es auch auf den ersten Blick bemerken und Sie vielleicht heranziehen, wenn Sie über die rote Ampel fahren. Es ist ein Werkzeug für die Zusammenarbeit, die bei der Ermittlung der Probleme, die angegangen werden müssen, benutzt wird.

In einem positiven Umfeld, wie z. B. bei Menlo Innovations, gibt es eine enge Zusammenarbeit mit den Kunden. Es gibt eine Menge Zusammenarbeit in der Vorfeldphase, in der von den technischen Anthropologen definiert werden muss, was der Kunde will, und zwar zusammen mit Menschen, die das Projekt managen, sowie mit Menschen, die die eigentliche Programmierung vornehmen. Es besteht eine enge Zusammenarbeit zwischen den Programmierern in Zweiergruppen. Man ist mit den „Qualitäts-Advokaten" in Kontakt. Wenn man viele Leute hat, die zusammenarbeiten und wir uns einer visuellen Darstellung bedienen können sowie den Status des Projekts daran ablesen können – d. h., ob wir einen Vorsprung haben oder im Rückstand sind, ob einige Dinge die Qualitätskontrolle durchlaufen haben oder nicht, was wir gerade jetzt zu dieser Stunde tun sollten und wie lange es tatsächlich dauert –, dann hat jeder das gleiche Bild von der Wirklichkeit im Vergleich zu dem, was geplant ist. Die Differenz zwischen dem, was geplant ist und was dann geschieht, wird zu einem Problem und das Zeitproblem ist eine objektive Tatsache in „Lean". Mit anderen Worten: Wenn wir eine Lücke haben, weil es heißt, dass es 60 Minuten dauern sollte, aber tatsächlich hat es ca. 70 Minuten gedauert, dann wird diese Lücke als Problem definiert. Ein Problem bedeutet nicht, dass eine bestimmte Person Schuld daran hat oder sogar, dass wir sofort Korrekturmaßnahmen ergreifen müssen. Es bedeutet lediglich, dass es eine Lücke gibt. Wir müssen uns die Frage stellen, warum es diese Kluft gibt. Wir könnten womöglich den Aufwandschätzungsprozess verbessern. Wir könnten vielleicht realisieren, dass das, was geschah, außerhalb der Kontrolle der Vertragsparteien lag. Wir könnten erkennen, dass manch einer mehr geschult werden müsste. Alternativ könnten wir mental abschalten und nichts tun. Es gibt die unterschiedlichsten Gründe für diese Kluft und wir müssen es in die Hand nehmen und uns entscheiden, welche Lücken die intensiven „PDCA"-Zyklen rechtfertigen.

Angst ist der Killer der kontinuierlichen Verbesserungskultur, da alles so klar erkennbar ist, und Menschen sind so verletzlich. Dr. Deming hat *„Beseitige die Atmosphäre der Angst"* schon vor Jahrzehnten gepredigt und der Grund dafür war, dass in der Atmosphäre der Angst Menschen alles tun, was nötig ist, um wieder aus der Not herauszukommen. Eine Möglichkeit, Problemen fernzubleiben, ist es, die Probleme zu verstecken, und das ist der Grund, warum man bei Toyota sagt: „Kein Problem ist ein Problem!" Wenn man Probleme unregelmäßig ermittelt, ist das ein Problem, denn es gibt immer Probleme. Wir tun nur sehr selten alles perfekt nach Plan und das Ausblenden von Problemen bremst Verbesserungen aus.

Das System hängt auch von Führungskräften ab, die leider viel zu selten in den Organisationen etwas bewegen wollen, die selten dahin gehen, wo die Arbeit geleistet wird, um zu sehen, was das Team im Vergleich zu dem Standard leistet und ob die kontinuierliche Verbesserung voranschreitet. Die Führungskraft sollte immer zur Hand sein. Sie merkt die Probleme, sobald sie auftreten und sie unternimmt aktiv etwas dagegen. Bei der Aktion sollte man mit gutem Beispiel vorangehen und die kontinuierliche Verbesserung vorantreiben. Aus diesem Grund brauchen Sie die Fähigkeiten eines „Lean-Leaders", so dass Sie wissen, wie in einer konkreten Situation zu handeln wäre, so dass Sie überzeugende Problemlösungen finden, anstatt den Finger auf jemanden zu richten und irgendeinen Mitarbeiter zu beschuldigen. Auf diese Weise können Sie eine Unternehmenskultur kreieren, die Mitarbeiter dazu ermutigt, Probleme anzugehen und Lösungen zu diesen Problemen zu finden.

KAPITEL 4: SICH ZUR SELBSTENTWICKLUNG VERPFLICHTEN

Was versuchen Sie selbst zu tun, um sich weiterzuentwickeln?

Inzwischen müsste klar sein, dass es zum einen eine Methode zur „kontinuierlichen Verbesserung" und zum anderen eine Methode – „Respekt vor den Menschen" – gibt. Beide Ansätze gehen Hand in Hand. Bei Toyota steht Effektivität über allem, d.h., Sie können bei der kontinuierlichen Verbesserung nur dann effektiv sein, wenn Sie die Menschen – Ihre Kunden, Ihre Partner und Ihre Teammitglieder – respektieren. Der „True North"-Ansatz wird bei Toyota durch den „Toyota-Weg" definiert, welcher angibt, wie Führungskräfte denken, fühlen und sich verhalten sollten. Toyota entwickelt Führungskräfte über einen langen Zeitraum hinweg; darum haben wir einen Prozess für Unternehmen, die von Toyota lernen möchten, in einem Vier-Stufen-Lean-Leadership-Development-Modell zusammengefasst. Dieses Kapitel bietet einen Überblick über das Lean-Leadership-Entwicklungsmodell (siehe Abbildung 4-1) und konzentriert sich auf den ersten von insgesamt vier Schritten: die eigene Weiterentwicklung durch Herausforderung und Reflexion.

1 Sich zu Selbstentwicklung verpflichten
Lernen, die Nordstern-Werte durch sich wiederholende Lernzyklen zu leben

4 Vision schaffen und Ziele abstimmen
Eine Nordstern-Vision schaffen & Ziele vertikal und horizontal anpassen

Nordstern-Werte
• Herausforderung
• Kaizen-Verständnis
• Go and See
• Teamwork
• Respekt gegenüber Menschen

2 Andere coachen und entwickeln
Das Potenzial von anderen durch selbstentwickelnde Lernzyklen sehen und fördern

3 Täglich Kaizen unterstützen
Durchgängige Fähigkeiten im Daily Management & Kaizen schaffen

Quelle: The Toyota Way to Lean Leadership
Abbildung 4-1. Das Lean-Leadership-Development-Modell („The Diamond Model")

Als wichtigste Grundsätze für die eigene Entwicklung einer Führungskraft stellen die „True North"-Werte den Kern einer Organisation dar. Wir stellen Toyotas Werte in den Mittelpunkt des Lean-Leadership-Development-Modells. Diese müssen umfassend verstanden werden, aber Sie müssen sich darüber hinaus auch entwickeln, um die „True North"-Werte durch wiederholte Lernzyklen auszuleben. Sie müssen das „Plan-Do-Check-Act"-Prinzip immer wieder durchgehen, bis Sie die Werte verinnerlicht haben, und genau so denken und handeln. Toyotas Werte müssen nicht Ihre sein, aber sie können nützliche Hinweise geben, die Werte Ihrer Organisation zu überdenken. Es lohnt sich, diese noch einmal zu überprüfen.

Herausforderung: Wir begrüßen den Wettbewerb.

Die Arbeitsumgebung ist immer eine Herausforderung für jede Organisation und es wird stets interne Herausforderungen geben. Die Schlüsselfrage ist, ob „Herausforderung" als Mühsal angesehen wird, die uns auferlegt ist, oder ob sie die natürliche Folge in einem komplexen Universum ist, in dem uns Herausforderungen antreiben und uns dazu bringen, uns anzupassen und stärker zu werden. Um ein Beispiel zu nennen, verdeutlicht *The Toyota Way*, 2001, dies folgendermaßen: „Wir begrüßen den Wettbewerb." Man wird auch nie hören, dass Toyota über seine Konkurrenz in den USA, Korea oder Deutschland schlecht reden würde, die alle immer stärker werden. Toyota begrüßt diesen Wettbewerb, weil es das Unternehmen dazu zwingt, noch besser zu werden. Ohne die Herausforderung dieses Wettbewerbs könnten sie abschwächen und Kunden könnten darunter leiden. Toyota möchte, dass der Geist des Wettbewerbs in jedem einzelnen Mitarbeiter herrscht.

Eine Herausforderung mit einem positiven Ausblick anzugehen ist ein Wert, denn ohne diese Herausforderung gibt es keinen Druck, etwas zu verbessern. Studien zeigen, dass Lernen und Leistung sich verschlechtern, wenn Menschen unter mehr Stress stehen, als sie verkraften können. Es gibt jedoch eine ebenso wichtige Erkenntnis, dass Personen, die nicht ausreichend herausgefordert werden und zu wenig Stress ausgesetzt sind, stagnieren und mangelhafte Leistung erbringen, und im Zuge dessen nichts lernen. Dies wird als das „Goldlöckchen-Stress-Prinzip" bezeichnet.

Dies lässt darauf schließen, dass es ein optimales Level an Herausforderung gibt. Stellen Sie sich eine glockenförmige Kurve der Leistung vor (siehe Abbildung 4-2). Maximale Leistung liegt vor, wenn es ein richtiges Maß an Stress gibt, nicht zu wenig und nicht zu viel.

Herausforderung: Wir freuen uns über Wettbewerb

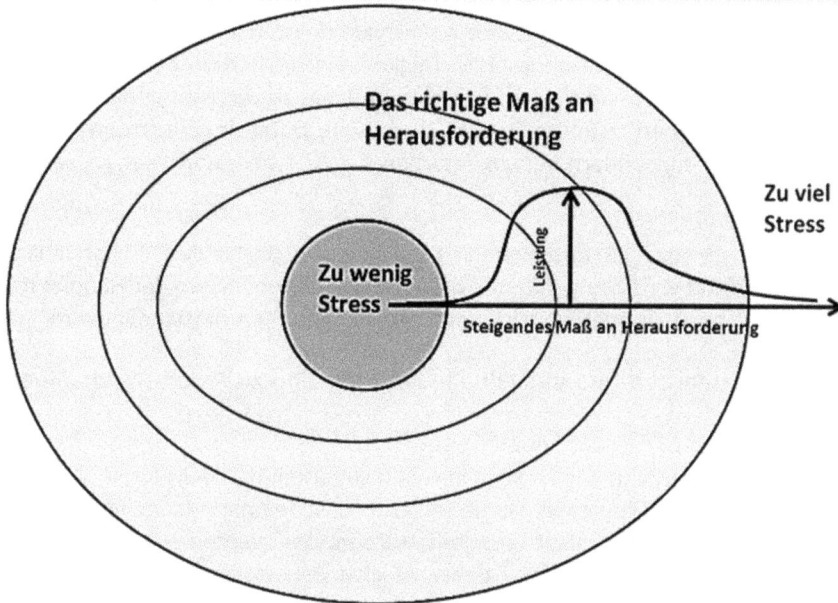

Abbildung 4-2. Die Balance nach dem Grad der Herausforderung finden

Kaizen-**Mind** – Ich werde die Herausforderung meistern, wenn ich dem gut funktionierenden Prozess folge.

Durch eine *Kaizen*-Denkweise stellen Sie sich den Herausforderungen. Damit ist gemeint, dass man mit viel Engagement und Zuversicht den Prozess der Verbesserung mittels des „PDCA"-Lernzyklus systematisch befolgen sollte, um die nächste Herausforderung glänzend zu meistern. Möglicherweise werden Sie dazu aufgefordert, Ihre Aufgaben in der Hälfte der Zeit zu erledigen. Dies scheint unmöglich zu sein, denn Sie haben es noch nie zuvor gemacht, aber Sie wissen, dass, wenn Sie diese 50% in kleinere Stücke zerbrechen, die notwendigen Maßnahmen Schritt für Schritt durchführen und dem gut funktionierenden Problemlösungsprozess folgen, kommen Sie dann näher und näher an Ihre Ziele heran und erreichen diese schließlich.

Sie müssen sich um einen gut funktionierenden Verbesserungsprozess bewusst bemühen, um Schritt für Schritt die Herausforderung glänzend zu meistern. Bei einigen Versuchen werden Sie Rückschläge einstecken müssen. Sie werden scheitern, aber das ist in Ordnung. Denn Sie werden sich wieder aufrichten, daraus lernen und es erneut versuchen.

Suchen Sie den *Gemba* auf und sehen sich an Ort und Stelle um – Am meisten lernt man am *Gemba*.

Es gibt auch einen Wert bei Toyota, nämlich den *Gemba* aufsuchen und sich umsehen, was recht seltsam als Wert klingen mag, denn man geht einfach hin und sieht etwas.

Das Besondere daran ist allerdings, dass Sie wirklich am meisten am *Gemba*, am realen Ort, lernen können. Es ist von besonderer Wichtigkeit, hinzugehen, zu beobachten und aus erster Hand zu lernen, ohne sich auf indirekte Berichte zu verlassen, ohne sich auf den Durchschnitt beziehen zu müssen oder statistische Datensätze aus den letzten Monaten heranzuziehen, sondern den eigentlichen Ort zu sehen, und zwar so, wie er heute ist.

Gemba ist der Ort, an dem „ES" geschieht. Es kann dort sein, wo Sie das Teil herstellen, wo der Dienst geleistet wird, wo der Kunde das Produkt verwendet, wo der Händler für Sie die Materialien herstellt oder wo auch immer sonst noch Wert hinzugefügt wird.

Teamarbeit – Teamarbeit und individuelle Leistung sind zwei Seiten derselben Medaille.

Teamarbeit ist sehr geschätzt, wie es auch in vielen Unternehmen der Fall ist. Was ein bisschen ungewöhnlich bei Toyota ist, ist die Tatsache, dass Teamarbeit und individuelle Leistung nicht als zwei Gegensätze gesehen werden. Sie werden als zwei Seiten derselben Medaille definiert. Man kann daher wirklich keine tollen Teams ohne hoch qualifizierte Fachleute haben. Man wird sich verbessern und die beste Leistung erbringen, wenn man Teil eines effektiven Teams ist.

Respekt – Kunden, Gesellschaft, Teammitglieder, Partner, Gemeinschaften, wo man geschäftlich tätig ist.

Schließlich hat Respekt viele Aspekte. Ein Aspekt ist, Kunden zu respektieren, die Gesellschaft, Teammitglieder und Partner sowie die Gemeinschaften, wo man Geschäfte macht. Die Schließung des Standortes, an dem man Mitarbeiter beschäftigt, verstößt gegen diesen Wert, auch wenn es aus geschäftlichen Gesichtspunkten sinnvoll erscheinen mag. Man macht Menschen zumindest vorübergehend arbeitslos und dies auch zum Schaden des wirtschaftlichen Wohlstands der Gemeinschaft. Dies bedeutet nicht, dass Ihr Unternehmen untergehen soll, sollten Sie dem Konkurs nahe stehen, dennoch ist der Schaden, der den Teammitgliedern, der Gemeinschaft und der Gesellschaft aufgrund einer geschäftlichen Entscheidung zugefügt wird, wenn möglich, zu vermeiden.

Dies sind die Werte, auf die sich Toyota besinnt. Sie haben wahrscheinlich Ihre eigenen Werte für Ihr Unternehmen schriftlich irgendwo niedergefasst. Bewerten Sie diese kritisch. Wenn Sie der Meinung sind, es müsste etwas geändert oder hinzugefügt werden, dann ist dies durchaus in Ordnung. Wenn die Werte bereits stark und umfassend genug sind, dann denken Sie darüber nach, wie Sie sie tiefer in Ihre Führungskultur verwurzeln können.

Stellen Sie sicher, dass die Werte in Ihrer Organisation fest verankert sind

Können Sie als Führungskraft eigentlich an dem Punkt angelangen, an dem die Werte so verwurzelt in Ihnen sind, dass Sie nicht einmal daran denken würden, diese Werte zu verletzen? Sie entstehen ganz natürlich; es ist die Art und Weise, wie Sie sind.

Es gibt eine lustige Geschichte, die mir eine US-amerikanische Toyota-Führungskraft erzählte. Als die Führungskraft zu Toyota kam, wurde ihr eine Karte mit den Kernwerten von Toyota gegeben. Diese wirkte wie ein Spickzettel. Sie trug diese Karte die ganze Zeit in der Brieftasche mit sich herum. Sie würde sie nur erwähnen, um sich selber daran zu erinnern. Eines Tages ging sie ins Werk und realisierte, dass sie ihre Brieftasche im Handschuhfach seines Wagens vergessen hatte. Sie geriet in Panik und eilte sofort zum Auto, um ihre Geldbörse samt Karte zu holen. Plötzlich blieb sie stehen und merkte, dass sie diese Karte nicht wirklich benötigte. Diese Werte waren so verwurzelt in ihr, dass sie den Spickzettel nicht mehr brauchte. Das war ein sehr befreiender Moment für sie, ein Wendepunkt in ihrer Karriere.

Westliche Führung versus Toyota-Führung

Welche Art von Führung ist notwendig, um diese Denkvision des Toyota-Produktionssystems anzutreiben, und wie unterscheidet sie sich von dem westlichen Führungsstil, mit dem wir am meisten vertraut sind?

Wenn man sich zunächst den westlichen, toolbasierten Ansatz von „Lean" anschaut, verwendet man hier die gleiche Führungsart, in der wir uns am wohlsten fühlen und haben viel an der Hochschule oder vielleicht von unseren Mentoren (siehe Abbildung 4-3) gelernt. An der Wurzel greift ein Finanzplan, der dieses Verhalten steuert. Wenn unsere Aktionäre Geld wollen (und wir sehen unsere Produkte als Geld an), dann sollte das Geld immer die Entscheidung antreiben – das wird im Finanzplan verankert. Wir sollten uns zum Ziel setzen, dass schnelle Ergebnisse erzielt werden, um den Umsatz zu erhöhen. Wir können den Umsatz bis zu einem gewissen Grade kontrollieren, indem man die Verkäufer auf Provisionsbasis bezahlt, aber der Rest der Organisation hat einen Hebel zur Erhöhung der Rentabilität: Kosten zu senken.

Der traditionelle westliche Top-Executive ist das Gesicht des Unternehmens. Was die Aktionäre wollen, ist das Vertrauen, dass das Management, vor allem Menschen, mit denen man kommuniziert, die Helden sind. Man vertraut Ihnen als Geschäftsführer, damit Sie für die Organisation höhere Umsätze generieren. Wenn man fehlbar erscheint, wird man nervös. Solange man wie ein Superheld wirkt, der nie versagt, ist man glücklich. Der traditionelle westliche Leiter muss stark, hochmütig sein und wie ein Superheld agieren. Um an diesen Punkt zu gelangen, müssen Sie beweisen, dass Sie wiederholt Ergebnisse erzielen können. Die Art und Weise, wie Sie das tun, ist finanzielle Ziele auf jeder Stufe der Leiter zu erreichen. Derjenige, der zum CEO ernannt wird, klettert in der Regel die Karriereleiter am schnellsten hoch. Wenn Sie CEO werden möchten –

vorausgesetzt, dass es Ihr Ziel ist, wenn Sie ein Unternehmen betreten –, dann sollten Sie lernen, schnell zu klettern. Wenn ein paar Leute im Weg sind, überholen Sie sie. Wenn Sie sogar ein paar von der Leiter stoßen müssen, dann ist das auch in Ordnung.

Was Sie wirklich tun, ist die Ergebnisse einfahren, aber es sind ganz konkrete Ergebnisse. Das sind finanzielle Ergebnisse, die leicht verständlich für Aktionäre sind, und der Schaden, den Sie auf dem Wege anrichten, ist eigentlich egal, solange Sie sich nicht mit dem Unternehmen vor Gericht verantworten müssen.

Auf der anderen Seite sind Menschen ein bisschen nervig, weil sie emotionale Bedürfnisse haben, während Sie versuchen, die Leiter hinaufzuklettern. Diese werden sich nicht einmal bei der Arbeit blicken lassen. Sie können nicht immer folgen oder verstehen sogar die Anweisungen nicht. Menschen sind unvollkommene Maschinen. Wenn Sie einen Computer richtig programmieren, tut er das, was Sie ihm sagen, was er tun sollte, aber die Menschen sind ja Maschinen, die hartnäckig sein können und sich wehren. Was wir tun müssen, ist, mit Menschen richtig umzugehen und zu lernen, welche Hebel zu ziehen sind, damit Menschen sich verhalten, wie wir es wollen.

Traditionell westliche Führungskraft	Toyota-Führungskraft
An einen Finanzplan gebunden sein	Die Nordstern-Vision als Ziel (Idealzustand)
Schnelle Ergebnisse erzielen	Geduldig sein
Stolz sein	Bescheiden sein
Die Karriereleiter schnell erklimmen	Das Erlernte verinnerlichen und langsam sich den Weg nach oben verdienen
Ergebnisse herbeiführen, koste es was es wolle	Den richtigen Ablauf finden um stetig optimale Ergebnisse zu erzielen
Zielvorgaben durch Mitarbeiter erreichen	Mitarbeiterentwicklung durch Prozessoptimierung

Abbildung 4-3. Traditionelle westliche Führung versus Toyota-Führung

Nun soll ein Vergleich mit Toyotas äußerst fähiger Führungskraft gemacht werden, die Teil des Thinking Production Systems ist. Man versucht, das unerreichbare Ziel der Perfektion zu erreichen. Um dieses Ziel zu erreichen, erkennt man, dass es viele Schritte gibt. Man begreift aber auch, dass man nicht genau weiß, wie man zum „True North" kommt, also muss man verschiedene Dinge ausprobieren. Je schneller Sie experimentieren können, desto besser und schneller können Sie sich in Richtung „True

North" bewegen. Sie müssen geduldig sein. Als erfahrene Führungskraft können Sie keine Verbesserungen machen. Sie können die Arbeit nicht erledigen. Sie sind abhängig von den Menschen, die Ihnen einen Bericht erstatten. Dieses Verständnis führt zur Demut, zumal „Meine Aufgabe ist es, den Menschen zu dienen, die tatsächlich die Arbeit machen. Ich helfe ihnen so gut ich kann." Dies wird oft als „dienende Leitung" (engl.: „servant leadership") bezeichnet.

Es gibt einen ungeheuren Bonus bei Toyota – nicht finanziell, sondern in Bezug auf die Prozesse und das Geschäft. Zum Beispiel lernte Sakichi Toyoda von Grund auf, mit seinen Händen zu arbeiten, aus Holz Dinge anzufertigen, und schließlich erfand er neue, automatische Webstühle. Kiichirō Toyoda lernte von Grund auf, wie man ein Auto herstellt. Menschen kommen im Allgemeinen bei Toyota nicht weiter, es sei denn, man lernt direkt intensiv von der Pike auf. Intensiv zu lernen, sich dann womöglich horizontal in Richtung Lernen zu bewegen und daher ein breites Wissen anzusammeln, ist der richtige Weg, um die Karriereleiter schließlich hinaufzuklettern. Dies erfordert Geduld. Man verbringt viel Zeit auf derselben Stufe und lernt. Schließlich wird es jemanden geben, der Ihnen vorschlagen wird, dass es an der Zeit wäre, eine weitere Herausforderung anzunehmen, und Sie werden eine Beförderung bekommen. Man wartet geduldig, bis das passiert.

Sie müssen die richtigen Prozesse einleiten, um die richtigen Ergebnisse zu erzielen. Es gibt eine starke Überzeugung, dass *Kaizen* was Respekt vor Menschen beinhaltet sowie ein sehr methodischer Ansatz, nämlich den „PDCA"-Lernzyklus immer wieder durchzulaufen, Ihnen helfen soll, Ihrem Ziel – dem „True North" – näher zu kommen. Das bringt Sie ans Ziel, das Sie sich zum Erreichen des „True North" gesetzt haben. Wir wissen nicht genau, wie man dorthin gelangt. Wenn uns jemand bittet, die Zeit, die man für die Umrüstung der Maschine braucht, um 80% zu reduzieren, dann sagen wir: „Mach ich!" Wir haben keine vordefinierte Lösung, wie das gehen soll. Wir wissen, dass wir ein Team von Menschen brauchen werden – viele Köpfe. Wir wissen auch, dass wir vieles ausprobieren müssen, aber wenn wir eine erfahrene Führungskraft sind, erreichen wir immer wieder unsere Ziele. Wir sind zuversichtlich, dass, wenn wir dem gut funktionierenden Prozess folgen, um in einem motivierten Team von Menschen zu arbeiten, dann erreichen wir auch die richtigen Ergebnisse.

In dem Prozess, bei dem die richtigen Ergebnisse zu erzielen sind, soll man auch die Achtung vor der Menschen wahren, denn nur so kann man diese Menschen weiter lehren und weiterentwickeln, wenn man das Beste aus jedem Menschen hervorholt. Nun, wir haben auf der einen Seite die Ergebnisse, die wir zu erreichen versuchen – wir versuchen, diese Herausforderung zu meistern –, und auf der anderen Seite haben wir Menschen, die wir versuchen, auf diesem Wege zu begleiten, so dass diese gestärkt werden. Durch diese Investition werden sie durch den Prozess der kontinuierlichen Verbesserung noch kompetenter.

Was tun Sie, um ein „Lean Leader" zu werden?

Wie arbeiten Sie sich an das Ideal der Toyota-Führungskraft heran? Viele Führungskräfte würden sagen: „Seht her, wir sind mit dem westlichen Führungsmodell herangewachsen. Wir haben gelernt, wie wir die Zahlen schaffen. Wir haben gelernt, ungeduldig zu sein. Die Personen, die als Führungspersönlichkeit ausgewählt werden, wurden gewählt, weil sie ungeduldig sind, denn sie wollen Ergebnisse sofort haben. Nun bedeutet das für einen, dass er nett, geduldig, demütig, freundlich, zuvorkommend und ermutigend zu seinen Mitarbeitern sein sollte. Das ist die gegenteilige Verhaltensweise. Wie kann ich von einem Extrem ins andere fallen?" Sicherlich ist es schwierig, komplexes Verhalten zu ändern, denn wir wissen aus den Neurowissenschaften, dass dies sogar schmerzhaft sein kann. Das bedeutet, dass wir es wirklich wollen müssen, und das ist der Grund, weshalb Toyota so hart daran arbeitet, geeignete Führungspersönlichkeiten auszuwählen, die eine Leidenschaft für das Lernen haben.

Erster Schritt – Sich zur Selbstentwicklung verpflichten. Lernen, die Nordstern-Werte durch wiederholte Lernzyklen zu leben

Wir haben Einiges gelernt. Wir wissen, dass, wenn die Menschen ihre gewöhnlichen Routinen verinnerlicht haben und sich ihre Denkweisen in ihren Köpfen über Jahrzehnte hinweg gefestigt haben, ist es wirklich schwierig, diese zu ändern. Wir sollten vielleicht das Unternehmen komplett auflösen und wieder von vorne beginnen. Wir könnten einige führende, richtig erfahrene Coaches in das Unternehmen bringen, Leute rekrutieren und ihnen direkt von Beginn an die „True North"-Werte verinnerlichen. Nach Toyotas Auffassung dauert es ungefähr zehn Jahre, bevor man wie eine erfahrene Toyota-Führungskraft handeln könne. Man muss dafür alle Routinen verinnerlicht haben.

Nur wenige Unternehmen könnten es sich leisten, den Betrieb stillzulegen und sich über einen Zeitraum von zehn Jahren neu zu organisieren, denn so geht ein großer Teil an Know-how verloren. Besser ist es, hart zu arbeiten und die Führungskraft, die man vorgesetzt bekommt, umzuerziehen. Wer ist in der Lage, das Denken der Führungskraft zu ändern? Ich nicht, und das kann ich Ihnen anhand meiner jahrzehntelangen Erfahrung als Berater sagen. Ich habe noch nie einen CEO von etwas anderem überzeugen können, so dass er seine Meinung geändert hätte. Ich bin eben nur einer dieser Menschen, über die man sein Leben lang klettert – und dabei bin ich ein bezahlter Berater! –, was mich noch unglaubwürdiger macht. Die CEOs haben einen sehr starken Willen. Das ist der Grund, warum sie die Position haben, die sie innehaben.

Das Gute an der Sache ist, dass man durch diesen starken Willen alles erreichen könnte, was man sich in seiner Karriere vorgenommen hat. Wenn man sich dazu entschließt, die Art und Weise, wie man sich zu verhalten hat, zu ändern, dann kann man das auch oft tun. Dies erfordert äußerste Hingabe, und es geschieht nicht direkt beim ersten Versuch. Wenn man an einem Wochenend-Golfkurs Spezial teilnimmt, kann man kein guter Golfer werden, da einem das Grundwissen fehlt. Wenn Sie schlecht Golf spielen und eine

Menge schlechter Gewohnheiten haben, ändern Sie nichts an diesen Gewohnheiten, es sei denn, Sie üben mit einem Trainer immer und immer wieder über einen langen Zeitraum hinweg. Ihr Trainer wird Sie beobachten und sagen, was Sie falsch machen. Er wird Ihnen dann vorschlagen, was Sie verändern könnten. Er wird über die praktischen Routinen bestimmen. Mein Golflehrer lehrte mich, solange nicht mit der nächsten Lektion zu beginnen, bis man das bisher Beigebrachte erst einmal drei Tage lang verinnerlicht und dies nicht im Golfkurs, sondern auf der Driving Range geübt habe. Erst dann sei man für seine nächste Lektion bereit.

Die Herausforderung der eigenen Entwicklung ist: (1) Es benötigt ein starkes Engagement; (2) Sie brauchen einen Coach; und (3) Sie brauchen Praxiserfahrung. Für Geschäftsführer oder Führungskräfte, die sich abhetzen, um eine Lösung für die aktuellen Probleme zu finden, ist es schwer, ihre Zeit zu gestalten, und es braucht noch mehr Hingabe. Was ich nun annehme, ist, dass Sie als Führungskraft – dasselbe gilt, egal ob Sie ein Gruppenleiter, ein Manager, ein Direktor oder ein CEO sind – diese Veränderung wollen. Wie Sie bisher geleitet haben, führte ja zu Ergebnissen, aber es hat auch dazu geführt, dass es Menschen gibt, die die Leistung nicht erbringen. Es hat dazu geführt, dass Sie die meisten Probleme selber gelöst und für die meisten Menschen mitgedacht haben. Sie sind frustriert und denken, dass es einen besseren Weg geben muss. Wie bekommt man es hin, dass sich die Führungskräfte den japanischen Top-Führungskräften, die Gary Convis lehrten, ähneln? Gary hatte versucht, einer von diesen Top-Führungskräften zu werden, und man muss ja sagen, das war ein Kampf. Er war über 20 Jahre bei Ford und hatte viele schlechte Gewohnheiten.

Als Gary angestellt wurde, um NUMMI zu leiten, gab es eine Menge Dinge, die man an ihm mochte, wie zum Beispiel, dass er wie eine Toyota-Führungskraft handelte, als er bei Ford war. Er war Leiter der Qualitätssicherung und würde tatsächlich die Produktion stoppen (aber niemand stoppte die Produktion bei Ford). Er würde zum Arbeitsplatz hingehen, mit den Arbeitnehmern sprechen und das Problem an der Wurzel anpacken. Er war wie eine Toyota-Führungskraft in seiner Denkweise und in vielerlei Hinsicht war er dieser sehr ähnlich. Das NUMMI-Management war beeindruckt, dass er dieses Führungspotenzial hat, trotzdem hat man eine ausführliche Suche durchführen müssen, bevor man sich für Gary entschieden hatte. Warum die Entscheidung auf Gary fiel, lag daran, dass er immer wieder Fragen gestellt und Leuten zugehört hat. Und: er wollte lernen.

Jeder, der schon gelehrt hat, weiß, dass man keinem etwas beibringen kann, wenn dieser nicht lernen will. Man kann Menschen dazu bringen, Notizen zu machen. Man kann einen Test machen, um Feedback einzuholen, was man hört und liest, aber man kann nicht jemanden lehren, der nicht lernen möchte, nur sehr oberflächlich. Man ist immer auf der Suche nach diesem einen Menschen, der leidenschaftlich gerne lernt – egal, ob es sich dabei um ein Musikinstrument oder Sport handelt. Angenommen, Sie sind Ingenieur und möchten die nächste Generation von Ingenieuren ausbilden. Diesen Funken finden Sie sicherlich in jemandem, der wirklich lernen will.

Der erste Schritt besteht darin, Menschen zu finden, die gewillt sind, sich selber weiterzuentwickeln. Man will, dass diese die „True North"-Werte des Unternehmens lernen. Der einzige Weg, wie man diese Werte lernen kann, ist, kleine Schritte zu gehen. Zunächst muss man einige grundlegende Routine-Verhaltensmuster lernen, und dann wird im Laufe der Entwicklung das Gelernte präziser und komplexer. Der Fortschritt durch die Kata stellt einen systematischen Weg dar, Schritt für Schritt in der Praxis zu lernen.

Genau das taten die Japaner bei NUMMI in Kalifornien. Man versuchte, zu lehren, vor allem Gary, weil er sich als Werksleiter in einer sehr kritischen Position befand. Dann wurde versucht, alle anderen in der Hierarchie bis hin zu dem Teamleiter einer kleinen Gruppe zu lehren, wie man sich selbst entwickeln kann, das heißt, lernen und denken im Sinne des „Toyota-Weges".

Die Lernzyklen („PDCA") zur eigenen Weiterentwicklung von Führungskräften

Ein „Lean Leader" muss sich zunehmend schwierigeren Herausforderungen stellen, diese meistern, dazu lernen und dann die nächste Herausforderung angehen. Man durchläuft den „PDCA"-Lernzyklus, um zu lernen (siehe Abbildung 4-4).

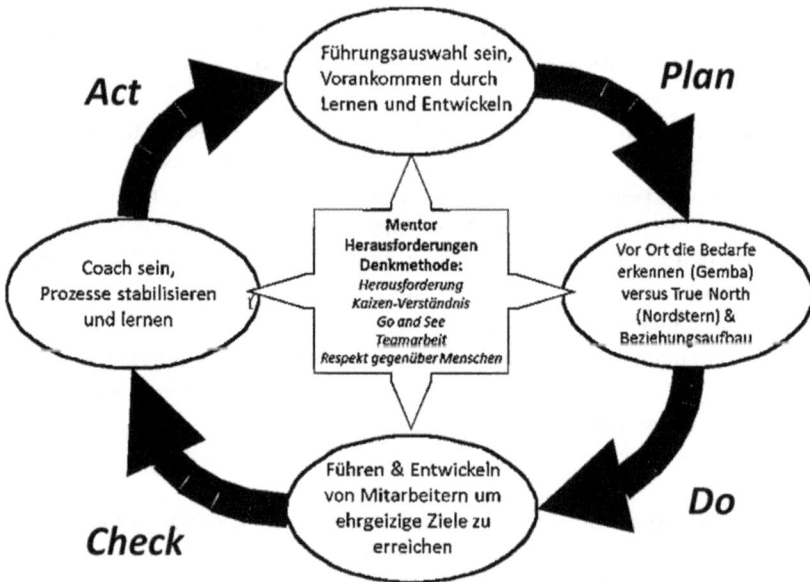

Quelle: The Toyota Way to Lean Leadership

Abbildung 4-4. Die Lernzyklen („PDCA") zur Selbstentwicklung von Führungskräften

Sie bekommen von Ihren Vorgesetzten und der Personalabteilung eine neue Aufgabe, die dazu beitragen wird, dem Unternehmen zu helfen, aber auch, um Ihre Führungskompetenzen zu entwickeln. Sie waren zum Beispiel ein Manager in der Montage und wurden nun ausgewählt, um als Manager in der Versandabteilung tätig zu sein, weil Sie dadurch Ihr Fachwissen erweitern und so auf eine höhere Managementebene vorbereitet werden. Das Erste, was Sie in Ihrem neuen Job im Versand tun werden, ist, in die aktuelle Situation einzutauchen, um sie auf einen Blick erfassen zu können. Dies ist der Beginn der Ausarbeitung Ihres Plans für diese Abteilung.

Die aktuelle Situation umfasst Menschen und Prozesse. Sie tauchen in den *Gemba* ein, um eine Vision für die Versandabteilung zu entwickeln, die Vorstellung der Mitarbeiter kennen zu lernen und zu erfahren, wie der Versandstatus sein sollte und wie er tatsächlich gerade ist. Eine Methode, wie Sie das machen könnten, wäre, den Job selber zu machen – z. B. den Gabelstapler einmal selber fahren, die Ware auf den LKW verladen oder vielleicht die Kisten aufeinanderstapeln und diese dann für die nächste Lieferung fertig machen. Sie bauen Beziehungen zu den Mitarbeitern auf. Sie beginnen zu verstehen, wo die Stärken und Schwächen der Menschen liegen, und lernen dadurch, das Wesen des Prozesses besser zu begreifen. Sodann entwickeln Sie ein Abkommen mit den Menschen auf der Basis dieser Vision: „Hier ist der Weg, den wir gehen, und das ist unser erster Schritt."

Wenn Sie diesen Plan ausgearbeitet haben, dann können Sie beginnen, andere in Richtung dieser Vision zu lenken. Ihr Ziel ist es nicht nur, es zu schaffen, sondern andere zu entwickeln. Sie müssen Teilaspekte Ihres Zieles für gut befinden und diese als ihre eigenen Herausforderungen für die eigene Entwicklung ansehen. Das ist eine weitere Fähigkeit: zu lehren und Menschen motivieren zu wollen, selbst eine Herausforderung anzunehmen und sich auf gute Weise selbst weiterentwickeln. Wenn Sie dies für eine Weile getan haben und Fortschritte beim Erreichen Ihrer Ziele machen, dann werden Sie selbst darüber nachdenken, wo Sie sich in Bezug auf den Prozess befinden.

Sie sollten einen Coach haben, der Ihnen hilft, klarer zu sehen, was Sie gut machen und was Sie verbessern könnten. Eine solche Person kann Ihnen helfen, zu sehen, was Sie selber möglicherweise übersehen. Der Coach wird Sie überwachen, denn er weiß, was wie geschehen sollte. Er weiß, was Sie zu erreichen versuchen. Er weiß, welche Wege gute und welche schlechte sind. Er wird Sie auf subtile Art und Weise beeinflussen, so dass Sie gute Wege einschlagen. Mit „subtil" meine ich, dass der Trainer Ihnen Fragen stellen kann, womöglich auch eine Herausforderung an den Geist stellt, aber er wird es nicht für Sie übernehmen und auch nicht verraten, wie Sie genau vorgehen müssen.

Hier ist eine Frage, die ich Ihnen zu bedenken gebe. Sie werden vielleicht sogar kurz innehalten und Ihre Ideen notieren, vielleicht auch in Zusammenarbeit mit anderen Leuten in einer Gruppe: (1) Welche speziellen Fähigkeiten müssen Sie dazu erlernen, um sich selber weiterzuentwickeln, die Werte zu verinnerlichen und die kontinuierliche Verbesserung zu lernen? Denken Sie darüber nach, wie bei jeder anderen komplexen Fähigkeit, die Sie zu erlernen versuchen. Wenn Sie versuchen, das Golfspielen zu erlernen und ich Ihr Lehrer bin, dann sollte ich über die Fähigkeiten verfügen, die ich Ihnen beibringen möchte. Anschließend: (2) Wie können Sie diese Fähigkeiten erlernen?

Das ist so ähnlich wie Golf lernen – Praxis, Feedback von einem Lehrer, Reflexion, mehr Praxis, und schließlich kommen Sie der Fähigkeit einen großen Schritt näher, so dass es zur Routine wird, sich wiederholt und in Ihrem Gehirn verinnerlicht wird.

Zusammenfassung von dem, was die „Lean"-Führungskräfte lernen müssen

Ich bin mir sicher, Sie haben eine längere Liste als ich. Erlauben Sie mir jedoch, Ihnen eine kurze Liste von Fähigkeiten einer Lean-Führungskraft vorzustellen. Zunächst müssen diese lernen, mit dem *Gemba* umzugehen – den *Gemba* aufsuchen und sich umsehen. Das ist leider für viele der verloren gegangene Akt. Ich denke, die Unternehmensgründer waren sehr interaktiv und sie waren am *Gemba*. Oft bestand der *Gemba* aus nur einem Häufchen Menschen. Als das Unternehmen dann wuchs, hat man die Führungskräfte woanders hin versetzt. Sie verbrachten nun mehr Zeit in den Büros und auf Sitzungen, wo sie sich auf finanzielle Ergebnisse konzentrierten und weniger damit, die Mitarbeiter beim Arbeiten zu beobachten, Lücken aufzuspüren und Möglichkeiten zu nutzen, um Mitarbeiter zu lehren. Dann zogen sie weiter und professionelle Manager wurden eingestellt, die noch weiter vom *Gemba* entfernt waren.

Dies sind eine Reihe von Fähigkeiten, die am *Gemba* Zeit brauchen, um geweckt und entwickelt zu werden. Während Sie sich am *Gemba* befinden, entwickeln Sie sich selbst und andere weiter. Sie müssen die grundlegenden Werte verstehen. „Verstehen" bedeutet mehr, als sie von einer Karte abzulesen, zumal sie werden zu dem, was Sie – Ihre Denkweise – ausmacht. Sie leben die Werte. Sie haben sie in Ihrer DNA verinnerlicht, so dass es vollkommen normal ist, dass, wenn jemand Arbeit verrichtet und ein Anderer den Fehler bemerkt, er nicht gleich aufspringen muss, um dies zu kritisieren und das Ganze zu übernehmen, sondern lieber einen Schritt zurückgehen und sich fragen muss: „Was sollte eigentlich geschehen? Was ist passiert? Wo ist das Problem (Lücke)? Was kann ich tun, um zu helfen?"

Effektiv am *Gemba* zu managen heißt, in der Lage zu sein, Dinge zu erkennen und dann auf eine Art zu reagieren, die das Team nach vorne bringt, anstatt es zu bremsen. Dies erfordert sehr viel Disziplin – viel mehr, als es von den Leuten, die man zu lehren versucht, verlangt wird. Die Disziplin ist, sich selbst davon abzuhalten, Anweisungen, Lösungen oder Kritiken herauszufeuern und vielmehr einem disziplinierten Problemlösungsprozess zu folgen. Der erste Schritt bei der Problemlösung ist immer der gleiche – was ist überhaupt das Problem? Es mag Ihnen offensichtlich erscheinen, was das Problem ist. Sie fragen sich, was andere als Problem ansehen, weil häufig ist es so, dass das, was offensichtlich ist, falsch ist und man will, dass andere Leute über das Problem nachdenken.

Sie müssen die Fähigkeiten entwickeln, um einem disziplinierten Problemlösungsprozess zu folgen – der für Sie selbstverständlich ist –, bei dem Sie den gesamten „Plan-Do-Check-Act"-Zyklus in einer disziplinierten, strukturierten Weise, mit viel Geduld durchlaufen können, und natürlich sollte es keineswegs ein kurzer Zirkelschluss sein. Dann können Sie anfangen, andere zu lehren. Bei Toyota bedeutet das, die Toyotas Business Practices beherrschen und einsetzen zu können. Im Anschluss darauf können Sie lernen, wie man andere im Rahmen der On-the-Job-Entwicklungsmaßnahme lehrt. Eine Voraussetzung für die On-the-Job-Entwicklung anderer ist, sich selber begreifen lernen. Sie sind immer der Lernende. Verstärkt werden Sie lernen, wie man zu einem disziplinierten Problemlöser, Anführer und Lehrer wird, egal wie oft Sie das schon durchgemacht haben.

Wie vorstehend bereits gesagt, wertschätzt Toyota, wenn man von dem tatsächlichen Prozess Kenntnis hat und es auf einem sehr detaillierten, technischen Niveau beherrscht. Wenn Sie als Ingenieur zu Toyota kommen, dann werden Sie möglicherweise dem Karosseriebau zugewiesen. Dieser Bereich beschäftigt sich mit dem Stahlkarosseriedesign, dem Verständnis, wie Werkzeuge geformt werden sowie, wie die Karosserie durch Stanzen geformt wird. Auf diesem speziellen Prozess dürfte Ihr Schwerpunkt für die ersten zehn Jahre oder in den weiteren Jahren Ihrer Karriere liegen.

Sobald Sie dieses tiefe Verständnis entwickelt haben und Ihr Weg Sie dahin führt, General Manager oder technischer Spezialist im Karosseriebau zu werden, könnten Sie dort für den Rest Ihrer Karriere bleiben. Wenn der Wunsch vorliegt, zum Manager in einem allgemeineren Kontext – wie zum Beispiel in der technischen Planung – befördert zu werden, oder wenn möglicherweise der Wunsch vorliegt, Chefingenieur zu werden, dann werden Sie bestimmt zu einem verwandten Fachgebiet tendieren. Vielleicht kommen Sie in die Abteilung, die für die Gestaltung des Innenraums zuständig ist.

Abbildung 4-5. Tief verwurzeltes Expertenwissen entwickeln

Abbildung 4-6. „T-Typ"-Führung

Man entwickelt tief verwurzeltes Know-how (siehe Abbildung 4-5). Bei Toyota ist man der Ansicht, dass der Baum ohne tiefe Wurzeln bis zum Ende sehr anfällig ist. Der erste Sturm reißt ihn raus. Die nächste Lektion beinhaltet, Menschen zu führen, wenn Sie nicht wirklich ein Experte auf dem Gebiet sind, wo man Sie eingesetzt hat. Nachdem Sie gelernt haben, wie Sie sich in Ihrem Gebiet als Experte etablieren, können Sie wesentlich schneller die Grundlagen des nächsten technischen Prozesses erlernen, aber Sie werden nicht den gleich hohen Wissensstand haben. Sie müssen sich mehr auf andere Leute verlassen. Toyota nennt dies die „T-Typ"-Führung (siehe Abbildung 4-6) – zuerst die tiefen Wurzeln. Dann kommt das Kreuz, dargestellt in Form eines T. Das T steht für das breitgefächerte Lernen.

Wie entwickeln sich „Lean Leaders" und wie werden sie befördert?

Toyota ist bekannt für die japanische Managementpraxis der langsamen Beförderung. Sie werden sehr sorgfältig am *Gemba* bewertet, sowohl für die Arbeit, die Sie ausführen, als auch für die Ergebnisse, die Sie erzielen. Wie bereits beim T-Modell erwähnt, wird man häufiger in anderen Gebieten eingesetzt, als in der Hierarchie nach oben befördert. Das erfordert Geduld seitens der Mitarbeiter.

In Japan funktioniert es sehr gut, denn wenn die Person direkt von der Schule zu Toyota kommt (oder das Studium an der unternehmenseigenen Technischen Hochschule absolviert), ist die Erwartung zumal groß: man will bis zum Ruhestand bei Toyota bleiben. Es gibt fast keine Fluktuation. Innerhalb von Toyota rekrutiert man Leute, ohne wirklich zu wissen, was ihr Potenzial ist. Es gibt ein strenges Auswahlverfahren. Wenn Sie als Ingenieur erst am Anfang Ihrer Karriere stehen, wird man Ihr Potenzial anhand einer

Skala – funktioniert wie bei einer ABC-Skala – evaluieren. Sie wissen jedoch nicht, wie gut Sie sich selber weiterentwickeln, wie gut Sie lernen werden, andere zu entwickeln, und über welche Fähigkeiten Sie verfügen werden, andere zu führen. Denken Sie an Sportteams, die neue Spieler mit außergewöhnlichem Potenzial heranziehen, aber man weiß eben nicht, wie sich diese in die Spiele tatsächlich dann einbringen werden.

Wenn Sie auf der Karriereleiter (in welcher Firma auch immer) aufsteigen möchten, dann wird von Ihnen gleichzeitig erwartet, dass man Verantwortung für breitere und größere Teile des Unternehmens übernimmt, immer mehr Menschen führt sowie die Prozesse anleitet. Bei Toyota müssen alle Mitarbeiter ihren Weg durch das „Leadership Development"-Modell machen. Man muss lernen, sich selber zu entwickeln, und dann muss man lernen, wie man auch andere entwickeln kann. Und: Man muss auch in der Lage sein, Mitarbeiter auf der niedrigen Ebene zu führen, so dass man eine bestimmte Routine darin entwickelt, sich täglich, auf allen Arbeitsebenen, zu verbessern. Schließlich erlernt man, wie man führt, was *Hoshin Kanri* oder „Policy Deployment" heißt, wie man ehrgeizige Ziele setzt und diese dann testet, so dass jeder weiß, was er tun sollte, um sich den Anforderungen des Unternehmens anzupassen.

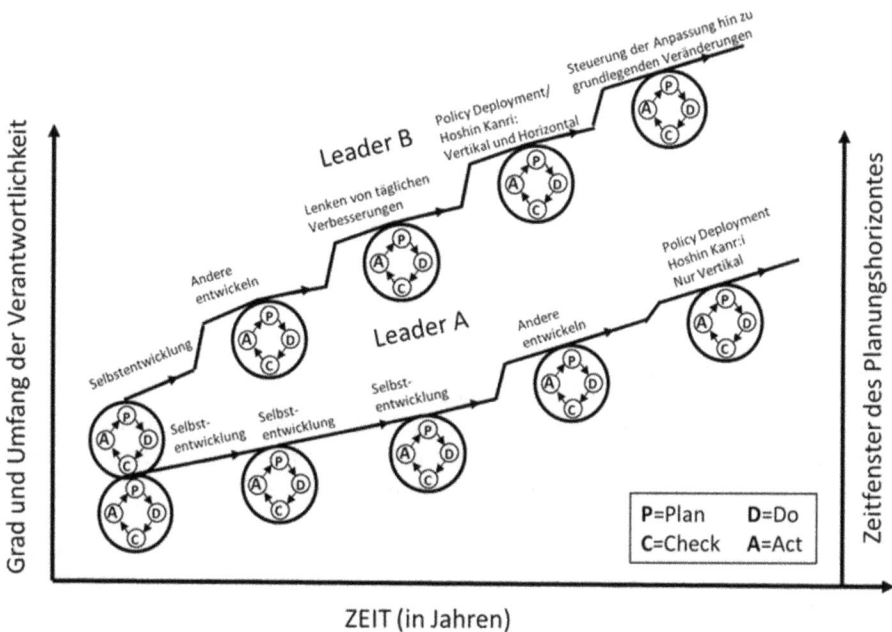

Quelle: The Toyota Way to Lean Leadership

Abbildung 4-7. Mögliche Karrierewege von zwei Toyota-Führungskräften

Zur Veranschaulichung werden wir zwei Beispiele von zwei verschiedenen Führungskräften heranziehen (siehe Abbildung 4-7). Führungskraft A verbringt drei Zyklen – jeder dieser Zyklen, sagen wir mal, dauert zwei oder drei Jahre – in der Selbstentwicklungsrolle. Im Zeitraum zwischen 6 und 9 Jahren gibt es keine Menschen, die an die Führungskraft berichten. Schließlich bekommt sie einige Leute, die an sie berichten und dann wird nur sie im *Hoshin Kanri* für das Erreichen von Zielen ihres Erfolgsteams, das an sie berichtet, verantwortlich sein.

Für einen Ingenieur mag das nach einer technischen Karriereleiter klingen. Wenn Ihre Arbeit wirklich rein technisch und die Mitarbeiterführung nicht gerade Ihre Stärke ist (oder vielleicht sind Sie auch gar nicht sonderlich an dieser Kompetenz interessiert), dann ist das Beste, was Sie tun können, Ihre fachliche Arbeit auszuführen und einige Mitarbeiter mit gleichem technischen Interesse um sich herum zu haben, die an Sie berichten.

Einige dieser Leute bekommen wirklich technisch anspruchsvolle Ziele gesetzt. Ein Toyota General Manager, der für den Serienwerkzeugbau zuständig ist, wurde vor die Herausforderung gestellt, die Zeit, die es braucht, um ein Werkzeug herzustellen, zu halbieren. Toyota war bereits weltweit führend, was die Zeit anbelangt, die es braucht, um ein Stanzwerkzeug zu bauen. Das war eine sehr anspruchsvolle Aufgabe für ihn, obwohl die Zeit sehr knapp war.

Vielleicht zeigt ein Anderer (Führungskraft B) unglaubliche Leidenschaft für Menschen. Er ist eine herausragende Führungskraft. Menschen fühlen sich von ihm angezogen. Er arbeitet hart an der eigenen Weiterentwicklung und wird auf der Karriereleiter schneller nach oben klettern. Er könnte die Vorstandsebene erreichen und dazu aufgefordert werden, horizontal eine große Veränderung anzuführen, die einen großen Teil des Unternehmens betrifft.

Wichtig ist, dass man eine Vielzahl von Menschen hat, die für Sie über einen langen Zeitraum hinweg arbeiten, und Sie brauchen nicht erraten, wie diese ihre Arbeit ausführen werden, wenn Sie sie befördern, weil Sie sie in ihrer aktuellen Rolle über einen langen Zeitraum hinweg beobachtet haben. Als *Gemba*-Manager beobachten Sie sie beim Arbeiten und wissen genau, wie die Menschen reagieren.

Dies macht es einfacher, und mehr als eine Person entscheidet über die Beförderung. Wenn Sie zumindest der Manager der Person sind, dann möchten Sie Ihren Chef und die Personalabteilung involvieren.

Die Personalabteilung spielt eine wichtige Rolle bei Toyota. Sie muss sehen, wie die Mitarbeiter wirklich arbeiten, muss über die Leistungen und Fähigkeiten Bescheid wissen, also, wie der jeweilige Mitarbeiter führt, wie er mit seinen Kollegen umgeht, und wie der Mitarbeiter seine ehrgeizigen Ziele erreicht. Man trägt die Verantwortung für die Karriere von Menschen genau so, wie das die Manager tun. Es finden eine Reihe von Besprechungen statt, wo über Sie gesprochen wird, also Sie werden nicht nur anhand einer Rankingskala beurteilt, und auch nicht im Anschluss an die jährlich stattfindenden

Treffen, zu denen Sie eingeladen werden und dort die Fragen gestellt bekommen, sondern vielmehr durch eine genaue Beobachtung.

Dies funktioniert wiederum nur für Toyota in Japan, weil Mitarbeiter davon ausgehen, dass sie ihre ganze Karriere im Unternehmen verbringen werden. Mit der Expansion in andere Länder wurde es zunehmend schwieriger für Toyota. Beispielsweise wäre es in den Vereinigten Staaten für einen jungen Ingenieur, der gerade frisch von der Uni kam, unvorstellbar, seine ganze Karriere in einem einzigen Unternehmen zu verbringen. Als Regel galt hierbei, dass, wenn man länger als drei bis fünf Jahre bei einem Unternehmen gearbeitet hat, würde die Karriere ins Stocken geraten. Unternehmen waren nur Stufen auf der Karriereleiter. Man kommt zu Toyota und erfährt, dass man in den nächsten Jahren keineswegs große Verantwortung in der Entwicklung von Fahrzeugteilen übernehmen wird. In dieser Zeitspanne wird man lernen und seine Fähigkeiten verbessern. Ambitionierte Personen wollen schon nach fünf Jahren andere überwachen und sich auf das nächste Unternehmen vorbereiten.

In diesem Fall stellte das Toyota Technical Center in den USA fest, dass man viele junge Ingenieure verloren hatte und musste über mehrere Jahrzehnte hinweg eine Reihe von „PDCA"-Zyklen durchlaufen. Sie fragten sich, was das Problem sein könnte? Die Problematik ist, dass junge Amerikaner nicht davon ausgingen, so lange im Unternehmen zu bleiben, um über die Jahrzehnte entwickelt zu werden, wie es in Japan üblich ist. Sie fokussierten sich auf Gegenmaßnahmen, um den Zyklus zu beschleunigen. Es ist aber sehr wichtig, sich die Zeit für die Entwicklung von Mitarbeitern zu nehmen. Dies bedeutet, dass die Person einige Zeit im Unternehmen verweilen muss. Sollten die Mitarbeiter das Unternehmen frühzeitig verlassen, muss man sich die Frage stellen, wieso dies geschieht. Wurden die falschen Personen eingestellt? Vielleicht wählt Toyota Personen aus, die einen guten Eindruck gleich nach dem Studium machen, aber viel schneller die Karriereleiter erklimmen wollen, als es bei Toyota möglich ist. Es war nötig, das Auswahlverfahren neu auszurichten, um solche Mitarbeiter, die man eingestellt hat, herauszufiltern.

Man kann sich auch die Frage stellen, inwieweit die Arbeitsbedingungen eine Rolle spielen könnten, sowie auch, wie die Bezahlung im Vergleich zu anderen Unternehmen in der Branche ist. Es gibt eine Reihe von Aspekten, die man in mehreren Schritten mit Anwendung von „PDCA" überprüfen kann, um eine höhere Verbleibquote zu erzielen. Das Toyota Technical Center hatte eigentlich eine akzeptable Verbleibquote. Sie entsprach jedoch nicht den Standards, die Toyota erwartete. Eine Maßnahme, die besonders fruchtete, war die aktive Beteiligung an dualen Studiengängen. Die Ingenieurstudenten arbeiteten an dem Toyota-Teil des Jahres vier Jahre lang. Dies bot den beiden Seiten die Möglichkeit, sich kennen zu lernen, bevor man ein längerfristiges Arbeitsverhältnis einging.

Das System braucht engagierte Mitarbeiter durch und durch, die langfristig für das Unternehmen tätig werden, in die man dann auch entsprechend investiert. Selten wird ein Toyota-Mitarbeiter mit großem Potenzial von anderen Unternehmen abgeworben, um ihm dann die Managementpositionen anzubieten. Sonst würde man ohne die übliche Toyota-DNA in eine gehobene Position im Unternehmen einsteigen. Es könnte eine sehr störende Wirkung haben. Toyotas Fokus ist es, vielmehr aus den eigenen Reihen die richtigen Führungskräfte zu formen.

Toyota will auch Gehaltsstrukturverzerrungen vermeiden. Auch wenn Sie eine verantwortungsvolle Schlüsselperson sind, die an einem bedeutenden Projekt arbeitet – beispielsweise man bekommt ein besseres Angebot mit einer Gehaltserhöhung (sagen wir mal, um die 30%) und eine darauf folgende Beförderung –, dann wird man mit dem Mitarbeiter das Gespräch suchen und ihn fragen, wieso man gehen möchte. Sollte sich einer aber dann doch dafür entscheiden, zu gehen, dann wünscht man ihm viel Glück und weiterhin viel Erfolg. Ein gleichwertiges Angebot zu machen wäre dann nicht mehr nötig. Würde man sich dem Druck beugen, dann wäre die Gefahr, dass das ganze Gehaltsgefüge im Unternehmen gesprengt wird. Führung und technische Entwicklung hängen von vielen Zyklen in der Praxis derjenigen ab, die sich langfristig zu Toyota bekennen, und auch vom Unternehmen, das sich dazu verpflichtet, dem Mitarbeiter die Möglichkeit zu geben, um weiter zu lernen und sich zu entwickeln.

Vertiefte Kenntnisse durch *shu-ha-ri*-Phasen

Selbstentwicklung braucht Geduld. Es braucht Demut. Sie sind möglicherweise ein Vorstandsmitglied. Möglicherweise sind Sie ein hochrangiger Manager. Sofern Sie nicht mit dem „Lean"-Konzept aufgewachsen sind, müssen Sie wieder die Schulbank drücken und lernen, wie man ein „Lean Leader" wird. Genau wie diejenigen, die von Toyota angelernt wurden, werden Sie Ihre Entwicklung in die Hände eines Coachs legen müssen.

Im Alter zwischen 13 und 29 Jahren spielte ich fast jeden Tag Gitarre und dann 30 Jahre gar nicht. Ich fing wieder damit an und nahm klassischen Gitarrenunterricht. Ich bin Professor an der University of Michigan. Ich halte Vorträge auf der ganzen Welt. Dennoch musste mir mein Lehrer, ein Gitarrenprofessor, der das schon sein ganzes Leben lang machte, die Grundlagen beim Gitarrenunterricht beibringen. Ich hatte von vielen Sachen noch nie etwas gehört, wie beispielsweise das Lesen von Noten und Zählen von Takten. Ich musste grundlegende Übungen machen und die Sache mit Demut angehen.

Die wohl größte Herausforderung war, als er mich darum bat, an einem Seminar an seiner Uni mit Studienanfängern teilzunehmen. Ich sollte zuhören und dann vor den Studenten auch selber spielen. Dies war unbestritten eines der furchterregendsten Momente in meinem Leben, vor diesen zehn jungen Leuten ein Gitarrenstück zu spielen. Meine Hände zitterten. Ich konnte mich nicht an die Musik erinnern. Ich habe das oft wiederholt, bis ich irgendwann damit besser klarkam. Die Vorwegnahme raubt mir aber immer noch den Schlaf.

Wenn man sich einer neuen Herausforderung stellen will, dann muss man bereit sein, sich eine neue Fähigkeit anzueignen. Es muss zum Zeitpunkt in Ihrer Karriere stattfinden, wenn man seine Fertigkeiten, die man alltäglich benutzt, gemeistert hat. Dabei muss man denselben Weg beschreiten, den jeder gehen muss, wenn man sich eine komplexe Fähigkeit aneignet: von vorne anfangen. Man fängt mit den Grundlagen an. Sie haben einen Coach. Der Coach gibt Ihnen Aufgaben, die scheinbar trivial sind. Sie üben sie nach den gegebenen Vorgaben und verbessern sich im Laufe der Zeit. Sie werden es nicht in einem Klassenzimmer lernen können.

Normalerweise werden Führungskräfte oder angehende Führungskräfte außerhalb des Unternehmens unterrichtet. Sie gehen dann an die Harvard University, MIT, oder University of Michigan – Ross School of Business. Man bekommt gut zu essen, hat eine hübsche Unterkunft und einen freien Zugang zum Fitnesscenter. Man bewertet seine Professoren kritisch. Nach einer Woche ist dann Schluss und nun soll man geformt und in neue Führungskräfte umgewandelt worden sein. Es wird einfach nicht gehen. Man hat wahrscheinlich dieselben Verhaltensformen an den Tag gelegt, wie man sonst jeden Tag bei der Arbeit macht. Nun macht man es auch so in seinen Arbeitsgruppen mit anderen Vorstandsmitgliedern oder mit der Lehrkraft im Klassenzimmer. Wird man bei der Rückkehr zum Unternehmen einen Coach haben und, wenn ja, wird dieser den Mitarbeiter in den neuen Verhaltensweisen weiter coachen, was an der Universität gelehrt wurde?

Shu-ha-ri: Vom Anfänger zum Meister avancieren

Eine Möglichkeit, um diese Expertise zu entwickeln, ist die Lerntechnik anzuwenden, die ihren Ursprung im Kampfsport hat. Es wird als *shu-ha-ri*-Zyklus bezeichnet (siehe Abbildung 4-8). Viele verschiedene Lerntechniken sagen dasselbe aus. In Kapitel 2 lernten wir über das Konzept *Toyota Kata*. Dies ist ein Weg, um die Verbesserung zu erlernen und zu unterrichten, basierend auf einem systematischen Modell wie *shu-ha-ri*.

.

Fundierte Expertise durch
Shu-Ha-Ri

KATA = eine definierte Routine
für das Denken und Handeln

Shu – die KATA annehmen (genau lernen)

Ha – von der KATA abweichen (ein wenig Improvisation)

Ri – die KATA verwerfen (die Form wird nun beherrscht; konzentrieren auf die Vertiefung der Fähigkeiten und des Verständnisses)

Abbildung 4-8. Der *shu-ha-ri*-Zyklus

In der *shu*-Stufe wollen Sie als Kampfkunstlehrer, dass der Kampfkunstschüler die Kata annimmt. Sie bringen den Kampfkunstübenden bei, wie die perfekte Stellung des Körpers sein muss bzw. welche Stellungen eingenommen werden müssen, wie sie schlagen bzw. treten und ihre Hände halten bzw. bewegen müssen. Sie wollen ja, dass alles genau so ausgeführt wird. Eine Abweichung wird nicht akzeptiert.

Als Lernende müssen Sie alles genau lernen und sich dem Lehrer unterordnen. Der Lehrer hat Recht. Sie liegen falsch. Sie werden genau das umsetzen, was der Lehrer verlangt. Sie sind gehorsam und setzen fleißig alle Übungen um, die vom Lehrer aufgetragen werden.

In der *ha*-Stufe, nachdem Sie die Routinen erlernt haben, sind diese Grundlagen für Sie etwas Selbstverständliches und man muss nicht mehr darüber nachdenken. Sie können nun damit beginnen, von diesen Regeln abzuweichen und innerhalb der Grenzen der Kata improvisieren.

Schließlich in der *ri*-Stufe – manchmal wird es auch als „Verwerfung der Kata" bezeichnet – können Sie die Prinzipien frei anwenden und somit die Leistung umsetzen. Das bedeutet nicht, dass man vergessen soll, was man während der Kata vermittelt bekommen hat. Es bedeutet vielmehr, dass das, was man gelernt hat, nun eine Selbstverständlichkeit ist. Man muss darüber nicht mehr nachdenken. Wer die Form beherrscht, kann seine Fähigkeiten und Verständnis nun weiter vertiefen.

Bei Karate ist man in der *ri*-Stufe, zumal man hier versucht, vorauszuahnen, was der Gegner als Nächstes machen wird. Man stellt eine Reihe von Möglichkeiten zusammen, um entsprechend auf die reale Situation reagieren zu können. Gleichzeitig strebt man fortwährend an, seinen Geist und Körper besser in Einklang zu bringen. Man will, dass der Geist und Körper als Einheit funktionieren und nicht gegeneinander kämpfen.

Fragen Sie den besten Geiger oder Gitarristen der Welt, ob sie immer noch grundlegende Übungen machen. Sie werden Ihnen sagen, dass sie jede Übungssitzung mit einer Technikeinheit beginnen – die gleichen Sachen, die Sie in der *shu*-Stufe gemacht haben. Man wird nie wirklich diese Stufe ausklammern und vergessen können. Man durchläuft diese Phasen immer wieder, jedoch auf einem höheren Niveau.

Das lässt sich nun auch wunderbar auf die Führung anwenden. Darum würde ich Sie gerne bitten, mir die „Lean Leadership"-Fähigkeiten niederzuschreiben. Für jeden der notierten Fähigkeiten stellen Sie sich bitte die Frage: „Welche *shu*-Stufe ist das?" Was sind die grundlegenden Verhaltensmuster in der Führung, die notwendig sind, um diese Fähigkeit zu entwickeln?

Sagen wir mal, dass eines der Fähigkeiten das aktive Zuhören ist. Das ist eigentlich ziemlich vage. Was bedeutet es eigentlich, jemandem aktiv zuzuhören? Man muss das aktive Zuhören in einzelne Bestandteile aufbrechen. Als Nächstes sollte man für jede einzelne Komponente einen Weg finden, wie man das anderen beibringen könnte. Man braucht also eine entsprechende Trainingsmethode. Zudem braucht man eine Person, die korrigieren bzw. überprüfen kann, ob in der *shu*-Stufe alles richtig umgesetzt wurde. Wenn Sie das aktive Zuhören gemeistert haben, dann kommt die *ha*-Stufe, gefolgt von der *ri*-Stufe. Ich würde darauf wetten, dass Sie damit Schwierigkeiten haben werden, jemanden in Ihrem Unternehmen zu finden, der aktives Zuhören mit der gleichen Disziplin im Detail erlernt hätte, wie das ein engagierter 10-Jähriger die Grundlagen des Geigenspielens üben würde. Eine Zusammenfassung dessen, was eigentlich in den *shu-ha-ri*-Zyklen geschehen sollte, um „Lean Leaders" zu entwickeln, wird unten aufgeführt (siehe Abbildung 4-9).

Ziele

1) Führungskräfte auf allen Ebenen machen sich regelmäßig ein Bild vor Ort, um Mitarbeiter und Abläufe zu beobachten, um die Kluft zu True North zu identifizieren.

2) Führungskräfte auf allen Ebenen sind Experten in der Prozessoptimierung.

3) Es gibt spezielle Programme, um Führungskräfte zu entwickeln.

4) Führungskräfte lernen bewusst und entwickeln ihre eigenen Führungsqualitäten, um zu einer Kultur der kontinuierlichen Verbesserung zu passen.

Abbildung 4-9. Bedingungen, um „Lean"-Führungskräfte effektiv zu entwickeln

Müssen sich leitende Führungskräfte überhaupt noch selbst entwickeln?

Dies ist ein extremes Beispiel, das zeigt, wie ernst es Toyota mit der Mitarbeiterentwicklung meint, die auch erfahrene Führungskräfte mit einschließt. Viele Unternehmen haben Erfahrung damit, eine leitende Führungskraft von außen anzuwerben. Jedoch gibt es nur wenige, die so viel Zeit und Ressourcen wie Toyota einsetzen, um diese Person gemäß dem „Toyota-Weg" in das Unternehmen weit reichend einzubinden. Dies ist das Fallbeispiel von Steve St. Angelo, der eines Tages der erste amerikanische Toyota-CEO in Lateinamerika wurde.

Steve St. Angelo wurde schon vor Jahren als neuer Präsident für das Toyota-Werk in Georgetown, Kentucky, auserkoren. Er hatte 30 Jahre bei General Motors gearbeitet. Eine seiner ersten Aufgaben bei General Motors war, als leitender Koordinator bei NUMMI zu arbeiten, was damals ein Jointventure-Projekt zwischen Toyota und General Motors war.

Als die ranghöchste Führungskraft bei General Motors wechselte er zu NUMMI. Zu diesem Zeitpunkt war Gary Convis der Werksleiter. Steve wurde wie alle anderen leitenden Koordinatoren behandelt. Er wurde zu Meetings eingeladen und konnte überall hin. Er konnte alles beobachten, jedoch wurde er sehr eingeschränkt, da die Anweisung lautete: „Anschauen, aber nicht anfassen." Steve war aber eher ein „Hands on"-Typ und wollte anfassen.

Als er Gary Convis traf, fragte er: „Was kann ich tun, damit ich mehr mitwirken kann? Ich möchte etwas mitgestalten und das Toyota Production System aus erster Hand mitbekommen."

Gary erwiderte höflich: „Steve, das weiß ich zu schätzen, aber die Arbeit als leitender Koordinator beschränkt sich auf das Koordinieren. Also, gehen Sie bitte überall hin. Wir zeigen Ihnen alles. Wir werden alle Fragen beantworten. Jedoch bitte ich Sie, nicht persönlich zu managen."

Steve war mit dieser Antwort nicht zufrieden. Er ist jemand, der aktiv mitgestalten wollte. Er ist immer wieder zu Gary gegangen und versuchte, ihn immer wieder zu überzeugen: „Gary, ich möchte selbst etwas managen."

Schließlich, aus einem Frustrationsgefühl heraus, lenkte Gary ein und gab ihm eine Aufgabe, wobei er davon ausging, dass Steve es ablehnen würde. Er sagte: „Steve, wenn Sie wirklich das erlernen wollen, müssen Sie es so machen, wie wir alle erstmal angefangen haben: Sie müssen ganz unten anfangen. Sie werden also die Produktionsarbeiten machen müssen." Er erwartete, dass dies Steve abschrecken würde.

Steve antwortete: „In Ordnung. Dann mache ich die Produktionsarbeiten.“

Gary legte die Messlatte dann noch höher an: „Ach ja! Übrigens, Sie werden auch jeden Tag einen neuen Arbeitsschritt erlernen müssen.“

Steve sagte: „In Ordnung. Ich werde dann jeden Tag einen neuen Arbeitsschritt lernen.“

Und dann legte Gary weiter nach: „Sie werden auch in wechselnden Schichten arbeiten müssen.“

Steve sagte: „Okay. Kein Problem.“

Was Gary aber nicht wusste, war die Tatsache, dass Steve als Werker bei General Motors angefangen hatte. Er avancierte so zu einem Mitarbeiter, der in allen Bereichen eingesetzt werden konnte. Er hat, wenn es nötig war, auch mehrere Schichten gearbeitet.

Gary setzte ihn nun ein und erwartete, dass Steve es nicht durchhalten würde. Da täuschte er sich, denn Steve verrichtete jeden Tag seine Arbeit gut und lernte neue Aufgaben in mehreren Schichten kennen. Als Steve sich wieder mit Gary traf, um die nächste Aufgabe zu besprechen, hatte dieser nun Respekt. Er wollte Steve zum Teamleiter befördern. Das war ein gut bezahlter, erster Job. Gary wählte die schlechteste Gruppe mit der geringsten Arbeitsleistung und der schlechtesten Einstellung überhaupt aus. Er sagte: „Steve, als Teamleiter ist es deine Aufgabe, diese Gruppe zu einer der besten im Werk zu machen.“ Steve entgegnete: „Kein Problem.“

Innerhalb von nur ein paar Monaten war man dann auch einer der besten Gruppen im Werk, und mit der Zeit kletterte Steve die Karriereleiter nach oben. Dies war auch das erste Mal, dass einem leitenden Koordinator so etwas gelungen ist. Er kehrte dann zu GM zurück und wandte nun „Lean“ in anderen Werken an.

Irgendwann verließ Gary NUMMI. Er bekam ein sehr gutes Angebot von Toyota, mit der Aussicht, Präsident im Toyota-Werk in Georgetown, Kentucky, zu werden. Aber die Anfrage münzte nicht automatisch in die Ernennung. Zu jener Zeit war ein Japaner der Präsident. Gary wäre der erste Amerikaner als Präsident, jedoch wurde er zunächst zum Vizepräsidenten ernannt.

Der damalige Präsident sagte zu ihm: „Gary, wir haben Sie hierher gebracht, in der Erwartung, dass Sie der nächste Präsident sein werden. Jedoch müssen Sie sich zuerst mit der Unternehmenskultur auseinandersetzen und sich die Hände schmutzig machen, um zu beweisen, dass Sie auch geeignet sind. Daher werde ich zunächst hier bleiben und weiter als Präsident fungieren. Ihre Aufgabe ist es, die Arbeitsmethoden hier zu erlernen, ein besseres Verständnis für Toyota und Ihre Mitarbeiter zu bekommen. Dafür haben Sie ein Jahr Zeit. Sofern alles gut läuft, werden Sie dann meine Position übernehmen.“ Es dauerte ungefähr sechs Monate, bis Gary zum ersten amerikanischen Präsidenten ernannt wurde.

Nun brauchte NUMMI einen neuen Vizepräsidenten, da Gary nicht mehr da war und man bot Steve die Position als Interim-Vizepräsident für Produktion an. Dies war etwas ganz Neues – ein GM-Mann sollte NUMMI führen?

Steve leistete gute Arbeit bei NUMMI und die Führungskräfte bei Toyota zeigten großen Respekt für ihn. Als Gary nun aus Toyota ausschied, fragte man Steve, ob er die Position in Georgetown, Kentucky, übernehmen wolle. Dies war eine große Sache, dass nun ein Außenstehender eine solche Position übernehmen sollte. Er hatte bis jetzt nur für General Motors und nie für Toyota gearbeitet.

Es stellte sich wieder die Frage: „Was soll ich tun?" Gary war maßgeblich an der Anwerbung von Steve beteiligt. Gary machte Steve dasselbe Angebot. Du fängst als Vizepräsident an. Ich werde weiterhin mit meinen Leuten das Werk leiten und du kannst das erste Jahr damit verbringen, einiges zu lernen.

Steve kam nach Georgetown, Kentucky, mit seiner Familie. Er wurde zum Vizepräsidenten ernannt. Er erwartete, dass er den Posten des Präsidenten übernehmen würde. Eine Garantie dafür gab es aber nicht. Als Erstes erhielt er einen Ausbildungsplan (siehe Abbildung 4-10). Der Plan erstreckte sich von April bis September. Es ging dann zügig mit dem Weiterentwicklungsprozess. Man sieht ja, dass er eine Reihe von Informationen aufnehmen und oft vor Ort sein musste – etwa jede Menge *Gemba*-Besuche quer durch Toyota zu erledigen.

Er sollte zum Technikzentrum gehen, den Hauptsitz in Nordamerika, sowie zu Toyota Motor Sales. Er bekam auch eine Schulung im Umgang mit den Medien, wie beispielsweise Fragen von Journalisten beantwortet werden müssen. Der umfassendste und intensivste Teil der Schulung war aber der *Gemba* in Georgetown, Kentucky.

Empfohlene Schulung von Executives, Steve St. Angelo, Stellvertretender Vositzender

KURS / THEMA	NÄCHSTE GEPLANTE TERMINE	ZEIT	STATUS
Funktionsübersicht bei TMMK	April - Juni, 2005	3 Monate	Abgeschlossen
Funktionsübersicht bei TMMNA	Juli-05	2 Tage	Abgeschlossen
Toyota Quality Way	2005-05-06	1 Tag	Abgeschlossen
TPS Präsenzunterricht	2005-08-18	1 Stunde	Abgeschlossen 8/18
TPS Training Fertigungsbereich	8/19, 8/22-26, 8/31, 9/7-9, 9/25-30	20 Tage	Abgeschlossen 8/19 bis 9/30
Dienstleister - Besuche	Nach individueller Absprache	Je 1/2 Tag	Abgeschlossen
Globale Problemlösung	Mai, 2005	1 Tag	Abgeschlossen 5/05
Führungskräfte-Entwicklungsprogramm	9/11-16 & 10/3-7, 2005	2 Wochen	Abgeschlossen 9/16 und 10/7
Toyota Way Learning Map	Aug (ca.)	2 Stunden	Abgeschlossen 8/11
Gesundheitscheck	Nach individueller Absprache	1 Stunde	Abgeschlossen
Grundsätze Personal (Systeme)	2005-10-18	1 Stunde	Abgeschlossen
Nachfolgeplanungsprozess	Nach individueller Absprache	1 Stunde	Abgeschlossen 8/2
Belegschaft - Historie/derzeitge Lage einschätzen	Nach individueller Absprache	2 Stunden	Abgeschlossen
Fertigungsentwicklungssystem	Nach individueller Absprache	1 Stunde	Abgeschlossen 6/17
Gruppenleitertraining 40 Stunden	Juni, 2005 (ca.)	2 Stunden	Abgeschlossen 6/8
		Plastikträgerbau 1 und 2 Farbe 1 und 2 Stanzen Antriebsstrang Qualitätskontrolle Wartung	
Arbeit an der Linie	Nach individueller Absprache		Großteil Abgeschlossen
Prozessdiagnose	Nach individueller Absprache	(2) 4 Stunden Runde	Abgeschlossen 9/2
N.A. Toyota Werksbesichtigungen	Nach individueller Absprache	10 Tage	Abgeschlossen
Toyota Sales Customer Sat. Groups	November, 2005	3 Tage	Abgeschlossen 11/11
Toyota Technikzentrum Review	Nach individueller Absprache	1 Tag	Abgeschlossen
Umschlaglagerbesuch	Nach individueller Absprache	Je 1/2 Tag	Abgeschlossen
Go & See Theke, Drehmomentsteigerung, Herkunftssicherung	August 8-9, 2005	1 Tag	Abgeschlossen 8/8 bis 8/9
Medien Training	20-Sept-05	1 Tag	Abgeschlossen

Quelle: Mit freundlicher Genehmigung von Toyota Motor Manufacturing Kentucky, Inc.

Abbildung 4-10. Empfohlener Executive-Weiterbildungsplan für Steve St. Angelo

Sie können sehen, dass er nur 1 Stunde TPS-Schulung im Unterrichtsraum hatte. Gleich darauf folgten vier Wochen TPS-Training im Werk. Etwa vier Wochen lang nahm er an *Kaizen*-Aktivitäten teil, nicht als Führungskraft, sondern als Teammitglied. Ich war schon bei Unternehmen, wo wir versucht haben, Führungskräfte an den *Gemba* zu bringen. Eine wesentlich größere Herausforderung ist es, sie zur Teilnahme an einer fünftägigen *Kaizen*-Veranstaltung zu bewegen. Ebenso ist es nicht so einfach, sie dazu zu bewegen, dass sie ihre Handys erst nach der Veranstaltung einschalten mögen/sollten. Dieser Kandidat im gezeigten Beispiel würde als Teil seines Weiterbildungsprogramms vier Wochen bei *Kaizen* verbringen. Er war jemand mit jahrzehntelanger Erfahrung und derjenige, der das NUMMI-Geschäft leitete.

Er bekam auch Schulung im Problemlösen. Man erwartete von ihm, dass er sich mehrere Monate lang mit einem Problem beschäftigt. Dabei sollte er nach der Toyota-Problemlösungsmethode vorgehen. Er durchlief ein Executive Development Program in Japan. Zudem wurde von ihm erwartet, trotz seiner NUMMI-Ausbildung, dass er einzelne Aufträge erledigt. Er musste in jeder Abteilung in Kentucky einen Produktionsauftrag erledigen, und diese wurden mit den verschiedenen Abteilungen einzeln terminiert.

Also, warum tun sie das? Warum musste Steve St. Angelo wieder zurück in die Produktion in Georgetown, Kentucky? Er war schon sehr lange in der Produktion tätig und hatte die Feuerprobe bei NUMMI bestanden. Man könnte die Auffassung vertreten, dass er die *ha*-Stufe erreicht und sich vielleicht auch der *ri*-Stufe genähert hätte. In diesem Fall ging es nicht darum, seine Fähigkeiten zu testen, oder ihm das Schweißen oder das Montieren beizubringen. Vielmehr sollte er in die *Gemba*-Methode eintauchen und dabei die Mitarbeiter kennen lernen sowie ihr Vertrauen gewinnen. Er sollte der Präsident von über 6.000 Menschen im Werk in Georgetown, Kentucky, werden. Er würde für eine kleine Stadt die Verantwortung tragen. Er musste sich in die Rolle der Mitarbeiter versetzen, die er repräsentieren würde. Dabei sollte er auch deren Arbeitsaufgaben verrichten und mit den Mitarbeitern ins Gespräch kommen, um sie besser zu verstehen, sowie Netzwerke aufbauen.

Am Ende dieses Prozesses hatte er besseres Verständnis dafür, wo es Lücken und Schwachstellen gab, die er als Vizepräsident dann angehen würde. Selbst nach dem Ausscheiden von Gary und durch den Eintritt von Steve in Georgetown gab es immer noch einen japanischen leitenden Koordinator, der ihn weiter coachte. Das wird man wahrscheinlich anderswo nicht finden.

George: „Als Steve sein Training absolvierte, wussten alle rund um Steve, dass er als nächster Präsident vorgesehen war, oder war er doch einfach ein weiterer Mitarbeiter?"

Jeff: „Als er nach Kentucky kam, wurde er als Vizepräsident vorgestellt. Alle wussten, dass dieser Mann, der einst für General Motors gearbeitet hatte, auf die Rolle des Präsidenten vorbereitet wird. Es gab aus bestimmten Ecken Neid und Missgunst: „Wie kann ein GM-Mann den Toyota-Weg zur Lean Leadership überhaupt verstehen?" Zudem gab es auch Mitarbeiter im Werk, die auch auf der Karriereleiter nach oben klettern wollten und auch diese Position anstrebten. Es gab Enttäuschung und Skepsis, und er musste das überwinden."

Für Steve waren diese sechs Monate Arbeit im Werk von großer Bedeutung, da er in diesem Zeitraum Brücken bauen musste – zu denjenigen, die ihm feindselig gesinnt waren, sowie zu denjenigen, die ihm eine Chance geben wollten. Es war eine kritische Phase der Anpassung und Vertrauensgewinnung. Am Anfang wurde er anders behandelt. Er nahm an einem *Kaizen*-Workshop teil und jeder wusste, wer er war.

Meine Erfahrungswerte von *Kaizen*-Workshops sind – ich wette, das geht anderen auch so! –, dass, sobald ein leitender Manager zum Teammitglied wird, in Jeans erscheint und anfängt, den Boden zu schrubben, sehen ihn die anderen Teammitglieder gleich als ganz gewöhnlichen Menschen an. Wenn Sie den ganzen Tag mit jemandem arbeiten, der besser schweißen kann, und Sie sind der Vizepräsident, dann wird der Arbeiter Ihnen überlegen sein. Normalerweise, wenn Sie selbst bescheiden auftreten, wird er Sie unter seine Fittiche nehmen und Ihnen Tipps geben. Sollten Sie mit der Arbeit nicht vorankommen, bekommen Sie ebenso die notwendige Unterstützung. Ich habe das auch schon selbst erlebt, als ich zwei Tage in der Produktion bei NUMMI gearbeitet habe. Hier fragten sich die Teammitglieder, wieso ein Professor manuelle Arbeit verrichten wollte.

161 | Seite

Steve hat sich in eine untergeordnete Position begeben, wo er die Möglichkeit bekam, Vertrauen aufzubauen.

Wichtige Faktoren, um als Führungskraft in einem außergewöhnlichen Unternehmen erfolgreich zu sein

Diese Zusammenfassung kommt von einem ehemaligen Toyota-Mitarbeiter, der über Jahrzehnte hinweg in Toyota Motor Sales gearbeitet hat und später Vizepräsident wurde. Er sagte: „Die wichtigsten Faktoren für den Erfolg sind Geduld, das Hauptgewicht mehr auf langfristige und weniger auf kurzfristige Ergebnisse zu legen, ständig in Menschen, Produkt und Werk zu investieren und sich gnadenlos zu Qualität zu bekennen."

Sollten Sie so denken und handeln, dann sind Sie auf dem Weg, ein „Lean Leader" zu werden. Selbstentwicklung braucht Geduld. Es verlangt einen langfristigen Fokus. Es verlangt die Bereitschaft, andere Mitarbeiter zu entwickeln, auch dann, wenn die Ergebnisse dieser Investition nicht greifbar erscheinen. Man braucht eine absolute Leidenschaft für den Kunden und Qualität.

Hier ist noch eine Hausaufgabe. Denken Sie an einen Teilbereich in Ihrer Organisation. Es könnte Ihr ganzes Unternehmen sein. Es könnte die Abteilung sein, in der Sie sich befinden. Was ich festgehalten habe, sind die wichtigsten Voraussetzungen, um einen „Lean Leader" zu entwickeln, wie vorher erörtert (siehe Abbildung 4-11). Bitte stellen Sie fest, ob es eine kritische Lücke („Eins") zwischen dieser Beschreibung und dem Zustand in Ihrem Unternehmen gibt. Sie können es auch auf sich als Führungskraft beziehen. „Vier" würde bedeuten, dass es eine kleine Lücke gibt, und „Fünf" bedeutet, dass Sie in der *ri*-Stufe angekommen sind. Es würde mich wundern, wenn jemand die *ri*-Stufe bei diesen Dingen erreicht hat.

Aktueller Stand des Führungsverhaltens in Ihrem Unternehmen?

1= kritische Lücke, 2=erhebliche Lücke, 3= einige bedenkliche Lücken, 4= kleinere Lücken, 5= Wir haben es geschafft

1. Führungskräfte beobachten regelmäßig vor Ort (Gemba) die Lücke zwischen der Ist-Situation und dem True North (Idealzustand).
2. Führungskräfte auf allen Ebenen wurden bereits gecoacht, um Prozessoptimierung mit einer hohen Expertise durchzuführen.
3. Es werden spezielle Schulungsprogramme für Führungskräfte zur disziplinierten Problemlösung durch On-the-Job-Training angeboten
4. Die Führungskräfte trainieren bewusst die Prozessoptimierung um ihre Fähigkeiten täglich zu verbessern.

Abbildung 4-11. Aktueller Stand des Führungsverhaltens in Ihrem Unternehmen

Die erste Frage ist, ob Führungskräfte in Ihrem Unternehmen dahingehend entwickelt werden, regelmäßig vor Ort zu sein sowie Leute und Prozesse genau zu beobachten sowie darüber hinaus in der Lage zu sein, sich von dem aktuellen Zustand ein Bild im Vergleich zum „True North" zu verschaffen. Das heißt natürlich, es gibt einen Konsens über die klare Vision von „True North". Somit ist dies eine Frage, bestehend aus mehreren Teilen (nicht ideal für eine Umfrage, jedoch ist dies kein Forschungsprojekt).

Zweitens: Sind Führungskräfte in Ihrer Organisation Experten auf dem Gebiet der Prozessverbesserung? Es zählt nicht, wenn das an Ihre Mitarbeiter oder „Lean"-Trainer delegiert wurde. Darüber hinaus zählt es auch nicht, wenn man zwar einen Kurs besucht oder ein paar Zertifizierungen besitzt, es aber nur selten angewendet hat. Denken Sie daran, Prozessverbesserung ist mehr als Mathematik, mehr als das Ausfüllen von Arbeitsblättern oder das Arbeiten mit den „Lean"-Werkzeugen. Es bedeutet, dass man tatsächlich den Prozess verbessern kann. Man muss in der Lage sein, die Mitarbeiter zum Lernen zu bringen und den neuen Prozess diszipliniert einzuhalten. Man ist erst dann am Ende, wenn sich der Prozess auf einer höheren Ebene etabliert und zum Standard wird. Es führt zu einer Stabilisation.

Drittens gibt es gezielte Programme für die „Lean"-Führungskräfte in Bezug auf disziplinierte Problemlösung durch On-the-Job-Training. Darüber hinaus gibt es den Coach. Die Führungskräfte haben Lehrer, wie ich es heute beim Gitarrenunterricht hatte. Jede Woche habe ich Gitarrenunterricht. Ich spiele das, was ich diese Woche geübt habe. Ich bekomme Feedback. Dann erhalte ich neue Übungen und neue Aufgaben. Gibt es solche Strukturen in Ihrem Unternehmen? Werden Sie als Führungskraft unterwiesen, wie man die Prozessverbesserung zur Erreichung schwieriger Ziele optimiert?

Zu guter Letzt: Gibt es Führungskräfte, die bewusst Selbstentwicklung lernen und üben? Mein Gitarrenlehrer wird nichts zum Positiven verändern können, wenn ich zwischen den Unterrichtsstunden nicht selbst übe und die mir aufgetragenen Aufgaben erledige. Ist eine bewusste, wissentliche, zielgerichtete Selbstentwicklung in dem Unternehmen üblich?

Sollten Ihre Antworten auf alle vier zwischen eins und drei liegen, dann gibt es einige schwerwiegende Lücken oder kritische Lücken. Sie sollten aber nicht gleich in Panik verfallen. Es bedeutet, dass Sie ein durchschnittliches, normales Unternehmen sind, denn nur sehr wenige Unternehmen konzentrieren sich intensiv auf die Entwicklung von „Lean"-Führungskräften. Auch Toyota hat viele Schwachstellen.

Abschließend entwickeln Sie einen persönlichen Plan: Wo können Sie als Führungskraft ansetzen, um die Selbstentwicklung in Gang zu bringen? Hierzu benötigt man einen Coach. Sie werden nicht direkt zu Ihrem Vorgesetzten gehen und ihn auffordern können: „Sie sollen mir einen professionellen ‚Lean'-Coach finanzieren." Sie müssen sich auf die Suche machen, und dabei kann man auf verschiedene Optionen zurückgreifen. Ich habe einen Freund, der über das Internet in einem sozialen Netzwerk einen Coach fand. Er fragte die Person, ob sie bereit wäre, ihn virtuell zu coachen. Die Person fühlte sich geschmeichelt und stimmte zu. Diese Person übte wirklich einen großen Einfluss auf meinen Freund aus. Er stieg von der untersten Stufe der Organisation zu einem der führenden „Lean"-Trainer in Amerika auf.

Es gibt viele kreative Möglichkeiten, einen Trainer zu finden. Das Lean Leadership Institute hat eine Website (http://www.leanleadership.guru/) und Coaching ist auch ein Bestandteil der Kurse. Nutzen Sie jede Gelegenheit, die sich anbietet, um einen Coach zu finden und von seiner Expertise Gebrauch zu machen. Sie können sich selbst und andere immer verbessern!

KAPITEL 5: LERNEN, WIE MAN COACHT UND ANDERE ENTWICKELT

Während Sie sich selbst entwickeln, beginnen Sie, zu lernen, wie man andere entwickelt

Sie brauchen ein gewisses Maß an eigener Entwicklung, bevor Sie beginnen können, andere Personen auszubilden. Das Lean-Leadership-Development-Modell (Abbildung 5-1) sieht zwar wie ein rein sequentieller Prozess aus, ist es jedoch nicht. Vielmehr überschneiden sich die vier Stufen des Modells und Sie durchlaufen die einzelnen Phasen immer wieder. Dadurch gewinnen Sie als Organisation und als Einzelperson an Stärke.

In diesem Kapitel wird jener Schritt thematisiert, wie Sie von der Selbstentwicklung zum Coaching anderer Personen übergehen können. Es stellt sich die Frage, wie jene, die das Lean-Leadership-Development-Modell noch nicht kennen, gecoacht werden sollten, damit sie eines Tages selbst dazu in der Lage sind, andere zu coachen. Es gibt zwar viele ausgezeichnete Beispiele für Coaching im Sport, in der Musik, Kunst und Handwerk, wie etwa in den Bereichen Klempnerei oder Quilten. In den Unternehmen ist es jedoch schwer, ähnliche Beispiele zu finden.

1 Sich zu Selbstentwicklung verpflichten
Lernen, die Nordstern-Werte durch sich wiederholende Lernzyklen zu leben

4 Vision schaffen und Ziele abstimmen
Eine Nordstern-Vision schaffen & Ziele vertikal und horizontal anpassen

Nordstern-Werte
- *Herausforderung*
- *Kaizen-Verständnis*
- *Go and See*
- *Teamwork*
- *Respekt gegenüber Menschen*

2 Andere coachen und entwickeln
Das Potenzial von anderen durch selbstentwickelnde Lernzyklen sehen und fördern

3 Täglich Kaizen unterstützen
Durchgängige Fähigkeiten im Daily Management & Kaizen schaffen

Quelle: The Toyota Way to Lean Leadership
Abbildung 5-1. Das Lean-Leadership-Development-Modell

Da wir Toyota als Musterbeispiel bei der Entwicklung des Führungsmodells verwendet haben, konnten wir eine Menge an Konzepten auf die „Meister-Lehrling"-Beziehung (siehe Abbildung 5-2) zurückführen. In dieser Beziehung war der Meister der Meister, und der Lehrling war der demütige und untertänige Schüler, der vom Meister etwas lernen wollte. Der Meister kann im Grunde alles von ihm verlangen, und vom Lehrling wird erwartet, dass er es tut. Wenn die erste Lektion der Ausbildung zum Schmied darin besteht, den Boden mit einer Zahnbürste zu putzen, dann putzt man eben den Boden mit einer Zahnbürste. Man geht davon aus, dass der Meister schon seinen Grund dafür haben wird, warum man dies tun soll, so dass man daraus eine Lektion lernt.

Abbildung 5-2. Das Meister-Lehrling Modell

Dies hatte sehr großen Einfluss auf die Toyota-Kultur. Auf diese Art und Weise wurde Sakichi Toyoda das Zimmererhandwerk beigebracht. Noch heute findet diese Methode zur Entwicklung von Menschen Anwendung. Toyota nennt das heutzutage „On-the-Job-Development" (OJD), doch die Methode, nach der bei Toyota Fertigkeiten vermittelt werden, ist die „Meister-Lehrling"-Beziehung. Das geschieht aber nicht überall. Wie ich immer wieder betont habe, *ist Toyota von Menschen erschaffen worden und Menschen sind nicht perfekt*. Es gibt alle möglichen Dinge, die in einem globalen Unternehmen wie Toyota geschehen, gute und schlechte Dinge, doch das auf den Prinzipien basierende Modell besteht aus „Learning by Doing", begleitet von einer Person mit mehr Fachwissen, die einem über die Schulter schaut, analysiert, was man tut, einem Feedback gibt und herausfordernde Fragen stellt. Für Toyota ist die wichtigste Aufgabe einer Führungskraft das Coachen bzw. Lehren.

Lernen, andere zu entwickeln

Bis zu diesem Zeitpunkt hat die gut entwickelte Führungskraft gelernt, die Werte zu leben sowie den „Plan-Do-Check-Act"-Ansatz mehrmals anzuwenden. Jedes Mal nimmt man sich einem Problem an, man muss mit einem Team von Mitarbeitern gut umgehen können, ihnen mit Respekt entgegenkommen und die Herausforderung annehmen. Jedes Mal, wenn Sie das machen, durchlaufen Sie einen Lernzyklus – so, als würden Sie ein neues Musikstück einstudieren und aufführen. Mit dem nächsten fällt Ihnen das Lernen leichter und Sie werden es besser aufführen. Nun sind Sie dazu bereit, den nächsten Schritt zu gehen: anderen beibringen, was Sie gelernt haben. Sie müssen kein echter Experte sein, um andere zu entwickeln. In der Tat, wenn Sie ehrlich und demütig sind, fühlen Sie sich vielleicht nie dazu in der Lage, diese Aufgabe zu übernehmen.

Nach eigenen Angaben von Toyota sei keiner ein Experte. Niemand erhält eine Toyota-Zertifizierung, „The Toyota Way" genannt. Sie müssen immer wieder lernen, und das sollte sich auch weiterhin durch Ihr ganzes Leben ziehen. An einem gewissen Punkt müssen Sie sich entscheiden – entweder müssen Sie es noch lernen oder Sie sind dazu bereit, andere zu entwickeln. Solange Sie in einem Kurs lernen, alles, was Sie tun müssen, ist einen Schritt den Teilnehmern voraus zu sein. Noch bevor sie das geschafft haben, winkt Ihnen schon das nächste Kapitel.

Ein altes Sprichwort besagt, dass der Lehrer immer mehr als seine Schüler dazulernt. Sobald man versucht, andere Menschen zu unterrichten, beginnt man auch damit, eigene Wissenslücken zu erkennen bzw. als Inkompetenz aufzufassen. Man stellt sich die Frage: Was soll ich tun, wenn man mir diese Frage stellt und ich die Antwort darauf nicht weiß? Darüber hinaus stellt man auch das eigene Urteilsvermögen in Frage. Doch die Motivation ist da, denn man versucht, anderen etwas beizubringen und somit auch die Verantwortung zu übernehmen. Die Schüler, die sich doch oft eher in einer passiven Situation befinden, sollten angeregt und motiviert werden.

Der Lehrer wird in der Regel seine Fachkenntnisse vertiefen. Man will nicht abwarten, bis man selbst ganz sicher ist, dass man dazu bereit ist. Wenn Sie denken, dass Sie den Anderen etwas zu bieten haben, dann nehmen Sie sich der Sache an. Es ist wichtig, einen Coach zu haben, der Ihnen dabei hilft, kritisch über das eigene Coaching nachzudenken. Nun sind Sie der Coach und Sie haben einen Schüler, den Sie coachen. Ein zweiter Coach beobachtet, wie Sie den Schüler unterrichten, um anschließend die Fortschritte reflektieren zu können.

Didaktische Fähigkeiten unterscheiden sich von Lernfähigkeiten. Als Lernender hört man zu, probiert aus, wird mit schwierigen Fragen herausgefordert, damit Schwächen erkannt werden und man später damit gut arbeiten kann. Sie als Coach müssen die Fähigkeit entwickeln, den Schüler zu fordern und zu lenken, ohne für ihn mitzudenken.

Coaching und Entwicklung anderer erfordert eine andere Art von Fähigkeiten

Sie haben gelernt, Sie haben geübt, Sie haben reflektiert und Sie haben das Feedback vom Lehrer umgesetzt, um besser im Verbesserungsprozess zu werden. Wie können Sie nun diese Fähigkeiten an andere weitergeben?

Wenn Sie einen guten Lehrer hatten, dann haben Sie ein Lernmodell. Sie können sich das Lernmodell anschauen und planen, wie Sie als Coach agieren wollen. Dabei können Sie sich den wirksamen Methoden Ihres Lehrers bedienen. Dennoch wurde Ihr Coach durch mehrere „PDCA"-Zyklen zum guten Coach und er entwickelte so eigene Wege, um auf neue Situationen zu reagieren. Sie können also nicht einfach Ihren Coach nachahmen, auch wenn das ganz easy aussieht.

Eine der ersten Fähigkeiten, die man erlernen muss, ist, das Potenzial in anderen zu erkennen. Sie müssen die Person objektiv und tiefgründig betrachten sowie in die Köpfe anderer reinschauen können, um zu sehen, was die Person wirklich denkt. Wie denkt diese Person über das Problem und die aktuelle Situation? Hat man ein klares Verständnis vom Zweck? Hat man das richtige Problem ausgewählt? Ist man in der Ursachenanalyse gut? Hat man die Geduld, alle Schritte bei der Problemlösung durchzugehen, oder springt man schnell zu dem, was man als Problem ansieht? Kann man gut zuhören? Ist man gut in Coaching?

Sie müssen diese Sachen einschätzen können, denn es ist notwendig, für jeden Schüler die richtige Unterrichtsstufe zu finden. Um wieder analog auf die Musik zurückzukommen, sollte der Lehrer einen Anfänger anders unterrichten im Vergleich zu einem Schüler, der schon seit fünf Jahren das Instrument spielt und auf mehreren Sommerfesten der Star war.

Sie sollten einschätzen können, auf welchem Level sich die Schüler befinden, sowie, wie weit ihre Problemlösungsfähigkeit, soziale Kompetenz und Einstellung entwickelt wurden. Ist man dem Lernen aufgeschlossen oder sträubt man sich dagegen? Beim letzteren müssen Sie anders vorgehen, um sie für das Lernen zu öffnen. Dies ist ein wichtiger Aspekt, um zu sehen, was am *Gemba* los ist. Was ist die richtige Herausforderung für diese Person (siehe Abbildung 5-3)?

Was ist für diese Person die geeignete Herausforderung?

Echtes | Potenzial

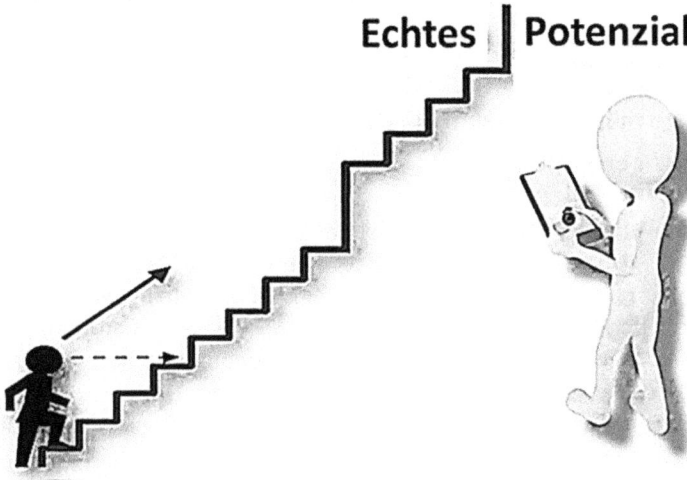

Abbildung 5-3. Die geeignete Herausforderung für den Lernenden definieren

Dies ist einfach ein gutes Coaching und Training

Wenn Sie jemals schon ein Coach gewesen sind, vielleicht Trainer einer Jugendsportmannschaft, eines ist Ihnen sicherlich auch schon mal passiert: „Warte mal, das ist wohl ein gutes Coaching und es klingt nicht, als hätte es Toyota erfunden." Wenn Sie ein solches Gefühl haben, dann haben Sie Recht. Vieles, was ich erwähne, wurde nicht innerhalb von Toyota erfunden. Oftmals hat Toyota die besten Konzepte von den verschiedensten Orten zusammengetragen und dann zu seinem Ansatz und System zusammengefasst.

„Job Instruction Training" ist „Learning by Doing" mit einem Coach

Einer der größten Einflüsse von Toyota auf Coaching und Entwicklung anderer wird „Job Instruction Training" genannt, was seinen Ursprung im US-amerikanischen Verteidigungsprogramm „Training Within Industry" (TWI) hat. Es war eines der Module, die von TWI während des Zweiten Weltkriegs entwickelt wurden, um den Zivilisten schnell die Aufgaben anzulernen, die vorher von anderen ausgeführt wurden. Dann geriet es in den USA nach dem Zweiten Weltkrieg in Vergessenheit, wogegen es bei Toyota virulent wurde (ein Comeback kam wegen „Lean"). Die Methode ist stark auf „Learning by Doing" ausgerichtet, d. h., der Coach coacht den Mitarbeiter.

Im Gegensatz zu vielen großen Unternehmen gibt es in der Geschichte Toyotas keine Unterbrechung bei dem Modell „Meister-Lehrling"-Beziehung. Ist das von Toyota erfunden worden? Natürlich nicht, aber es wird als Konzept im gesamten Unternehmen – bei den wissensintensiven Arbeiten wie Maschinenbau oder bei den sich wiederholenden Arbeiten wie Produktion – angewendet.

Die ersten Schritte zum Coaching und Entwicklung anderer

Führungskräfte müssen sich zum Coach entwickeln, um eine nachhaltige Verbesserung zu erreichen

Ich bin in vielen verschiedenen Ländern unterwegs, habe viele verschiedene Branchen kennen gelernt, habe für die U.S.-Navy und Air Force, in Regierung sowie im Gesundheitswesen gearbeitet. Dabei hat „Lean" in seinen vielfältigen Formen mehr als drei Jahrzehnte überlebt und breitet sich weiter aus. Ich glaube, man kann es durchaus als eine Bewegung bezeichnen. Jedoch ist die fehlende Führung eine der größten Schwächen, da es keine Nachhaltigkeit gibt. Die Führungskräfte müssen entwickelt werden... im Idealfall von anderen Führungskräften in der Organisation. Das ist der einzige Weg, um einen nachhaltigen Vorteil zu gewährleisten.

Hier sind sechs Schritte, um ein effektiver Coach zu werden:

Schritt 1: Bei anderen die Kenntnisse und Fähigkeiten bewerten

Der erste Schritt ist die Bewertung der aktuellen Kenntnisse und Fähigkeiten von Menschen, die Sie unterrichten werden. Wenn Sie dies auf der Basis der Menge betrachten und Sie befinden sich, sagen wir mal, in der Personalabteilung, wo Sie den Auftrag erteilt bekommen, das „Lean Leadership"-Training für Hunderte von Managern zu organisieren, dann ist es ganz natürlich, zunächst eine Bewertung vorzunehmen. Üblicherweise wird die Bewertung in konventioneller Papier-Bleistift-Form durchgeführt oder als Computertest absolviert.

Das ist nicht das, worüber wir sprechen. Wir sprechen über die Beziehung zwischen dem Meister und Lehrling. Wir sprechen von Eins-zu-Eins-Coaching. Selbst wenn Sie ein Team von fünf bis zehn Personen haben, müssen Sie individuelle Anweisungen für jeden haben. Sie sind nicht wirklich an statistischen Durchschnittswerten interessiert. Sie haben an jeder einzelnen Person Interesse und es ist schwierig, sie mit Hilfe eines Tests in Papierform einzuschätzen. Sie können zur besseren Bewertung kommen, indem Sie die Mitarbeiter am Arbeitsplatz beobachten. Wenn Sie mit dem Lehren beginnen, bekommen Sie ein vertieftes Verständnis von deren Fähigkeiten.

Bei Toyota nennt man das „Eintauchen am *Gemba*". Sie müssen dort hingehen, wo die Menschen arbeiten, und Toyota räumt hierfür auch Zeit ein. Wie bereits am Beispiel von Herrn Steve St. Angelo gezeigt, bekommt der Manager, der in eine andere Abteilung versetzt wird, mehrere Monate Zeit, um sich zurechtzufinden. Meist liegt die Dauer zwischen 3 und 6 Monaten. Der bisherige Manager leitet die Abteilung weiter, während sich der künftige Manager die momentane Situation vor Augen führt. Man wird versuchen, zu verstehen, was vor sich geht, und wird die Stärken und Schwächen bei Mitarbeitern und Prozessen erfassen. Man entwickelt einen Unterrichtsplan. Woran sollen die Leute arbeiten? Wer sollte daran arbeiten?

Schritt 2: Entwicklung anderer bei der disziplinierten Problemlösung

Der zweite Schritt besteht darin, anderen die disziplinierte Problemlösung beizubringen, an der Sie selbst gearbeitet haben. Sie sind alle Schritte des „PDCA"-Zyklus immer wieder durchgegangen. Nun wählen Sie jemanden aus, den Sie coachen. Diese Person wird all diese Schritte leiten. Zusammen wählen Sie ein Verbesserungsprojekt aus. Der Lernende, der die Verbesserungsbestrebungen leitet, wird alle Phasen durchlaufen – von der Definition der Herausforderung über das Verständnis der aktuellen Situation, gefolgt von der Zielbestimmung bis hin zum „PDCA"-Zyklus –, um dem Ziel etwas näher zu kommen. Sie können auf die Methoden der Coaching-Kata, die in Kapitel 2 unter „A3-Denken" diskutiert worden sind, zurückgreifen oder Ihren eigenen Problemlösungsansatz verwenden, solange der Fokus auf dem Erreichen herausfordernder Ziele liegt und Sie den Lernprozess in überschaubare Abschnitte aufgeteilt haben.

Der Lernende benötigt eine Art Orientierung an dem Verbesserungsprozess, den Sie anwenden, aber man darf nicht davon ausgehen, dass jede Art Problemlösungstraining in einem Schulungsraum auch echte Kompetenzen vermittelt. Wenn Sie eine formelle Schulung vor einer Gruppe von Schülern abhalten, sollten Sie vielleicht tatsächlich Folgendes aushängen: „ACHTUNG: Am Ende des Tages werden Sie keinerlei ECHTE KOMPETENZEN besitzen! Dieser Kurs soll Ihnen lediglich bewusst machen, dass Sie loslegen können. Kompetenz wird am *Gemba*, „am realen Ort", entwickelt, indem die Schritte einzeln durchgegangen werden, und ich werde dort an Ihrer Seite sein."

Schritt 3: Aufteilung und Zuweisung von Aufgaben zur Steigerung des Kompetenzniveaus

Welche ist die richtige Aufgabe für die jeweilige Person? Ihr Schüler muss mit einem Team arbeiten, um das Problem zu erkennen und es in kleinere Probleme zu unterteilen, die den Teammitgliedern zugewiesen werden. Ziel ist es, deren Kompetenzniveaus zu erhöhen. Ihr Schüler muss das Team zusammenhalten, so dass es eine gemeinsame Richtung einschlägt und motiviert ist, die Zeit damit zu verbringen, an den vereinbarten Aufgaben zu arbeiten.

Am ersten Kurstag zum Thema Problemlösung – egal ob einen halben oder ganzen Tag lang – reden Sie nun ein bisschen und treten mehr als traditioneller Lehrer auf. Sie erzählen Ihren Schülern etwas zu diesem Thema und testen somit, ob diese Sie verstehen oder nur so tun. Es ist hilfreich, ihnen Fragen zu stellen und sie so zum Reden zu bringen. Sie können eine Fallstudie oder Simulation heranziehen, um sie zum aktiven Nachdenken zu bewegen und die Gelegenheit für ein verbesserndes Feedback zu schaffen.

Nach der anfänglichen Bewusstseinsschulung gehen Sie in Ihren „OJD-Modus" über. Stellen Sie sich nun vor, Sie sind der Meisterhandwerker und haben einen jungen Lehrling vor sich, der herumfummelt und die Basiswerkzeuge nicht kennt, und Sie erteilen ihm die erste Aufgabe. Was wollen Sie tun, um dieser Person etwas beizubringen? Denken Sie daran, dass man dieser Person nichts beibringen wird, denn sie lernt selbst. Lernen kommt von innen. Es ist ein Selbstentwicklungsprozess.

Manchmal ist es hilfreich, sich vorzustellen, man lehrt eine geläufige Fertigkeit. Sie unterrichten zum Beispiel Geigenspielen. Zunächst beginnen Sie damit, dem Schüler die Tonleitern beizubringen. Man muss mit dem Bogen zuerst einen guten Klang erzeugen. Man muss das Instrument richtig halten. Sie müssen Ihrem Schüler offensichtlich zeigen, wie man das Instrument hält, und ihm eine gute Bogentechnik beibringen. Sie würden ihn vielleicht bitten, mit dem Bogen nur die leeren Saiten zu streichen, so dass er sich auf die Klangqualität konzentrieren kann, ohne durch das Greifen verschiedener Noten abgelenkt zu sein.

Sie merken, dass Ihr Schüler furchtbare Töne erzeugt. Was machen Sie nun? Eine Möglichkeit, was Sie tun können, ist zu sagen: „Geben Sie mir bitte die Geige", und ihm die Geige aus der Hand zu reißen, oder Sie können mit dem Spielen anfangen und sagen: „Passen Sie auf, das sollte eigentlich so klingen", und geben ihm die Geige wieder zurück. Doch was denken Sie? Ihr Schüler erzeugt immer noch dieselben schrecklichen, quietschenden Töne. Er hat nicht viel gelernt, indem er Ihnen zugeschaut hat, und Sie setzen ihn unter Druck, was das Lernen erschwert.

Ein besserer Ansatz wäre, zu sagen: „Versuchen Sie bitte, den Geigenbogen so zu halten, in diesem Winkel, und versuchen Sie es noch einmal." Jetzt kommen gute und jede Menge schlechte Töne heraus. Sie kommen dem Ziel ein bisschen näher. Dann lassen Sie ihn noch einmal spielen und sagen: „Denken Sie daran, ich habe Ihnen gezeigt, wie man den Geigenbogen hält. Ich habe Ihnen den Winkel gezeigt." Schon bald spielt er wieder, und es kommen ein paar gute Töne mehr heraus. Je öfter Sie persönlich die Geige berühren, desto schlechter sind Sie als Lehrer.

Die folgenden Sprüche des chinesischen Philosophen Konfuzius verdeutlichen das:

- o Sage es mir, und ich werde es vergessen.

- o Zeige es mir, und ich werde es vielleicht behalten.

- o Lass es mich tun, und ich werde es können.

Schritt 4: Lehren durch Fragen anstatt Erzählen

Dann können Sie Ihren Schülern Fragen stellen, zum Beispiel anhand der fünf Fragen der Coaching-Kata, welche am Ende dieses Kapitels erklärt wird. Sie gehen vom Erzählen und Erklären in die Bewusstseinsschulung über, um die Lernenden dazu zu bringen, sich einem Projekt anzuschließen. Dann müssen Sie die Schüler kämpfen lassen, und danach testen Sie ihr Verständnis, indem Sie Fragen stellen, anstatt Antworten zu geben. Sie müssen sie ein bisschen kämpfen und ein paar Fehler machen lassen, aber nicht so viele Fehler, damit sich der falsche Weg in ihr Gehirn einprägt. Dann geben Sie die Hausaufgaben auf, wenn Sie Geige unterrichten, und Ihr Schüler wird bis zur nächsten Unterrichtsstunde täglich ohne Sie daheim üben. Auf ähnliche Weise werden Sie der angehenden Führungskraft, die Sie im Bereich Problemlösung coachen, Aufgaben erteilen. Diese wird daraufhin üben, und Sie kommen wieder und schauen nach ihr, am besten täglich. Denn ohne Übung wird sich das Gelernte nicht festigen.

Lehren durch Fragen statt Erzählen ist eine Art Kunst. Man kann sich das als Sokratische Lehrmethode vorstellen. Die Idee ist, aus einer Person das herauszuholen, was sie weiß, was sie herausfinden oder was sie logisch durchdenken kann. Wenn sie dies kann und in der Lage ist, Denkarbeit zu leisten, vertieft sie ihr Verständnis. Wenn sie Ihnen nur zuhört, plappert sie einfach nur das nach, was Sie erzählen. Sie sind derjenige, der die Denkarbeit leistet. Die Coaching-Kata steht routinemäßig zu Beginn auf dem Programm. Sie können die Fragen exakt wie vorgegeben stellen, wobei auch ein paar klärende Fragen hinzugefügt werden können. Während Sie Ihr Kompetenzniveau steigern, können Sie aus dem Stegreif eine höhere Stufe erreichen.

Lehren durch Fragen statt Erzählen bedeutet aber nicht, dass Sie Ihren Schülern gar nichts erzählen sollen. Es geht einfach nur darum, dass Sie das, was Sie erzählen wollen, häppchenweise vermitteln. „Halten Sie den Geigenbogen so. Streichen Sie in diesem Winkel über die Saite. Versuchen Sie dies nun mit leeren Saiten." Danach stellen Sie Ihren Schülern Frage für Frage, geben ihnen vielleicht einen weiteren Tipp, und erteilen dann die Aufgaben, anhand derer sie üben sollten. Sie als Coach werden mit etwas Übung immer besser, insbesondere dann, wenn Ihnen Ihr eigener Coach über die Schulter schaut.

Schritt 5: Aufbau vertrauensvoller Beziehungen zu Ihren Schülern

Master Trainer haben viele verschiedene Lehrmethoden. Sie haben alle schon von einem Chef oder vielleicht Master Trainer gehört, oder sogar erlebt, dass dieser sehr streng gewesen ist. Er schreit einen an, bis man die Arbeit richtig macht. Wenn Sie von jemandem angeschrien werden, wird Ihre Reaktion in den meisten Fällen defensiv sein, Sie schalten auf Durchzug oder Sie werden nervös. Sie werden versuchen, Ihre Fehler zu verstecken. Es ist bei Weitem besser, eine vertrauensvolle Beziehung aufzubauen, und wenn ich der Schüler bin, ist das, worauf ich vertrauen muss, *nicht* die Tatsache, dass Sie mich nie kritisieren werden, sondern dass es Ihnen um mein Wohl geht.

Hier geht es nicht um Sie, Ihr Ego oder darum, Ihre Kontrolle als Führungsperson zu demonstrieren. Es geht darum, dass Sie mir wirklich etwas beibringen, da Ihnen etwas an mir und meiner Entwicklung liegt. Wenn ich Ihnen in dieser Hinsicht vertraue, sogar wenn Ihre Stimme lauter wird, und wenn ich tief im Inneren weiß, dass Ihnen mein Erfolg am Herzen liegt, werde ich das Feedback produktiver aufnehmen. Taiichi Ōno wurde immer laut und erzielte großartige Ergebnisse mit seinen Schülern in Japan, teils aufgrund des Unterrichts, teils aufgrund seines hohen Maßes an Glaubwürdigkeit, und zum großen Teil, weil diese wussten, dass ihm wirklich etwas an ihnen lag.

Schritt 6: Lob und kritisches Feedback im Gleichgewicht halten

Vertrauen ist sehr wichtig. Noch einmal zur Erinnerung: Verwechseln Sie Vertrauen nicht damit, immer nett zu einer Person zu sein und nur positive Sachen zu sagen. Sie müssen jedoch das richtige Verhältnis zwischen Lob und kritischem Feedback für die betreffende Person finden können. Jeder gute Coach weiß, dass er nicht jeden auf die gleiche Art und Weise coachen kann. Manche Leute werden nur kritisches Feedback schätzen, während andere zusammenbrechen werden und mit Lob für die guten Dinge, die sie getan haben, wieder aufgebaut werden müssen.

Als die Japaner das erste Mal nach Amerika kamen, um Filialen zu eröffnen, merkten sie, dass die Methode, die sie für Schulungen in Japan verwendeten, hier einige Probleme bereitete. Ōnos strenge Vorgehensweise war in Japan zu jener Zeit schon ziemlich akzeptiert. Der Untergeordnete beugt sich – je schuldiger er sich fühlt, desto mehr beugt er sich – und dann wird er versuchen, sein Bestes zu geben. Er wird nachdenken und sagen: „Nächstes Mal werde ich versuchen, es besser zu machen." Der Meister wird sein Okay geben. Man wird den Meister selten hören, der seinen Schüler lobt. Das ist sehr ungewöhnlich. Wenn das einmal im Jahr passieren sollte, wird man sich diesen Tag in seinem Kalender anstreichen. „Mein Chef hat tatsächlich etwas Nettes gesagt."

Als Toyota in den 1980-er Jahren das Werk in Georgetown, Kentucky, errichtete, machte der kritische Lehransatz einiger japanischer Ausbilder die Amerikaner wütend und brachte sie dazu, die Personalabteilung aufzusuchen. Sie fühlten sich unsicher. Die US-amerikanischen Führungskräfte mussten dies den Japanern deutlich machen, welche daraufhin aber nicht defensiv reagierten, sondern diese Situation als reales Problem betrachteten, woraus sie lernen konnten.

Ihr erster Schritt war, eine Standardregel für die Schulung von Amerikanern aufzustellen: Für jede kritische Äußerung, die man sagt, sollte man die drei positiven Dinge sagen. Sie stellten fest, dass dieses Verhältnis zu funktionieren schien. Finden Sie zuerst drei gute Dinge, die Sie sagen könnten, zum Beispiel, wie schnell Ihr Schüler doch lernt, welche Qualität er schon erreicht hat, oder wie gut er darin ist, normgerechte Arbeit zu erledigen, und dann sagen Sie: „Aber da gibt es diese eine Sache, an der Sie noch arbeiten können. Ich denke, Sie könnten dadurch sogar noch besser werden."

Larry Miller hat zu diesem Thema eine Literaturrecherche durchgeführt und ist dabei auf eine Forschungsstudie gestoßen, welche die Interaktionen zwischen Lehrer und Schüler in positive (Anerkennung, Lob etc.), neutrale und negative (falsche Antwort, Korrektur des Verhaltens) unterteilt. Laut Dr. Ogden Lindsley werden die größten Lernerfolge erzielt, wenn der Lehrer auf jede negative Aussage 3,57 positive folgen lässt.

Ich wiederhole das noch einmal: Ein überaus positiver Lehransatz wird bei manchen Menschen funktionieren, doch andere werden sagen: „Warum spielen wir diese Spielchen? Warum erzählen Sie mir all diese Dinge, von denen ich weiß, dass ich sie gut mache? Lasst uns doch einfach dazu kommen, was ich tun kann, um mich zu verbessern!" Ich denke, dass viele Menschen im Laufe der Zeit diese Einstellung bekommen, wenn sie zu ihrem Lehrer Vertrauen aufgebaut haben. „Ich möchte wirklich kritisches Feedback, denn ich will mich selbst weiterentwickeln."

Wie kann man andere am *Gemba* coachen und weiterentwickeln?

Was macht ein guter Coach, um eine starke Siegermannschaft zu formen?

Abbildung 5-4. Vince Lombardi und ein weiterer Sieg

In Amerika schaut man sicherlich zu Vince Lombardi (siehe Abbildung 5-4) als einen großartigen Coach für das, was er für das American-Football-Team der Green Bay Packers getan hat, auf. Eines seiner berühmt-berüchtigten Zitate lautet:

„Gewinnen ist keine einmalige Sache; man gewinnt andauernd. Man gewinnt nicht nur ab und zu einmal, man macht Dinge nicht nur ab und zu richtig, man macht sie immer richtig. Gewinnen ist eine Gewohnheit. Verlieren leider auch." – *Vince Lombardi*

Sie oder Ihr Schüler können es gewohnt sein, zu gewinnen oder zu verlieren. In diesem Fall kann gewinnen bedeuten, dass man das Projekt erfolgreich erledigt hat, dass wir uns verbessert haben und ich mein Ziel erreicht habe. Also habe ich gewonnen. Das ist eine Möglichkeit.

Eine weitere Möglichkeit wäre folgende: Ich habe diesen Prozess durchlaufen, habe einige Sachen ausprobiert, wobei ein paar schief gegangen sind und andere von Erfolg gekrönt waren, und wir haben ernstzunehmende Fortschritte gemacht. Wir haben unser finales Ziel entweder erreicht oder nicht, UND wir haben dabei die ganze Zeit Überlegungen angestellt und jede Menge *gelernt*.

Lombardi erwartete im Training sowie in der Hauptrunde von seiner Mannschaft, dass sie kontinuierlich dazulernt und besser wird. Er erwartete von seiner Mannschaft auch, dass sie gewinnt – verlieren war in jedem Fall kein Erfolg. Andererseits zählt bei dem Spiel der kontinuierlichen Verbesserung einzig und allein der Lernprozess. Vor allem in den frühen Phasen des Kulturwandels geht es bei dem Spiel nur ums Lernen. Dann wird man öfter gewinnen als verlieren. Egal ob man gewinnt oder verliert, man kann zurückgehen, sich das Band anschauen und herausfinden, wie man es beim nächsten Mal besser machen kann. Es gibt immer ein nächstes Spiel und man fokussiert sich immer darauf, beim nächsten Spiel besser zu werden.

Übung zu den Eigenschaften eines guten Coachs

Bei einer Live-Schulung bilden wir kleine Gruppen, innerhalb derer die Teilnehmer am Tisch diskutieren und diese Fragen ansprechen. Ich empfehle, eine Pause zu machen, die Fragen zu behandeln und sogar ein paar Gedanken niederzuschreiben. Vielleicht waren Sie ja einmal ein Coach, haben erlebt, was gewinnen und verlieren heißt. Sie könnten Fan einer Mannschaft sein und wissen vielleicht, wenn Sie es mit einem guten Coach zu tun haben, und vielleicht machen schlechte Trainerentscheidungen Sie auch wütend und frustrieren Sie. Fragen Sie sich selbst:

- Was sind die Eigenschaften eines guten Coachs?
- Was tun gute Coaches, um eine Siegermannschaft formen zu können?

Entwickeln Sie mit der Zeit eine Routine, die von ganz allein kommt, und befreien Sie sich selbst, um sich weiterzuentwickeln und Veränderungen vorzunehmen.

Was jeder gute Coach tut, ist, die Schwachstellen zu ermitteln und seinen Schüler zu bitten, die Dinge immer wieder zu üben, ohne dabei seine Fehler durchzuspielen. Wir wollen von Natur aus große Sprünge nach vorn machen und denken dabei: „Ich habe es geschafft." oder: „Ich habe es ein paar Mal falsch gemacht, aber zehnmal richtig. Das ist gut genug.", und Sie machen weiter. Der Coach wird Sie zurückhalten. Letztendlich werden Sie eine Routine entwickeln, die Ihnen so leicht fallen wird, dass Sie nicht einmal darüber nachdenken und sich so über die *shu*-Phase hinausbewegen werden. Wenn Sie bereits seit Jahren Geige spielen, beginnen Sie Ihre Übungsstunde nicht mit den Worten: „Wie muss ich nun noch einmal meine Finger positionieren, um den Bogen richtig zu halten?" Sie nehmen einfach den Geigenbogen in die Hand und halten ihn naturgemäß richtig.

Sie werden gelegentlich vielleicht einen Schritt zurückgehen und das wiederholen müssen, doch zum größten Teil ist dies zur Routine, ja zur Gewohnheit, geworden. Sie wissen, wo die Noten liegen. Sie denken nicht mehr darüber nach: „Wo ist die Note C?" Wenn diese Dinge zur Routine geworden sind, ist im Gehirn die richtige Vorgehensweise abgespeichert. Nun haben Sie etwas Freiheit, um damit zu beginnen, darüber nachzudenken, wie Sie das Stück interpretieren oder wie Sie dieses Problem kreativ angehen können. Wie viel Zeit muss ich dann wirklich damit verbringen, Fehlerursachenanalyse zu betreiben, bevor ich das Gefühl habe, dass ich es hinbekommen habe? Vielleicht sollte ich mehr Zeit dafür verwenden, alternative Lösungswege zu brainstormen, oder mich mit dieser einer Person, die sich immer noch sträubt, zu beschäftigen. Sie können die Situation einfach studieren, auf sie reagieren oder sich ihr kreativ anpassen, anstatt sich zu fragen: „Befolge ich Schritt 4 der Problemlösung richtig?"

10.000 Stunden Übung bis zum Beherrschen komplexer Fertigkeiten

Es ist zur Binsenweisheit geworden, dass 10.000 Stunden Übung notwendig sind, um Experte in einer komplexen Fertigkeit zu werden. Das ist eigentlich eine ungenaue Faustregel, die auf ein paar spezifische Fertigkeiten anwendbar ist. Sie ist sicherlich kein physisches Gesetz. 10.000 Stunden sind auf jeden Fall schrecklich viel Zeit. Wenn man davon ausgeht, 10 Stunden pro Woche zu üben, käme man dann auf 1.000 Wochen, und wenn man davon noch ein paar Wochen pro Jahr abzieht, in denen man nichts tut, würde man 20 Jahre brauchen, um die Fertigkeit zu beherrschen.

Das bedeutet nicht, dass wir entweder 20 Jahre lang üben oder uns dafür entscheiden müssen, dass es das nicht wert ist, und wir geben auf. Diese Faustregel sollte uns dazu inspirieren, die Beherrschung eines Wissensgebietes anzustreben, und dabei bescheiden zu erkennen, wie weit wir von der Perfektion entfernt sind.

Der Schlüssel zur „Lean Leadership" ist Ausbildung anderer am *Gemba*

Abbildung 5-5. Andere coachen, um Wissen und Fähigkeiten zu entwickeln

Ich benutze den Begriff „Lean Leadership" und ein Schlüsselmerkmal davon ist, dass Sie lernen (siehe Abbildung 5-5) und andere am *Gemba*, „wo es passiert", weiterentwickeln. Ich würde gerne deutlich machen, dass *Gemba* ein ziemlich breit gefächerter Begriff ist. Manche denken, dass *Gemba* nur der Ort ist, an dem wertschöpfende Arbeit verrichtet wird. In der Produktion hält man die Fabrik manchmal für den einzigen *Gemba*. Ein Medtronic-Werk in Florida, das im Bereich „Lean Leadership" schon ziemlich vorangeschritten ist, besaß eine Cafeteria, die man durchqueren musste, um zur Fabrik zu gelangen. Es hing ein großes Schild über der Fabriktür mit der Aufschrift: „Willkommen am *Gemba*". Man wollte auf diese Weise betonen, dass das Werk die wertschöpfende Arbeit leistet, mit der die Rechnungen bezahlt werden.

Für die Köche wiederum ist die Küche der *Gemba* – wo man die Mahlzeiten zubereitet und serviert. Die Buchhalter haben einen *Gemba* und die Personalabteilung hat einen *Gemba*. Für die Personalabteilung ist *Gemba* dort, wo die Menschen sind, und diese können in der Cafeteria, im Büro oder im Fabrikgebäude sein. Für die Vertriebsabteilung ist *Gemba* dort, wo die Kunden sind. Es gibt viele *Gemba*, doch es ist der Ort, an dem – je nach Art der von Ihnen geleisteten Arbeit – aus Kundenperspektive ein interner oder externer Mehrwert entsteht. Der Mehrwert entsteht, wenn man seine Ziele wirklich erreicht. Man serviert seinen Kunden zum Beispiel effizient hochwertige Mahlzeiten. Ihre Kunden sind froh darüber, das Produkt nutzen zu dürfen, und es stellt sie zufrieden, dass es verlässlich ist.

Mit der Kata jeweils eine Person coachen

Wie setzen Sie diese Methode in Ihrem Unternehmen um?

Es gibt viele Möglichkeiten, dies zu tun, egal ob tief gehend in einem kleineren Bereich, egal ob an der Unternehmensspitze, auf der mittleren oder unteren Ebene, egal ob auf einer bestimmten Ebene des Managements oder quer durch ein Unternehmen. Die einzige Konstante bei der ganzen Sache ist, dass Sie über genügend Coaches verfügen müssen, um die Anzahl der zu schulenden Personen coachen zu können. Meiner Meinung nach ist ein vernünftiges Verhältnis ein Coach für ca. fünf Personen; was darüber liegt, ist nicht mehr vernünftig. Wenn Sie 100 Personen coachen möchten, benötigen Sie 20 Coaches. Das wird manche sofort dazu bringen, zurückzuschrecken und zu sagen: „Moment mal! Ich habe keine 20 Coaches mit den notwendigen umfassenden Kenntnissen."

Mein Tipp ist, Ihre anfänglichen Pläne zurückzuschrauben und sich auf den Bereich zu konzentrieren, in dem Sie über die Ressourcen verfügen, um erfolgreich zu sein. Sie können sich zwar externe Coaches ins Boot holen, jedoch müssen Sie diese sorgfältig auswählen, da sie wirklich die pädagogisch-didaktischen Fähigkeiten und nicht nur Know-how besitzen müssen. Es hat den gleichen Effekt wie Hefe. Ihr Brot wird nicht aufgehen, bevor Sie nicht die Hefe hinzugefügt haben. Wenn ich außerdem nur Hefe für einen Brotlaib habe, kann ich nicht zur gleichen Zeit 15 Brotlaibe backen. Sie müssen irgendwo beginnen. Ich betone noch einmal: Wir müssen das Problem, die Lücken, die Hauptursache verstehen sowie einen Plan, eine Gegenmaßnahme entwickeln. Darüber hinaus müssen Sie die Ressourcen an das Ziel, das Sie zu erreichen versuchen, anpassen, dann nähern Sie sich dem vierten Schritt und können diesen ergründen. Das Problem ist die Kluft zwischen den Fähigkeiten, die Sie von Ihren Führungspersonen erwarten, und denen, die sie aktuell besitzen. Sie wenden den „PDCA"-Zyklus auf den Entwicklungsprozess an. Wenn Sie diesen Prozess befolgen, werden Sie gute Fortschritte machen.

Lehren der Verbesserungs-Kata anhand der Coaching-Kata

Der empfohlene Ansatz, um in der Toyota Kata Verbesserungen zu erreichen und Fertigkeiten zu vermitteln, ist, mit einer so genannten „Advance-Gruppe" zu beginnen. Diese Gruppe besteht aus ranghohen Führungskräften, die für die Entwicklung der Kata verantwortlich sind. „Advance" bedeutet, dass diese Gruppenmitglieder die Ersten sind, die die Verbesserungs-Kata lernen, oftmals mit externen Coaches (siehe Abbildung 5-6). Man lernt, der erste Coach der Schüler in seinem Unternehmen zu sein. Auch wenn man Coaches ausbildet, verschwinden sie nicht einfach, sondern sind weiterhin regelmäßig am *Gemba*, um den Prozess zu überprüfen und Anpassungen vorzunehmen sowie Entscheidungen darüber zu treffen, was als Nächstes im Coaching behandelt werden soll, wie viele Personen gecoacht werden und wie schnell die Entwicklung voranschreiten soll.

Umsetzung der KATA

Versuchen Sie nicht schneller zu sein, als Sie Ihre KATA-Coaching Kenntnisse entwickeln können!

Quelle: Mike Rother

Abbildung 5-6. Empfohlene Vorgehensweise zum Einsatz der Verbesserungs-Kata

Die Verbesserungs-Kata aus Mike Rothers Buch mit dem Titel *Toyota Kata* wurde in Kapitel 2 zusammengefasst. Er entwickelte auch die Coaching-Kata für bewusste Übungen zu Coaching-Routinen. Genauso wie OJD bei Toyota das Spiegelbild der Geschäftspraktiken von Toyota ist, so ist die Coaching-Kata einfach eine Umkehr der Rollen. Derjenige, der die Verbesserungs-Kata erlernt, wird zum Coach und schult einen neuen Schüler in der Verbesserungs-Kata.

Es gibt immer einen Coach, der dafür verantwortlich ist, einen Schüler darin auszubilden, um ein bestimmtes Projekt zu leiten. Der Schüler verwendet das spezifische Modell der Verbesserungs-Kata und auch der Coach muss einem bestimmten Modell folgen (siehe Abbildung 5-7). Der Coach arbeitet mit dem Schüler die vier Schritte der Verbesserungs-Kata genau durch und beginnt dabei, die Richtung festzulegen, welche in Verbindung mit den Unternehmenszielen stehen sollten.

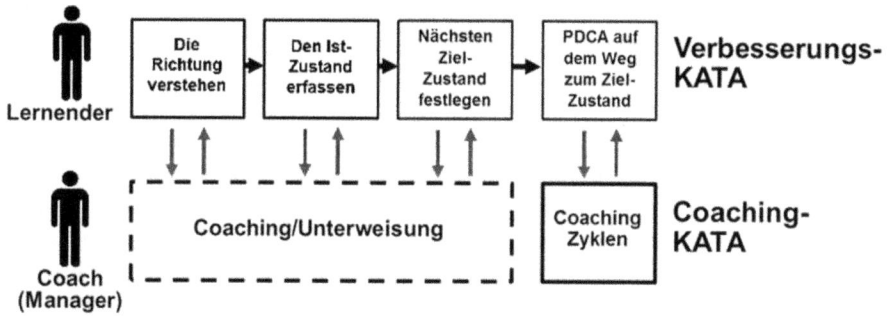

Quelle: Mike Rother

Abbildung 5-7. Die Verbesserungs-Kata und Coaching-Kata sind Spiegelbilder

Die Dokumentationsmethode ist das Storyboard des Schülers, das in Kapitel 2 vorgestellt wurde. Dort treffen Coach und Schüler aufeinander. Nachdem der nächste Zielzustand festgelegt wurde, wird der Fokus im vierten Schritt auf dem „PDCA"-Zyklus liegen, wo das Tun stattfindet (siehe Abbildung 5-8). Im „PDCA"-Zyklus plant der Schüler das nächste Experiment, führt dieses durch, prüft, was passiert, und denkt über das Gelernte nach, das zum nächsten Experiment führt. Diese Experimente sind auf den nächsten Zielzustand ausgerichtet, der sich auf dem Weg zur großen Herausforderung befindet. Wenn der Zielzustand erreicht ist (vielleicht alle 2 Wochen), wird die nächste Zielsetzung bestimmt.

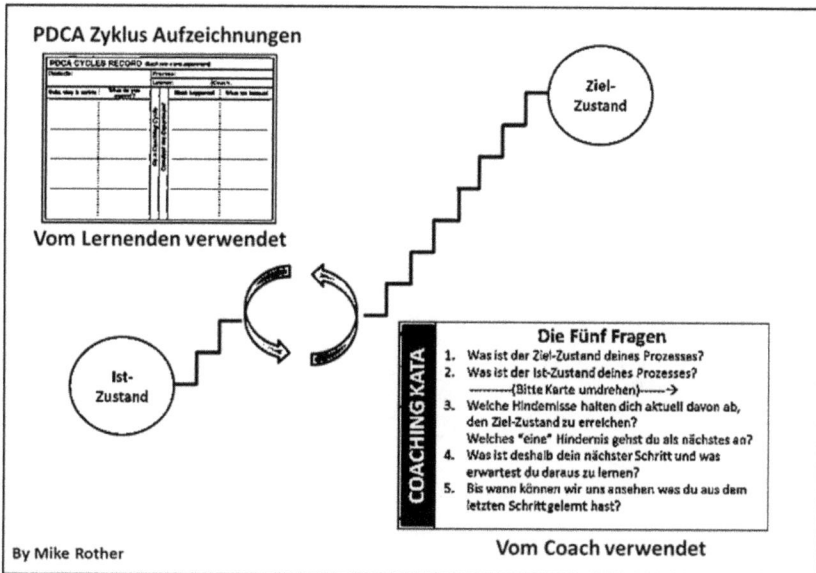

Quelle: Mit freundlicher Genehmigung von Mike Rother

Abbildung 5-8. Der Coach hat bei Stufe 4 der „PDCA"-Zyklen Routine-Fragen definiert, um den nächsten Soll-Zustand zu erreichen

Die Standardarbeit ist in der Phase der „PDCA"-Zyklen für die Coaches sehr klar. Man fokussiert sich darauf, vorgeschriebene Fragen präzise zu stellen, wie in Abbildung 5-9 dargestellt. Sie stehen mit dem Schüler vor dem Storyboard der Verbesserungs-Kata und der Schüler beantwortet Fragen. Alle notwendigen Informationen zum Beantworten der Fragen sind auf dem Storyboard zusammengefasst. Der Coach stellt die Fragen und der Schüler beantwortet diese, während er auf das Board verweist. Der Coach hat etwas Spielraum. Er kann klärende Fragen stellen, wenn eine Antwort nicht befriedigend ist. Der Coach kann vorschlagen, zum *Gemba* zu gehen und sich umzusehen, um die Ausführungen des Schülers zu klären. Aber zum größten Teil wird vom Coach erwartet, das Skript zu befolgen, um das Schema zu erlernen, genauso wie der Schüler das Modell der Verbesserungs-Kata lernt.

Beachten Sie, dass der Coach allgemeine Fragen zu dem Projekt stellt und den Schüler so dazu bewegt, über die Kluft, die man zu schließen versucht, nachzudenken: Ziel-Zustand versus Ist-Zustand. Dann reflektiert der Schüler einen einzelnen Schritt, nämlich den letzten. Dann nimmt er sich Zeit, um darüber nachzudenken, was er aus diesem Schritt gelernt hat. Als Nächstes erkennt er die zusätzlichen Hindernisse auf dem Weg zum Ziel-Zustand und beschreibt dem Coach den nächsten Schritt, den er zu unternehmen plant. Schüler und Coach vereinbaren einen Stichtag, an dem dieser Schritt vollendet sein soll. Dann fängt der ganze Prozess von vorn an.

Die Fünf Fragen

COACHING KATA

1. Was ist der Ziel-Zustand Deines Prozesses?
2. Was ist der Ist-Zustand Deines Prozesses?
   ----------(Bitte Karte umdrehen)------→
3. Welche Hindernisse halten Dich aktuell davon ab, den Ziel-Zustand zu erreichen? Welches "eine" Hindernis gehst Du als nächstes an?
4. Was ist deshalb Dein nächster Schritt und was erwartest Du daraus zu lernen?
5. Bis wann können wir uns ansehen was Du aus dem letzten Schritt gelernt hast?

Rückseite der Karte

COACHING KATA

Über den letzten Schritt reflektieren

Denn Sie wissen momentan nicht, wie das Ergebnis eines Schritts aussieht!

1) Was war Dein letzter Schritt?
2) Was hast Du erwartet?
3) Was passierte tatsächlich?
4) Was hast Du gelernt?

---→

Zurück zu Frage 3

Die Karte wird umgedreht, um über den letzten Schritt nachzudenken

Quelle: Mike Rother

Abbildung 5-9. Die Fragenkarte ist das Standardvorgehen für den Coach

Rezept aus 3 Bestandteilen – Das müssen „Lean Leaders" lernen

Rezept für das, was „Lean Leaders" lernen müssen

1. Leben Sie nach den Grundwerten der Philosophie – *The Toyota Way*, 2001
2. Werden Sie ein Musterbeispiel für disziplinierte Problemlösung – Unternehmenspraxis von Toyota (oder Verbesserungs-Kata)
3. Werden Sie zum Lehrer und Coach für disziplinierte Problemlösung – „On-the-Job-Development" (oder Coaching-Kata)

Sie können in meinem Buch *The Toyota Way*, in dem die Prinzipien dargestellt werden, nach Beispielen suchen – Schritt 1. Dann nehmen Sie das Buch *Toyota Kata* von Mike Rother zur Hand. Er zeigt darin auf, was zu tun ist, geht auf die Verbesserungs-Kata ein, welche man den „Toyota Business Practices", TBP gleichsetzen kann, und danach die Coaching-Kata, welche das Prinzip des „On-the-Job-Development" lehrt.

Gehen Sie das Rezept mit den drei Bestandteilen noch einmal durch – Was „Lean Leaders" lernen müssen

Das Rezept für das, was „Lean Leaders" erlernen müssen, besteht tatsächlich aus drei Teilen. Das hat sich in der Toyotas Unternehmenspraxis gut bewährt. Im Zeitraum von 1990 bis 2000 hat man zum ersten Mal erkannt, dass Bedarf bestand, bei der Entwicklung des Führungsmodells bei Toyota außerhalb Japans deutlicher zu werden. Es gab eine Zeit, zu der es in Nordamerika in den 1980er-Jahren viele japanische Coaches gab. Und diese japanischen Coaches haben jede Führungsperson bis hin zu den Teamleitern detailliert gecoacht. Es waren die Meister, die die US-amerikanischen Lehrlinge ausgebildet haben. Am Ende des Jahrzehnts musste man damit anfangen, sie aus den Vereinigten Staaten und Kanada zurückzuholen, um sie an anderen Orten, wo man sie dringender brauchte, einzusetzen. Man hat herausgefunden, dass viele Amerikaner trotz des intensiven Trainings noch an sich arbeiten mussten, um die *shu*-Phase zu erreichen. Man verlor Amerikaner, die relativ fortgeschritten in ihrem Lernen waren, an andere Unternehmen, die frühere Führungskräfte von Toyota haben wollten. So musste man neue Leute von außen ins Unternehmen bringen oder Leute innerhalb des Unternehmens anwerben, die nicht die umfangreichen Fähigkeiten besaßen.

Der erste Lösungsansatz war, die Grundwerte von Toyota niederzuschreiben. Diejenigen, die in der Kultur aufwuchsen, kannten diese Werte in Japan ohne weiteres. Seit der Gründung eines Webstuhl-Unternehmens entwickelten sich diese immer weiter, doch sie mussten nie aufgeschrieben werden, da sie in der „Meister-Lehrling"-Beziehung vermittelt wurden. „Nun müssen wir diese weniger passiv und offenkundiger lehren. Wir müssen sie niederschreiben." Das Wachstum und die Globalisierung bei Toyota führten dazu, dass es immer dringender wurde, diese Werte aufzuschreiben. Daraus entstand das Booklet mit dem Titel *The Toyota Way*, 2001, mit den Doppelsäulen: „Respekt vor den Menschen" und „kontinuierliche Verbesserung". Das Fundament bilden die fünf besprochenen Grundwerte: Herausforderung, *Gemba* aufsuchen und sich an Ort und Stelle begeben, Entwicklung einer *Kaizen*-Denkweise, Respekt und Teamwork.

Man hat dies niedergeschrieben und jeden dieser Werte beschrieben. Es gab untergeordnete Werte, man führte Beispiele an sowie berühmte Zitate von Gründern und Führungspersonen der Vergangenheit. Dann gab es Schulungskurse, in denen man die Werte anhand von Fallstudien lernte. So konnten die Toyota-Manager die Werte anwenden und diskutieren.

Man begann damit, Coachings in den Führungsetagen bei den Executive Vice Presidents durchzuführen, und arbeitete sich bis hinauf zu den Gruppenleitern. Als man dies in den frühen Phasen des Unterrichtens höher rangiger Führungspersonen einführte, erkannte man, wie mächtig diese Methode war. In diesem Zuge begannen die Menschen die gleiche Sprache namens *The Toyota Way* zu sprechen, doch es mangelte an Taten. Es wurde nicht genug „getan", um diese Menschen wirklich zusammenzubringen, so dass die Werte alltäglich werden konnten. Was tun Sie, um diese Routine zu bekommen? Sie brauchten disziplinierte Praxis.

Dies führte dann zur Entwicklung der Toyota Business Practices, das Acht-Schritte-Modell zur Problemlösung aus Kapitel 2, das immer noch der globale Standard bei Toyota ist. Für jeden einzelnen Schritt sind Werte definiert, die man erlernen kann, indem man den jeweiligen Schritt auf richtige Art und Weise durchführt. Der erste Schritt besteht zum Beispiel darin, ein Problem zu definieren. Einer der Unternehmenswerte lautet: „Der Kunde ist König." Sie sollten nun ein Problem so definieren, dass der Kunde an erster Stelle steht. Was braucht der Kunde aus diesem Prozess?

In jüngster Zeit hat Toyota eine formale Herangehensweise an das Modell „On-the-Job-Development" entwickelt. Diese wurde in den Vereinigten Staaten entwickelt, weil die Amerikaner inzwischen jede Menge gelernt hatten, und da sie keine Japaner waren, haben sie den genauen Lernprozess verstanden, den andere Länder benötigen. Dieses Modell hat viele Ähnlichkeiten mit dem Ansatz der Coaching-Kata, auch wenn es nicht so detailliert ist.

Kulturwandel durch Veränderung des Verhaltens

Dieses Modell habe ich zum ersten Mal durch John Shook kennen gelernt, der das Lean Enterprise Institute betrieb. Er hat es zwar nicht erfunden, doch er hat den Gedanken klar ausgesprochen. Er erklärte, dass der übliche Ansatz (siehe Abbildung 5-10) darin besteht, zu versuchen, direkt die Denkweise der Menschen zu verändern. Wir müssen in ihre Köpfe vordringen. Wenn Menschen dann die richtige Denkweise besitzen, dann werden sie auch richtig handeln. Wir bringen den Menschen diese Denkweise bei, indem wir ihnen Dinge erzählen. „Ich bin die Führungsperson, ich habe die richtige Denkweise, nun muss ich mein Wissen in Ihre Köpfe übertragen. In der Schule habe ich von einem Lehrer gelernt, der Frontalunterricht hielt. Und nun bin ich der Lehrer, der vor seinen Schülern steht." Wissen Sie was? Es funktioniert nicht.

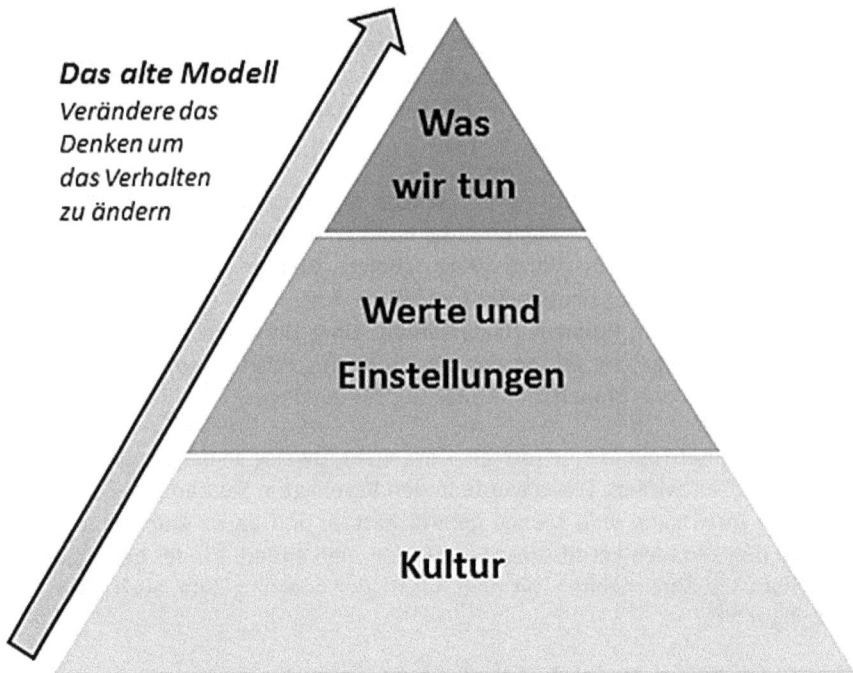

Das alte Modell
Verändere das
Denken um
das Verhalten
zu ändern

Was wir tun

Werte und Einstellungen

Kultur

Figure 5-10. Das alte Modell von "Denken"

Jeder, der die anonymen Alkoholiker kennt, wird erkennen, dass das Ändern des Verhaltens und der Denkweise bis hin zu einem komplexen Verhaltensmuster ein Prozess ist, der Schritt für Schritt passiert. Es wird jeweils immer nur ein Schritt unternommen. Man wird sich eingestehen, dass man sich mit einem Coach trifft, etwas tun muss, und dann kommt man wieder und berichtet dem Coach und der Selbsthilfegruppe von seinen Erfahrungen. Man fand heraus, dass genau dieses Modell auch im Zweiten Weltkrieg funktionierte, um das Essverhalten zu ändern, und so wurde es zur Grundlage der Weight Watchers. Dieses Modell ist auf „Lean Leadership" anwendbar.

John erklärte außerdem, dass man bei dem, was man tut, ansetzen muss, wenn man zur Kultur vordringen will (siehe Abbildung 5-11). Das neue Modell besteht darin, das Verhalten zu ändern, denn wenn die Menschen eine neue Art und Weise des Arbeitens, Führens und Verhaltens direkt erleben, verändert sich auch ihre Denkweise. Einem Alkoholiker wird klar, wie man ein glückliches Leben ohne Alkohol führen kann. Er fühlt sich allmählich besser und denkt dann schlagartig: „Oh mein Gott, all die Dinge, die man mir Jahre lang erzählt hat, funktionieren wirklich, mein Leben wendet sich zum Besseren." Man konnte es nicht verstehen, als man ständig betrunken war, egal was die Anderen sagten.

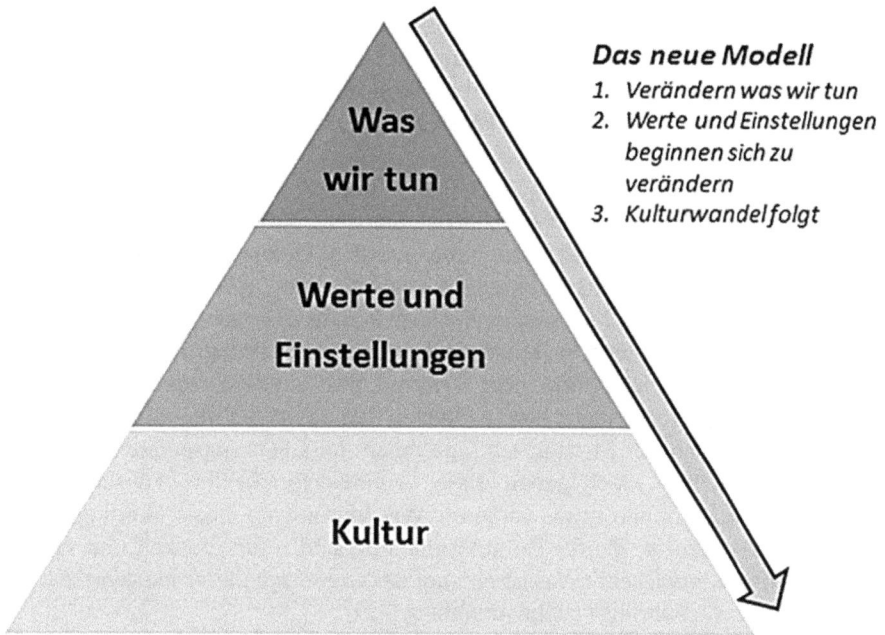

Das neue Modell
1. Verändern was wir tun
2. Werte und Einstellungen beginnen sich zu verändern
3. Kulturwandel folgt

Abbildung 5-11. Das neue Denkmodell

Wer sein Verhalten ändert, der verändert auch seine Anschauung. John hat ein tiefsinniges Zitat, um dies zu beschreiben: „Es ist leichter, durch Ihre Verhaltensweise eine neue Denkweise zu bekommen als durch Ihre Denkweise eine neue Verhaltensweise." Das geht sehr in Richtung *The Toyota Way*, da Sakichi Toyoda durch harte Arbeit, angeleitet von seinem Vater, lernte. Diese Philosophie ging in den meisten amerikanischen Unternehmen irgendwie verloren. Wir haben hingegen das Modell übernommen, wonach versucht wird, Verhaltensweisen zu verändern, indem man Menschen Dinge erzählt.

Wie lässt sich dies bei der Ausbildung anderer in Ihrem Unternehmen anwenden?

Bewerten Sie Führung in Ihrem Unternehmen

Nun sind wir an dem Punkt angelangt, an dem Sie einschätzen können, wie Sie im Vergleich zu dem Idealbild von Toyota handeln. Ich möchte Ihnen an dieser Stelle ganz klar sagen, dass nicht jede Führungsperson, die „The Toyota Way"-Ausbildung, das „Toyota Business Practices"-Training und das „On-the-Job-Development"-Training absolviert hat, ein Star war. Manche hatten eine sehr tiefgehende Ausbildung, während andere nur oberflächlich lernten. Nach den frühen Phasen gab es in Nordamerika eine kleine Gruppe, die Coachings durchführte. Die These war, dass die Führungspersonen dann das nächste Level unterrichten und man so mit der Zeit weniger Betreuungspersonal benötigt. Ist es wahr, dass jeder perfekt ausgebildet war und seinen Job als Coach super ausgeführt hat? Die Antwort lautet nein. Toyota ist weit entfernt von der Perfektion, doch man gibt alles, und die Anstrengungen, die man unternimmt, sind heldenhaft. Es ist wirklich bemerkenswert im Vergleich zu dem, was andere Unternehmen tun.

Ich bitte Sie, Ihr Unternehmen einzuschätzen, und gehe dabei davon aus, dass Sie in den meisten Fällen ziemlich große Lücken haben werden. Im letzten Kapitel haben Sie den Idealzustand für Ihr Unternehmen bestimmt. Wie würde nun eine ideale Führungsperson aussehen? Ich setze nun einige Punkte aus meinen Fragen voraus. Zum Beispiel nehme ich an, dass in Ihrem Idealzustand die Führungspersonen Lehrer und Coaches sein werden. Ich würde nicht erwarten, dass Sie dem widersprechen, da dies eine Grundvoraussetzung von „Lean Leadership" ist. Das ist die *shu*-Phase, in der Sie der Schüler sind und ich der Meister. Ich sage Ihnen, dass Führungspersonen Lehrer und Coaches sein sollten, doch genau diese Grundwerte, die Ihre Führungspersonen vermitteln sollen, können etwas variieren. Was würde eine ideale Führungsperson in Ihren Worten – Worte, die für Sie aussagekräftig sind – tun, denken und sagen, um andere weiterzuentwickeln? Was ist nun auf der Grundlage dieser Idealvorstellung der aktuelle Stand von Führung? (siehe Abbildung 5-12).

Aktueller Stand Ihrer Unternehmensführung

Abbildung 5-12. Das Ziel

1 = kritische Lücke; 2 = große Lücke; 3 = einige schwerwiegende Lücken; 4 = geringfügige Lücken; 5 = angekommen

Toyota hat vielleicht eher kleinere Lücken und Sie vielleicht größere. Doch was ist nun eine kritische Lücke? Ist dies eine wirklich große Lücke, die dringend geschlossen werden muss? Oder doch eine ernsthafte Lücke, die nicht so dringend geschlossen werden muss? Oder ist sie ziemlich klein? Befinden Sie sich an einem dieser Punkte? Wenn Sie sagen, dass Sie sich auch nur an einem dieser Punkte befinden, dann würde ich sagen, dass Sie sich selbst zu hoch einschätzen, denn niemand ist dort. Wenn Sie hingegen ein paar kleinere Lücken haben, ist dies großartig. Die meisten von Ihnen werden bei den meisten Punkten irgendwo zwischen eins und drei liegen.

1. Können ausgebildete Führungspersonen zu Lehrern und Coaches werden?

Besitzen die Führungspersonen auf allen Ebenen Ihres Unternehmens die Fähigkeit, aktiv Schulungen und Coachings im Bereich der Prozessverbesserung durchzuführen? Wenn Sie sagen, dass wir das alle tun, dann würde ich vorschlagen, zum *Gemba* zu gehen und sich noch etwas umzusehen. Gehen Sie zu den Grundlagen zurück. Stellen Sie sich in einem Kreis auf und machen Sie Beobachtungen. Sagen Sie mir, ob man wirklich Lehrer und Coach ist.

2. Führungskräfte auf allen Ebenen wissen die Entwicklung der Menschen genug zu schätzen, um Raum und Zeit für „Learning by Doing" zu gewähren.

Als wir an *Toyota under Fire* arbeiteten, habe ich Akio Toyoda interviewt und ihn gefragt, was man aus der Rückruf-Krise, aus der Reaktion in Amerika, aus all der negativen Publicity, die Toyota erntete, gelernt hat. Ich merkte zudem an, dass es ein paar Analytiker gab, die argumentierten, dass das Problem von Toyota darin lag, dass das Unternehmen zu schnell gewachsen ist. Stimmte Akio dem zu?

Er sagte: „Nein, ich bin nicht der Meinung, dass wir zu schnell gewachsen sind. Wachstum ist gut. Ich würde sagen, dass die Geschwindigkeit des Wachstums schneller als die Entwicklung der Menschen war." Toyota gelang es nicht, die Leute weiterhin so gut auszubilden, da das Unternehmen sehr schnell wuchs und viele neue Leute fest eingestellt wurden. Er würde nicht zugeben, dass es unmöglich war, diese Menschen mit dieser hohen Geschwindigkeit auszubilden. Er würde nur einräumen, dass man dies nicht gut genug getan hat und es hätte besser werden müssen.

Akio nannte mir als Beispiel seine erste Anstellung bei Toyota. Sein Vater stimmte zu, dass er in dem Unternehmen arbeiten durfte, doch nur unter der Voraussetzung, dass er genau wie jeder andere auch ganz unten anfängt. Sein Vater wollte, dass er die härteste Aufgabe, die es gab, übernehmen würde, und diese Aufgabe war in der Abteilung Operations Management Consulting Division (OMCD), das Bootcamp zum Erlernen des Produktionssystems von Toyota.

Dort befinden sich die harten *Sensei*. Man wird zu einem Zulieferer geschickt, bekommt eine scheinbar unmögliche Herausforderung zugeteilt, so dass man kein Land mehr sehen kann. Man geht entweder unter oder man schwimmt. Akio Toyoda sagte: „Als ich meine erste Aufgabe mit dem Zulieferer zugewiesen bekommen hatte, dauerte es drei Monate, bis ich die Grundursache verstanden habe." Er sagte weiterhin: „Wenn mein Chef sich mit der Grundursache auseinandergesetzt hätte, hätte er dies locker in drei Wochen geschafft. Sein Chef wiederum hätte es vielleicht in drei Tagen geschafft. Der OMCD-Leiter vielleicht sogar in drei Minuten."

Die Zeitspanne reicht von drei Monaten bis hin zu drei Minuten. Was würden Sie tun, wenn Sie der OMCD-Leiter wären und jede Menge Leute hätten, die an Projekten arbeiten und drei Monate dafür brauchen, was man in drei Minuten schaffen würde? Es kann sehr frustrierend sein, zusehen zu müssen, wie sie sich herumschlagen und die Projekte dabei nicht vorangehen, während Ihnen Ihr Chef im Nacken sitzt und Ergebnisse sehen will. Was ist die natürliche Antwort hierauf? Sagen Sie ihnen die Antwort. Geben Sie ihnen drei Tage und sagen Sie ihnen dann die Lösung. Akio Toyoda sagte, dass dies bis zum Jahr 2000, als Toyota sehr schnell wuchs, zu oft geschehen sei. Die Coaches, die eigentlich Coaches sein sollten, gaben die Antworten zu schnell. Sie gaben den Leuten keine Möglichkeit, sich anzustrengen und so wirklich zu lernen, wie man die Grundursache bestimmt.

Als Gegenmaßnahme begann Toyota, zu den Grundsätzen des Lehrens und Coachens zurückzukehren und führte so neue Management-Ebenen ein. Im Maschinenbau zum Beispiel gab es in der Wachstumsphase am Ende vielleicht einen Manager, der ein Team von 20 bis 25 Ingenieuren leitete. Das ist kein gutes Verhältnis, um zu coachen. Daher fügte man eine Management-Ebene ein, mit dem Ziel, für fünf Ingenieure jeweils einen Assistenzmanager zu haben. So ging man wieder zur anfänglichen Methode zurück.

3. Führungskräfte auf allen Ebenen beteiligen sich aktiv an der Auswahl und Ausbildung zukünftiger Führungskräfte, basierend auf den Führungs-, Lehr- und Coaching-Kompetenzen im Bereich der Prozessverbesserung.

Nicht alle Menschen sind gleich. Nicht alle Menschen lernen im selben Tempo. Nicht alle Menschen haben die gleiche Motivation, Entschlossenheit und Zielsetzung. Man muss sich die Menschen anschauen. Sie haben den Luxus, diese über einen langen Zeitraum in Aktion zu sehen, wenn Sie sie im *Gemba* beobachten. Das ist kein dreitägiges Auswahlverfahren, bei dem Sie eine Person in künstlich erzeugten Situationen ein paar Tage lang erleben, sie dann beurteilen und für deren Einstellung große Bemühungen anstellen müssen. Sie erleben diese Leute über längere Zeit. Sie entscheiden, wer gefördert werden soll, basierend auf der Fähigkeit, die Unternehmenswerte zu befolgen, der Fähigkeit, diese in die Tat umzusetzen sowie der Fähigkeit, andere und deren Potenzial zu fördern und weiterzuentwickeln. Wer ist bereit, die Aufgabe zu übernehmen, mehr Leute zu coachen und zu unterrichten? Wer muss da bleiben, wo er ist, weil er seine eigenen Fähigkeiten noch weiterentwickeln muss, bevor er Verantwortung für andere übernehmen kann?

4. Führungskräfte auf allen Ebenen vermitteln die Grundwerte des Unternehmens.

Der Auswahl- und Entwicklungsprozess dauert viele Jahre und wenn Ihr Unternehmen nicht schon vor 10 Jahren damit begonnen hat, erwarten Sie in diesem Fall bitte keine allzu hohen Werte. Gehen Sie im Vergleich zu den 3er-Werten von vielen 1er-Werten aus. Die 1er-Werte werden offensichtlich höhere Priorität als die 3er-Werte haben, und wenn Sie kleinere Lücken feststellen, können Sie sich stolz und glücklich schätzen, denn das ist sehr unüblich.

Das ist nur eine allgemeine Qualitätseinschätzung Ihrer Unternehmensführung. Wenn Sie sich dafür entscheiden, daraus eine formale Umfrage zu machen und Hunderte von Menschen zu befragen, gehen Sie wahrscheinlich zu weit. Wenn Sie sich dafür entscheiden, „ein Team zusammenzustellen und den individuellen Stand eines jeden Einzelnen betrachten, dann wird es zu einer Diskussion kommen und man wird versuchen, zu einem Konsens bei diesen fünf Aspekten zu kommen." Das wäre ein guter Prozess.

Nachfolgend bewerten Sie bitte folgende Punkte:

1. Führungskräfte werden ausgebildet, um Lehrer und Coaches zu sein.
2. Führungskräfte auf allen Ebenen wissen die Entwicklung von Menschen genug zu schätzen, um Raum und Zeit für „Learning by Doing" zu gewähren.
3. Führungskräfte auf allen Ebenen beteiligen sich aktiv bei der Auswahl und Entwicklung zukünftiger Führungskräfte, basierend auf den Führungs-, Lehr- und Coaching-Kompetenzen im Bereich der Prozessverbesserung.
4. Führungskräfte auf allen Ebenen vermitteln die Grundwerte des Unternehmens

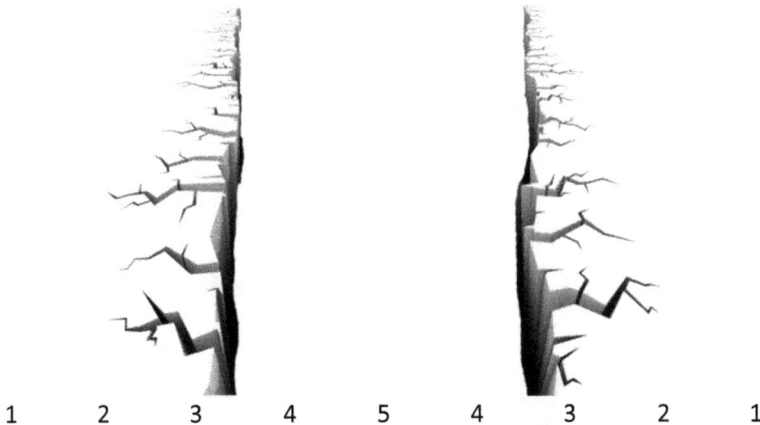

1   2   3   4   5   4   3   2   1

Abbildung 5-13. Lücken schließen

Was ist Ihr nächster Schritt zur Verwirklichung von „Lean Leadership"?

Fassen Sie die Schlüsselelemente Ihrer Vision eines „Lean Leaders" zusammen. Sehen Sie sich die Lücken (siehe Abbildung 5-13) an. Fragen Sie sich dann, wie Sie dies auf Ihr Unternehmen anwenden könnten. Sind Sie bereit für einen formalen Ausbildungsprozess bei der „On-the-Job-Development"-Entwicklungsmaßnahme oder in der Coaching-Kata?

- Fassen Sie die wichtigsten Punkte, von denen Sie gehört haben, zusammen, wie man zukünftige „Lean Leaders" coacht.
- Wie könnten Sie dies auf Ihr Unternehmen anwenden?
- Was ist das angestrebte/messbare Projekt, an dem Sie als ersten Schritt arbeiten können? Wie würde der Plan aussehen?

Wenn Sie nun darüber nachdenken, wie Sie das auf Ihr Unternehmen anwenden könnten, denken Sie auch über den Verbesserungsprozess nach. Beginnen Sie nicht, sich an einen Ideenpool zu halten, der aus 100 verschiedenen Methoden, wie man dies in Ihrem Unternehmen umsetzen könnte, besteht. Stellen Sie einen Vergleich zwischen dem jetzigen Stand Ihres Unternehmens und dem angestrebten Zustand an, so wie wir es gerade durchgegangen sind. Denken Sie darüber nach, wie Sie aus dieser großen Lücke eine zielgerichtete, messbare Herausforderung machen können, an der Sie im ersten Schritt arbeiten können. Arbeiten Sie sich dann durch den Verbesserungsprozess, wie es oben diskutiert wurde.

Wenn Sie den „PDCA"-Prozess aufmerksam befolgen, kommen Sie Ihrer Vision mit den ersten erfolgreichen Schritten etwas näher. Sie werden Fortschritte machen. Das Problem lautet nicht: „Ich bin hier, Führungspersonen sind keine Coaches, sie wissen nicht, wie man unterrichtet, sie wissen nicht, wie man ein Problem löst, und dorthin will ich gelangen." Das Problem lautet: „Ich sehe einen Idealzustand, ich sehe, wie weit wir von dieser Vision entfernt sind, und ich muss ein erstes, klares Ziel für meine ersten Schritte festsetzen." Wenn Sie über die Sache wirklich so denken, ist sie auch machbar und nicht so erdrückend. Je mehr Sie üben, desto tiefer wird das Ganze in Ihrem Unternehmen verwurzelt.

KAPITEL 6: UNTERSTÜTZEN SIE TÄGLICHES KAIZEN

Die „Lean Leadership" in Arbeitsgruppen

Rückblick auf die Selbstentwicklung und die Entwicklung anderer

In den Kapiteln 4 und 5 haben wir uns mit der Selbstentwicklung von Führungskräften beschäftigt, die dann andere Personen lehren und anleiten können (siehe Abbildung 6-1). Wir begannen mit den ersten beiden Schritten unseres vierstufigen Lean-Leadership-Development-Modells. Ich bat Sie, nach Ablauf der jeweiligen Kapitel darüber nachzudenken, in welchem Verhältnis diese Ideen von Führung zu der Realität innerhalb Ihres Unternehmens stehen, und im ersten Schritt über die Selbstentwicklung und mögliche erste Schritte zur Verbesserung Ihrer Fähigkeiten, vor allem in Bezug auf Problemlösung, nachzudenken. Im zweiten Schritt habe ich Sie dazu aufgefordert, darüber nachzudenken, wie Sie mit dem Training und der Entwicklung anderer Personen beginnen könnten. Ich hoffe, Sie hatten die Gelegenheit, einiges davon umzusetzen: Sie schätzten sich selbst ein, Sie sahen Diskrepanzen und Möglichkeiten, und ich hoffe, Sie gehen nun die Aufgabe an, Ihre eigenen Fähigkeiten zu verbessern.

1 **Sich zu Selbstentwicklung verpflichten**
Lernen, die Nordstern-Werte durch sich wiederholende Lernzyklen zu leben

4 **Vision schaffen und Ziele abstimmen**
Eine Nordstern-Vision schaffen & Ziele vertikal und horizontal anpassen

Nordstern-Werte
• Herausforderung
• Kaizen-Verständnis
• Go and See
• Teamwork
• Respekt gegenüber Menschen

2 **Andere coachen und entwickeln**
Das Potenzial von anderen durch selbstentwickelnde Lernzyklen sehen und fördern

3 **Täglich Kaizen unterstützen**
Durchgängige Fähigkeiten im Daily Management & Kaizen schaffen

Abbildung 6-1. Das Lean-Leadership-Entwicklungsmodell („Diamantenmodell")

Gewöhnlich werden wir in Unternehmen, mit denen wir zusammenarbeiten, gleich an höchster Stelle eingesetzt, etwa auf der Ebene des Vizepräsidenten oder höher. Dann werden wir an einen Manager oder Direktor im Bereich der Qualitätsverbesserung delegiert. Wir arbeiten direkt mit einem Team für Qualitätsverbesserung zusammen. Die Projektteammitglieder werden somit zu unseren Schülern und können sich durch unser Training weiterentwickeln. In jeder Projektgruppe gibt es einen Leiter, etwa Leiter für Softwareentwicklung, Leiter der Herstellung oder Leiter im Kundenservice. Durch echte Verbesserungsprojekte entwickeln wir den betreffenden Leiter, indem wir methodisch nach dem „PDCA"-Zyklus vorgehen. Wir entwickeln ebenso den Trainer wie den Manager und starten damit in der Regel von der Spitze und arbeiten uns nach unten vor. Damit sind zum Beispiel die Abteilungsleiter gemeint, die wiederum die Spitze der entsprechenden Fachabteilung darstellen.

Angenommen, wir haben damit Erfolg, und die Gecoachten sowie die Leiter fangen an, zu lernen. Die Mitarbeiter der Projektabteilung wurden bereits ein wenig geschult und sind mit den *Kaizen*-Aktivitäten vertraut. Nehmen wir an, es gibt eine Abteilung mit dreißig Leuten – und das bedeutet eine Menge Training –, dann konzentrieren wir uns oftmals auf einen Unternehmensbereich der betreffenden Abteilung sowie auf Menschen, die in diesen spezifischen Prozess eingebunden sind. Danach machen wir unsere Runde durch die gesamte Abteilung und involvieren mehr und mehr Mitarbeiter auf der Arbeitsebene.

Ab einem gewissen Punkt sind Führungskräfte so weit entwickelt, dass sie Verbesserungen hin zu anspruchsvollen Vorgaben und Zielen führen können. Ihre Gruppen haben genug Erfahrungen mit *Kaizen* (die schrittweise Verbesserung und Perfektionierung von Prozessen) gesammelt, so dass die Mitarbeiter relativ eigenständig arbeiten können. An diesem Punkt können sie in täglichen Meetings die Resultate des vorangegangenen Tages sowie die Möglichkeiten der Verbesserung für den anstehenden Tag diskutieren. Wir nennen das „Daily Management" (tägliche Führung) oder „Daily Improvement" (tägliche Verbesserung). Hierin liegt das Potenzial des gesamten Unternehmens für das tägliche *Kaizen*, und es sind einige wichtige Schritte vonnöten, um dorthin zu gelangen. Dies gilt vor allem für Unternehmen, die bisher nur wenig Verbesserungen eingeführt oder eventuell eine mechanistische Vorgehensweise gewählt haben, wobei beispielsweise nur die Führungsebene die Projektleitung übernommen hat, d. h., wir fangen hier bei null an. Hier versuchen wir, die Linienorganisation zu druchdringen, indem wir mit der Entwicklung von Managern und Vorgesetzten beginnen, und erst dann mit den Mitarbeitern, die die tatsächliche Arbeit verrichten.

Der von mir beschriebene Prozess setzt in der Mitte an und arbeitet sich nach unten vor. Idealerweise hätten wir damit begonnen, die Führungsspitze zu entwickeln, aber man muss mindestens auf ihre Unterstützung zählen können. Tatsächlich müssen wir wohl erst Erfolge auf Arbeitsebene erzielen, bevor wir die Aufmerksamkeit der Führungsspitze gewinnen können, um anzudeuten: „Hey, es wäre doch schön, wenn ihr euch einmal am *Gemba* blicken lassen würdet und die Mitarbeiter wissen lasst, warum ihr eigentlich hier seid." Das versuchen wir, zu erreichen. Leider erleben wir immer wieder, dass jemand aus der Führungsebene sich die Idee der „kontinuierlichen Verbesserung" in den Kopf setzt, weil vielleicht mein Buch oder ein anderes Buch zu diesem Thema gelesen wurde und man so an der Idee Gefallen findet, vor allem an der Idee, dass die Mitarbeiter auf der unteren Ebene ihre Probleme eigenständig lösen. Das Problem liegt meist darin, dass nicht verstanden wird, wie man vom vorherrschenden Zustand zur Kultur der „kontinuierlichen Verbesserung" gelangt oder wie viel eigenes Engagement gefragt ist.

Die Herausforderung es richtig zu tun, jedoch nicht schnell

Wir arbeiteten mit einem großen Unternehmen zusammen, dessen COO von „Lean" sehr begeistert war. Mit ihm besuchten wir eine Einzelhandelskette, mit der wir zuvor zusammengearbeitet hatten und die bereits einige Erfahrungen mit dem Thema „Lean" gesammelt hatte. Anschließend sagte er: „Ich will das. Ich will genau das, was sie haben. Ich will ihr System." Aber das System, welches er unbedingt wollte, wurde innerhalb fünf Jahren entwickelt. Die Firma durchlief viele Kinderkrankheiten, um dorthin zu gelangen, wo man nun war, er aber wollte die Ergebnisse sofort.

Eines der Dinge, die ihm auffielen, war, dass sich die Vorgesetzten mit ihren Mitarbeitern vor den Tafeln versammelten und alle die gleichen Überschriften mit den einheitlichen Leistungskennzahlen an der Tafel vor sich hatten. Er sah außerdem, dass an der Tafel die Zahlen waren, die anzeigten: „Hier ist mein Ziel, zu dem ich mich durch kontinuierliche Verbesserung hinbewege." Außerdem gab es Bereiche, wo man Anregungen von Mitarbeitern sowie deren Umsetzung in die Realität platzierte. Genau so wollte er das haben. Tatsächlich war alles, was er sah, nur ein Ausschnitt, eine Station auf einem schweren Weg.

Was tut man also, wenn man als COO einer großen Einzelhandelskette wieder nach Hause kommt? Diese Leute glauben, sie haben nie Zeit, und so benehmen sie sich auch. Man kauft also viele Tafeln. Zu diesem Zeitpunkt hatten wir mit ihm noch nicht gearbeitet. Kaum war der vor einem Monat abgeschlossene Vertrag gültig, als der COO uns ganz aufgeregt in einem Telefongespräch mitteilte: „Ihr werdet staunen. Ich bin losgezogen und habe mir 150 Tafeln gekauft. Sie werden in jeder Abteilung aufgestellt und wir werden standardisierte, messbare Kategorien haben. Wir werden nicht einmal warten, bis Ihr wollt, sondern sofort loslegen."

Meine Reaktion – nicht am Telefon, sondern in meinen Gedanken – war: „Oh mein Gott, worauf haben wir uns da nur eingelassen? Was werden diese Leute mit den Kennzahlen-Tafeln tun? Sie verfügen über überhaupt kein Vorwissen. Niemand wird damit arbeiten. Keiner ist da, um sie zu schulen." Es ist, als ob man jemandem eine Golf-Scorecard kauft, obwohl derjenige noch nie einen Golfschläger in der Hand hatte und erwartet, dass er die beste Punktzahl erzielt. Das ist nur ein Beispiel für einen der üblichen Fehler. Was ist sichtbar? Sichtbar sind die Tafeln und die Kennzahlen. Sichtbar sind Menschen in einem Meeting. Jede Führungskraft kann all dies ohne Probleme anordnen – jede Abteilung soll von nun an jeden Morgen ein fünfzehnminütiges Meeting an Kennzahlen-Tafeln anberaumen.

Mir kam die Geschichte eines anderen Unternehmens zu Ohren, von jemandem, der in einem Betrieb mit einer eigenen Version des Toyota-Produktionssystems (TPS) arbeitete. Er sprach mit einigen Arbeitern, die ihm sagten: „Wir kommen jeden Tag zur Arbeit und haben mehr zu tun, als wir schaffen können. Wir wissen, dass wir am Ende eines jeden Tages im Rückstand sein werden. Trotzdem müssen wir jeden Tag 15 Minuten lang vor dieser blöden Tafel stehen." Das will natürlich niemand. Niemand möchte, dass seine Mitarbeiter vor einer Tafel stehen und einem ungeschulten Vorgesetzten dabei zuhören, wie er die Zahlen vorliest und sagt: „Ihr wisst, was ihr zu tun habt, Jungs. Packen wir es an! Ach ja, übrigens zurück an die Arbeit!" In diesem Kapitel soll es darum gehen, wie man tatsächlich eine tägliche Verbesserung erreichen kann, und zwar nicht mit einem Haufen metrischer Tafeln und Menschen, die davor herumstehen und ihre Zeit verschwenden.

Toyota-Arbeitsgruppen bilden den Kern der kontinuierlichen Verbesserung

Tägliches Köpfezusammenstecken vor Kennzahlen-Tafeln kann die Effizienz der Arbeitsgruppen steigern

Wie beantwortet man die Frage: „Warum verschwenden wir unsere Zeit mit diesen täglichen Meetings?" Die Antwort darauf ist einfach: „Nutzen Sie die Zeit effektiv, damit die Mitarbeiter ihre Zeit nicht verschwenden."

Der Grund, warum die Mitarbeiter ihre Zeit verschwenden, liegt darin, dass der Vorgesetzte nicht darin geschult wurde, ein Meeting effektiv zu leiten, Kennzahlen-Tafeln effektiv einzusetzen oder Prozesse effektiv zu verbessern. Jemand hatte einfach die Tafeln aufgestellt. Die Frage sollte sich tatsächlich an diesen Chief Operating Officer richten und nicht an die Mitarbeiter auf Arbeitsebene. Wir sehen lediglich die Resultate einer schlechten Entscheidung, die an der Führungsspitze durch jemanden getroffen wurde, der mechanistisch denkt. „Ich sah all die Menschen um die Tafeln versammelt. Sie setzten viele Verbesserungen um. Ich will viele Verbesserungen, also werde ich die Tafeln besorgen." Dies ist ein Beispiel vom Ursachen-Wirkungs-Denken – die Tafeln führen zu Verbesserungen. Sie müssen etwas Magisches haben – eine Gehirn stimulierende Beschichtung vielleicht. Was er nicht sah, waren die fünf Jahre Arbeit, die aufgewendet wurden, um diese Menschen zu schulen und zu entwickeln, damit die Vorgesetzten wirklich verstanden, was es bedeutete, kontinuierliche Verbesserungen einzuführen.

Ich höre nur sehr selten Beschwerden von Arbeitern, wenn sie tatsächlich etwas verbessern. Wenn man sah, dass wir ein Meeting hatten und man ein Problem aufdeckte, dann nahm sich im Laufe des Tages jemand diesem Problem an, so dass die Situation am nächsten Tag verbessert wurde. Es könnte zum Beispiel ein ergonomisches Problem sein, ein starkes Herunterbeugen, um an die erforderlichen Teile zu kommen. „Ich kam am nächsten Tag zur Arbeit und die Teile befanden sich auf der richtigen Höhe, so dass ich mich nicht mehr herunterbeugen muss. Nun bin ich richtig motiviert bei den

Meetings." Wenn es einen effektiven Prozess gibt, dann wird die Tafel zu einer Hilfe, um das Problem zu lösen. Die Tafel an sich ist aber nicht die Ursache für die kontinuierliche Verbesserung.

Visuelle Kontrollen, damit keine Probleme versteckt bleiben

Der Zweck der Tafeln liegt in der visuellen Kontrolle. Wie wir in Kapitel 3 sehen konnten, handelt es sich bei der visuellen Kontrolle um eine Möglichkeit, die Lücke zwischen, wo **ich sein will** und wo **ich bin**, aufzudecken. Wo Sie sein wollen, wird durch einen Standard repräsentiert. Dies kann ein Qualitätsstandard sein. Es könnte ein Standard für Ihre Arbeitsleistung, eine Abfolge oder für die Fähigkeiten, die Sie für Ihre Arbeit brauchen, sein. Es könnte ein Produktionsziel oder ein Sicherheitsstandard sein. Es könnte jede Art von Erwartung oder Ziel sein – das möchte ich gerne schaffen. Ich möchte gerne meine Unfallrate halbieren. Ich möchte gerne meine Produktivität verdoppeln. Die Kennzahlen-Tafel sollte Ihnen auf einfache Weise verdeutlichen, wo Sie sich tatsächlich befinden und wo Sie hinwollen.

Jede visuelle Kontrolle verfolgt dieses Ziel. So ist zum Beispiel auch eine *kanban*-Fläche eine Form der visuellen Kontrolle. Stellen Sie sich ein Zulieferer-Kunden-Gespann vor. Wir bitten einen Zulieferer um die Produktion eines Ersatzteils oder um die Information, wann eine freie Fläche zur Verfügung steht. Der Standard ist ein Maximum von drei Einheiten im Umlaufbestand, WIP-Bestand (siehe Abbildung 6-2). Sind alle drei Flächen ausgefüllt, sollte die Produktion aussetzen. Die *kanban*-Fläche bietet eine einfache Ja- oder Nein-Antwort auf die Frage, ob mit der Produktion der nächsten Einheit begonnen werden sollte. Aus Abbildung 6-2 geht hervor, dass alle drei Flächen ausgefüllt sind und ein weiteres Teil produziert wurde, das außerhalb der drei Flächen abgestellt wurde. Das widerspricht ganz klar dem Standard und ist einfach zu erkennen. **In diesem Fall gibt es eine klare Überproduktion, eine elementare Verschwendung.**

Anwendung von Sichtkontrolle, so dass keine Probleme versteckt bleiben

Angewendet in der Fertigungsumgebung, zeigt uns ideale Abläufe und eventuelle Standardabweichungen

Abbildung 6-2. Ein leeres Kanban-Quadrad ist ein visuelles Signal für die Produktionsfreigabe, in diesem Fall besteht Überproduktion einer Einheit.

Wenn Sie ein Problem bemerken, können Sie nach dessen Ursache fragen. Nummer eins: Warum staut sich die Arbeit hier und wird nicht in der von unseren Kunden erwarteten Zeit erledigt? Der zweite Punkt ist, dass die Mitarbeiter in der Zelle ein klares Signal zum Unterbrechen ihrer Arbeit bekommen haben, aber trotzdem weiterarbeiten. Einfach gesagt, handelt es sich bei visuellen Kontrollen um ein Kommunikationsmittel, das uns mitteilt, wie die Arbeit erledigt werden sollte, ob vom Standard abgewichen wird und ob fähige, motivierte Mitarbeiter mit echten Führungskräfte, die sich auch wie Führungskräfte benehmen, im Einsatz sind. Dann wird etwas gegen das Problem getan.

Die Arbeitsgruppenstruktur

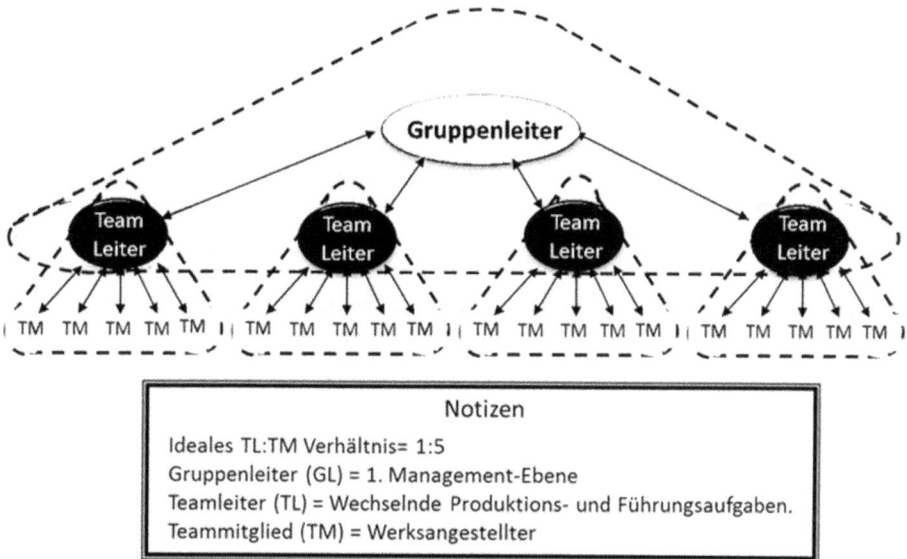

Notizen

Ideales TL:TM Verhältnis= 1:5
Gruppenleiter (GL) = 1. Management-Ebene
Teamleiter (TL) = Wechselnde Produktions- und Führungsaufgaben.
Teammitglied (TM) = Werksangestellter

Quelle: Liker und Hoseus, Toyota Culture

Abbildung 6-3. Die Verbindung zwischen dem Gruppenleiter, Teamleiter und den
Teammitgliedern

Dies ist die typische Organisationsstruktur (siehe Abbildung 6-3) in einem Toyota-Werk, wie sie weltweit im gesamten Unternehmen aussieht. Ich habe sie in einem Toyota-Callcenter für den Kundenservice entdeckt. Ich habe sie in der technischen Planung entdeckt, wo ein Teamleiter zum Direktionsassistenten für ein bestimmtes Autoteil wird. Im Unternehmen ist dies die beständigste Struktur, vor allem in Bezug auf sich wiederholende Prozesse. Das einfachste Konzept sieht wie folgt aus: Wenn Sie eine Gruppe von Mitarbeitern beaufsichtigen und Ihr Job ist es, zu prüfen, ob diese ihr Soll erfüllen, oder den Schuldigen zu bestrafen, wenn dies nicht der Fall ist, dann dürfte es Sie nicht wundern, wenn zwanzig, fünfundzwanzig oder dreißig Mitarbeiter den Weisungen einer Person unterstehen. Solange Sie eindeutige Standards und sehr klare Maßnahmen vertreten, haben Sie keine großen Probleme und die Produktion kann tatsächlich ordnungsgemäß funktionieren. Die Vorgesetzten können umherlaufen und Leute bestrafen, wenn sie etwas vermasseln und nicht produzieren. Dies nennt man das Befehls- und Kontrollmodell.

Wenn Sie allerdings zum „Lean"-Modell tendieren und von Ihren Managern erwarten, Trainer und Lehrer zu sein sowie Probleme zu erkennen und zu lösen, dann könnte sich diese „flache" Form der Organisation als nicht sehr effektiv erweisen. Bei Toyota kam man zu dem Schluss, dass das ideale Verhältnis von Führungskräften (Coaches) zu Lernenden eins zu fünf beträgt. Das bedeutet, eine Führungskraft je fünf Personen, die

die tatsächliche Arbeit leisten. Dies bedeutet nicht zwangsläufig die Beförderung einiger Mitarbeiter zu Managern.

In den Werken entwickelte man bei Toyota die Rollenbezeichnung des „Team Leaders", die aus der Gruppe der Produktionsmitarbeiter aufgrund ihres Führungspotenzials auserwählt werden. Der Gruppenleiter wählt die Teammitglieder mit Potenzial aus, ermutigt sie, zum Teamleiter-Training zu gehen, und fungiert als ihr Mentor, bis sie über die notwendigen Fähigkeiten verfügen, ein Team von vier bis sieben Leuten anzuleiten. Man zahlt den Teamleitern etwas mehr pro Stunde und garantiert ihnen bezahlte Überstunden, damit sie früh zur Arbeit kommen können, um zu kontrollieren, ob auch alles korrekt vorbereitet ist. Die Produktion startet mit dem Startsignal und verläuft dann bereits von der ersten Minute an reibungslos. Sie sind auch die ersten Ansprechpartner für die *Andon*-Calls von einem ihrer Teammitglieder. Ich falle zurück, ich werde zu schnell, ich sehe, dass ich bald keine Teile mehr zur Verfügung habe. Wenn ich merke, dass dies – warum auch immer – nicht dem Standard entspricht, ziehe ich an einer Schnur, das Licht geht an und die Musik beginnt. Irgendjemand muss kommen, um mir zu helfen. Und dieser jemand ist normalerweise der Teamleiter. Das bedeutet natürlich, dass der Teamleiter nicht in der Produktion arbeiten kann, da er ansonsten nicht in der Lage wäre, auf die *Andon*-Calls der Anderen zu reagieren.

Zusätzlich bleibt der Teamleiter auch nach der Schicht, um sicherzustellen, dass alles für die nächste Schicht bereit steht und man an einem Verbesserungsprojekt arbeiten kann. Außerdem hat man jeden Tag etwas Zeit zur Verfügung, wenn man keinen *Andon*-Calls nachgehen muss, um an Verbesserungsprojekten zu arbeiten oder ein Teammitglied zu ersetzen, das dann seinerseits an einem Verbesserungsprojekt arbeiten kann. Ich werde oft von Unternehmen gefragt, wie man seine Mitarbeiter dazu bringen kann, an Verbesserungsprojekten zu arbeiten, da alle mit ihrer Arbeit beschäftigt sind. Mit dieser Teamleiterrolle hat man jemanden, der jederzeit einsetzbar ist.

Visuelle Kontrollen und die *Andon*-System-Support-Verbesserung

Erstellen eines Puffers, um den *Andon*-Prozess zu ermöglichen

Manchmal wird „Just-in-Time" mit Nullbeständen verwechselt. Natürlich ist der One-Piece-Flow das angestrebte Ideal, tatsächlich aber gibt es immer Bestandspuffer, die strategisch dort positioniert werden, wo sie gebraucht werden. Der Zweck ist ein Puffer, um Schwankungen ausgleichen zu können. Kommen keine Schwankungen vor, braucht man auch keine Puffer, aber ohne Schwankungen bräuchte man auch kein *Andon*-System. Ich habe einmal für einen US-amerikanischen Automobilhersteller gearbeitet und dieser hatte schon einige „Lean"-Maßnahmen umgesetzt. Man hatte es jedoch versäumt, die Fertigungsingenieure, die die Produktionsstätte planten und das Equipment aufstellten, über dieses Konzept zu unterrichten. Man bat uns, mit den Fertigungsingenieuren zusammenzuarbeiten, damit diese die „Lean Lines" entwickeln konnten. Uns fiel sofort auf, dass man das Fertigungsstoppsystem zu wörtlich genommen hatte. Man hatte es in Toyota-Werken in Aktion gesehen und angenommen, dass die ganze Montagelinie sofort zum Halten kommt, wenn ein Teammitglied an dem Strick zieht.

Wenn die *Andon*-Schnur gezogen wird, wechselt das Licht zu Gelb und die Fertigungslinie bewegt sich weiter, bis das Fahrzeug an einer bestimmten, zugewiesenen Position an der nächsten Montagestation angelangt ist. Bis zu diesem Zeitpunkt kann derjenige, der auf den *Andon*-Call antwortet, durch ein nochmaliges Ziehen des Stricks den Stopp aufheben. Wird der Strick kein zweites Mal gezogen, bevor das Auto in den nächsten Bereich einfährt, wird das Licht rot und die Montagelinie kommt zum Stillstand, jedoch nicht die gesamte Anlage. Tatsächlich kommt nur ein Teil der Montagelinie zum Stillstand, da es zwischen den verschiedenen Bereichen der Linie strategisch platzierte Puffer gibt, die eine Weiterproduktion im nächsten Bereich sicherstellen, bis keine Fahrzeuge mehr angeliefert werden.

Diese Fertigungsingenieure haben diese Vorgehensweise in der Montagelinie nicht verstanden, die es ermöglicht, dass die Produktion in den nächsten Bereichen weiterläuft. Sie wussten nichts von den Puffern, die Toyota zwischen den einzelnen Bereichen der Linie hielt. Wir befanden uns in einer merkwürdigen Situation. Wir rieten zwar zu einem Stopp, wenn es ein Problem gab, auf der anderen Seite aber forderten wir die Ingenieure heraus: „Sind Sie verrückt? Sie wollen wirklich die Montagelinie anhalten, wenn es ein Problem gibt?"

„Natürlich. Hält Toyota seine Montagelinie nicht an?"

„Nicht sofort."

Als ich das System erklärte, erinnerte ich mich an die Antwort eines US-amerikanischen Ingenieurs: „Toyota betrügt. Sie behaupten, sie halten die Fertigungslinie an, wenn es ein Problem gibt, aber das tun sie gar nicht wirklich. Sie haben Puffer und das ist nicht wirklich ‚Lean'."

Ich antwortete: „Das ist nur vernünftig. Gesunder Menschenverstand. Wenn man einhundert Prozesse in Serie bewältigt und alle Teammitglieder instruiert, den Strick bei jedem noch so kleinen Problem zu ziehen und die ganze Linie sofort anzuhalten, wie groß sind dann die Chancen, tatsächlich einmal ein Auto fertigzustellen?"

Wichtig ist, dass die Produktion angehalten werden und der Leiter den *Andon*-Call ernst nehmen kann. Wenn es ein Problem gibt, das der Teamleiter lösen kann, während die Fertigungslinie weiterläuft, dann soll er dies tun und die Produktion kann weiterlaufen. Wenn nicht, dann wird der Bereich angehalten und der Puffer kann eine Zeitspanne von acht bis zehn Minuten Abhilfe schaffen, bis der nächste Bereich angehalten wird. Das ist nicht viel Zeit für die Beseitigung eines ernsthaften Problems, demnach kommen die Montagelinien-Stopps tatsächlich vor. Wenn die Montagelinie nie zum Stillstand kommt, dann kann man die Puffergröße reduzieren.

Kontinuierliche Verbesserung bedeutet, ... jeden Tag ein bisschen besser zu werden

In der Theorie bedeutet kontinuierliche Verbesserung für uns: Jede Sekunde eine Verbesserung. In jeder Mikrosekunde kann man sich verbessern. Natürlich ist das unrealistisch. Auf der anderen Seite ist eine Verbesserung alle halbe Jahre, wenn die Ingenieure für ein Projekt zusammenkommen, weit entfernt von „kontinuierlicher Verbesserung". Als angemessene Definition geben wir gerne eine Verbesserung in jedem Bereich des Betriebes jeden Tag an.

Quelle: Toyota-Werk
Abbildung 6-4. Die Tafel für kontinuierliche Verbesserung

Diese Kennzahlen-Tafel eines Toyota-Werkes zeigt die Key Performance Indicators (KPIs), die Leistungskennzahlen, einer Arbeitsgruppe (siehe Abbildung 6-4). Bei dieser Tafel handelte es sich um eine seinerzeit neue Version und die wurde nach dem *Hoshin Kanri*-System erstellt, auf das wir später, in Kapitel 7, noch einmal zurückkommen. Wenn Sie die Tafeln lesen, werden Sie feststellen, dass es fünf Bereiche mit den Kennzahlen gibt: Sicherheit, Qualität, Produktivität, Kosten und Personalentwicklung. Die einzelnen Maßnahmen können sich im Laufe der Zeit ändern. So kann es zum Beispiel vorkommen, dass man sich zu einem Zeitpunkt besonders auf eine Untersuchung der Arbeitsmoral für die Personalentwicklung fokussiert, während man sich zu einem anderen Zeitpunkt auf die Ausbildung von Mitarbeitern konzentriert, damit alle die Aufgaben an vier Arbeitsplätzen lernen. Es wird immer verschiedene Aspekte geben, abhängig davon, was genau man in jedem der Bereiche verbessern möchte.

Oben auf der Tafel befindet sich die generelle Output-Kennzahl. In Bezug auf Sicherheit könnte dies zum Beispiel die Anzahl der aufgenommenen Vorfälle oder der tatsächlichen Unfälle sein, die man an die Führungsspitze weitergibt. Je weiter man auf der Tafel nach unten geht, desto spezifischer werden die Kennzahlen und desto mehr auf die Prozesse selbst ausgerichtet. Man könnte zum Beispiel festlegen, dass der beste Weg, um Verletzungen zu vermeiden, in einer Frühuntersuchung von Symptomen liegt, bei der jemand mit bestimmten Symptomen nicht erst verletzt wird, weil vorher die Ursache beseitigt wurde. So könnte man zum Beispiel beim Auftreten von Symptomen wie Handgelenk- oder Rückenschmerzen gleich handeln, und nicht erst abwarten, bis derjenige wegen einer Handgelenk- oder Rückenoperation ins Krankenhaus kommt. Man könnte die Symptome aufnehmen und dann nach der Ursache forschen. Die Ursache könnte darin liegen, dass sich die Werkzeuge nicht in der richtigen Position befinden, um leicht nach ihnen zu greifen, und man untersucht, ob sich die Werkzeuge in der besten Position befinden, wenn die Mechaniker danach greifen. Wenn dies bei allen anfallenden Arbeiten der Fall ist, dann leuchtet das grüne Licht.

Je weiter man auf der Tafel nach unten geht, desto spezifischer und detaillierter werden die Maßnahmen für Prozesse und eventuell auch A3-Berichte für Verbesserungsprozesse.

Entwicklung eines Lehrers, der eine kritische Gruppe von „Lean"-Denkern hervorbringt

Gruppenleiter führen ein Miniunternehmen mit Unterstützung

Führungskräfte müssen geschult werden, um Gruppenleiter zu entwickeln, die wiederum Teamleiter und -mitglieder entwickeln. In der frühen Phase der Selbstentwicklung und der Entwicklung anderer konzentrieren wir uns normalerweise auf Führungskräfte und arbeiten dann mit diesen zusammen, um Gruppenleiter zu entwickeln, wohl in einer kontrollierten Umgebung, also genau als Anleitung zum Lernen. Dann dehnen wir dies auf andere Bereiche aus.

Es läuft nicht immer in so klar umrissenen Bahnen, aber das wäre der Idealfall. Man baut den Lehrer auf, der wiederum den Schüler aufbaut, der wiederum einen Lehrer aufbaut, der wiederum einen Schüler aufbaut und so weiter. An diesem Punkt haben wir eine kritische Gruppe und wenn jemand eingestellt wird, gibt es bereits eine Menge Lehrer, die die Indoktrination in die Kultur übernehmen können.

Die Arbeitsgruppe beherrscht eine Reihe von Prozessen. Wenn Sie der Gruppenleiter sind und es sich um einen materialintensiven Bereich — wie zum Beispiel das

Metallstanzen – handelt, haben Sie eine gewisse Anzahl an Stanzmaschinen zur Verfügung. Ihre Aufgabe ist es, zu produzieren. Ihre Aufgabe ist es, mit hoher Qualität zu produzieren. Ihre Aufgabe ist es, die Sicherheit der Teammitglieder zu gewährleisten. Ihre Aufgabe ist es, dafür zu sorgen, dass die Maschinen auf einem hohen Niveau arbeiten. Sie sind verantwortlich dafür, dass die Plättchen der Stanzmaschinen schnell gewechselt werden können, wenn Sie kleinere Sätze produzieren müssen. All das liegt in der Verantwortung des Gruppenleiters. Der Gruppenleiter ist also effektiv der Besitzer eines Kleinunternehmens – der Besitzer von zehn oder zwölf Stanzmaschinen.

Gruppenleiter zu sein umfasst folgende Aufgaben:

- o   produzieren
- o   für hohes Qualitätsniveau sorgen
- o   für Sicherheit sorgen
- o   Betrieb der Maschinen auf hohem Niveau
- o   schnelle Wechsel
- o   für hohe Arbeitsmoral sorgen

Welche Rolle spielen also Supportgruppen? Welche Rolle übernimmt zum Beispiel die Wartung? Die Aufgabe der Wartung ist es, den Gruppenleiter zu unterstützen. Der Gruppenleiter ist Kunde der Wartungsabteilung, und als Wartungsmitarbeiter muss man ein guter Serviceanbieter sein. Andersherum brauchen gute Serviceanbieter aber auch gute Kunden. Die Wartungsabteilung könnte zum Beispiel die Gruppe darum bitten, jeden Tag die Wartungsarbeiten durchzuführen. „Überprüfen Sie den Flüssigkeitsstand, den Filter, wechseln Sie den Filter" – dies erwartet man in einer Toyota-Produktionsstätte –, und wenn man sich daran hält, verlängert sich die Lebensdauer der Anlagen um ein Vielfaches. Wenn die Wartungsabteilung den Gruppenleiter jedoch darum bittet und dieser die Anfrage nicht ernst nimmt sowie seine Gruppe nicht dazu anhält, sich darum zu kümmern, werden die Maschinen ausfallen und die Wartungsabteilung muss viel Zeit dafür verwenden, dies wieder hinzubiegen, und man wird wahrscheinlich mehr Wartungspersonal benötigen.

In Georgetown, Kentucky, hat sich der Standard aller Key Performance Indicators (KPIs) verbessert. Jedes Jahr gibt es neue Herausforderungen, um auf ein höheres Niveau zu erlangen. Die Arbeitsgruppen erreichen oder übertreffen sogar das erwartete Niveau. Auch im nächsten Jahr gibt es wieder weitere Herausforderungen, um Verbesserungen zu erzielen. Wenn dort ein neues Produkt auf den Markt kommt, unterbricht dies den Prozess und einige der KPIs sinken und müssen wieder angehoben werden, damit es nicht zu einem linearen Verlauf kommt. Doch jedes Jahr, egal wo man anfängt, gibt es normalerweise in jedem Bereich am Ende des Jahres eine Verbesserung. Dort verbessert man sich sehr konstant, da man sehr effektive Arbeitsgruppen gebildet hat, die das richtige Training und die richtige Unterstützung seitens der Führungsspitze und der Supportgruppen bekommen haben.

Schaffung einer kritischen Masse in einem großen Unternehmen

Nehmen wir einmal an, ich bin ein Betriebsleiter und bin mit „Lean" vertraut. Ich führe eine Firma mit 700 Mitarbeitern, die in puncto „Lean" bei null anfangen. Viele Vorgesetzte werden auf die herkömmliche Weise geschult und die Arbeiter hatten bisher noch keine Berührung mit der kontinuierlichen Verbesserung. Wie lange würde es dauern, an den Punkt zu gelangen, an dem sich erste Anflüge von täglicher Verbesserung zeigen, an dem im Betrieb effektive Meetings und echtes *Kaizen* vorherrschen, an dem ich, egal wo ich hingehe, echte Verbesserungsaktivitäten erleben kann? Ich würde sagen, wenn man ein wirklich fähiger Betriebsleiter ist, stellen sich erste sichtbare Verbesserungsmöglichkeiten nach etwa zwei bis drei Jahren ein. Um an den Punkt zu gelangen, an dem sich sowohl die Gruppenleiter als auch die Teamleiter wirklich entwickelt haben, so dass man sich beim Erreichen der Ziele auf sie verlassen kann, würde dies wenigstens fünf Jahre dauern.

Es ist eine große Verpflichtung und dieses Szenario setzt voraus, dass die Gruppen- und die Teamleiter im Betrieb bleiben. Wenn Sie Mitarbeiter entwickeln und dann die Umsätze sinken, könnte man Sie anweisen, Leute zu entlassen. Wen sollen Sie entlassen? Die ersten Positionen, die oftmals geopfert werden, sind die Teamleiter, da sie nicht direkt für die Produktion benötigt werden. Man braucht einige Vorgesetzte, aber man braucht kein Verhältnis von eins zu fünf von Teamleitern zu Teammitgliedern, um die Produktion zu bewältigen. Die Position wird geopfert und sofort geht *Kaizen* zurück. Außerdem waren die Teamleiter auch Ihre zukünftigen Gruppenleiter – Sie können also nicht mehr auf eine Auswahl potentieller Gruppenleiter zurückgreifen, die Sie befördern können. Dies kann dazu führen, dass alles in sich zusammenbricht. Die Unternehmen finden sich in einem drei- bis fünfjährigen Kreislauf von Umsatzeinbußen und Entlassungen, gefolgt von einer Phase des Wachstums und Wiedereinstellungen, wieder – ein permanent labiler Zustand. Man erreicht einen bestimmten Punkt, dann bewegt man sich wieder rückwärts, man erreicht einen bestimmten Punkt und geht wieder zurück.

Ist der Betriebsleiter nach drei Jahren tatsächlich so erfolgreich, wird er oder sie befördert und an anderer Stelle eingesetzt. Er geht und jemand anders nimmt seinen Platz ein – jemand, der nicht so viel davon versteht, ein „Lean Leader" zu sein, und es wird zu einer Verschlechterung im Betrieb kommen. Für einige Zeit werden gut eingespielte Gruppen weiter funktionieren, aber es ist nur eine Frage der Zeit, bis alles zusammenbricht.

Bei Toyota denkt man langfristig und man nimmt sich Zeit für die Entwicklung gut ausgebildeter Gruppenleiter, Teamleiter und Manager auf allen Ebenen. Wenn Toyota einen neuen Standort in den Vereinigten Staaten von Amerika eröffnet, verfügt das Unternehmen bereits über eine Vielzahl von erfahrenen Leuten in den existierenden Betrieben. Einer dieser Betriebe wird dem neu eröffneten Betrieb als Mutterunternehmen an die Seite gestellt. Als beispielsweise das neue Werk in Mississippi eröffnet wurde, um den Toyota *Corolla* herzustellen, wurde ihm das kanadische Werk, in dem der *Corolla* bereits gebaut wurde, an die Seite gestellt. Dort wählte man einige der besten Manager und Gruppenleiter aus und schickte sie nach Mississippi. Auf diese Weise war es möglich, direkt mit der Entwicklung der Teamleiter zu beginnen, während das Werk noch eingerichtet wurde, lange bevor man mit der Produktion begann.

Rolle der B-Arbeit bei Toyota zur Ergänzung der Arbeitsgruppen

Toyotas Einteilung der Werks-Mitarbeiter

A-Arbeit: Produktionsteammitglieder, die an der Linie arbeiten
B-Arbeit: Produktionsteammitglieder, die von der Montagelinie abberufen wurden
C-Arbeit: Supportpersonal
D-Arbeit: Managementteam

Toyota klassifiziert die Mitarbeiter in den Fabriken mithilfe eines A-B-C-D-Systems. Zur A-Arbeit gehören Leute, die an der Basis und an den Autos arbeiten. Dann gibt es die B-Arbeit, zu der die Produktionsmitarbeiter gehören, die von der Montagelinie abberufen wurden, um an speziellen *Kaizen*-Projekten zu arbeiten. Während dieser Zeit verrichten sie keine direkte Produktionsarbeit. Wenn sie in die Produktion zurückkehren, werden sie oft zu Teamleitern befördert. Zur C-Arbeit gehören die Supportmitarbeiter, wie zum Beispiel das Wartungspersonal. In die Gruppe der D-Arbeit gehören alle Führungskräfte, was ein wenig unkonventionell ist, da man unter „A" meist die beste und unter „D" eine weitaus schlechtere Note versteht. In diesem Fall drückt das „A" aus, dass die Mitarbeiter in dieser Kategorie den größten Wert für das Unternehmen haben. Je weiter der Buchstabe im Alphabet, desto härter muss man arbeiten, um einen Mehrwert für das Unternehmen zu generieren. Wenn man der D-Kategorie angehört, sollte man besser versuchen, den Arbeitern aus „A" zu helfen, ihre Arbeit zu erleichtern, oder man bringt keinen Wert für das Unternehmen ein. Aus diesem Grund empfiehlt es sich, eine Zeit lang am *Gemba*, dem Ort, an dem Mehrwert geschaffen wird, zu verbringen.

In der Gruppe der B-Arbeit wird man von der Montagelinie für *Kaizen* abberufen. Normalerweise arbeitet man zwischen zwei bis drei Jahren an einem Projekt. Toyota bringt beispielsweise immer wieder neue Modelle auf den Markt. Sobald ein völlig überarbeiteter Toyota *Camry* in Produktion geht, ist das Team von Produktingenieuren bereits damit beschäftigt, an den Verbesserungen für das nächste Jahr und an einem „Facelift" für das darauf folgende Jahr zu arbeiten. Auf diese Weise gibt es ungefähr fünf Jahre später wieder einen brandneuen *Camry*. Wer ist für all diese Produktionsveränderungen verantwortlich? In einem herkömmlichen Betrieb sind es die Ingenieure. Es könnten zum Beispiel Ingenieure auf Konzernebene sein, Ingenieure aus dem Bereich Verfahrenstechnik oder vielleicht auch Fertigungsingenieure. Sie arbeiten hart daran, das neue Produkt auf den Markt zu bringen und die neuen Anlagen aufzustellen. All dies läuft parallel zur Produktion und die Produktionsmitarbeiter sind dabei nicht wirklich involviert.

Im Fall von Toyota wird aus der Kategorie B eine Gruppe gebildet, die sich ein Pilotteam nennt – „Pilot" steht hierbei für Pilotproduktion, die vor der Serienproduktion steht. So arbeitet man in der Pilotphase an der nächsten Modelleinführung oder an den nächsten Veränderungen. Noch einmal: Es handelt sich um die Produktionsmitarbeiter. Sie entwickeln die ersten Standardarbeiten, arbeiten an der Taktung, am Werkzeug- und Maschinenlayout. Sie sehen sich sogar das neue Modell in der Konzeptphase an, wenn es noch nicht mehr als ein Modell aus Ton ist. Stündlich fliegen Produktionsmitarbeiter nach Japan, um die Modelle in dieser frühen Entwicklungsphase zu sehen, und lassen ihr Know-how einfließen: „Dies könnte beim Ausstanzen für uns zum Problem werden. Wir werden Falten in der Karosserie haben. Das Zusammenschweißen an dieser Stelle wird aufgrund des Designs äußerst schwer."

Bei dieser Arbeit handelt es sich um die Entwicklungsaufträge. Meist gehen diese Mitarbeiter nach drei Jahren als Team- oder sogar als Gruppenleiter in die Produktion zurück oder werden einem neuen Projekt zugeteilt.

Jedem Geschäftsführer sind mindestens ein paar Hundert Mitarbeiter zugeteilt. Man hat eine bestimmte Anzahl von B-Arbeitsplätzen in seinem Budget, um die *Kaizen*-Teams zu besetzen, für was auch immer diese die Verantwortung übernehmen. Man kann zum Beispiel der Geschäftsführer eines Stanzbetriebes sein. In diesem Betrieb gibt es eine Gruppe von fünf bis acht Arbeitern, die von einem Ingenieur angeleitet werden. Zusammen arbeitet man an einem *Kaizen*-Projekt. *Kaizen* von Produktionsmitarbeitern beinhaltet nicht nur Anregungen und Vorschläge des Produktionsteams, sondern auch Anregungen und Vorschläge von Team-, Gruppenleitern und den beteiligten B-Kategorie-Teams, die mit größeren *Kaizen*-Projekten beschäftigt sind.

Lasst uns nun das Beispiel eines B-Arbeiterteams näher beleuchten, das eine revolutionäre Veränderung im Karosseriebau im Toyota-Werk in Georgetown durch schrittweises *Kaizen* herbeigeführt hat.

Eine Materialfluss-Revolution schaffen (der Fall Minomi)

Minomi bedeutet „Teile ohne Behälter"

In *The Toyota Way to Lean Leadership* wird ein ausführliches Beispiel der Auswirkungen von *Kaizen* auf die Abteilung Karosseriebau des Werkes in Georgetown, Kentucky, beschrieben. Die Veränderungen wurden durch das Minomi-System herbeigeführt, was so viel heißt wie „Bewegen der Teile ohne Behälter". Üblicherweise befinden sich die Einzelteile in einer Art Behälter, dem Container etwa. Sind diese Teile besonders groß – wie im Karosseriebau –, benötigt man einen Gabelstapler, um den Container aufzunehmen und zu dem Bereich zu transportieren, wo die Teile zusammengesetzt werden. Der Container wird vielleicht auf einen Kippständer gestellt, um den Zugang zu den Teilen zu erleichtern. In Japan wurde eine Innovation eingeführt, die einen vollständigen Verzicht auf Container ermöglichte.

Abbildung 6-5. Dana-LKW-Teilewerk – Achsenvormontage, ohne Container geliefert (Minomi)

Das Foto (siehe Abbildung 6-5) zeigt Minomi in einem Dana-Werk für Lkw-Teile. Als Gary Convis bei Dana Corporation als CEO anfing, brachte er einige Toyota-Mitarbeiter mit. Diese hatten bereits in einigen Werken nach dem Minomi-System gearbeitet.

Sie können sehen, dass die Baugruppen für die Achsen auf Rollförderern und nicht in Containern transportiert werden. Sie werden in Rollwagen gelegt und dann durch ein fahrerloses Transportfahrzeug (FTF) zur Weiterverarbeitung gebracht (siehe Abbildung 6-6). Dort werden die Teile auf Durchlaufregalen abgestellt – somit ist keinerlei menschliches Eingreifen nötig.

Abbildung 6-6. Automatisch fahrende Wagen liefern vormontierte Achsen ohne Behälter

Wo liegt hierbei der Vorteil für die Produktionsmitarbeiter? Zuvor hatten sie große Container, in die sie greifen mussten, um die Teile zu holen. In einem *kanban*-System mit Teilen in Containern hat man normalerweise mindestens zwei Behälter. Während ein Behälter weggebracht und wieder aufgefüllt wird, arbeitet man mit dem zweiten. Wenn diese Behälter groß sind – sagen wir mal, etwas über einen Meter lang –, dann hat man zwei dieser Container nebeneinander, also wenigstens zwei Meter, die man auf und ab gehen muss, um die Teile zu holen, und die gleiche Strecke wieder zum Arbeitsplatz zurück, wo die Teile zusammengebaut werden. Die Standardarbeitsweise verändert sich, wenn man für ein Teil einen halben Meter zurücklegen muss und später für ein anderes drei Meter. Außerdem sind die letzten Teile in einem Container manchmal schwer zu erreichen, was für ein schlechtes ergonomisches Design spricht und auf Dauer zu körperlichen Schädigungen führen kann. Mit gut durchdachtem Minomi-System kann dies nicht passieren. Beim Minomi-System bleibt der Arbeiter an einer Stelle und die Teile werden ihm immer an die gleiche Stelle angeliefert. Bei den Standardarbeiten bleibt der Zeitablauf also bei jedem Zyklus der gleiche.

Die Einführung von Minomi beim Karosseriebau in Georgetown, Kentucky

Als Gary Convis Präsident des Toyota-Werkes in Kentucky war, erfuhr er von Central Motors, einem Unternehmen der Toyota-Gruppe in Japan. Dort hat man sich auf die Herstellung von Stahlkarosserien spezialisiert und produziert heute eine unglaubliche Vielfalt auf engstem Raum.

Sie war als eine der leistungsstärksten Karosseriewerkstätten Japans bekannt. Als Gary das Unternehmen besuchte, entdeckte er Minomi und war total begeistert: „Es ist einfach großartig!" Er begann, sich vorzustellen, wie effektiv man mit Minomi in Georgetown, Kentucky, sein könnte. Ein Nicht-Lean-Leader hätte wahrscheinlich einige Ingenieure rübergeschickt, mit der Anweisung: „Wir wollen Minomi überall. Findet heraus, was man dort getan hat, bestellt das nötige Equipment und baut alles auf." Gary aber war mit der „Lean"-Denkweise besser vertraut. Was tat er also? Er kehrte zurück in die USA und versammelte ein Team von Mitarbeitern um sich, hauptsächlich aus der Kategorie B, aus der Produktion und der Wartung, geführt von einem Ingenieur namens V.J. V.J. war ein genialer Ingenieur, vielleicht der beste, den das Werk zur Verfügung hatte. Er war außerdem etwas ungehobelt und nicht wirklich gut im Umgang mit Menschen. Mit diesen Informationen im Hinterkopf, erteilte Gary V.J. den Auftrag, mit einem Team von Schweißern für zwei Wochen nach Japan zu fliegen, was für sich allein schon eine große Sache war. Es kommt schließlich nicht häufig vor, dass ein US-amerikanisches Unternehmen Produktionsmitarbeiter nach Japan entsendet.

Ihre Aufgabe lag darin, sich die momentane Situation bei Central Motors genauer anzusehen, und wenn sie genug davon gesehen hatten, nach Hause zu kommen und zunächst etwas in der Richtung als Pilotprojekt umzusetzen. Im ersten Schritt waren V.J. und sein Team so überwältigt von dem, was sich ihnen bot, dass sie es einfach nachgemacht haben. Die Central Motors bedient sich eines Systems, das man als „Fleischerhakensystem" bezeichnen könnte. Stellen Sie sich Haken mit Rinderkadavern, Hühnern oder Puten vor. Sie alle hängen an den Fleischerhaken auf dem Förderband. Wenn man eines der Hühner abnimmt, um es zu verarbeiten, sorgt die Schwerkraft dafür, dass das nächste Huhn in die richtige Position rutscht. In unserem Fall handelte es sich nicht um Hühner, sondern um ausgestanzte Metallteile, Teile der Karosserie, die an diesen Haken hingen und die Haken waren an einem schmalen Rollenförderer unter der Decke angebracht. Wenn ein Arbeiter ein Teil abnimmt, sorgt die Schwerkraft dafür, dass das nächste in der passenden Position bereitsteht. Wenn das Rollregal mit Teilen beladen ist, schiebt man es nur noch weiter in den Schweißbereich und man braucht keine Container mehr. Zwar funktionierte es bei Central Motors sehr gut, aber in Kentucky versagte die Anlage, die daraufhin installiert wurde.

Warum hat es dort nicht funktioniert? Erstens: Wenn man die Wagen mit den daran hängenden Metallteilen bewegte, stießen diese gegeneinander und verursachten so Beulen und Einkerbungen. Bei Central Motors wurden diese Beulen beseitigt, indem die Teile zusammengehalten und später verschweißt wurden, da die Schweißsysteme dort pneumatische Vorrichtungen hatten, die die Teile durch großen Druck aneinander pressten und so kleine Fehler ausbügelten. In Georgetown verfügte man über diese

Technik nicht und so wurden Teile beschädigt. Das zweite Problem lag darin, dass sich die Teile durch die Zugluft bewegten. Dies machte das System zu einem Sicherheitsrisiko, wann immer ein Arbeiter seine Hand zwischen die Teile hielt.

Phase 1 war also, dass das Nachmachen fehlschlug. In Phase 2 überlegte man sich geeignete Gegenmaßnahmen. Eine innovative Idee lag darin, das Konzept insoweit zu verändern, dass die Teile nicht an Haken von oben hingen, sondern von unten durch Vorrichtungen gehalten werden sollten. Man dachte dabei an ein DVD-Regal, bei dem die einzelnen DVDs durch Abstandsregler an ihrem Platz gehalten werden. Diese Idee wurde dann auch umgesetzt. Auf ein Gleitblech wurden Metallfinger geschweißt, welche die Teile stabilisierten, ähnlich wie bei einer CD, die man in eine Halterung klemmt. Diese Taktik funktionierte hervorragend und die Teile waren besser fixiert.

Interessanterweise kam Phase 3 zu Stande, als man bei Central Motors von diesem System hörte und Mitarbeiter nach Kentucky schickte. Diese schlussfolgerten: „Dieses System ist besser als unseres." Und so begann man in Japan, mit diesem Konzept zu experimentieren. Man entdeckte, dass man mittels eines Roboters den Prozess des Be- und Entladens der Wagen im Stanzbereich automatisieren konnte. Der Roboter nahm die Teile auf und platzierte sie in den Behältern. Dadurch wurde der Mitarbeiter zum Entladen der Stanzmaschine überflüssig. Diesen Vorgang kopierte man dann bei TMMK (Toyota Motor Manufacturing, Kentucky) und konnte so zusätzliche Arbeitskosten beim Stanzen einsparen. Die Amerikaner kopierten nicht länger die Japaner – man lernte voneinander. Außerdem konnte auch der Stanzprozess mit einbezogen werden.

In Phase 4 setzte man in Kentucky weiter auf Automatisierung und setzte nun fahrerlose Transportfahrzeuge (FTFs) zum Transport von Stanzteilen in den Schweißbereich ein, wie wir bereits auf dem Dana-Foto sehen konnten. Die Teile wurden durch einen Roboter von der Stanzpresse aufgenommen und auf ein Regal gelegt, welches dann auf einen Wagen glitt, der dann von einem FTF zum Bestimmungsort in der Schweißabteilung gebracht wurde.

In Phase 5 – und bitte beachten Sie, dass es sich hier um Jahre, nicht um Monate, handelt – installierte man ein neues System, das Toyota „Set-Parts-System" (SPS) taufte. Bei diesem System werden die Teile A, B und C nicht in unterschiedlichen Chargen zur Montagelinie gebracht, wenn jedes Produkt jeweils eine Variante der Teile A, B und C braucht, sondern man liefert die spezifische Version von A, B und C, die für das entsprechende Modell gebraucht wird. In diesem Fall wird zum Beispiel nicht extra ein Wagen mit Türen, ein weiterer Wagen mit Motorhauben und ein Wagen mit Kleinteilen gebracht, sondern gleich ein Wagen mit der richtigen Motorhaube, der Außentür und Kleinteilen, die für das spezifische Modell gebraucht werden. Die Teammitglieder nehmen sich dann das benötigte Teil heraus, wie bei einem eigens aus Einzelteilen zusammengebauten Möbelstück von Walmart.

Auch diese wurden zunächst von einem Mitarbeiter zu den Stationen gebracht. Doch in Phase 6 wurde dieser Mitarbeiter durch ein FTF ersetzt. Zuerst brachte diese Neuerung mehr Arbeit mit sich, da eine Person die Einzelteile in den Wagen räumen musste, der dann vom FTF zur Produktionslinie transportiert wurde, doch die Vorteile im Hinblick auf die Produktivität überwogen die Kosten.

Da man das Konzept auf weitere Bereiche und Werke ausweitete, brauchte man mehr FTF. An dieser Stelle brachten dem Unternehmen die B-Arbeiter einen großen Nutzen ein, da ein sehr praktisch veranlagter Arbeiter eines Tages die Frage stellte: „Warum geben wir so viel Geld für fahrerlose Transportfahrzeuge aus?" – diese kosteten zwischen $30.000 und $40.000 das Stück –, und er schlug vor: „Wir könnten diese für einen Bruchteil der Kosten selbst herstellen."

Schließlich konnte man schweißen und auf diese Weise die Wagen selbst zusammensetzen, was man ja sowieso schon tat. Man kaufte also kleine mobile Roboter. Der Schlüssel lag in dem programmierten Computer, einem Roboter, der dem FTF sagte: „Hier anhalten, jetzt anfahren, entladen, hier anhalten und so weiter". Einer der Arbeiter erwies sich als guter Hobby-Programmierer und sagte: „Ich würde gerne versuchen, diese Dinge selbst zu programmieren. Gebt mir nur einen unprogrammierten Computer." Er fand tatsächlich heraus, was zu tun war.

Als ihr erstes selbstgemachtes FTF gebaut wurde, gab es eine große Feier. Man kann sich die Luftballons, das Essen, die Getränke und all die Menschen, die dort zusammenkamen, vorstellen. Selbst Gary Convis, der Präsident, kam zur Feier, stellte sich auf den Wagen und ließ sich um die Montagelinie ziehen. Von nun an kostete es nur einige Tausend Dollar, die FTFs herzustellen, was einen riesigen Gewinn bedeutete. Dieser Erfolg geht auf die Teammitglieder zurück, die es gewohnt waren, sich die Hände schmutzig zu machen und Dinge zum Laufen zu bringen.

Phase 7 beinhaltete, dieses Konzept auf die Zulieferer auszuweiten. Man bekam die Teile in großen Behältern angeliefert und musste diese in das Minomi-System einbringen. Was aber, wenn die Zulieferer die Teile selbst sequenzieren könnten? Auch diese Entwicklung brauchte seine Zeit.

All diese Phasen brauchten ihre Zeit. Innerhalb der Phasen fanden hauptsächlich die *Kaizen*-Aktivitäten statt, die notwendig waren, um an den Punkt zu gelangen, an dem man schließlich sein eigenes, automatisiertes System hatte, das genau zur richtigen Zeit die benötigten Teile an den richtigen Ort brachte. Die Arbeiter entnehmen einfach, was sie brauchen, aus dem Wagen. Es führte auch zu einer Verbesserung der Produktivität der Schweißer. Es verbesserte den Materialfluss und reduzierte außerdem die Zeit sowie die Kosten beim Umstellen der Produktion auf ein neues Produkt.

Minomi-Projektergebnisse

Was genau war also das Resultat dieses Minomi-Projekts, das von einem kleinen Team der B-Arbeiter unter der Leitung des außergewöhnlichen Ingenieurs V.J. angegangen wurde? Man schaffte 40 Gabelstapler ab, stellte 100 Arbeiter von der Montagelinie frei, und so lernte das Team, wie man seine eigenen FTFs baut und programmiert. So konnte man die Kosten für das gesamte Werk reduzieren. Diese Ergebnisse basieren auf lediglich der Hälfte der ausgestanzten Teile und *Kaizen* ging auch nach diesem Erfolg weiter. In der anderen Hälfte stellte man weitere 100 Jobs frei und schaffte weitere 40 Gabelstapler ab. Ein weiteres wichtiges Ergebnis war die Führungsentwicklung. V.J., da er diese Aktivitäten leitete, qualifizierte sich zur Führungskraft.

Nach dem Abschluss dieser Phasen machte ich mit V.J. einen Gang durch das Werk. Die verschiedenen Schweißbereiche befanden sich noch in unterschiedlichen Stadien der Entwicklung und der Vergleich war beeindruckend. Was mir besonders auffiel, während wir die Fabrikhallen begingen, war die Tatsache, dass V.J. jeden kannte. Jeder rief seinen Namen auf und wollte seine Hilfe bei etwas. „V.J., für dieses Minomi-System, das du eingebaut hast, haben wir eine Verbesserungsidee." V.J. schrieb alle Ideen auf, während wir durch das Werk zogen, verteilte High-Fives und schüttelte den Werksmitarbeitern die Hände. Er schien mir, der beliebteste Kollege für die Mitarbeiter im ganzen Werk zu sein – und das war dieselbe Person, die einige Jahre zuvor noch als solche beschrieben wurde, die nicht über genügend soziale Kompetenz bzw. kommunikative Art im Umgang mit Menschen verfügte. Nun wollten viele Schweißer unbedingt in sein Team. Er konnte sich also sein Team nach seinen eigenen, strengen Kriterien selbst zusammenstellen.

Der Grund dafür, warum sie alle in sein Team wollten, war das phänomenale Training und die Entwicklung, die sie durch *Kaizen* erzielten. All dies war nur dank Gary Convis möglich, der sich jede Woche mit dem Team von V.J. traf und das Projekt sehr ernst nahm. Gary Convis, der Präsident, der 6.000 Mitarbeiter unter sich hatte, war in jeder Phase der Transformation persönlich involviert. Als er die Umsetzung in Japan sah, machte er nicht den Fehler, die sichtbaren Resultate zu kopieren. Er setzte einen *Kaizen*-Prozess in Gang und begann, zu experimentieren und mit der Zeit zu lernen. Er entwickelte das ursprünglich Gesehene weiter. Dies ist ein gutes Beispiel für *Kaizen* in Aktion und dem Wert der B-Arbeit sowie die Art und Weise, wie man einen erstklassigen Leiter wie V.J. entwickelt.

Ergebnisse des Minomi-Projekts

- o Abschaffung von 40 Gabelstaplern
  - ➔ + weiteren 40 Gabelstaplern
- o Freistellen von bis zu 100 Jobs

  - ➔ + weiteren 100 Jobs

Teams lernten, wie man ein FTF baut und programmiert und man reduzierte damit die Kosten von $25.000 auf $4.000. V.J. blühte als Leiter eines kleinen Teams auf, das er selbst schulte und entwickelte.

Standardwerk zur Unterstützung von *Kaizen* in Arbeitsgruppen

Standardarbeit für eine Busroute

Im Jahr 2005 hatten wir die Gelegenheit, die Firma Hertz bei ihrer „Lean"-Reise zu unterstützen. Eines der Hilfsmittel, die wir einführten, war ein Standardwerk für jeden Arbeitsplatz, den man bei der Hertz-Autovermietung sieht. Dies geschah durch Schulungen von internen „Change Agents", die mit den Mitarbeitern in allen Sparten arbeiteten, um Standardarbeit zu entwickeln. Einer der Services, die Hertz in den USA an vielen Flughäfen anbietet, ist ein Busservice zu den externen Anmietstationen.

Es wird garantiert, dass Sie nicht länger als zehn Minuten warten müssen. Um dies möglich zu machen, müssen Busse in regelmäßigen Zeitabständen abfahren und ihre Routen innerhalb der gleichen Zeit bewältigen.

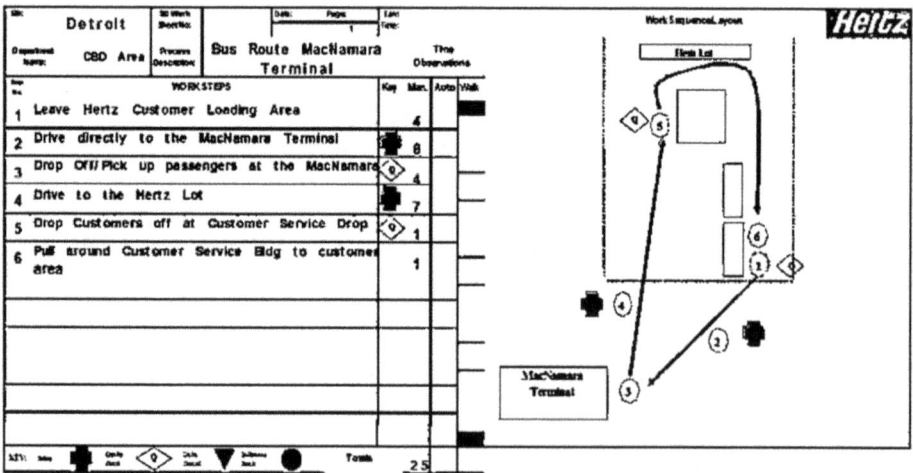

Abbildung 6-7. Die Hertz-Busroute: Detroit MacNamara Airport Terminal

Dies setzt voraus, dass alle Busfahrer einem Standard folgen. Für diesen Fall zeigen wir die einzelnen Schritte, die zum Beispiel mit dem Verlassen des Kundenladezone beginnen, um dann zum MacNamara Terminal zu fahren (siehe Abbildung 6-7). Jeder einzelne Schritt ist klar definiert. Wir zeigen außerdem, wie lange es dauern sollte und wo sich potenzielle Gefahrenquellen befinden, die umgangen werden müssen. Wir zeigen auch, wo eine Qualitätsüberprüfung stattfinden sollte sowie präsentieren das Layout. Dies ist ein typisches Standardarbeitsblatt. Die Route dauert insgesamt 25 Minuten, folglich bräuchte man drei Busse, um die 10-Minuten-Garantieverpflichtung zu erfüllen.

Aufgliedern der Arbeit für weiteres Training

Es gibt es weiteres Diagramm, das bei Toyota Work Element Sheet (Aufgabenbeschreibung), manchmal auch einfach „Arbeitsblatt", genannt wird. Der Sinn dieses Diagramms ist die Schulung. Die Standardarbeit vermittelt ein Bild davon, was man auf hohem Niveau tun sollte, inklusive Timing. Um aber richtig geschult zu werden, muss man noch weiter ins Detail gehen und jeden größeren Schritt in viele kleine zerlegen, denn jeder dieser kleinen Schritte zeigt, wie es getan werden sollte. Auch Eckdaten sollten enthalten sein, genauso wie die Gründe für diese Daten wie Qualität oder Sicherheit. Daraus ergibt sich dann das Werkzeug für die Schulung der Busfahrer.

WORK ELEMENT SHEET

Area ___   Date ___   Job ___   Team Leader ___   Writer By ___   Supervisor ___

KEY POINTS
Safety: Injury avoidance ergonomics danger points
Quality: Defect avoidance check points standards
Technique: Efficient movement special method
Cost: Proper use of materials

IMPORTANT STEPS	KEY POINTS	REASONS FOR KEY POINTS
Step # 1 Leave Hertz Customer Loading Area	1) Play "talking bus" 2) Check Mirrors 3) Raise bus if lowered 4) Open gate using opener	1) Customer safety, destination, and luggage warning. 2) Watch for customers or traffic. 3) Prevent mechanical problems with bus. 4) Prevent bus delay and damage
Step # 2 Drive directly to the MacNamara Terminal	1) Obey traffic laws 2) Yellow light stop observance. Brake unless unsafe. 3) Watch for merging traffic 4) Obey speed limit 5) Play "talking bus" as entering the terminal.	1) Customer and Driver safety, as well as other traffic. 2) Michigan Traffic Law 3) Customer and Driver Safety. 4) Safety and Michigan Law. 5) Give the customer vital information.
Step # 3 Drop Off/Pick up Passengers at the MacNamara Terminal	1) Aid Passengers needing assistance 2) Watch for proper luggage placement 3) Watch for approaching customers 4) Close door and activate "talking bus"	1) Customer relations 2) Customer safety 3) Customer service 4) Customer information
Step # 4 Drive to Hertz Lot	1) Obey Traffic Laws. 2) Yellow light stop observance. Brake unless unsafe. 3) Watch for merging traffic 4) Obey speed limit 5) Play "talking bus" as reaching Point 5 6) Watch for traffic pulling away	1) Customer and Driver Safety as well as other traffic. 2) Michigan Traffic Law 3) Customer and Driver Safety 4) Safety and Michigan Law. 5) Give the customer vital information. 6) Safety of all concerned
Step # 5 Drop customers off at Customer Service Drop Off Area	1) Visually inspect to ensure all luggage taken off 2) Watch for customer before closing door 3) Watch for pedestrians and vehicles 4) Obey 10 mph Speed Limit	1) Customer does not forget something. 2) Customer safety 3) Safety and Vehicle damage 4) Hertz regulations
Step # 6 Pull around building to Customer Loading Area	1) Park in Designated Area if 2 buses are in loading area 2) Pull up to the Pick-Up Area as soon as it is open. 3) Lower bus (optional) 4) Leave Bus running	1) Customer relations 2) Customer safety 3) Customer service 4) Customer information

Abbildung 6-8. Die Hertz-Busroute: Work Element Sheet

Dies ist ein Ausschnitt des Work Element Sheets (siehe Abbildung 6-8). Daraus geht hervor, dass man zum Beispiel, bevor man die Kundenladezone verlässt, den „sprechenden Bus" abspielt – das ist die kurze Audioansage, die man hört, wenn man in den Bus steigt. Man hebt den Bus wieder, wenn man ihn zuvor für Fahrgäste mit einer Behinderung heruntergelassen hat und öffnet die Fahrgasttür mithilfe von Türöffnern. Für jede dieser Handlungen gibt es Gründe und wenn man einen Busfahrer schult, kann man daraus die Agenda für die Schulung ableiten. Man erzielt dies durch Wiederholungen – beschreiben, zeigen und den Betroffenen selbst ausprobieren lassen –, dann die Schlüsselpunkte tiefer gehend erklären und ihn dabei weiter selbst ausprobieren lassen. Diese Methode nennt man „Job Instruction Training" (Ausbildung am Arbeitsplatz). Diese Art der Ausbildung wurde erstmals von Toyota in den USA durchgeführt. Entwickelt wurde das Programm „Training Within Industry" (TWI) während des Zweiten Weltkriegs für das Verteidigungsministerium. In meinem Buch *Toyota Talent*, an dem David Meier mitgearbeitet hat, wird dieses Programm detailliert beschrieben.

Work Element Sheet (WES) für die Schulung

- bricht das Standardwerk in immer detailliertere Abschnitte auf

- enthält wichtige Punkte und erklärt das WARUM

  - Qualität
  - Sicherheit
  - Fertigkeiten

- erläutert einige Arbeitsschritte mithilfe von Skizzen

Eine der Hauptaufgaben eines Gruppenleiters liegt darin, die Mitarbeiter zu schulen. Wenn Sie ein Gruppen- oder Teamleiter sind, schulen Sie Mitarbeiter darin, der Standardarbeit zu folgen, Sie prüfen die Standardarbeit und wenn Sie Abweichungen entdecken, fragen Sie nach dem Warum. Das Warum könnte darin liegen, dass Sie einen besseren Weg gefunden haben, dann übernehmen Sie dies in Ihre eigene Standardarbeit. Dies ist ein Weg, den Führungskräften einen Mehrwert durch *Kaizen* zu verschaffen.

Schritt für Schritt Abweichungen vom Standard beheben

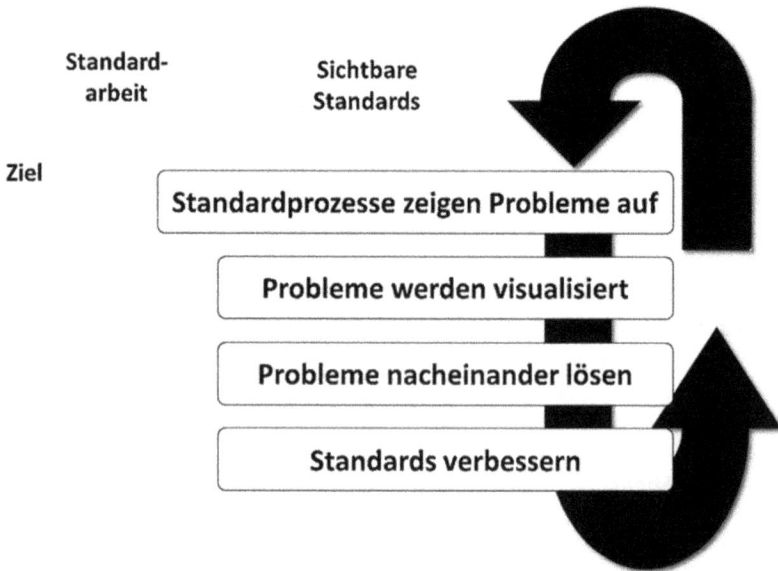

Quelle: Michael Ballé

Abbildung 6-9. Lean-Systeme zeigen Standardabweichungen auf, so dass wir die Probleme sukzessive lösen können

Durch klare Standards (siehe Abbildung 6-9) und Erkennen von Abweichungen von Standards können Probleme visuell dargestellt werden. Die Definition des Problems ist nun eine Abweichung von der Standararbeit. Auf diese Weise kann man die Probleme lösen, während sie auftauchen und nicht abwarten, bis sie sich häufen. Sonst blicken Sie später auf die Statistiken von drei Monaten und wer weiß schon, was vor drei Monaten genau passiert ist? Wir streben die Lösung von Problemen eins nach dem anderen an, anstatt das Lösen von vielen Problemen auf einmal, was viele Möglichkeiten für den Deming-Kreislauf birgt, was wiederum weitere Chancen für das Erlernen von Problemlösungen durch Werker, Gruppen-, Teamleiter und Manager mit sich bringt.

Rollen und Verantwortlichkeiten von Standardarbeit

All dies hängt davon ab, dass Mitarbeiter Verantwortung für die Entwicklung, Befolgung und Verbesserung der Standards übernehmen. Wer ist verantwortlich und was sind die Aufgaben? Die wichtigste Aufgabe des Teammitglieds, also diejenigen, die die tatsächliche Arbeit leisten, liegt in der Befolgung von Standards. Mache es so, wie es im Buch steht, aber suche gleichzeitig immer nach Verbesserungsmöglichkeiten und vermeide die Verschwendung sowie mache Vorschläge zur Verbesserung der Standardarbeit. Die Experten, die Ingenieure, setzen ein vorläufiges Standardwerk bei Projektbeginn auf. Bei Toyota diskutierten wir die Rolle der Pilotteams, die aus den Produktionsmitarbeitern bestehen und Teil dieses Prozesses sind. Die Experten überprüfen auch jede Veränderung, die einen technischen Einfluss auf Qualität,

Produktivität oder Sicherheit haben könnte. Der Gruppenleiter kann außerdem weitere Mitarbeiter mit einbeziehen, wenn etwas über ihr persönliches Know-how hinausgeht. Außerdem überarbeiten die Experten das Standardwerk regelmäßig.

Der Teamleiter ist im Umgang mit der „Job Instruction"-Methode geschult, bei der das Standardwerk in einzelne Elemente aufgeteilt wird, um die Teammitglieder entsprechend zu schulen. Sie müssen für diese Aufgabe allerdings zertifiziert werden. Sie entwerfen auch die Arbeitsblätter (WES), überwachen die Teammitglieder, indem Sie zum Beispiel jeden Tag ein anderes Teammitglied überprüfen, um sicherzustellen, dass alle Elemente des Standardwerks befolgt werden, und sie arbeiten mit den Teammitgliedern und Gruppenleitern zusammen, um neue Standardwerke zu entwickeln und Ideen für Verbesserungen zu finden.

Zusätzlich überarbeitet der Gruppenleiter das Standardwerk durch eine förmliche Prüfung und überprüft noch einmal die Überarbeitung, die der Teamleiter vorgenommen hat – manchmal in Kollaboration mit dem Teamleiter. Er bewertet die Änderungsvorschläge für die Standarbeit, koordiniert neue Produkteinführungen, das Training bzw. die Ausbildung, die Teammitglieder-Entwicklung sowie gewisse Verbesserungen. Jeder hat seine Rolle rund um Standardarbeit.

Selbst die Manager und Assistant Manager werden mit eingebunden. Sie dürfen nicht nur in ihren Büros sitzen und jeden Tag zu Meetings gehen, sondern man schaut mal persönlich in den Produktionsbereichen vorbei und stellt sicher, dass die Standardarbeit, die „Job Instruction"-Methode und *Kaizen* tatsächlich befolgt werden. Natürlich muss man befähigt sein, durch Beobachtung der Arbeiter feststellen zu können, ob die Standards befolgt werden, und zwar regelmäßig. Man schult die Gruppenleiter und Teammitglieder sowie überprüft, ob die Standardarbeit statisch ist oder sich tatsächlich verbessert.

Teamleiter

- unterrichtet die Teammitglieder anhand des Standardwerks mittels der „Job Instruction"-Methode
- erstellt Work Element Sheets
- überwacht die Teammitglieder in Bezug auf die Befolgung der Standards
- arbeitet mit den Teammitgliedern und Gruppenleitern an der Entwicklung neuer Standards
- sucht nach Möglichkeiten zur Beseitigung von Verschwendung

Gruppenleiter

- überwacht die Teammitglieder in Bezug auf die Befolgung der Standards
- bewertet die Vorschläge von den Teammitgliedern für neue Standards
- koordiniert die Einführung neuer Produkte
- koordiniert die Ausbildung und die Entwicklung der Teammitglieder

- sucht nach Möglichkeiten zur Beseitigung bzw. Verminderung von Verschwendung

Manager / Assistant Manager

- stellt sicher, dass Standards sowie die „Job Instruction"-Methode im Betrieb befolgt werden
- überprüft regelmäßig, ob die Teammitglieder Standards in der Produktion befolgen
- überprüft und initiiert alle Änderungen des Standards

GL: {Gruppenleitername}			Teamleitername			
Name: Jeff	Schlüssel		Mike	Mary	Mark	Margaret
	⊞ 0%					
Abt: Assy	◐ 50%					
Datum: 01/01/08	● 100%					
	Prozess oder Fertigkeit					
1	Team 1 Prozesse		●	⊞	◐	●
2	Team 2 Prozesse		◐	●	⊞	●
3	Team 3 Prozesse		⊞	●	●	●
4	Team 4 Prozesse		●	◐	⊞	●
5	Zeit / Anwesenheit		●	◐	⊞	●
6	Arbeitskreis Sicherheit		●	⊞	⊞	●
7	Leitung Qualitätszirkel		⊞	◐	●	●
8	Kostenkomitee		●	⊞	⊞	●
9	Ausschussverwertung		●	⊞	⊞	●
10	TPM on equipment		●	●	●	●

Abbildung 6-10. Multifunktionales Arbeitertrainingsblatt

Standardarbeit sowie das Job-Instruction-Training erfassen außerdem, wer für welche Fähigkeiten zertifiziert wurde (siehe Abbildung 6-10). Das multifunktionale Schulungsblatt stellt alle Teammitglieder dar, und wenn in der Spalte ein vollständiger schwarzer Kreis erscheint, erledigt man die entsprechende Arbeit auf einem Leistungsniveau von hundert Prozent. Sie können der Darstellung entnehmen, dass sich die Schulungsniveaus der Mitarbeiter in den verschiedenen Arbeitsbereichen unterscheiden. Diese Darstellung ist eine große Hilfe, um Herauszufinden, ob man die Arbeitserfordernisse erfüllt werden. Sie zeigt, wie viele Mitarbeiter für die entsprechenden Arbeiten qualifiziert sind und wie viele es sein sollten. Durch diese

Darstellungsweise lassen sich auch Mitarbeiter zuordnen. Wenn jemand ausfällt und die Arbeit von anderen Mitarbeitern übernommen werden muss, kann der Gruppenleiter mithilfe dieses Arbeitsblattes leicht erkennen, wer für welche Arbeit qualifiziert ist.

Was ist „Leader Standard Work"?

In *The Toyota Way* ist ein Manager ein Lehrer, und dieser Lehrer fungiert, an die Kampfkunst angelehnt, als Meister, und die Angestellten sind die Lehrlinge. Dieses spezielle Foto (siehe Abbildung 6-11) wurde im Toyota-Werk in Texas aufgenommen. Es zeigt jemanden, der mir beigebracht hat, wie man während der Großen Rezession die Problemlösungskompetenz unterrichtete. Zu dieser Zeit kamen die Teammitglieder zur Arbeit, obwohl gerade keine Autos gebaut wurden. Sie wurden jeden Tag unterrichtet. Die Aufgabe des Mentors ist es, Sie herauszufordern – Ihre Denk- und Arbeitsweise –, Ihnen Aufträge zuzuteilen und Sie dabei genau zu beobachten, wie Sie damit umgehen, ohne viel Feedback zu geben. Schließlich wird der Mentor Ihnen Feedback geben und Sie einem konkreten Auftrag zuordnen.

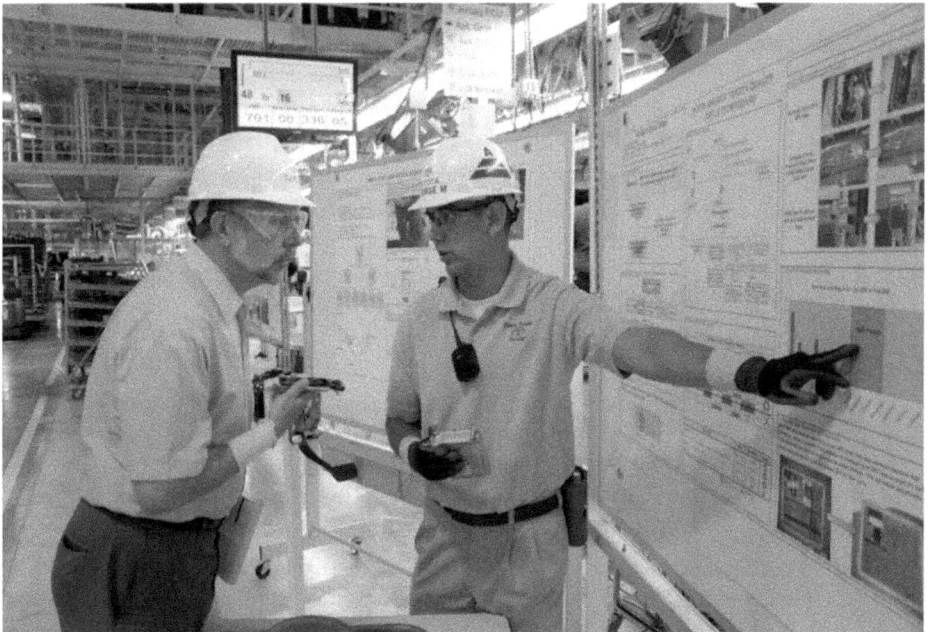

Abbildung 6-11. Am *Gemba* lernen

Die „Meister-Lehrling"-Beziehung, die vor einigen hundert Jahren noch üblich war, wurde bei Toyota immer beibehalten. Wenn Ihnen eine Aufgabe zugeteilt wird, gibt es jemanden, der Sie zuvor unterrichtet und dieser jemand ist meistens Ihr Chef. Wenn Sie an einem speziellen Projekt mitarbeiten, kann es auch jemand sein, der Experte für das

Toyota-Produktionssystem (TPS) ist. Man behandelt diesen Mentor mit Respekt, ja, wie ein Auszubildender seinen Meister behandeln würde.

Als Steve St. Angelo zum Beispiel nach Georgetown, Kentucky, ging, um zunächst Executive Vice President und später Präsident zu werden, war er genauso wie Gary Convis zunächst ein Lehrling unter einer Vielzahl von Meistern – den Japanern –, die ihm beibrachten, wie man Präsident des Kentucky-Werkes in Georgetown wird. Trotz seiner jahrelangen Erfahrung als Führungskraft bei GM und NUMMI, ordnete er sich bereitwillig unter und lernte auch von allen Arbeitern dazu, während er deren Jobs kennen lernte. Diese Art des Eins-zu-Eins-Trainings ist die richtige Art der Ausbildung am Arbeitsplatz – die Entwicklung direkt am Arbeitsplatz. Seit kurzem hat sich innerhalb der „Lean"-Bewegung der Begriff „Leader Standard Work" herauskristallisiert. Diese beruht zu großen Teilen auf der einfachen Annahme, dass „Lean Leaders" schon ganz einfach dadurch auszeichnen, dass sie an den *Gemba* gehen, Fragen stellen oder eine Checkliste abarbeiten. In der Theorie ist „Leader Standard Work" ein gutes Konzept. Was wir wirklich erreichen wollen, sind die sich wiederholenden Muster, die den aktuellen bestwissenden Weg zur Planung und Steuerung von Business-Aktivitäten darstellen.

Standardarbeit ist der Routeanteil des Jobs

Es gibt Bereiche bei den Aufgaben einer Führungskraft, die zur Routine werden können. Was wir hier zeigen (siehe Abbildungen 6-12 bis 6-14: Tony McNaughton, ein ehemaliger Toyota-Manager), ist, dass der Anteil von wiederholenden Aufgaben im Vergleich zu den einmaligen Aufgaben, je nach Niveau einer Führungskraft variiert. Je höher man in einem Unternehmen aufsteigt, desto mehr muss man auf einmalige Umstände reagieren und auf angemessene Art improvisieren können. Je mehr man sich mit den Aufgabenbereichen eines Gruppenleiters vertraut wird, desto größer wird der Routineanteil des Jobs.

Sehen wir uns zum Beispiel die Teamleiter bei Toyota an (siehe Abbildung 6-12). Sie arbeiten außerhalb der Montagelinie und beantworten die *Andon*-Calls. Ein Teamleiter kann bis ins Detail darauf trainiert werden, diese Meldungen wahrzunehmen. Was passiert, wenn das Licht angeht? Nun sind Sie gefragt – der Scheinwerfer ist auf Sie als Teamleiter gerichtet. Das Teammitglied zieht nur an dem Strick. Damit ist seine Aufgabe erfüllt. Das Problem wurde erkannt. Was prüfen Sie zuerst? Sie können diese Fragen sehr routinemäßig angehen, aber in der Realität ist jede Situation an der Montagelinie anders und es sind die Fähigkeiten gefragt, die weit über die Routine hinausgehen.

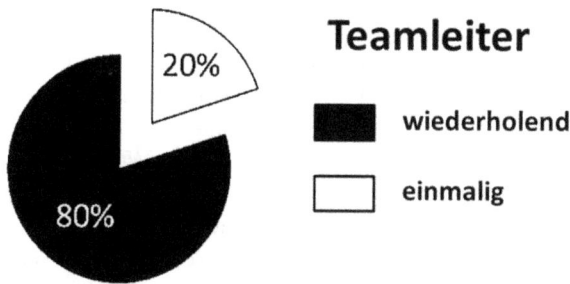

Abbildung 6-12. Theoretische Anteile der Teamleitertätigkeiten, die einmalig und wiederkehrend sind

Was passiert, wenn ein Teil fehlt? Was passiert, wenn ein Teammitglied einen Fehler bezüglich der Qualität gemacht hat? Wie entscheidet man, ob es gerechtfertigt ist, tatsächlich die gesamte Montagelinie anzuhalten, oder ob man genug Zeit hat, das Problem zu lösen, während sich die Teile weiterbewegen? Was macht man, wenn das Problem zu groß ist und man es nicht lösen kann, so dass man um Hilfe bitten muss? Für diese Fälle gibt es festgelegte Regeln, obwohl oft auch Improvisation gefragt ist.

Es gibt natürlich auch Routineaufgaben, die man als Teamleiter zu erledigen hat, wie zum Beispiel zu prüfen, ob die Werkzeuge selbst im Qualitätsbereich liegen. Ist beispielsweise das Drehmoment des Drehmomentschlüssels innerhalb des akzeptablen Bereichs? Man übernimmt die Qualitätsprüfung und nimmt die Daten auf, die dann beim nächsten Teammeeting an der Tafel präsentiert werden. Vor Beginn der ersten Schicht müssen Dinge kontrolliert werden. Als Teamleiter kommt man früher, damit alles für die Produktion bereit ist. Circa 80 Prozent der Arbeit besteht aus sich mehr oder weniger wiederholenden Aufgaben und 20 Prozent davon erfordern Improvisation in Einzelsituationen. Eine Maschine fällt aus einem Grund aus, was man noch nie gesehen hat, und Improvisation ist gefragt. Aber auch in diesem Fall ist in einem „Lean"-System der Gruppenleiter nie weit, um zu helfen.

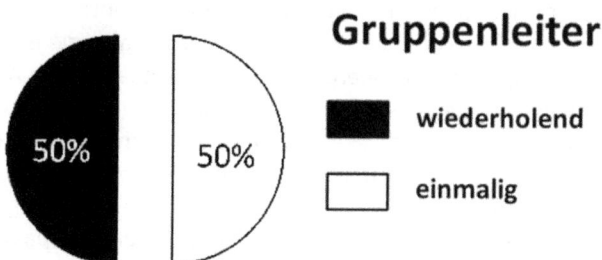

Abbildung 6-13. Theoretische Anteile der Gruppenleitertätigkeiten, die einmalig und wiederkehrend sind

Unserer Erfahrung nach besteht die Arbeit eines Gruppenleiters zu etwa 50 Prozent aus Routineaufgaben (siehe Abbildung 6-13). Der Gruppenleiter ist der erste Vorgesetzte. Ein gewöhnlicher Tag beginnt mit dem Studium der Notizen im Betriebsbuch, die der Gruppenleiter der vorangegangenen Schicht hinterlassen hat. Dann begeht man zusammen mit den Teamleitern die Montagelinie, um sich die Situation vor Ort anzusehen und alles für die Produktion vorzubereiten. Wenn die Teammitglieder zur Arbeit erscheinen, begrüßt man sie namentlich, schaut ihnen in die Augen und fragt nach dem Befinden, um festzustellen, ob alles in Ordnung ist. Manchmal erscheint jemand nicht zur Arbeit und es müssen mit den anderen Gruppenleitern Anpassungen bei der Arbeitsaufteilung vorgenommen werden. Man geht die Checklisten wie 5S durch und kontrolliert, ob die Sicherheitskleidung getragen wird. Als Nächstes entwirft man einen Plan für den Tag. Dieser umfasst Teammeetings, Sicherheits- und Qualitätsbesprechungen.

Wenn die Produktion läuft, geht der Gruppenleiter außerdem die Montagelinie ab und reagiert auf Auffälligkeiten. Es gibt auch Routineaufgaben, wie beispielsweise die Überprüfung des Standards und der Wartungsfortschritte durch die Arbeiter. Wenn die Produktion angehalten wird, gibt es eine Vielzahl von Computer- und Schreibarbeiten zu erledigen, wie Kalkulationen, Berichte und das Ausfüllen des Betriebsbuches für die nächste Schicht. In dieser Phase werden auch oft *Kaizen*-Aktivitäten geplant.

Geht man nun nach oben weiter, auf Managementebene, beträgt die Routinearbeit nur noch 20 Prozent. 80 Prozent der Arbeit besteht hier in der Reaktion auf sich ändernde Umstände und die Befriedigung der Bedürfnisse der Mitarbeiter. In einem Punkt stimmen wir mit dem „Leader Standard Work"-Konzept nicht überein, denn wir glauben, dass auch ein Manager einen Vorteil daraus ziehen kann, die 20 Prozent der Routinearbeit zu standardisieren und so produktiver zu werden (siehe Abbildung 6-14). Einer der fünf Arbeitstage kann also relativ routinemäßig gestaltet werden und diesen Teil sollten Sie versuchen, zu standardisieren. In dieser Zeit sollten Sie einen Routineweg für das Mitarbeitertraining erlernen. Die Fragen sind vielleicht bereits standardisiert, es braucht aber zusätzliches Training, weiter gehende Fragen zu stellen, um den Lernenden an einen tiefer gehenden Ansatz bzgl. Verbesserungen heranzuführen.

Andere Dinge muss man über die Jahre von seinem Mentor durch „On-the-Job-Development" lernen – die taktischen Bereiche des Jobs –, also die Bereiche, die nicht verfahrenstechnisch aufgeschrieben werden können. Diese taktischen Aufgaben erlernt man durch Erfahrung im Umgang mit vielen verschiedenen Umständen und Situationen. Man entwickelt ein Repertoire an Fähigkeiten, die es einem ermöglichen, richtig mit dem Mitarbeiter umzugehen, der ständig fehlt. Man lernt, mit der Maschine umzugehen, die andauernd ausfällt und dabei die ganze Produktion für einen Tag lahmlegen könnte. Man lernt, mit dem Lieferanten umzugehen, der eine Lieferung verpasst hat. Um die Durchbruchziele in der Unternehmensstrategie zu erreichen, muss man funktionsübergreifend führen können. Diese Dinge muss man viele Male zuvor gemacht haben. Obwohl jede Situation einzigartig ist, ähnelt sie den Situationen aus der Vergangenheit. Man entwickelt ein Repertoire an Fähigkeiten für diese 80 Prozent und die übrigen 20 Prozent sind quasi Routine, also sich wiederholende Aufgaben, für die sich tatsächlich Abläufe niederschreiben lassen.

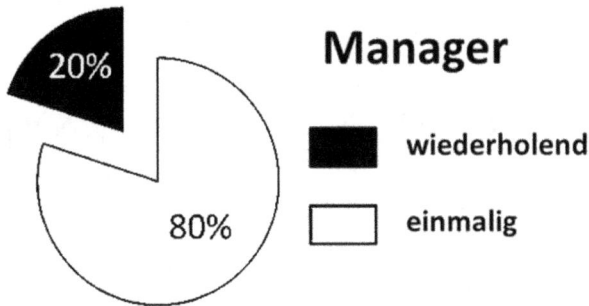

Abbildung 6-14. Theoretische Anteile der Managertätigkeiten, die einzigartig und wiederkehrend sind

Standardarbeit für Führungskräfte ist am *Gemba*

Ein Teil der Routine eines „Lean Leaders" liegt in den täglichen Besuchen am *Gemba*. Als Beispiel stellen wir in der Abbildung 6-15 den täglichen Gang des Betriebsleiters durch die Fabrik dar. Dieser Gang sollte jeden Tag gemacht werden – Ausnahmen gelten nur in Notfällen –, um die Prozesse im Betrieb zu prüfen. Die Abbildung zeigt auch die Bereiche, für die man sich entschieden hat: „Hier werde ich mich heute besonders vertiefen." oder: „Für diese Arbeitsgruppe werde ich mir mehr Zeit nehmen." Diese Notizen werden jeden Tag aktualisiert und so gibt es in jedem Bereich Dinge, die überprüft werden müssen.

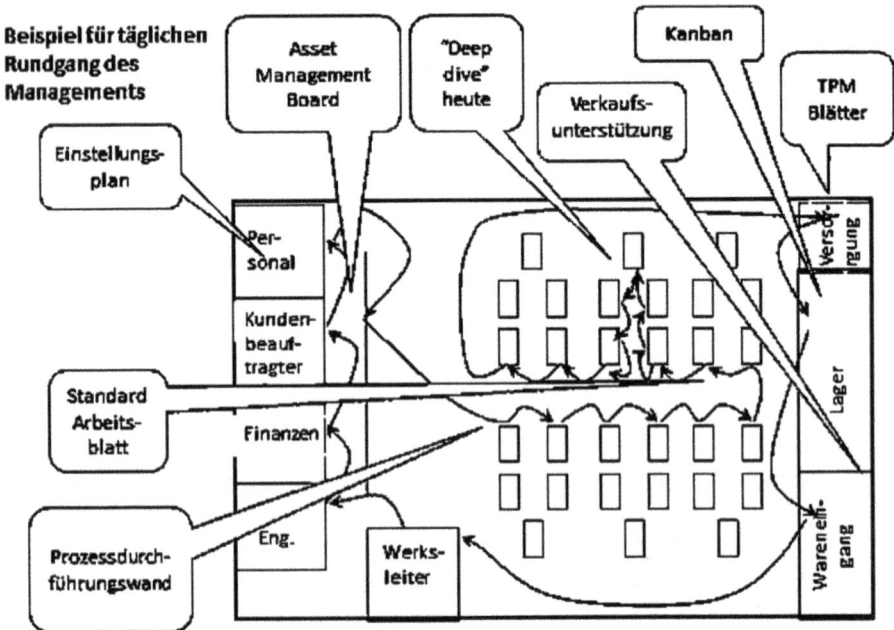

Beispiel für täglichen Rundgang des Managements

Asset Management Board

"Deep dive" heute

Kanban

Verkaufs-unterstützung

TPM Blätter

Einstellungs-plan

Versorgung

Per-sönal

Kunden-beauf-tragter

Standard Arbeits-blatt

Finanzen

Lager

Prozessdurch-führungswand

Eng.

Werks-leiter

Warenein-gang

Quelle: Tony McNaughton, ehemaliger Toyota-Manager
Abbildung 6-15. Beispiel einer täglichen Gemba-Begehung des Werksleiters

In jedem Bereich wurde etwas festgelegt, worauf man sich bei den Besuchen konzentriert, und dies verändert sich mit der Zeit. Im Personalbereich (Human Resources) könnte dies beispielsweise der Einstellungsplan sein, zu dem in Zukunft mehr Fragen gestellt werden. Wenn die Betriebsleiter den Plan vor Augen haben und den aktuellen Status sehen können, ist es sehr viel einfacher für sie, die richtigen Fragen zu stellen und das Mitdenken der Mitarbeiter anzuregen.

Aufgeschriebene Standardarbeit für Führungskräfte ist sicherlich hilfreich, aber dies ist nur der erste Schritt eines Leiters auf dem Weg zum „Lean Leader" – bis zu dem Punkt, an dem man keine schriftlichen Standards mehr braucht. Führungskräfte am *Gemba* sollten weit mehr tun, als nur herumzulaufen. Sie sollten systematisch den Prozess kontrollieren und Mitarbeiter trainieren. Sorgfältig ausgearbeitete Standards und visuelle Hilfen, die Abweichungen vom Standard klar darstellen, erleichtern diese Aufgabe. Für den Gang selbst sollte es einen klaren Plan und ein Ziel geben. Nur dann wird der Manager zum Lehrer und Trainer, und ist nicht bloß jemand, der herumspaziert und ab und zu Befehle brüllt.

Standardarbeit für Führungskräfte, wie wir es beschrieben haben, beinhaltet einen allgemeinen Gang im Produktionsbereich und die Überprüfung der Arbeitsplätze: Standard versus Ist-Zustand. Das Ziel liegt dabei im Training. Die Coaching-Kata, die wir in Kapitel 5 vorgestellt haben, gibt eine andere Art des „Leader Standard Work"-Konzeptes vor. Dabei werden Routinen zur Schulung von Verbesserungsprojekten hinsichtlich festgelegter Ziel-Zustände entwickelt. Der Fokus liegt dabei auf der Coach-Lerner-Beziehung. Dabei wird die Entwicklung von Verbesserungen der Routinen sehr viel strenger verfolgt als durch bloße Gänge zur Überprüfung der Arbeitsplätze.

Alles miteinander verbinden

Abbildung 6-16. Eine Produktionsstätte, wo sich alle Teile am richtigen Platz befinden

Standard Work, Visual Management sowie Leader Standard Work sind alle miteinander verknüpft. Standards bieten anzustrebende Ziele, um Schwankungen zu reduzieren und die Produktion auf hohem Niveau zu halten. Das visuelle Management bietet ein einfaches Hilfsmittel zum Erkennen von Abweichungen und zum Lösen von Problemen. Durch ein „Leader Standard Work"-Konzept können die Führungskräfte entwickelt werden, da sie Routine für das Überprüfen des Systems sowie im Umgang mit Menschen am *Gemba* entwickeln können. Abhängig vom Visual Management und Standard Work, können die Führungskräfte außerdem anhand klarer Richtlinien und basierend auf Fakten ihre Mitarbeiter schulen.

Lasst uns eine Fabrik in Betracht ziehen, in der alle Voraussetzungen geschaffen wurden. Es gibt eine Tafel zur Visualisierung aller wichtigen Informationen für die Arbeitsgruppen. Ein Teamleiter befindet sich in der Zelle (siehe Abbildung 6-16). Wie Sie sehen, gibt es ein ausgefeiltes visuelles Management.

An der Tafel (siehe Abbildung 6-17) werden die Informationen über die Standardarbeit für jeden Arbeitsbereich, ein Diagramm zur Arbeitsauslastung, eine Ausbildungsmatrix, die anzeigt, wer für welche Tätigkeiten ausgebildet wird, sowie die Trendgrafiken ausgehängt, aus denen hervorgeht, wie bei der Überprüfung der Standardarbeit während einer Schicht vorgegangen wird. Es ist leicht zu erkennen, welchen Wert diese Tafel für einen Manager oder Gruppenleiter hat, der seiner eigenen Standardarbeit – der Schulung von Arbeitsgruppen – nachgeht.

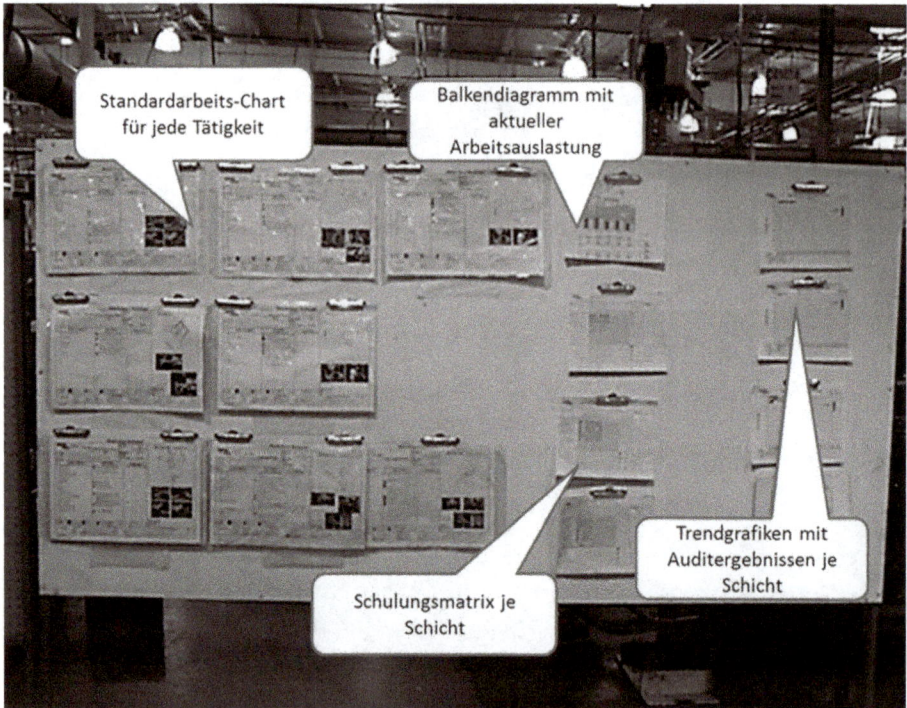

Abbildung 6-17. Eine visuelle Standardarbeits-Tafel

Dies ist eine Vergrößerung des Standardarbeitsblatts, dass bei Toyota von den Gruppen- und Teamleitern abgezeichnet werden muss (siehe Abbildung 6-18). In diesem Fall gibt es drei verschiedene Schichten und alle drei wurden abgezeichnet. Man sagt beispielsweise: „Ich stimme dem zu. Auf diese Weise wird diese Arbeit bewerkstelligt." Außerdem gibt es Änderungen, die von allen, die diesen Änderungen zustimmen, abgezeichnet werden. Diese Änderungen muss man dann den Arbeitern durch Ausbildungsmaßnahmen am Arbeitsplatz näherbringen.

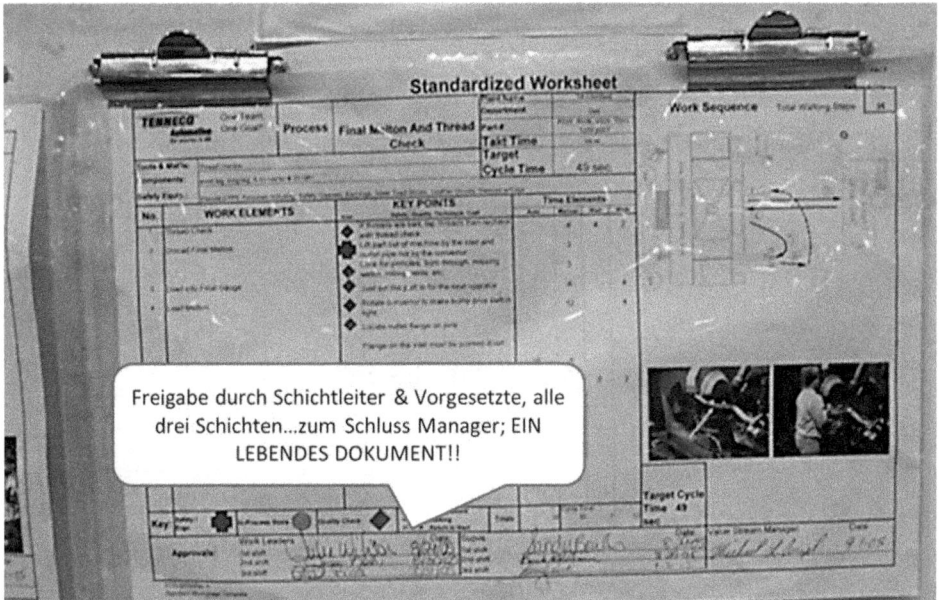

Abbildung 6-18. Standardarbeitsblatt

Abbildung 6-19 zeigt eine einfache Audit-Karte. Beachten Sie, dass es lediglich Ja-/Nein-Fragen gibt. „Ist die Standardarbeit am richtigen Platz? Ja oder Nein?" „Ist es auf dem neuesten Stand und abgezeichnet? Ja oder Nein?" In diesem Fall wurde es noch nicht abgezeichnet. Um die Punktzahl zu ermitteln, werden einfach die mit „Ja" beantworteten Fragen zusammengezählt. Die Karte ist absichtlich sehr einfach gehalten. Man könnte auch eine Fünf-Punkte-Skala einführen (ein Ergebnis von 1-5), aber dies wäre etwas komplizierter. Wenn die Standardarbeit richtig ausgeführt wurde, ist es entweder da oder nicht. Es ist entweder auf dem neusten Stand oder nicht. Die Details und der Grad der Aktualisierung sind hier gefragt. Indem man sein Ergebnis grafisch darstellt, finden sich Bereiche, die entweder „rot", „gelb" oder „grün" gekennzeichnet sind

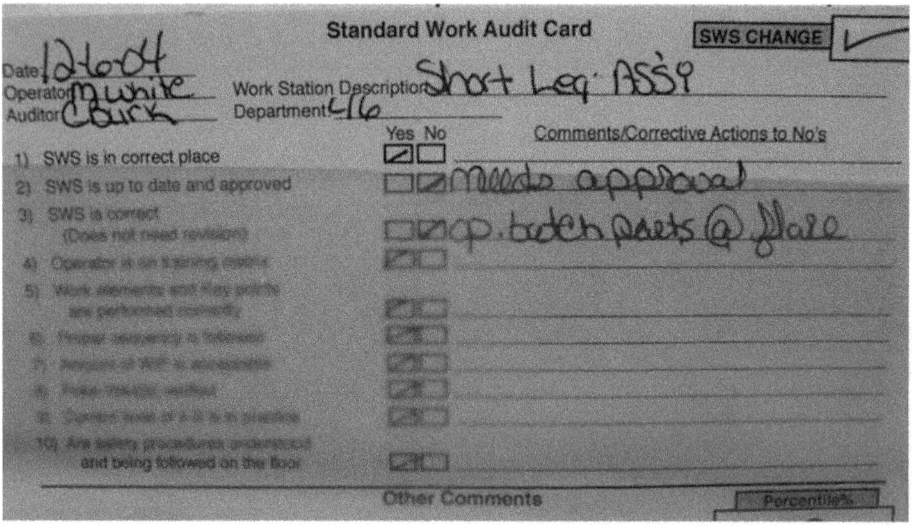

Abbildung 6-19. Standard Work Audit Card (Standardarbeitskontrollkarte)

Was ist der aktuelle Stand in Ihrem Unternehmen?

Worüber wir hier eigentlich sprechen, ist der Weg zu dem Punkt, an dem *Kaizen* ein fester Bestandteil der täglichen Arbeit im Unternehmen geworden ist. Ein wichtiger Punkt besagt, dass es sehr schwierig ist, nahezu unmöglich, einen Prozess systematisch zu verbessern, wenn es keine Standards gibt, da ein Problem als Abweichung vom Standard definiert wird. Dieser Standard könnte zum Beispiel ein Arbeitsstandard sein, bei der man alle Schritte in der angegebenen Reihenfolge befolgt, zum Beispiel, dass die Werkzeuge immer an den gleichen Platz gelegt werden, wie bei der 5S-Methode. Oder es könnte sich auch um einen technischen Qualitätsstandard handeln. Der Standard könnte auch ein angestrebtes Ziel hinsichtlich der Leistungskennzahlen sein – zum Beispiel, wenn der alte Standard für Fehler während einer Schicht zuvor bei zehn lag und der neue Standard für Fehler per Schicht bei fünf liegt. Es kann sich um eine Ziffer auf einer Grafik handeln oder um etwas Greifbares, wie die maximale Anzahl von Behältern, die im laufenden Betrieb erlaubt ist.

Zudem muss jeder im Team seine Rolle verstehen – die Ingenieure, die Gruppenleiter, die Teamleiter, die Teammitglieder und die Manager. Jeder muss seine Rolle in Bezug auf Entwicklung, Kontrolle, Wartung und Verbesserung der Standards verstehen, um die seitens des Unternehmens erwarteten Ziele zu erreichen. Ein Großteil von *Kaizen* passiert innerhalb der Arbeitsgruppenstruktur. Gerade in diesem Arbeitsbereich liegt das *Kaizen* hauptsächlich in der Verantwortung der Arbeitsgruppen. Bitte bewerten Sie diese Aussagen hinsichtlich der Bedeutung für Ihr Unternehmen (siehe Abbildung 6-20):

Aktueller Stand von täglichem Kaizen in Ihrem Unternehmen?

1= kritische Lücke, 2=erhebliche Lücke, 3= einige bedenkliche Lücken, 4= kleinere Lücken, 5= Wir haben es geschafft

1. Leiter auf unterster Führungsebene und Teammitglieder sind in Arbeitsgruppen organisiert.
2. Arbeitsstandards sind vorhanden und werden regelmäßig aktualisiert.
3. Arbeitsstandards sind die Basis für Mitarbeiterschulungen.
4. Leistungskennzahlen sind für jede Arbeitsgruppe ersichtlich und mit eindeutigen Verantwortlichkeiten für die Erreichung anspruchsvoller Ziele versehen.
5. Technische Projekte werden als langfristige Kaizen-Aktivitäten betrachtet und durch die Teammitglieder unterstützt.

Abbildung 6-20. Fragen für die Bewertung von täglichem Kaizen

Bei Nummer 1 geben Sie bitte lediglich an, ob Sie mit Arbeitsgruppen arbeiten, was die meisten Unternehmen bereits tun. Ich würde dies nur hoch bewerten, wenn der Anteil von Leitern zu Teammitgliedern etwa so hoch wie bei Toyota ist – also etwa fünf bis acht Teammitglieder je Leiter. Ansonsten gibt es nicht genug Teamleiter, um die Teammitglieder ausreichend zu unterstützen.

Nummer 2 sagt aus, dass es einen Arbeitsstandard gibt und dieser auch regelmäßig überarbeitet wird. Es mag zum Beispiel einer vorhanden sein, der allerdings nicht in jedem Bereich immer auf den neuesten Stand gebracht und als Hilfsmittel für *Kaizen* benutzt wird.

Nummer 3 besagt, dass ein Arbeitsstandard die Basis für Mitarbeiterschulungen bildet. Verfügen Sie über ein „Work Element Sheet" mit wichtigen Punkten und Gründen, das gut strukturiert ist, wie beispielsweise das „Job Instruction Training", um alle Ihre Angestellten ausbilden zu können? Das ist eher unwahrscheinlich.

Bei Nummer 4 erwarten wir, dass die Leistungskennzahlen für jede Arbeitsgruppe klar ersichtlich sind und die Zuständigkeiten zur Erreichung der gesteckten Ziele klar verteilt sind. Zu guter Letzt erwarten wir bei Nummer 5, dass ein bautechnisches Projekt als Abfolge von kleineren Langzeit-*Kaizen*-Aktivitäten angesehen wird, die von den Teammitgliedern (wie am Minomi-Beispiel gezeigt) unterstützt werden. Man hat ein großes Ziel vor Augen, das man mit vielen kleinen Schritten erreicht.

Es würde mich sehr überraschen, wenn Sie bei all diesen Punkten eine hohe Punktzahl erreicht hätten. Wahrscheinlich gibt es einige Bereiche in Ihrem Unternehmen, die einige „Vieren" verdienen und gut laufen, und wiederum andere Bereiche, bei denen Sie weit weniger Punkte erzielen und quasi bei null anfangen.

Interessanterweise gibt es auch innerhalb eines Toyota-Werkes diese Schwankungen. Diese werden zum Beispiel durch die unterschiedlich gute Ausbildung von Gruppenleitern hervorgerufen. Andere Schwankungen schleichen sich mit der Zeit ein, wenn ein Werk – zum Beispiel aufgrund der Einführung eines neuen Modells – viele Veränderungen erfahren hat, die Produktion wie verrückt läuft und alle Mitarbeiter Überstunden machen müssen. Es kommt vor, dass der Arbeitsstandard nicht auf dem neuesten Stand ist, die Ausbildung am Arbeitsplatz nicht durchgezogen wird und *Kaizen* reduziert wird – an diesem Punkt hört man bei Toyota: „Wir müssen zurück zu den Grundlagen."

Nachdem Sie sich selbst bewertet und Lücken aufgedeckt haben, denken Sie an die Kernpunkte, die Sie hier über das tägliche *Kaizen* gelernt haben und wie Sie diese in Ihrem Unternehmen umsetzen könnten. Jedes Unternehmen ist anders. Das Arbeitsstandards für die Arbeiten, die außerhalb der Routine liegen, kann nicht so detailliert beschrieben werden. Die Grafiken, wie diese hier dargestellt wurden, gestalten sich für Ihr Unternehmen schwieriger, die Arbeit an sich könnte nicht so klar umrissen sein. Wie können Sie trotzdem Standards für Ihre Arbeitsumgebung ableiten, die aussagekräftig, hilfreich und sichtbar sind? Wie können Sie diese Arbeitsstandards und die Leistungskennzahlen dann nutzen, um ein funktionierendes, tägliches Managementsystem einzusetzen, bei dem alle Ebenen daran beteiligt sind, die Arbeitsprozesse zu optimieren?

KAPITEL 7: VISION SCHAFFEN UND ZIELE DURCH *HOSHIN KANRI* ABSTIMMEN

Die Vision und die Fähigkeit schaffen

Das „Lean Leadership"-Modell um *Hoshin Kanri* aufzubauen

Wenn Sie tatsächlich all die Dinge, über die wir gesprochen haben, in Wirklichkeit erledigen könnten, wären Sie jetzt selbst entwickelt und würden jeden Tag damit verbringen, an den *Gemba* zu gehen, zu coachen, indem Sie großartige Fragen stellen und die Prozesse prüfen. Es gäbe überall visuelles Management, Sie hätten klare Kriterien, Sie würden Ihre Prozesse verstehen und alle Führungskräfte in Ihrem Unternehmen würden es auch tun. Als Führungskraft wäre es Ihre Aufgabe, herumzugehen sowie die Prozesse und Menschen zu überprüfen, um herauszufinden, wer für eine herausfordernde Aufgabe geeignet wäre und wer mit der derzeitigen Aufgabe zu kämpfen hat. Sie würden Ihre Methode, Probleme zu lösen und herausfordernde Ziele zu erreichen, ständig verbessern und Ihrem Unternehmen wird es besser und besser ergehen, während Ihre Wettbewerber diese Fähigkeit nicht besitzen und dadurch immer weiter hinter Ihnen zurückfallen.

Das wäre das Nirvana, das aber nicht in ein paar Wochen oder Monaten, sondern eher in fünf bis zehn Jahren zu erreichen wäre. Wenn wir das Modell durchgehen, denken Sie bitte daran, dass ich wirklich versuche, Ihnen dieses Modell und die Denkweise näherzubringen, dass Selbstentwicklung und die Entwicklung anderer, die Menschen als wichtigstes Gut anzusehen und die Disziplin eines großartigen Sporttrainers oder Dirigenten eines Symphonieorchesters zu besitzen, von zentraler Bedeutung sind. Was versucht wird, ist, alle Instrumente in der Symphonie zu entwickeln und dann in Harmonie zu spielen.

Jetzt werden wir den letzten Punkt – in Harmonie spielen – diskutieren. Sie haben an sich selbst gearbeitet, andere entwickelt und jetzt haben Sie vier starke Quartette, die alleine, aber relativ ungeordnet weitermachen können. Diese können proben und üben und werden immer besser und besser. Die Schlagzeuger tun es auch. Jede Gruppe des Orchesters verbessert sich und macht Vorschläge, wie Sie Ihren Dirigentenstil verbessern können.

Das Problem ist, dass nicht alle das gleiche Stück spielen. Da ist das Bach-Konzert, das von der Cellogruppe gespielt wird, und da ist die Mozart-Sonate, die auf Violinen gespielt wird; jede Abteilung spielt ihr eigenes Stück und zusammen klingt es fürchterlich.

Was ist *Hoshin Kanri*?

Sie müssen jetzt dafür sorgen, dass sich alle in die gleiche Richtung bewegen sowie die gleiche Kompetenz und Leidenschaft haben. Sie wollen ein Team sein. Sie sind dazu bereit, ein Team zu sein. Sie müssen schrittweise ein Musikstück finden und nun anders mit dem Orchester arbeiten. Es ist Ihre Aufgabe, sie vorzubereiten und ihnen zu helfen, sich selbst vorzubereiten, um Harmonie herzustellen. So wird man dazukommen, ein Stück zu spielen, zur rechten Zeit mit der richtigen Lautstärke, und man wird zusammen einen Klang erzeugen.

In Japan kam der Begriff Hoshin Kanri als Teil einer nationalen Bewegung in den 1950er- und 1960er-Jahren auf, die sich auf Qualität, das so genannte Total Quality Management (TQM), fokussierte. Hoshin heißt Richtung. Manchmal wird es analog zu Kompass verwendet. Wir spielen alle das gleiche Stück, bewegen uns in die gleiche Richtung und Kanri sagt, wie es gemacht wird. Bei der Entwicklung von Führungskompetenz hat man in den Stufen eins bis drei die Fähigkeit zu handeln entwickelt, das heißt, man weiß wie, aber man weiß nicht was. Man benötigt immer noch die Richtung. Man benötigt das Ziel, um Menschen danach auszurichten.

Was kommt zuerst?

Hier gibt es ein Henne-Ei-Problem. Wie können sich Menschen darauf konzentrieren, den Unternehmenserfolg zu verbessern, wenn sie keine gemeinsame Vision haben? Einerseits ist man wahrscheinlich schlechter dran, wenn man den Menschen die Vision vorgibt, diese aber haben die Fähigkeit dazu nicht. Wenn zum Beispiel die Violinisten die Noten nicht treffen oder die Trommler den falschen Rhythmus trommeln, kann dies durch kein noch so großartiges Dirigieren kompensiert werden. *The Music Man*, in dem ein angeblicher Dirigent unqualifizierte Kinder die großartige Musik spielen ließ, war ein großartiger Film, aber unrealistisch. Andererseits klingt es schrecklich und erzeugt unzufriedene Kunden, wenn man sehr gut ausgebildete Musiker hat, die alle verschiedene Stücke spielen.

Was kommt also zuerst? Ist es die Vision und der klare Zweck, die klare Ausrichtung, die Menschen dazu bringt, sich zu fokussieren und Wege zu finden, Probleme zu lösen, Prozesse und sich selbst zu verbessern, oder sollen die Menschen sich verbessern, um so die Fähigkeit zu erlangen, an *Hoshin Kanri*, einer abgestimmten Vision und den Zielen, teilzuhaben?

1 **Sich zu Selbstentwicklung verpflichten**
Lernen, die Nordstern-Werte durch sich
wiederholende Lernzyklen zu leben

4
Vision schaffen und
Ziele abstimmen
Eine Nordstern-Vision
schaffen & Ziele vertikal
und horizontal anpassen

Nordstern-Werte
• *Herausforderung*
• *Kaizen-Verständnis*
• *Go and See*
• *Teamwork*
• *Respekt gegenüber*
  Menschen

2
Andere coachen und
entwickeln
Das Potenzial von anderen
durch selbstentwickelnde
Lernzyklen sehen und
fördern

3 **Täglich Kaizen unterstützen**
Durchgängige Fähigkeiten im Daily
Management & Kaizen schaffen

Abbildung 7-1. Das Lean-Leadership-Development-Modell (der Fokus ist auf Stufe 4)

Das Lean-Leadership-Entwicklungsmodell (siehe Abbildung 7-1) erscheint sehr einfach und aufeinander aufgebaut. Sie sorgen zunächst dafür, dass sich Menschen entwickeln und gehen dann weiter zu *Hoshin Kanri*. Wenn ich eines gelernt habe, dann dies: die lineare Sicht auf die Welt wird sich als falsch herausstellen. Die Welt ist weitaus komplizierter.

Dieses Kapitel befasst sich mit der vierten Stufe und ich nehme an, dass Stufen 1 - 3 funktionieren, zwar nicht perfekt, aber zumindest mit dem ersten, guten Durchgang. Betrachten Sie das als Zyklus, der immer wieder von vorne anfängt, und mit jedem Zyklus lernen Sie durch den „PDCA"-Prozess. Sie planen, Sie führen durch, Sie überprüfen und Sie handeln. Sie werden besser, Ihre Leute werden besser; es gibt mehr Enthusiasmus, es entsteht eine höhere Arbeitsmoral. An einem bestimmten Punkt zieht man am gleichen Strang und bringt Menschen zumindest dazu, sich auf eine gemeinsame Vision auszurichten. Zusätzlich wird Ihr Senior Management zumindest den Job angemessen erfüllen und eine Vision schaffen sowie einen Prozess einführen, der jedermann dazu bringt, herauszufinden: „Was sollte ich tun? Was bedeutet die Vision für mich?" Es muss kein perfekter Prozess sein. Tatsächlich ist es zunächst eher schwerfällig, mit vielen Anläufen, denn bei allem, was man neu beginnt, ist dies der Fall.

Hoshin Kanri, um die Energie auf abgestimmte Lernzyklen zu konzentrieren

Bei *Hoshin Kanri* liegt der Fokus auf Abstimmung. Stimmen Sie Ihr großes fachliches Know-how und die Fähigkeiten, die Sie entwickelt haben, um die Dinge zu verbessern, ab, so dass jeder das Richtige zu einer bestimmten Zeit für das Geschäft verbessert und das Richtige für die Kunden tut. Dann ergibt sich ein konzentriertes und fokussiertes Bemühen. Sie wollen nicht, dass sich eine Gruppe auf Sicherheit, eine andere auf Kundenzufriedenheit und wieder eine andere auf Produktivität konzentriert. So erhalten Sie keine Synergie, die für den Kunden von Nutzen ist oder dem Unternehmen hilft, sich zu fokussieren. Sie werden dadurch keine Sicherheit und Produktivität erreichen.

Darum müssen Sie eine Vision schaffen und Ziele abstimmen. Dies wird umso leichter sein, je intensiver Sie sich mit Schritt 1 bis 3 befasst haben. Wenn Sie Leute haben, die bereit sind, gut lernen, lehren und optimieren können, dann ist alles, was Sie tun müssen, diese Energie wie einen Laserstrahl zu nutzen und sie zu fokussieren. Wenn Sie diese Energie nicht nutzen, werden Sie keine Fokussierung auf Optimierung erhalten. All diese Dinge passen letztlich zusammen, aber es gibt etwas wie eine logische Ordnung. Wenn Sie dies durcharbeiten, werden Sie die Lernzyklen durchlaufen. Sie möchten diese Lernzyklen auf individueller Basis so schnell wie möglich durchlaufen, um ein schnelles Feedback zu erhalten – je schneller die „PDCA"-Zyklen, desto schneller und tiefer der Lernprozess. Sie münden in immer größeren Lernzyklen.

Wenn Sie zurückblicken, würden Sie sich dann fragen: „Welcher Prozess ist das, mit dem ich mein erstes, komplexes Musikstück gespielt habe?" Das mag dann wie ein jahrelanger Lernzyklus erscheinen. In diesen Lernzyklus sind jedoch vielleicht hunderte von Lernzyklen eingebettet, die Sie bei praktischer Übung in immer wieder zu übende Einzelteile aufgespalten hätten. Die Lernzyklen sind abstrakte Konstrukte. Sie können einen Lernzyklus in einer Minute durchlaufen. Wenn Sie es in jeder Minute intensiv versuchen, schaffen Sie es und dann prüfen Sie, was geschehen ist und passen es an. Jede Anpassung könnte ein 10-Sekunden-Lernzyklus sein.

Der Punkt ist, dass Sie eine Lernmethode benötigen – „Deliberate Practice" –, mit der Sie bewusst versuchen, zu lernen. Sie kennen den Zweck. Sie haben etwas entwickelt, so dass Sie es testen möchten, und wenn Sie einen Fehler machen, wenn ein Ton nicht so ist wie gewünscht, finden Sie heraus, warum das so ist und passen es an und versuchen es erneut. Das ist der Zyklus von „Deliberate Practice". Möglicherweise wird ein Coach benötigt, um dabei zu helfen, den Grund für den Fehler zu finden und die notwendigen Anpassungen vorzunehmen.

Das Gegenteil von „Deliberate Practice" ist es, herumzuspielen. Sie können herumspielen, ohne wesentlich besser zu werden. Durch das Herumspielen jedoch erzeugen Sie interessante Töne und fühlen sich gut, da Sie durch viele Wiederholungen anfangen, besser zu werden. Vielleicht können Sie ein Stück auf niedrigem Qualitätsniveau spielen, aber Sie werden wahrscheinlich nicht mehr besser.

Da Führungskräfte Fähigkeiten entwickeln, die zur Optimierung führen, können Sie durch *Hoshin Kanri* ein immer höheres Level von koordinierter Optimierung erreichen. Dies wird in einigen englischsprachigen Büchern „Policy Deployment" genannt. Jeder, der etwas darüber erfährt, kann kaum abwarten, damit anzufangen. Allerdings ist es schwierig, Unternehmen zu finden, bei denen dies tatsächlich von oben nach unten durchgeführt wird und die alle Stufen von eins bis vier durchlaufen haben und gut darin sind.

Japanische Firmen, die Erfahrung mit *Hoshin Kanri* haben, haben sich für die Einjahreszyklen entschieden, also für einen Jahresplan. Vielleicht sind Sie im ersten Jahr noch nicht für *Hoshin Kanri* bereit, auch nicht für eine abgeschwächte Version, aber Ihre Optimierungsprojekte stehen vor klaren Herausforderungen, die an geschäftliche Erfordernisse gebunden sind. Im ersten Jahr konzentrieren Sie sich auf Schritte 1 bis 3. Einige Unternehmen konzentrieren sich einige Jahre auf Schritt 1, 2 und 3, bevor sie *Hoshin Kanri* testen. Früher oder später werden Sie es testen und wenn dies der Fall sein sollte, dann betrachten Sie es als Ihr erstes Experiment sowie als etwas, was Sie für den Rest Ihrer Karriere versuchen werden, zu verbessern.

Hoshin Kanri bei Toyota

Das Problem, Menschen auf gemeinsame Geschäftsziele auszurichten

Wie entwickelt man Menschen mit Fähigkeiten und Motivation, um auf eine gemeinsame Vision ausgerichtet zu sein?

Dies ist die uralte Managementfrage. Ich wette, man könnte sie in griechischen Schriften finden oder vielleicht noch früher. Die Führungskräfte kratzten sich am Kopf und fragten sich: „Warum machen Menschen nicht das, was sie machen müssten, und dies gut und mit Leidenschaft? Ich sage ihnen, was sie tun müssen, um erfolgreich zu sein. Warum machen sie es nicht einfach? Nun ja, Menschen sind von Natur aus Veränderungen gegenüber nicht aufgeschlossen. Sie sind nicht richtig erzogen. Sie sind faul." Führend sein bedeutet, man hat Anhänger, und wenn sie sich alle auf Ihre Version einigen, ist es der Idealfall.

Wenn ich diese Möglichkeit beliebigen Firmenchefs präsentieren würde, würden sie einwilligen: „Jawohl, das ist das, was wir wollen." Womöglich frage ich sie: „Wie erzielen Sie es?" Sie haben wahrscheinlich eloquente Antworten, aber diese basieren zum größten Teil auf einer zu simplen Auffassung von Motivation und Fähigkeit. Wahrscheinlich sagen sie so etwas wie: „Ich sage ihnen, was ich benötige, ich motiviere und begeistere sie, und somit haben wir ein positives Arbeitsumfeld und behandeln unsere Angestellten gut. Ich erwarte, dass sie die Arbeit den ganzen Tag über leisten, um dafür Geld pro aufgewendeten Arbeitstag zu bekommen, und daran arbeiten, die von uns festgelegten Geschäftskennzahlen zu erfüllen." Das ist ganz große Klasse, aber wie machen sie es? Es beantwortet nicht wirklich die Frage, wie sie es machen. Es lässt immer noch vermuten, dass Menschen irgendwie einen eigenen Weg finden, es auszuführen, auch wenn man das richtige Umfeld hat und Vorgesetzte klarmachen, was sie brauchen.

Eigentlich ist dieses Buch ein Lehrsatz, der besagt, dass eine Reihe von Fertigkeiten benötigt werden, die – wie jede andere Fertigkeit – ganz bewusst erlernt werden können. Dies geschieht nicht einfach nur aufgrund von charismatischen Vorgesetzten, die leidenschaftliche Reden halten, uns gut behandeln, attraktive Vergütungsstufen und ein sicheres Arbeitsumfeld bieten und dann Grundsätze klar formulieren. Menschen brauchen auch Strukturen, um gemeinsame Pläne zu entwickeln, sie brauchen Disziplin, Fachkenntnisse und tägliche Führung. Kurz gesagt, es werden gut durchdachte Pläne benötigt, die mit Motivation und Geschick auf allen Ebenen ausgeführt werden. Der Plan kann nicht statisch sein, da die Welt viel zu komplex ist. Vielmehr muss sich das Planen und Ausführen durch „PDCA" ständig weiterentwickeln.

Zur Geschichte von *Hoshin Kanri* bei Toyota

Toyota begann die Reise hin zu *Hoshin Kanri* im Jahr 1961. Größere Unternehmen in Japan nutzten *Hoshin Kanri* bereits als Teil des Total Quality Managements und zu diesem Zeitpunkt hatte Toyota Motor Company eine Menge erreicht. Das Toyota-Produktionssystem (TPS) wurde innerhalb von Toyota entwickelt und funktionierte ziemlich gut. Toyotas direkte Zulieferer wurden größtenteils in TPS geschult. Ingenieure, die sich die Hände schmutzig gemacht hatten, verbesserten fortwährend das Design und die Markteinführung von neuen Fahrzeugen.

Man hatte zwar viele clevere und hart arbeitende Mitarbeiter, aber Toyotas Unternehmensspitze begriff schnell: „Wir sind kein modernes, globales Unternehmen. Wir sind ein wirklich gutes, lokales Unternehmen, aber wenn wir unsere Ziele erreichen und ein langfristig erfolgreicher Autokonzern sein wollen, brauchen wir Maßstäbe und Maßstäbe entstehen durch Globalisierung."

Man entschied sich zur Modernisierung des Arbeitsprozesses. Der Geschäftsführer Eiji Toyoda, Cousin von Kiichirō Toyoda, ermittelte zwei grundlegende Bedürfnisse. Erstens musste man Ziele klarstellen; Toyota war zu jener Zeit in Sachen Qualität nicht wettbewerbsfähig. Ihre Qualität wurde besser, aber es gab eine Kluft zu US-amerikanischen Autoherstellern. Ziele klarstellen bedeutete nicht, dass er als Geschäftsführer seine Reden aufpolieren oder verdeutlichen musste. Er musste Ziele bezüglich der Kennzahlen haben, die für die Mitarbeiter von Bedeutung waren. Zweitens brauchte man ein Managementsystem, das ein funktionsübergreifendes Zusammenspiel vorantreibt. Es reichte nicht, Befehle zu geben, die vertikal die Hierarchie herunterkaskadiert wurden. Vertrieb, Technik, Einkauf, Marketing und Personalabteilungen mussten gemeinsame Ziele bestimmen und zusammenarbeiten, um diese Ziele zu erreichen. Der Kunde kauft ein Auto. Dieser Vorgang beginnt mit einer Idee und endet mit der Lieferung zum Kunden. Man kauft keine Dienstleistungen von voneinander unabhängigen Funktionsbereichen ein.

Nur mit den Händen zu winken und zu sagen: „Wir brauchen Qualität, wir brauchen weniger Fehler", wäre sicherlich nicht genug. Auch Menschen für Ziele, Fehler und

Kundenzufriedenheit verantwortlich zu machen, würde lediglich die Oberfläche ankratzen. Ich werde immer noch in der Stanzerei sein, Autoteile stanzen und sagen: „Was soll ich tun? Wir haben ein Fehlerprotokoll, wir wissen, wie viele Fehler wir im Betrieb machen, wir wissen, wie viele Mängel den Kunden betreffen, und wir wissen, dass sie mit der Karosserie nicht zufrieden sind. Dort sickern zu viele Luftgeräusche durch. Wir wissen all diese Dinge. Was soll ich tun? Woran soll ich arbeiten?"

Eine Ergebniskennzahl wie Fehler ist zu pauschal, um Menschen auf lokaler Ebene wirklich zu helfen, herauszufinden, was zu tun ist. Außerdem erkannte Eiji Toyoda, dass es nicht funktionieren würde, wenn er nur die erste Notwendigkeit gut umsetzt, sondern auch die zweite wesentliche Notwendigkeit – die bereichsübergreifende Zusammenarbeit – vorantreibt. Qualitätssicherung, Personalabteilung, Instandhaltung und Technik mussten eng zusammenarbeiten, um Qualität zu erzielen. Toyota entdeckte *Hoshin Kanri* in den 1960er-Jahren und begann, es durch ein konkreteres Ziel umzusetzen: „Wir wollen ausgezeichnete Qualität." Das konkrete Ziel war, den Deming-Preis zu gewinnen. Dr. W. Edwards Deming, der US-amerikanische Pionier der Qualitätskontrolle, war in Japan zu einem Qualitäts-Guru geworden, der statistische Prozesskontrolle und die Philosophie lehrte, Qualität aufzubauen und nicht zu überprüfen. Er wurde von Toyota hochgeschätzt und Japan gründete in seinem Namen einen Preis, der nur äußerst schwer zu gewinnen war. Eiji Toyoda stellte sich der Herausforderung: „Wir werden den Deming-Preis für Qualität gewinnen, um unsere Bemühungen als Unternehmen auf ein konkretes Ziel zu fokussieren." 1965 erreichte man das Ziel.

Toyotas *Hoshin Kanri* – Die Geschichte

1961: TMC identifizierte Modernisierungsbedarf auf Führungsebene, um global wettbewerbsfähig zu sein. Laut Eiji Toyoda gab es zwei fundamentale Notwendigkeiten:

- o Das Management muss klare Ziele definieren (insbesondere in Sachen Qualität) sowie die Mitarbeiter einbeziehen.
- o Ein Managementsystem, das bereichsübergreifende Zusammenarbeit fördert.

1965: Toyota gewinnt den Deming-Preis für Qualität

1972: *Hoshin Kanri* entwickelte sich so, wie es heute praktiziert wird

Von oben nach unten abgestimmte visuelle Kennzahlen, um den Jahresplan zu erfüllen

Eines der ersten Dinge, die Sie tun können, um Menschen in eine Richtung zu lenken, ist, die Kennzahlen am Arbeitsplatz auszuhängen, die von oben nach unten abgestimmt sind. Wir haben schon über die Bedeutung von visuellen Kennzahlen in Kapitel 6, als es um Arbeitsgruppen ging, gesprochen. Wir haben darüber gesprochen, wie sich die Arbeitsgruppen irgendwo treffen müssen, wie sie visuell wahrnehmen, was sie machen und schrittweise Pläne zur Optimierung entwickeln. Wir haben auch darüber gesprochen, dass das Management sich informieren, Prozesse und Menschen sowie, wie Kennzahlen erfüllt werden, verifizieren soll. Die Kriterien geben Ihnen einen Startpunkt: „Was ist unser Ziel? Wo sind wir? Wo sind wir rot, d. h. die Lücke zwischen dem Ziel und dem aktuellen Status." Dann können Sie mit dem Coaching beginnen.

Während der Rezession besuchte ich im Februar 2008 das Toyota-Werk in Indiana. Man hatte ungefähr acht Jahre lang Lastwagen, Minivans und große SUVs produziert und einen Qualitätspreis nach dem anderen erhalten. Zu der Zeit musste man für drei Monate schließen, da man zu viele Lastwagen hatte und die Nachfrage sehr stark zurückgegangen war. Dann kam die Rezession und man arbeitete weitere acht oder neun Monate mit einer Kapazitätsauslastung von 60%. Es wurden keine regulären Arbeitskräfte entlassen, aber man verwandelte das Werk in eine Art Universität, um das Toyota Produktions System drei Monate lang zu lehren, anstatt Last- und Geländewagen zu bauen. Danach arbeiteten und lernten die Teammitglieder jeweils zur Hälfte.

Eine Sache, auf die man sich konzentrierte, war *Hoshin Kanri*, indem man das Floor-Management-Development-System (FMDS), worüber wir in Kapitel 6 gesprochen haben, nutzte – ein System, wodurch man Leute dazu bringt, sich jeden Tag zu treffen, Probleme zu identifizieren, an denen gearbeitet werden muss, und sich in kleinen Schritten zu verbessern (*Kaizen*) – „PDCA", „PDCA" und wieder „PDCA". Zum ersten Mal wurden von den Arbeitsgruppen bis zum Senior Management die FMDS-Visualisierungstafeln eingesetzt (siehe Abbildung 7-2). Sie waren schon vor zehn Jahren in Japan entwickelt worden, um *Hoshin Kanri* zu unterstützen und die Toyota-Business-Practices zu lehren. Zu meinem Erstaunen verhielten sich alle, als wäre das etwas Neues. Ich hatte das schon vor zehn Jahren bei Toyota gesehen. Warum redete man in diesem großartigen Werk mit all seinen Qualitätspreisen über *Hoshin Kanri* und das Floor-Management-Development-System, als wäre es etwas Neues?

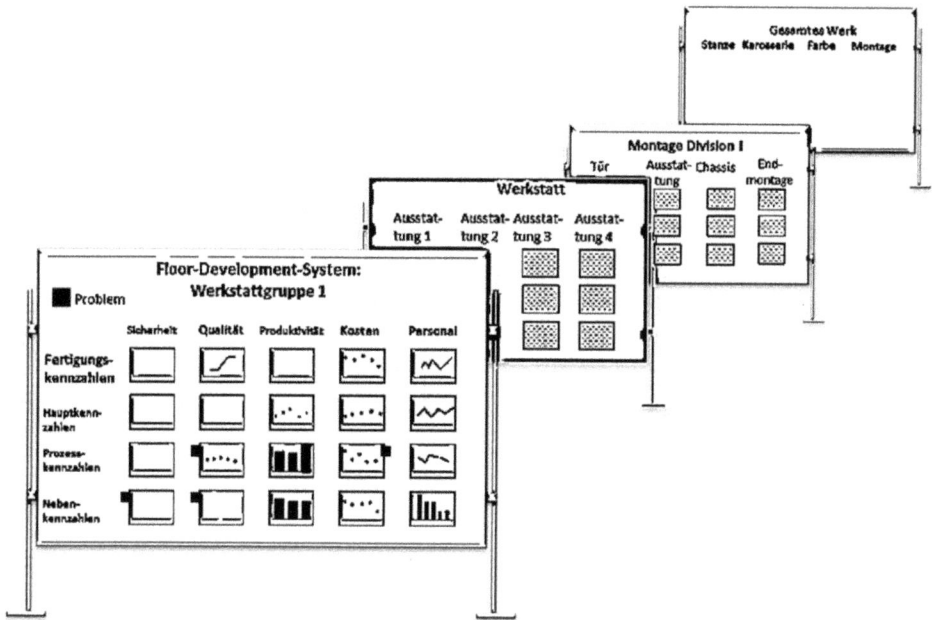

Abbildung 7-2. Visuelle Tafeln mit aufeinander abgestimmten Top-level- und Shopfloor-Kennzahlen

Und die Antwort war: „Wir haben unsere Mitarbeiter in *Kaizen* befähigt. Einige unserer Arbeiter kennen sich in *Kaizen* besser aus als die Manager. Wir haben so viele Autos produziert und regelmäßig Überstunden gemacht, dabei aber versäumt, mit diesen neuen Hilfsmitteln zu üben. Was wir wirklich nie gemacht haben, ist, uns Zeit zu nehmen, *Hoshin Kanri* systematisch in den gesamten Prozess einzubeziehen, so dass man im gesamten Werk nur eine Richtung verfolgt. Das tun wir jetzt, so dass wir die Zeit haben."

Man hatte gerade kürzlich Tafeln für das Floor-Management-Development-System (FMDS) für jede Arbeitsgruppe, die von einem Gruppen- und Teamleiter geführt wurde, installiert (siehe Abbildung 7-3). Wenn Sie zum Beispiel der Gruppenleiter eines Teils der Karosseriewerkstatt sind, die die Türen verschweißt, finden Sie in der oberen Zeile der Tafel die Hauptkennzahlen, die in der gesamten Karosseriewerkstatt für Qualität, Produktivität, Kosten und Personalmanagement gelten. Dies sind Standardkategorien und diese sind mit den *Hoshin*-Tafeln für den Leiter der Karosseriewerkstatt verbunden. Dies sind generelle Ergebniskennzahlen.

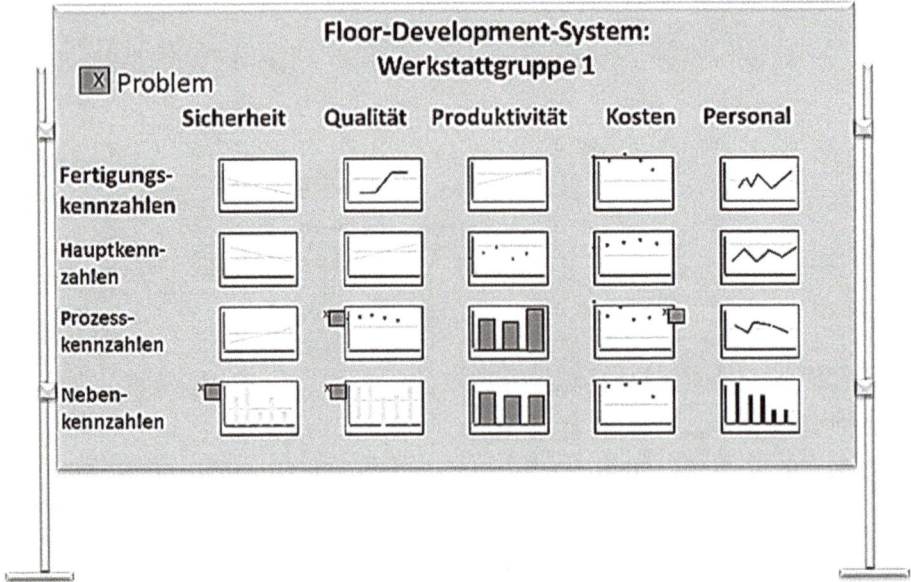

Abbildung 7-3. Das Floor-Management-Development-System-Board

In Krisenzeiten, als die Produktion eingestellt oder heruntergefahren wurde verpflichtete sich beispielsweise das Werk in Indiana den vom Präsidenten geforderten Zielen und hatte auch interne Ziele in Bezug auf Training und Entwicklung. Ein Schwerpunkt war Qualität. Man entschied sich, an den erwarteten Qualitätszielen für das folgende Jahr vorbeizuziehen und diese ein Jahr früher zu erreichen, da man Zeit zum Fokussieren hatte.

Das oberste Leistungskriterium waren die Fehler pro 100 produzierte Autos, was der Maßstab für das gesamte Werk war. Wie ich bereits sagte, sind die produzierten Fehler eine Ergebniskennzahl. Wenn man weiter nach unten auf der Tafel geht, müssen die Informationen zunächst einmal übersetzt werden. Eine Fehlerquelle, die man im Werk in Indiana entdeckte, war die so genannte „Verschandelung" der Karosserie, ein dramatisch klingender Ausdruck für Kratzer, Biegungen, Beulen in der Karosserie. Man fand den Ursprung für viele dieser Mängel in der Karosseriewerkstatt, wo gestanzte Teile zusammengeschweißt wurden. Jetzt haben wir einen werkstattspezifischeren KPI, der „Verschandelungen" genannt wird. Daraufhin wurde ein Ziel festgelegt, um diese Fehler zu reduzieren.

In der Karosseriewerkstatt gibt es Kontrollpunkte, an denen man Fälle von Karosserieverschandelungen und den dafür verantwortlichen Prozess erkennt. Die Arbeitsgruppen, die für diese Arbeiten verantwortlich sind, werden sich jetzt auf der Prozessebene auf jene konzentrieren, die die größte Anzahl von Fehlern verursachen.

Jetzt macht man so etwas wie Verbesserungs-Kata. Die Arbeitsgruppen beobachten den gegenwärtigen Betriebsprozess dieser Arbeiten, bestimmen den nächsten Ziel-Zustand, erkennen mögliche Hürden und fangen an, mit Gegenmaßnahmen zu experimentieren. Sie sind auf dem Niveau der „PDCA"-Zyklen. Sie erfassen ihre Tätigkeiten vielleicht unten auf dem FMDS-Board oder benutzen dafür ein gesondertes Flipchart oder ein Whiteboard. Als man sich im Fall von Indiana auf die Prozessebene konzentrierte, benutzte man ein Flipchart und durchlief die acht Schritte der „Toyota Business Practices" für jeden Prozess, der Verschandelungen verursachte. Für Gruppenleiter, Teamleiter und Teammitglieder war es die erste Gelegenheit, die „Toyota Business Practices" zu lernen. So erreichte man die Qualitätsoptimierungen, um *Hoshin Kanri* gerecht zu werden, und bildete seine Leute aus.

Dies war ein Segen ... der größte Luxus, Zeit zu haben, um Leute auszubilden. Während dies geschah, sprach ich mit Unternehmen, die Massenentlassungen hatten, weil der Umsatz eingebrochen war, und ich bekam zu hören: „Wir haben für die Belegschaft nichts zu tun." Für sie war das Lernen nicht etwas, was sich zu bezahlen lohnt.

Menschen horizontal und vertikal abstimmen

Der ideale Zustand ist eine komplette Abstimmung, sowohl vertikal als auch horizontal (siehe Abbildung 7-4). Hoshin findet top-down im Dialog zwischen jeden Ebenen vertikal statt. Horizontal muss eine Abstimmung funktions-, bereichs- und ortsübergreifend stattfinden.

Der *Hoshin Kanri*-Prozess sollte zu Gesprächen innerhalb des gesamten Unternehmens führen, aber immer mit einer klar definierten Führungskraft. Gary führte in Nordamerika den Prozess hinsichtlich der Reduzierung der Garantieansprüche aus der Produktionshierarchie heraus und lockte Führungskräfte von anderen Unternehmen auf der ganzen Welt an. Dies war die bestmögliche, horizontale Abstimmung.

Selbst beim Schweißen arbeitet keine Gruppe isoliert voneinander. Eine Sache, die man womöglich entdeckt, ist, dass manche Teile deformiert aus der Stanzerei zu den Schweißern kommen. Es ist möglich, dass diese Teile bei den Schweißern landen und einfach nicht richtig zusammenpassen, um sie schweißen zu können. Die Teile wurden innerhalb der Toleranz gestanzt, aber befinden sich am äußersten Toleranzwert. Sie passen vielleicht mit Nachdruck zusammen, aber sie passen nicht leicht zusammen und sie werden Druck auf die Schweißstellen ausüben sowie sie wahrscheinlich mit der Zeit beschädigen.

Wenn ich Gruppenleiter in der Karosseriewerkstatt bin, habe ich nur Kontrolle über meine Tätigkeiten, aber das Problem ist in der Stanzerei entstanden. Schließlich brauche ich vielleicht Hilfe aus der Produktentwicklung, da man die Toleranzen nicht richtig festgelegt hat, so dass die Teile manchmal nicht passen. Wie kann ich das machen? Wie bekomme ich diese horizontale, funktionsübergreifende Abstimmung? Dies erfordert, dass man das Problem auf eine höhere Ebene hebt. Man will ja nicht, dass der Gruppenleiter der Schweißerei herumläuft, um mit den richtigen Leuten in anderen

Abteilungen zu sprechen und sie zu überzeugen, ihren Prozess oder ihre Produktspezifikationen zu ändern.

Die horizontale Abstimmung geschieht managementübergreifend und die vertikale Abstimmung kann durch die Hierarchie mit den FMDS-Boards erfolgen. Die Manager in den jeweiligen Abteilungen haben Qualitätsziele in ihren jährlichen *Hoshin Kanri*-Plänen, so dass sie logischerweise ein gewisses Maß an Abstimmung haben. Wahrscheinlich wird ein neues, funktionsübergreifendes Team gebildet, das sich auf die Vermeidung von Karosserieverschandelungen konzentriert und von den Verantwortlichen der Bereiche Produktentwicklung, Stanzerei und Schweißerei geführt wird. Diese Teammitglieder erhalten womöglich zusätzliche Ziele, die ihren individuellen *Hoshin Kanri*-Plänen hinzugefügt werden.

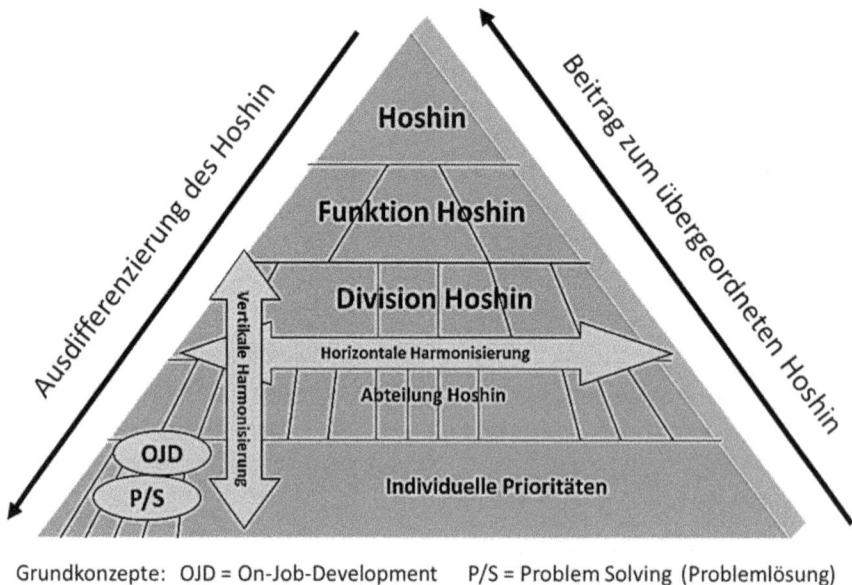

Grundkonzepte: OJD = On-Job-Development   P/S = Problem Solving (Problemlösung)

Abbildung 7-4. *Hoshin Kanri*: Horizontale und die vertikale Abstimmung

Das heißt, jeder muss in der Problemlösung geschult sein. Wie wird man darin geschult? Toyota hat auch dafür eine simple Antwort. Es ist „On-the-Job-Development" (OJD). Man hat sich die Kompetenz eingekauft. Es ist die Methode von Toyota. Wenn Sie durch OJD gecoacht wurden, dem Spirit und der Methode der „Toyota Business Practices" zu folgen, werden Sie selbstverständlich mit anderen Abteilungen zusammenarbeiten wollen, um die Unternehmensziele zu erreichen, und Sie werden die Kenntnisse haben, es effektiv zu machen.

Das Unternehmen will wettbewerbsfähiger in Hinsicht auf Qualität sein. Man weiß, was man will, und schließlich ist es die vollkommene Kundenzufriedenheit. Dies muss innerhalb von Funktionsbereichen und funktionsübergreifend in Aktivitäten aufgeschlüsselt werden. Dann müssen diese Abteilungen und die funktionsübergreifende Teams sie auf einer detaillierteren Ebene in weitere noch konkretere Aktionen aufschlüsseln, sie ausführen und überprüfen. Man prüft, passt es an und trägt dadurch zu einer höheren *Hoshin*-Ebene bei. Das Herunterbrechen beinhaltet die komplette Planung und dies beinhaltet wiederum, wie wir es tun, dann das Ausführen und infolgedessen verbesserte Resultate. Wir haben ein gutes Modell, und dies ist eine starke Vision. So würden wir aussehen, wenn wir das perfekte Unternehmen wären. Jeder würde es tun. Die wirkliche Herausforderung ist, diese Vision zu verwirklichen.

Wie *Hoshin Kanri* und Daily Management Hand in Hand zusammenarbeiten

Der jährliche *Hoshin Kanri*-Zyklus bei Toyota

Hoshin Kanri ist ein jährlicher Zyklus und dafür vorgesehen, den fortlaufenden 5-Jahres-Businessplan und die globale Vision dieses Jahrzehnts zu unterstützen. Es überrascht nicht, dass der Zyklus selbst auf einer Makroebene dem „PDCA" folgt. Über einen Zeitraum von drei Monaten wird einen Plan als Vorbereitung auf das Jahr entwickelt. Toyotas Geschäftsjahr startet am 1. April. Der Präsident hält Anfang Januar eine Rede, in der er die höchste *Hoshin*-Ebene darlegt. Es beginnt mit der Diskussion über unsere Vision für das Jahrzehnt, über unseren 5-Jahresplan, wo wir nach 5 Jahren stehen und wo wir gewesen sind, über die derzeitige Situation, was unsere Konkurrenz gerade macht, welchen ökologischen Herausforderungen wir begegnen und welche neuen Dinge hinzugekommen sind, ein Tsunami im Jahr 2011 etwa. Es gibt also jede Menge neuer Herausforderungen. Unsere Konkurrenz bringt so viele Fahrzeuge auf den Markt wie noch nie und wir liegen zurück. Was auch immer es ist, der Präsident vermittelt ein Bild der Herausforderungen, denen das Unternehmen gegenübersteht, dann konzentriert er sich und sagt: „Dies müssen wir bis Ende des Jahres global erreichen. Dies ist unser Jahresplan für das Unternehmen."

Dies steht dann ein komplexes und eher mühsames Bestreben in Gange, das bei Toyota zur Routine geworden ist. Zuerst werden auf der obersten Ebene der Unternehmenszentrale die Funktionen aufgegliedert. Global gibt es den Leiter der Forschung und Entwicklung, den Vertriebsleiter, den Logistikleiter, den Leiter Finanzen, den Leiter der Qualitätskontrolle und den Personalchef. Sie beginnen dann, die Pläne zu analysieren und diese den lokalen Funktionsgruppen zuzuordnen. Was wird Nordamerika in Angriff nehmen? Was wird Europa in Angriff nehmen? Dann gelangt es in die einzelnen Einheiten innerhalb einer Region, wie in die Technikzentren, die Vertriebseinheiten in der betreffenden Region und die regionale Produktionsorganisation. Es „fließt" hinunter, und was hinunterfließt, ist eine wechselseitige Diskussion, wofür wir uns verpflichten, um die jährlichen Geschäftsziele zu erreichen. Wie werden wir es machen? Was ist unser anfänglicher Plan? Welche Hebel können wir ziehen, die uns ermöglichen, diese Ergebnisse zu erzielen?

Dies alles geschieht in der Plan-Phase. Wie ich bereits erwähnte, startet es im Januar und all dies wird herunter kaskadiert. Diese wechselseitigen Diskussionen, „catch ball" genannt, und das ganze Denken und Planen erfolgen über einen Zeitraum von drei Monaten. Das Geschäftsjahr beginnt am 1. April und jetzt legen wir los. Jemand gibt einen Schuss ab, um das Rennen zu starten. Jetzt fangen wir an, den *Hoshin Kanri*-Plan umzusetzen. Dann erfolgt ständiges Prüfen und Umsetzen („PDCA"), aber in der Mitte des Jahres, nach sechs Monaten, gibt es eine große, unternehmensweite Prüfung für die gesamte Toyota-Welt. Zu diesem Zeitpunkt muss jeder überprüfen und berichten und das Unternehmen findet heraus, wo man steht. Dann gibt es Gelegenheit zur Anpassung. Lasst uns den Tsunami und das schwere Erdbeben in Ostjapan als Beispiel nehmen, was zur ernsten Verknappung von Karosserieteilen führte. Dies passierte im März 2011 und bis dahin war der *Hoshin Kanri*-Plan größtenteils schon festgelegt, ohne die Auswirkungen des Erdbebens und des Tsunami zu berücksichtigen. Dies musste in die Planung eingebracht werden und einige Dinge mussten vom Tisch genommen werden.

Bei dieser Methode reflektieren wir während eines Zeitraums von sechs Monaten, wo wir stehen und finden heraus, was wir tun müssen, um den Plan für den Rest des Jahres anzupassen. Zur gleichen Zeit leitet dies den Planungsprozess für das nächste Jahr ein. Eine große Katastrophe wie ein Erdbeben bedeutet, dass einige Punkte vielleicht auf das nächste Jahr geschoben werden.

Deshalb müssen wir anfangen, Daten über unsere Lage zu sammeln und über die Ziele für das nächste Jahr nachzudenken. Hinsichtlich der Verbesserungen befinden wir uns wohl in der Act-Phase des „PDCA"-Kreislaufs. Damit die Verbesserungen andauern, müssen wir uns stabilisieren.

Toyota-Mitarbeiter würden zustimmen, dass drei Monate, beginnend im Januar, keine lange Zeit ist, um so einen komplexen Plan zu entwickeln. Sie werden Ihnen auch sagen: „Wir haben schon über *Hoshin* seit letztem August nachgedacht. Wir haben eine gute Vorstellung, was von uns erwartet wird. Wir arbeiten schon daran."

So funktioniert der jährliche *Hoshin Kanri*-Zyklus und auf oberster Unternehmensebene können Sie es als ein großes Planen, Durchführen, Überprüfen und Agieren betrachten. Hier ist unser Jahresplan und wir setzen um. Hier ist, was wir erreicht haben und noch machen müssen. In dem jährlichen „PDCA" sind die „PDCA"-Kreisläufe auf kleineren Ebenen eingebettet, von der Länderebene bis hin zur Werksebene, von der Jahresebene bis hin zur Quartalsebene und schließlich bis hin zur minütlichen Ebene in den Arbeitsgruppen. Wenn Sie einen Fehler bemerken oder etwas anderes, was falsch läuft, versuchen Sie, diese Probleme durch „PDCA" zu lösen. Von oben nach unten sind eingebettete „PDCA"-Lernzyklen vorhanden.

Das kritische Verhältnis zwischen *Hoshin Kanri* und Daily Management

Hoshin Kanri macht sich die Energie aller Ihrer Leute, die die Disziplin für Planung und Umsetzung über Jahre hinweg entwickelt haben, zu Nutze. Das tägliche Managementsystem, das Toyota „Floor Management Development System" (FMDS) nennt, leitet die Arbeitsgruppen zur Steuerung mit täglichem „PDCA" an. Um den größten Nutzen zu erzielen, müssen *Hoshin Kanri* und FMDS Hand in Hand arbeiten. *Hoshin Kanri* legt Ihre „Big Picture"-Ziele fest, die Sie dann durch tägliches Management in bestimmte Handlungen umsetzen.

Die erste Frage, die Sie sich stellen müssen, ist: Was muss ich machen? Sie müssen diese Frage für das Unternehmen, für jede Abteilung und schließlich für jede Arbeitsgruppe beantworten. Das Endresultat dieser Antwort ist eine Reihe von Zielen, die in messbare Ziele umgesetzt werden. Die zweite Frage lautet: Wie sollen wir es machen? Welchen Prozess werden wir nutzen, um dem Ziel immer näherzukommen? Wir treffen noch nicht einmal die Dartscheibe, geschweige denn das Ziel. Um dies zu erreichen, brauchen wir tägliche Aktivitäten, die uns Übung geben und uns helfen, dem Ziel immer näherzukommen. Schlussendlich müssen wir wissen, wo wir stehen und was die Ergebnisse sind. Dafür muss der tägliche Überprüfungsprozess der wichtigsten Key Performance Indicators (KPIs) sowie der Sub-Key Performance Indicators ein individueller Prozess sein, an dem wir gerade arbeiten. Ich wiederhole noch einmal: vom Big Picture bis hin zu mikroskopischen Details, um gerade jetzt ein bestimmtes Problem zu lösen.

Und wie sollen wir es machen? Die Steuerung dahinter und die Frage, wo wir stehen, sind offensichtlich miteinander verbunden. Schritte 2 und 3 laufen ständig ab, da wir unsere täglichen Meetings – *Kaizen* – halten und ständig prüfen, wo wir stehen sowie den nächsten Schritt festlegen.

Hoshin Kanri und das „Floor Management Development System" (FMDS) machen sich die Energie der Arbeitsgruppen zu Nutze

Was müssen wir machen?

(Unternehmen – Abteilung – Arbeitsgruppe)

➔ *Hoshin* – Ziele und KPIs

Wie sollen wir es machen?

(Prozess)

➔ Floor Management – Tägliche Aktivitäten

Wo stehen wir?

(Ergebnisse)

→   Haupt-KPIs, Prozess-KPIs, Sub-KPIs

Ich habe über *Hoshin Kanri* als etwas vom Daily Management Getrenntem, aber eng damit Verbundenem, gesprochen. Mit *Hoshin Kanri* meinen wir den Planungs- und Prüfungsprozess – vom Big Picture-Level des Präsidenten bis hin zum Arbeiter sowie auf allen Zwischenebenen. Der tägliche Managementprozess ist das, was Sie täglich machen. Beispielsweise, wenn Sie mit Ihrem Team vor der FMDS-Tafel stehen und diskutieren: „Hier haben wir Schwächen, daran müssen wir heute arbeiten. So bringen wir in diesem speziellen Prozess das Armaturenbrett an." Das ist eine sehr detaillierte Diskussion beim Daily Management und es ist das, was wir täglich tun.

Sie können dies als zwei verschiedene Dinge betrachten und einige Firmen sehen das auch so. Wir haben beobachtet, dass Unternehmen mit schwachem Daily Management, die *Hoshin Kanri* eingeführt haben, grundlegende Wirkungen sahen, wenn sie Ziele in Handlungen umwandelten. Sie erzielten bedeutende Verbesserungen, indem sie die Kennzahlen für Führungskräfte, wie etwa für Qualität, betonten. Dann bekommen Führungskräfte enormen Kostendruck und das wird zum neuen Imperativ, mit der Folge, dass die Qualität abnimmt. Andererseits kann das tägliche Management ohne Anwendung von *Hoshin Kanri* zwar tragfähige Verbesserungen bewirken, aber die Ergebnisse werden nicht sonderlich effektiv sein. Wenn Sie jedoch beides miteinander verbinden, werden Sie gute Ergebnisse sehen, wie in den Diagramm abgebildet (siehe Abbildung 7-5). Was wir hier zeigen, ist ein großer Schritt vorwärts, gefolgt von einer kleineren oder flacheren Anpassungsphase. Wir verändern das Werkzeug und das Training der Menschen, wir arbeiten mit unseren Lieferanten zusammen, die ihren Prozess ändern. Wir geben sogar der Entwicklungsabteilung ein Feedback, so dass sie die nächste Version des Modells leichter bauen können.

Viele Dinge ändern sich. Viele Menschen müssen ihre Arbeitsweise verändern. Es muss abteilungsübergreifende Kommunikation stattfinden, eine ganze Reihe neuer Aufgaben. Wir finden immer noch kleine Dinge jeden Tag, die verbessert werden müssen, aber wir stehen nicht vor einer weiteren grundsätzlichen Herausforderung.

Im Jahre 2010 zum Beispiel war der Yen in Japan sehr stark und viele Analysten sagten, dass dies ein fast tödliches Problem für Toyota sei. Es wurden so viele Autos in Japan gebaut, aber wenn sie exportiert wurden, konnte man kaum Geld damit verdienen. Eventuell würde man wegen des starken Yen Geld verlieren. Toyota akzeptierte diese Hoffnungslosigkeit nicht. Man beschloss, daran zu arbeiten, indem man entschied, die Kosten innerhalb drei Jahren um 30% zu reduzieren, jeweils 10% pro Jahr. Es gibt eine Menge Fixkosten, die schwer zu verändern sind und eine begrenzte Anzahl von variablen Kosten. Das führte zu einer Überarbeitung des Designs des gesamten Autos, unter anderem, wie es gebaut wird, sowie zu vielen Änderungen im Unternehmen. Man musste erneut überlegen, wie man 30% in einem überaus effizienten Unternehmen einsparen kann. Man tat es und der Premierminister Abe ergriff Maßnahmen, die den Yen schwächen. Und so wurde Toyota extrem profitabel.

Das ist eine große Herausforderung und es ist nicht möglich, dies für alle Zeiten so zu machen. Es wird Perioden geben, in denen es kleinere Ziele gibt, um das zu erhalten, was man hat, indem man ein wenig ergänzt und sich für den nächsten hohen Berg bereitmacht, der erklommen werden muss. Ich möchte das nochmals betonen: *Hoshin Kanri* kann Sie vor diese große Herausforderung stellen und dann müssen Sie das tägliche Management nutzen, um viele kleine Änderungen durchzuführen, die nötig sind, um der Herausforderung gerecht zu werden und den Prozess zu stabilisieren.

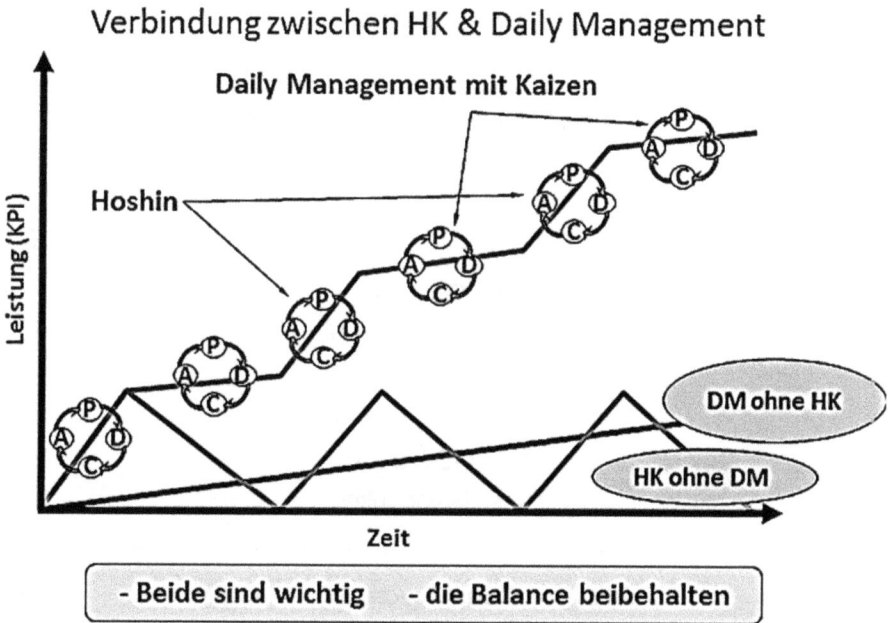

Abbildung 7-5. *Hoshin Kanri* und Daily Management arbeiten Hand in Hand, um Durchbrüche und Nachhaltigkeit zu Erreichen

Die Philosophie von *Hoshin Kanri*

Die Philosophie, die *Hoshin Kanri* zugrunde liegt

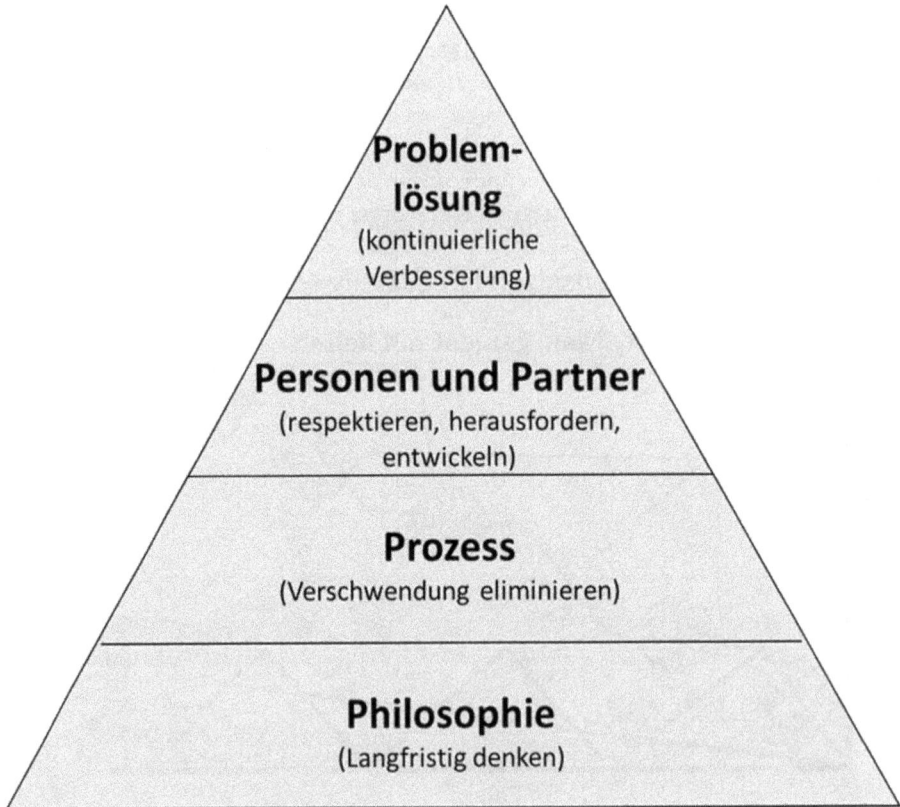

Abbildung 7-6. Das „Toyota-Weg"-Modell

Lasst uns einmal zurückblicken und über die Philosophie sprechen, was bei meinem Modell des „Toyota-Weges" die Basis ist (siehe Abbildung 7-6). Die Basis, eine Philosophie zu haben, ist immer von Wert. Was glauben Sie, treibt Sie an? Was ist wichtig für das Geschäft? Was ist wichtig für das Unternehmen? Was denken Sie über Kunden? Was denken Sie über Menschen? Was denken Sie über Führung? Die Antworten zu diesen Fragen geben Ihnen die Grundlage, über Toyotas fünf Werte zu sprechen: Herausforderung, *Kaizen*, Go and See'-Ansatz, *Gemba*, Teamwork und Respekt. Dann brauchen Sie ein Gefühl für die Richtung und der Anfang wird eine umfassende Vision sein. Auf der TOYOTA-Website wurde eine 10-Jahres-Vision veröffentlicht. Natürlich ist eine 10-Jahres-Vision sehr allgemein, da es so viele Veränderungen in der Welt gibt.

Sie benötigen die Kooperation aller Mitarbeiter. Falls Sie ein gestörtes Verhältnis zu Ihren Mitarbeitern haben, weil Sie sie jahrelang schlecht behandelt haben, müssen Sie damit beginnen, dies in Ordnung zu bringen und Vertrauen aufzubauen. Dies bedeutet, an kleineren Projekten ohne *Hoshin Kanri* zu arbeiten, um die Menschen an Verbesserungen heranzuführen und ihnen klarzumachen, dass gescheiterte Versuche nicht bestraft werden. Zusätzlich müssen Sie beraten und Ihre Führungsmethoden ändern. Sie sind also wieder zum Thema Selbstentwicklung zurückgekehrt und brauchen dies auf allen Führungsebenen, idealerweise beginnend an der Spitze bis ganz nach unten.

- o   Grundwerte sind die Basis
- o   Zukunftsvisionen (z. B. die 10-Jahres-Vision)
- o   Gemeinsame Bestrebungen mit allen Mitarbeitern

Sie benötigen ein klares Verständnis für *Hoshin Kanri* und genau wie Toyota erwartet jedes Unternehmen Ergebnisse. Man erwartet Geschäftserfolge, aber geht darüber hinaus, da man Erfolge ohne tatsächliche Verbesserung und Prozessstabilisierung als nicht nachhaltig betrachtet. Man will den so genannten Sägezahneffekt vermeiden. Man möchte die Ergebnisse und einen reproduzierbaren Prozess haben, um nachhaltige Verbesserungen zu erreichen. Man weiß, dass nur Menschen den Prozess verbessern können. Die Menschen müssen entwickelt werden, um die Ergebnisse zu überprüfen und herauszufinden, was am Prozess geändert werden muss. Sie müssen diese Änderungen durchführen.

Zweck: Prozessoptimierung x Ergebnisse x Entwicklung von Menschen

Das wahre *Hoshin Kanri* beschäftigt sich mehr mit der Entwicklung von Menschen, als mit dem Erhalt von Ergebnissen. Die Philosophie von *Hoshin Kanri* ist nicht darauf begrenzt, Ergebnisse für das Jahr zu erzielen. Das ist ein Teil davon, vielmehr bedeutet *Hoshin Kanri*, die Geschäftsziele zu nutzen, die erforderlich sind, um die Kunden zufrieden zu stellen, das Geschäft gesund zu erhalten, gleichzeitig unsere Prozesse zu verbessern und unsere Menschen weiterzuentwickeln. Diese drei Dinge sollten alle auf einmal erfüllt werden. Falls eins davon nicht verwirklicht wird, ist *Hoshin Kanri* gescheitert. Falls eins scheitert, scheitert alles. Es multipliziert sich und wird nicht addiert.

Der Grundgedanke ist, dass ein guter Prozess zu guten Ergebnissen führt. Mit anderen Worten: Ich kann mit den Ergebnissen beginnen und dann mich fragen: „Was muss ich tun, um diese Resultate zu erhalten?" Dies führt zu einfachen Methoden wie Kostenreduzierungen. Meine Ingenieure und die „Black Belts" führen Projekte durch, die mir eine hohe Rendite bringen, und wenn ich die Ergebnisse habe, bin ich glücklich. Ich möchte das nochmals betonen: Toyota glaubt daran, dass der einzige Weg, gute Ergebnisse jedes Jahr zu erhalten, darin besteht, reproduzierbare, definierte Prozesse zu haben, die kontinuierlich durch die Verantwortlichen verbessert werden.

Kurz gesagt: Wenn Sie an einem Prozess arbeiten, ist ein Teil davon, Rendite zu erwirtschaften. Andere Dinge aber, wie etwa die Mitarbeiterschulung oder die tägliche Instandhaltung, haben keinen unmittelbaren, messbaren Effekt. Sie machen das, weil Sie wissen, Sie benötigen Arbeitsgeräte, die auf hohem Niveau funktionieren. Sie wissen, Sie brauchen Spitzenkräfte, die motiviert sind und die versuchen, das Geschäft durch tägliches *Kaizen* voranzubringen. Sie wissen, Sie brauchen tägliche Meetings an den Kennzahlentafeln. Sie wissen, Sie brauchen einen Team- oder Gruppenleiter, der sich im Coaching bestens auskennt. All diese Elemente müssen vorhanden sein, um die gewünschten Ergebnisse zu erhalten. Daher arbeitet man an diesen Elementen, ohne eine sofortige Rendite zu erwarten, wenn jemand geschult wird oder Überstunden gemacht werden, um die Ausrüstung in Stand zu halten.

Vergleich zwischen MBO und *Hoshin Kanri*

Management by Objectives ist zur herrschenden Leitlinie geworden

Jedes Unternehmen hat irgendeine Form von Zielen. Das meist benutzte System heißt „Management by Objectives", was nach Diskussionen zwischen oberstem Führungsgremium und Abteilungsleitern hinsichtlich messbarer Ziele klingt. Es scheint *Hoshin Kanri* zu sein, aber hier endet die Übereinstimmung. Die Diskussionen drehen sich fast ausschließlich um die Ergebnisse. Die Ergebnisse sind mit Belohnung und Bestrafung verbunden. Entweder Sie erreichen das Ergebnis und bekommen einen großen Bonus und stehen zur Beförderung an oder Sie scheitern und haben die Konsequenzen zu tragen.

Alles in allem: Es ist Furcht, Anerkennung und Belohnung, und es ist materiell. Das ist das materielle Ergebnis Ihrer Karriere, wenn Sie materielle Ergebnisse erreichen. Das hat zum Beispiel zu dem ABC-System geführt, das GE populär machte. Sie haben A-Mitarbeiter, die außerordentliche Gehaltserhöhungen und Boni bekommen. Sie haben B-Mitarbeiter, die einen guten Job machen und eine durchschnittliche Gehaltserhöhung bekommen. Und Sie haben C-Mitarbeiter, die sich verbessern müssen und bestraft werden. Falls man zwei Jahre lang C-Mitarbeiter bleibt, wird man Sie entlassen.

Jede Gruppe von, sagen wir, 10 Leuten muss zumindest einen C-Mitarbeiter haben, zwei A-Mitarbeiter und alle anderen sind irgendwo in der Mitte. Sie zwingen jeden Manager, die Gewinner und Verlierer zu bestimmen. Das passt zur „Management-by-Objectives"-Philosophie, was aus Furcht und Belohnung besteht. Lasst sie ihre Sache machen und die Menschen werden genügend motiviert sein, die Ergebnisse zu erreichen.

Wenn wir uns die Charakteristiken von „Management by Objectives" ansehen, dann liegt der Fokus auf kurzfristigen Zielen. Das Senior Management diktiert kurzfristig zu erzielende Ergebnisse und überprüft Sie. Das ist nichts, woran Sie im Rahmen einer Vision Ihrer Firma für die nächsten 10 Jahre denken. Daran denken Sie nicht im Entferntesten. Was Sie im Kopf haben, ist: „Ich muss meine Zahlen bringen, weil ich bewertet werde, wenn die Deadline am Ende des Quartals kommt."

Ich sollte betonen, dass einer der „Management-by-Objectives"-Befürworter Peter Drucker war, einer der größten Managementdenker aller Zeiten. MBO, wie er es beschrieben hat, beinhaltet partizipatives Management, Dialog und Übertragung von Verantwortung. Es hat viel mehr mit *Hoshin Kanri* als mit dem MBO zu tun, wie es oft praktiziert wird. An irgendeinem Punkt ist der ursprüngliche Inhalt von MBO in der Praxis verloren gegangen.

Merkmale von „Management-by-Objectives"

Kurzfristig, keine Philosophie

Ich sage: „Es gibt keine Philosophie", aber was ich damit meine, ist, es gibt keine definierte Philosophie, wie man Menschen anführt und welche Werte gelten (siehe Abbildung 7-7). Man könnte die Philosophie wie folgt zusammenfassen: „Die Fittesten überleben und erreichen die Ergebnisse, was immer es kostet. Es sind die Ergebnisse, die wir in kürzester Zeit erreichen müssen, vorgegeben von der Geschäftsleitung, Shareholdern oder Investoren."

Ergebnisorientierte Bewertung von Leistung

„Wir bewerten nur Ergebnisse. Es interessiert mich nicht, wie Sie diese erreichen. Machen Sie es einfach. Offensichtlich verletzen Sie keine ethischen Grundsätze. Sie stehlen nicht, rauben nicht, brechen nicht das Gesetz oder setzen Menschen physischer Gefahr aus. Wir kümmern uns um Sicherheit und ethische Grundsätze. Aber daneben gibt es keine Regeln. Machen Sie es einfach."

Von oben nach unten geleitete Kommunikation

Kommunikation erfolgt von oben nach unten. Sie mögen höflich und nett sein und ein offenes Ohr für die persönlichen Anliegen Ihrer Mitarbeiter haben, aber Zielvorstellungen sind Zielvorstellungen.

In erster Linie autoritätsorientiert

Ihre Machtposition ist Ihre formelle Weisungsbefugnis. Man ist in einer Position, die Mitarbeiter zu belohnen oder zu bestrafen. Dabei ist das Prinzip von „Zuckerbrot und Peitsche" das mächtigste Werkzeug.

Management by Objectives	Hoshin Kanri
Kurzfristig, keine Philosophie	Langfristig, starke Leitlinien
Ergebnisorientierte Bewertung der Leistung	Befasst sich mit Ergebnissen und Prozessen mit dem Schwerpunkt Mitarbeiterentwicklung
Top-Down Kommunikation	Top-down Richtungsvorgaben und bottom-up Informationsflüsse und Mittel
Anweisend	Teilnehmend
Vorwiegend autoritätsorientiert	Vorwiegend verantwortlichkeitsorientiert

Abbildung 7-7. Vergleich zwischen „Management by Objectives" und *Hoshin Kanri*

Merkmale von *Hoshin Kanri*

Langfristig – starke Führungsleitlinien

Es gibt eine Reihe von Führungsrichtlinien, eine langfristige Vision. Die Führungsrichtlinien betreffen die Kunden, Menschen, Respekt, eine Art softe Faktoren, und beschäftigen sich nicht nur mit Ergebnissen, sondern auch mit dem Prozess, indem man sich auf die Entwicklung von Menschen fokussiert.

Befasst sich mit Ergebnissen und Prozessen mit dem Schwerpunkt Mitarbeiterentwicklung

Bei *Hoshin Kanri* konzentrieren wir uns auf die Weiterentwicklung von Menschen auf allen Ebenen. Wir schaffen ein Basisvertrauen und die Menschen werden dadurch beständig. Sie arbeiten nicht nur am Ende des Quartals, sondern stetig an der Verbesserung von Dingen, von denen sie glauben, dass sie zu Resultaten führen. Sie mögen dabei falsch liegen. Sie müssen ihre Arbeit vielleicht anpassen, aber das macht den Lernprozess aus.

Richtungsbestimmung von oben nach unten

Die Spitze gibt die Richtung vor. Geschäftsbedürfnisse entstehen nicht durch einen demokratischen Prozess, sondern durch tief greifende Analyse Ihrer Wettbewerber, neuer Technologien und Zukunftsmöglichkeiten sowie durch die Frage, was Sie mit Ihrem Geschäft erreichen wollen und welches Geschäftsmodell Sie verfolgen. Strategische Planung muss von oben kommen und die leitenden Angestellten müssen bestimmen, was im Geschäft gebraucht wird, um erfolgreich zu sein. Das ist eine geschäftliche Notwendigkeit und nichts, was man gerne hätte.

Beteiligung am „Bottom-up-Flow"-Prozess

Wenn Sie beginnen, dies herunterzukaskadieren und wenn die Reaktionen sind: „Nein, das können wir nicht tun, die Hälfte vielleicht oder ein Viertel", dann bekommt das Geschäft nicht das, was nötig ist. Wenn Sie die „Top-Down"-Richtungsvorgaben definiert wurden, werden Sie die gewünschten Resultate erzielen. Es wäre schwierig, Toyota davon zu überzeugen, zum Beispiel von dem gegebenen Ziel einer 30%igen Kostenreduktion innerhalb drei Jahren abzuweichen und sich auf einen Kompromiss von 15% innerhalb drei Jahren einzulassen.

Größere Bemühungen wird es mit sich bringen, die Mittel zu debattieren. „Wie bringen wir das fertig?" Es wird viele Pläne geben über die Methoden, die zur Anwendung kommen. „Welche Maßnahmen ergreifen wir für unsere Tätigkeit?" Bei der Lackierung mag es die Verweildauer sein, beim Zusammenbau die Arbeitsstunden pro Einheit, im Verkauf die Zeit, die Sie bis zum Vertragsabschluss benötigen.

Es ist ein partizipativer Prozess, in den jeder involviert ist. Man ist aktiv involviert. Man denkt, analysiert, sieht sich Daten an, plant. Das ist nicht partizipativ in der Weise, dass Ziele abgeblockt werden können und gesagt wird: „Nein, 30 % sind lächerlich. Ich glaube, wir sollten 17 % erreichen." Es ist nicht diese Art von Partizipation, sondern es geht eher um die Allokation von Zielen innerhalb der gesamten Organisation, also eher: „Wie machen wir das?"

In erster Linie verantwortungsorientiert

Man ist vor allem verantwortungsorientiert, das heißt, die Leute stehen für ein Ziel mit ihrem Namen. Bei Toyota gibt es kein großes Kontingent von Belohnungen. „Du machst dies und du bekommst dies. Du machst das und Du bekommst das." Man bekommt zweimal jährlich einen Bonus (in manchen Ländern jährlich), abhängig davon, wie es dem Unternehmen oder dem Werk geht. Es ist eher ein allgemeiner Bonus und es gibt einige Prozente als individueller Bonus auf der Managementebene, gebunden an *Hoshin Kanri*. Es werden kaum Leute entlassen, solange man nicht zwei Jahre auf der C-Liste steht und dann entlassen wird. Es kommt nicht zu Ausschüttungen. Wenn einer exzellent ist, sind alle exzellent. Man ist eher an immanenter Motivation interessiert: „Ich bin Teil des Teams, ich werde gut bezahlt, ich mache meinen Job und ein wichtiger Teil meines Jobs ist es, die Ziele für das Unternehmen zu erreichen."

Radikale „Lean"-Transformation: Dana als Fahrwerksteile-Lieferant

Es scheint ein Missverständnis zu geben, dass *Hoshin Kanri* etwas ist, was auf der unteren Ebene gilt, wo kleine Verbesserungen vorgenommen werden. Das stimmt, aber es ist nur ein Teil der Geschichte. Sie möchten, dass die Arbeiter am Shopfloor in den ständigen Verbesserungsprozess einbezogen sind. Sie möchten, dass sie zielgerecht arbeiten, was dem gesamten Geschäft hilft. Das ist alles richtig, aber es gibt eine Hierarchie vom

Vorstandsvorsitzenden über den CEO bis hinunter zum Arbeiter. Jede Stufe dieser Hierarchie sollte aktiv in den ständigen Verbesserungsprozess einbezogen sein. Je höher Ihre Position in der Hierarchie ist, desto größer sind die Projekte, die Sie persönlich leiten.

Man wird feststellen, dass bei Toyota die meisten Veränderungen mit den größten Auswirkungen auf der Ebene der Manager oder leitenden Angestellten beschlossen werden. Auf dieser Ebene werden die Projekte durchgeführt, an denen Hunderte oder Tausende Menschen sowie viele Anlagenteile beteiligt sind. Dennoch wird es viele Verbesserungen auf den unteren Ebenen geben, die die Ziele, die auf höherer Ebene beschlossen werden, unterstützen. Aber es gibt viele Funktionen – wie die Produktionsplanung –, die zu großen Verbesserungen führen können. Man konzentriert sich auf Dinge wie Zeitplanung, Materialfluss von den Lieferanten und hat einen breiten Verantwortungsbereich durch die *Hoshin Kanri*-Ziele, die Dollars, Qualität und Sicherheit betreffen, obwohl man von der Ausrichtung und der Unterstützung seiner Arbeitsgruppen abhängig ist, um die großen Veränderungen voranzubringen.

Vielleicht möchten wir *Hoshin Kanri* als etwas betrachten, was wir nach unten delegieren können, als würden wir eine heiße Kartoffel weitergeben und es wäre für uns erledigt. Erstens ist es Aufgabe des Vorstandsvorsitzenden, aber er gibt es an seinen stellvertretenden Vorstandsvorsitzenden weiter, der wiederum an den Geschäftsführer, und schließlich landet alles bei der Arbeitsgruppe, die an den Verbesserungen arbeitet. Alle Ebenen dazwischen entziehen sich ihrer Verantwortung, denn sie sollten alle an Verbesserungen im großen Umfang arbeiten.

Als Gary bei Toyota ausschied, verbrachte er einige Zeit im Vorstand von Dana Corporation. Man hatte Probleme bei Dana. Man hatte Insolvenz laut Chapter 11 angemeldet und erholte sich davon Anfang 2007, kurz bevor der Benzinpreis sich verdoppelt hat und es zur Großen Rezession kam. Dana lieferte Fahrwerksteile an den Automobil- und Nutzkraftwagenbereich. Ein Teil der Kunden kam aus dem Schwerlastbereich und andere Kunden aus dem Bereich Pkw und kleinere Nutzfahrzeuge. Fast wöchentlich schien ein weiterer Zulieferer in Insolvenz zu gehen. Dana war überschuldet und schien einer der Betroffenen zu sein.

Gary war im Vorstand und man entwickelte einen aggressiven Plan, um der Krise zu entkommen. Es war ein guter Plan. Man engagierte einen CEO, der den Umschwung schaffen sollte, aber er änderte im letzten Moment seine Meinung. Der Vorstand einigte sich mit Gary und der übernahm die Aufgaben des CEO für ein Jahr. Er akzeptierte den Job, diese am Boden liegende Firma zu retten.

Das war eine wirkliche Krise und es war möglich, dass Dana hätte schließen müssen. Man unterlag den Bestimmungen der Schuldner, Banken und Private-Equity-Firmen. Ein Schlüsselkriterium war der Gewinn. Ohne Gewinn hätte der Vorstand das Recht, Teile des Unternehmens zu verkaufen oder sogar das Unternehmen zu schließen.

Dana-Momentaufnahme

- o   gegründet 1904
- o   Hauptsitz in Maumee, Ohio
- o   Umsatz 2009: $ 5,2 Milliarden
- o   22.000 Beschäftigte
- o   96 Hauptniederlassungen in 26 Ländern

Es war eine große Firma (Umsatz: 5,2 Milliarden Dollar), 22.000 Beschäftigte und 96 Hauptniederlassungen in 26 Ländern. Das war 2008 und man musste sich einer radikalen Transformation unterziehen. John Devine war der Vorstandsvorsitzende, der vorher CEO bei Ford war, danach bei General Motors und er engagierte Gary. Er war ein starker Schlagmann. Er wusste, er musste das Unternehmen finanziell sanieren und das war kritisch. Reorganisieren bedeutet, bestimmte Dinge zu schließen, zu verkaufen und zu konsolidieren sowie Lieferanten unter Druck zu setzen, Renten zu beschneiden und Leute zu entlassen. Er kannte die dunkle Seite einer Kehrtwende. Aber er blickte nach vorne und realisierte, dass in dieser Industrie, insbesondere im Pkw-Bereich, der Qualitätsstandard und technologischer Innovationsbedarf so groß war, dass man den Weg zum Erfolg nicht einfach abschneiden konnte. Man brauchte operative Exzellenz.

Das war zur unbedingten Notwendigkeit geworden, um im Geschäft zu bleiben. Man muss gute Produkte rechtzeitig liefern, Dinge auf Lager haben, die der Kunde nicht hat, qualitativ hochwertig sein und durch Forschung und Entwicklung Produkte liefern, die der Kunde von anderen Lieferanten nicht beziehen kann. Man teilt sich die Arbeit. Garys Aufgabe war die umfassende Optimierung. Aufgabe des Vorstandsvorsitzenden war die finanzielle Kehrtwende. Gary brachte Freunde von Ford mit ein, die Erfahrung mit der Neuverhandlung von gewerkschaftlichen Vereinbarungen, Konsolidierung, Gehältern und Sozialleistungen hatten.

Zwischenzeitlich stellte Gary Leute ein, die er von Toyota kannte und die Erfahrung in umfassender Optimierung hatten. Als Toyota-Führungskraft spornte er die Werke am *Gemba* an und schlug wesentliche Verbesserungen vor, nachdem er die Stärken und Schwächen des bestehenden Managements erkannte.

Zusammenfassung des Hintergrundes

2007, Februar: Insolvenz laut Chapter 11

2007, Sommer: Danas US-Umsatz geht aufgrund von Verdoppelung der Benzinpreise in den USA zurück

2008, Oktober: Lehman Brothers-Krise

2008, April: Gary wird zum CEO ernannt

2008, Herbst: Große Rezession führt dazu, dass der Umsatz gering bleibt und die Werke unausgelastet sind.

Man könnte daraus schließen, dass „sich das Unternehmen 2009 auflöst und raus aus dem Geschäft ist." Tatsächlich ist genau das Gegenteil der Fall.

Eine Firma zu sanieren ist etwas Neues. Es gibt eine riesige Industrie von Sanierungsexperten und Private-Equity-Unternehmen, die überall Firmen aufkaufen und sanieren. Die traditionelle Aufgabe ist das Finanzmanagement. Erbsenzähler liefern Zahlen über das, was eliminiert werden muss. Eliminieren bedeutet: „Wir haben eine Effizienzstudie durchgeführt und festgestellt, dass wir in einer Arbeitsgruppe um 30% mehr Leute haben als die Konkurrenz. Also entlassen wir 30% der Leute und erwarten, dass 70% der Leute die Arbeit zu 100% machen." Erstaunlicherweise scheinen die Leute das irgendwie zu schaffen und erledigen die wichtigen Dinge. Dabei mag keine hohe Qualität oder ein guter Prozess herauskommen. Sie arbeiten vielleicht wie verrückt, bekämpfen Brände und stehen ständig unter Stress, aber irgendwie schaffen sie es, ihren Job zu behalten.

Einer der Private-Equity-Vertreter sagte Dana: „Sie werden keine neuen Ergebnisse von demselben alten Management erhalten, das sie in diese Schwierigkeiten gebracht hat." Eines der ersten Dinge, die Sie tun müssen, ist, den meisten von ihnen zu kündigen und ein neues Team einzustellen, das die Ergebnisse erbringen kann. Dann beginnen Sie mit der Rekonstruktion, was ein netter Ausdruck ist, Dinge zu verkaufen oder zu schließen, Leuten die Rente zu streichen, sie zu entlassen, um das Unternehmen zu verkleinern. Das bringt Ihnen die Kostenreduzierung, die Sie brauchen. Nun ist die Firma kleiner und eine Menge Wissen, das in den Köpfen der Menschen ist, ist verloren. Gut ausgebildete Arbeiter sind weg und daher ist die nächste Aufgabe, das Geschäft zu stabilisieren.

Sie müssen es irgendwie schaffen, das Lkw-Fahrwerk zusammenzubauen, mit einer instabilen Organisation. Sie haben eine geschwächte Organisation, aber Sie haben zumindest überlebt und Ihre Rentabilität ist geringer. Wenn Sie wieder Gewinn machen, können Sie neue Leute einstellen, die weniger kosten und weniger wissen, aber sie sind voller Energie und damit entsteht eine neue Herausforderung. Das ist der traditionelle Turnaround, aber diese verletzt alle Grundsätze des Weges, den Toyota beschritten hat, um ein exzellentes Unternehmen zu erschaffen.

Wie entwickeln Sie „Lean Leaders" in einer Krise?

Wie hält Toyota die gleich bleibend hohe Qualität, während gleichzeitig anspruchsvolle Ziele wie die Kostensenkung um 30% erreicht werden? Toyota erreicht es durch Führung und bildet seine Führungskräfte mit dem vorgestellten Modell aus, und zwar: Selbstentwicklung von Leaders, Coaching und die Entwicklung/Weiterbildung anderer sowie die Entwicklung aller mittels des System des täglichen *Kaizen*. Dabei stimmt man alle Maßnahmen durch Visionen, Ziele, Kennzahle und Pläne aufeinander ab. Das Ergebnis ist, dass man eine sehr flexible Organisation mit starken Führungsfähigkeiten hat, ein starker Maßstab, da man Gruppenleiter, Manager und Geschäftsführer weiterbildet. Auf jeder Ebene entwickeln Menschen eine starke Fähigkeit, zu führen, zu lehren und ihre eigenen Projekte zu verbessern.

Das ist doch großartig, aber die typische Antwort auf die Frage, wie lange es wohl dauert, um dort hinzukommen, ist sieben bis zehn Jahre, und dann sind Sie immer noch auf einem Anfangsniveau, auch wenn Sie dies konsequent umsetzen. Zu diesem Zeitpunkt geht ein Unternehmen, das in der Krise steckt, pleite. Was Sie in einer Krise tun müssen und was Gary und John Devine als Team gemacht haben, war, beide Wege gleichzeitig zu gehen. John Devine führte die traditionelle Umstrukturierung und Gary leitete den Operation-Excellence-Prozess. Mit operativer Exzellenz können Sie sparen, wenn Sie operative Exzellenz mit diesem Fokus angehen. Wenn es um Leben und Tod geht, da die Kostenstruktur zu hoch ist, können Sie das Problem aufschlüsseln, genauso wie die Gewährleistungsreduzierung. Sie brechen die Ziele herunter und am Ende haben Sie zwei Punkte, die wirklich wichtig sind. Der eine Punkt ist Kostenreduzierung, der andere ist Abbau von Lagerbeständen, da in diesem Fall Lagerbestand Geld ist. Es geht um den Geldfluss und Sie brauchen Geld, da Sie unglaublich hohe Zinssatzdarlehen zu zahlen haben. Mit jedem einzelnen Dollar, den man spart, tilgt man Darlehen mit kredithaiartigen Raten.

In gewissem Sinne nahm Dana zwei Wege: den „Toyota-Weg" mit Führungsentwicklung und die Umstrukturierung, die sich gegenseitig ergänzen. Es gab durchsetzungsfähige Führungspersönlichkeiten mit Kalkulationstabellen, die geschäftlichen Entscheidungen über den Kauf und die Konsolidierung von Gebäuden trafen. Zum Beispiel hatte Dana R&D in einem Gebäude und den Hauptsitz in einem anderen. Man siedelte R&D in das Gebäude mit den Geschäftsbüros um und sparte mit dem Umzug Geld.

Wenn Sie auf der anderen Seite an operativer Exzellenz langfristig interessiert sind, müssen Sie Ihre Führungskraft entwickeln. Der erste Schritt bei der Entwicklung von Führungskräften ist die Identifizierung von zukünftigen Führungskräften. Wer wird in Zukunft in der Lage sein, in der Dana-Umgebung, basierend auf kontinuierlicher Verbesserung, diese Funktion auszuüben? Sie gilt es mit dem entsprechenden Training, Coaching und den Werkzeugen auszustatten. Ich werde das nicht beschönigen. Die Identifizierung von künftigen Führungskräften bedeutet auch, dass solche, die nicht identifiziert werden, in eine andere Rolle gedrängt, vielleicht heruntergestuft, vom Arbeitsplatz verdrängt oder die Firma freiwillig bei einer Herabstufung verlassen werden, aber viele von den heutigen Führungskräften werden am Ende aus irgendwelchen Gründen gehen. Das ist keine schöne Situation. Es ist sehr praktisch, wenn man nicht an den Besten der Besten aufreibt, in regelmäßigen Abständen eine Bereinigung vornimmt und sich von den Menschen trennt, die aus irgendeinem Grund nicht über die Führungsfähigkeit verfügen, erhebliche Verbesserungen umzusetzen. In einer Krise kann dies Bestandteil des notwendigen Schmerzens sein.

Und was Sie wirklich wollen, ist an den Punkt zu gelangen, an dem Sie operative Exzellenz durch tägliches *Kaizen* erreichen und weiterhin Führungspersönlichkeiten entwickeln. Jetzt sind Sie in der Lage, diese dezimierte, gebrochene Organisation *nicht* zu reparieren.

Vielmehr sind Sie imstande, Ihr Unternehmen wieder wachsen zu lassen, mit einer ganz neuen Führungsriege, mit einigen alten Führungskräften, die sich erneuert haben und einigen neuen, jedoch mit der Führungsriege, die deutlich stärker die kontinuierliche Verbesserung vorantreibt.

Das ist das Ideal, dass Sie diese parallelen Wege gehen. Nachdem klar ist, dass Ihr Unternehmen weiter bestehen bleibt und nicht sterben wird, können Sie den Prozess des Aufbaus operativer Exzellenz fortsetzen. Während der Phase der Umstrukturierung, Entlassungen und der schwierigen Ziele ist es wie im Ausbildungslager der Marine. Hier entwickeln Führungskräfte mit solch einer Geschwindigkeit die Fähigkeiten, die sie nicht für möglich gehalten haben, auf der anderen Seite aber kommen Sie als veränderte Führungskräfte und Menschen wieder heraus. Auch das Unternehmen wird an einem Strang ziehen, um zu überleben. Sie werden ein Maß an Teamarbeit erleben, was Sie normalerweise nie haben. Sie treten am Ende stärker anstatt schwächer hervor. Beispielsweise war es auch eine bemerkenswert gute Arbeit, die Alan Mulally geleistet hat, als er Ford während der Großen Rezession beinahe am Konkurs vorbeigeführt hat.

Maßnahmen im ersten Jahr bei Dana: Entwicklung von Führung im Fokus

Garys jahrzehntelange Erfahrungen bei Toyota ermöglichten ihm, ein Operational-Excellence-Führungsteam mit einem Vizepräsidenten für operative Exzellenz zu bilden. Es gab eine Kommunikationsstruktur, d. h., Leute auf regionaler Ebene und Leute auf der Werksebene berichteten an ihn. Die Anzahl der Bereichsvorstände wurde von einem halben Dutzend auf zwei Mitarbeiter reduziert, von denen jeder seinen Geschäftsbereich leitete – gewerbliche LKWs oder Leichtlastkraftwagen. Das Ziel war, eine einheitliche Dana mit einem einheitlichen Fokus auf die CEO-Ebene zu haben. Das Dana-Betriebssystem (DOS) war genau nach dem Toyota-Produktionssystem (TPS) ausgerichtet.

Man brauchte auch standardisierte, globale Key-Performance-Indikatoren. Gary war es von Toyota gewohnt, genauso wie man Standardberichte brauchte. Somit konnte sich sehr schnell den Überblick über die Geschäfte auf allen Ebenen verschaffen: Nordamerika-Ebene, Werksebene, sogar tief nach unten auf Abteilungsebene. Bei Dana konnte er das nicht machen. Es war, als ob er plötzlich halb blind wurde und dachte sich: „So kann ich nicht führen." Also entwickelte er das System so, dass er die Problembereiche sehen konnte.

Dann entschloss er sich, wie jede Toyota-Führungspersönlichkeit es auch tun würde, dass seine Ressourcen für kontinuierliche Verbesserungen intern angelegt sein müssen, Dana gegenüber verpflichtet und im Besitz von Dana, anstatt externe Berater zu beschäftigen. Er fand Personen in seinem Netzwerk, die er bereits kannte und schloss mit ihnen zehnmonatige Probeverträge als externe Berater ab, damit sie sich beweisen konnten, bevor er sie intern einstellte. Die meisten von ihnen wurden regionale Direktoren für stetige Verbesserung und ihre Aufgabe bestand darin, die Managementkapazität der Werksführung mithilfe von Projekten zu erhöhen. Sie würden aggressive mehrwöchige *Kaizen*-Aktivitäten in Abteilungen begleiten, die Engpässe waren und so somit komplett neu ausrichten. Werksleiter, inklusive den Managern in einem Werk sollten jeodch diese Aktivitäten selbst führen.

Man hat Manager aus anderen Werken eingeladen, um an den Maßnahmen teilzunehmen. Eine der Strategien, die man bei dem großen, radikalen *Kaizen* angewandt hat, ist, unterschiedliche Bereiche zur Verbesserung an die Manager verschiedener Werke zu verteilen. Man durfte seine Arbeit nicht verlassen, bis man seine Ziele hundertprozentig erreicht hat. Einige blieben eine Woche lang dort. Einige Leute waren für vier Wochen dort, aber sie wollten die Disziplin stärken, dass der Erfolg nur dann erreicht werden könnte, wenn 100% des Ziels umgesetzt worden ist. Es war ein sehr intensives Trainingscamp, mit sehr erfahrenen Leuten, die Menschen geführt und gecoacht haben.

Eine Übersicht über die im ersten Jahr ergriffenen Maßnahmen für operative Exzellenz aller Dana-Werke, unter der Leitung des CEO und Mitarbeiter, ist unten zusammengefasst (siehe Abbildung 7-8). Diese stellen die Basis für die weitere Entwicklung des Dana-Betriebssystems (DOS).

Dana Background
Umgesetzte Maßnahmen: Schwerpunkt Führungsentwicklung

▶ Operational Excellence-Führung auf oberster Führungsebene etabliert, Berichtsweg direkt an CEO mit 100% globalem Werksfokus:

DOS Führung

- Dana Operating System (DOS) nach dem Muster des Toyota Production System gestaltet.
- 12 globale Standardkennzahlen in 6 Kategorien etabliert.
- Internes Kernteam von Dana Lean Beratern gegründet.
- Werksleitung, Führungsfähigkeiten, Methoden und Mittel optimiert.

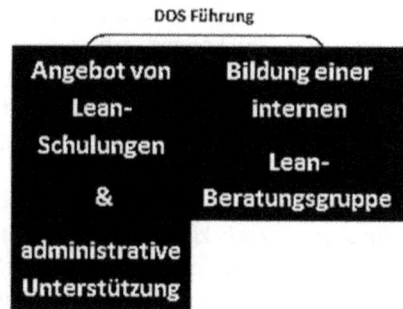

Angebot von Lean-Schulungen & administrative Unterstützung

Bildung einer internen Lean-Beratungsgruppe

Abbildung 7-8. Maßnahmen im ersten Jahr für die Dana Operational Excellence

In sieben Schritten das Dana-Betriebssystem (DOS) einführen

Das Dana-Betriebssystem (DOS) ist das gesamte Toyota-Produktionssystem (TPS), allerdings musste man das Problem in überschaubare Schritte unterteilen (wie man es mit den „Toyota Business Practices", TBP machen würde. Der erste Schwerpunkt war, Transparenz über die Arbeitsweise des Werkes und der einzelnen Abteilungen zu erhalten. Hier kamen die Key-Performance-Indikatoren ins Spiel. Man baute einen physischen Bereich in allen Werken auf, den man „Dana Diamond Area" nannte. Hier wurden die Kennzahlen der gesamten Anlage gesammelt und die täglichen Plant-Manager-Meetings abgehalten.

Man entwickelte ein globales Kommunikationssystem, in dem die KPIs in elektronischen Datenbanken bis hin zur CEO-Ebene umgesetzt und auf jeder Ebene aufgegliedert werden konnten. Auf regionaler Ebene gab es Livetreffen, um die Leistung zu diskutieren. Auf globaler Ebene war die Kommunikation ausschließlich virtuell und umschloss unter anderem Telefonkonferenzen. Zum Beispiel hatte die wichtigste Person, die durch die Private-Equity-Gesellschaft als Teil des Torunaround zugeteilt wurde, Erfahrung bei Danaher, welches das Danaher-Business-System betreibt – ein sehr starkes, unternehmensweites „Lean"-Programm. Man ist ehrgeizig bei der Umsetzung von Ergebnissen und diese Person hatte das gelernt. Seine Arbeit jeden Donnerstag, jede Woche, und manchmal auch an Freitagen, war es, jeweils mit mehr als 90 Werksleitern zu sprechen, um zu erfahren, was sie in der letzten Woche gemacht haben, an welchen Problemen sie gerade arbeiten, welche Ergebnisse sie erzielt haben und sie so in die Mangel zu nehmen. „Was war das Problem, als diese Maschine kaputtging und wir nur die Hälfte produzieren konnten? Warum ist das passiert?" Sie würden womöglich eine Antwort geben wie:

„Es gab einen Roboter, der kaputtgegangen ist, und er war schon alt."

„Warum ist der alte Roboter kaputtgegangen?" Durch das Stellen von Fragen durch den ehemaligen Danaher-Coach lehrte er sie den Problemlösungsprozess. Es ist nicht hinnehmbar zu sagen, dass ein Roboter kaputtgegangen ist. Roboter müssen nicht kaputtgehen. Sie können erhalten werden. Dies könnte zur Folge haben, dass ein Programm zur vorbeugenden Wartung eingesetzt wird. Dieser gute Mann bildete die Werkleiter zu „Lean Leaders" weiter. Er führte sie durch den Entwicklungsprozess, indem er sie während der wöchentlichen Anrufe coachte.

Die Werksleiter könnten auch auf den regionalen Champion der kontinuierlichen Verbesserung zurückgreifen und sagen: „Wir haben ein Problem mit der Wartung. Wir haben beschlossen, ein sehr leistungsfähiges Wartungsprogramm zu erarbeiten, aber wir wissen nicht, wie. Wir brauchen Eure Hilfe." Dies passiert Woche für Woche, nicht von Quartal zu Quartal. Es wurde eine Standardausbildung für Problemlösung, Prozessverbesserung, *Kaizen* und Basic Lean Tools entwickelt. Das war die eigentliche Fähigkeit, die man benötigt hat, sprich die Problemlösung auf eine disziplinierte, strukturierte Weise. Man musste das Programm durch visuelles Management und optische Pull-Systeme unterstützen.

Startphase 1 des Dana-Betriebssystems (DOS)

1. Visuelle Transparenz (KPIs, Diamond Area)
2. Globale Kommunikation
3. Studieren von Wert strömen und Chancen zur Verbesserung
4. Stabilisieren der Zellen (Flow, visuelles Management, stündliche Verfolgung)
5. Teamleiter: Verschwendung vermeiden, Learning by Doing
6. Problemlösungstraining, Prozessverbesserungen und *Kaizen*
7. Nachhaltige Verbesserungen (visuelles Management, Pull-Systeme)

Visualisierung und Einhaltung der Managementnormen

Wo soll man anfangen? Aus Garys Sicht schien es logisch, mit der Weiterbildung von Führungskräften zu beginnen. Auf welche Führungskräfte setzen Sie in erster Linie? Gary konzentrierte sich auf die Spitze, wie es auch bei Toyota praktiziert wird. Man fängt mit der Spitze an, die dann als Coaches fungiert, weil es dann heruntergaskadiert wird, also mit Unterstützung von Experten. Seine wesentlichen Lehrziele bezogen sich auf die Exekutivetage und die Werksmanager, die wiederum dafür verantwortlich waren, Führungskräfte im Werk weiterzubilden und zu fördern, und es gab viele Projekte, um Mitarbeiter in der Produktion weiterzubilden.

Wenn durch radikales *Kaizen* zur Verbesserung der Produktivität Mitarbeiter verfügbar gemacht wurden, beispielsweise blieben von zehn Mitarbeitern drei übrig, würde man eine vierte Person als Teamleiter weiterbilden. Es gab die allgemeine Richtlinie, dass niemand seinen Job durch das Dana-Betriebssystem verlieren würde. Jeder, dessen Aufgabe überflüssig wurde, bekam eine neue Aufgabe, teilweise in *Kaizen*-Teams, bis der Auftrag aus der Transaktions- und Finanzabteilung kam, dass man diese Mitarbeiter rausschmeißen musste. Das war die Realität. Man versuchte, das Bedürfnis des Unternehmens nach Überleben von den *Kaizen*-Bemühungen zu trennen. Jene, die durch das *Kaizen* woanders versetzt wurden, waren nicht unbedingt diejenigen, die entlassen wurden. Zum Beispiel, wenn man die Teamleiterrolle übernahm oder bei *Kaizen* involviert war, erwies es sich für das Unternehmen als sehr wertvoll und würde höchstwahrscheinlich überleben.

Sie können sich vorstellen, dass es unmöglich ist, 100% der Mitarbeiter davon zu überzeugen, dass die Entlassungen unabhängig von „Lean" zu betrachten sind, und einige Leute sagten: „Nun gut, wir werden unsere Jobs durch das Dana-Betriebssystem nicht verlieren. Lean hat dazu geführt, dass wir unsere Jobs dann doch verloren haben." Eine Vielzahl anderer Menschen aber hat die Realität der Krise erkannt und verstanden, dass wenn am Freitag sieben Arbeitsplätze durch *Kaizen* weggefallen waren, am Montag noch alle sieben Mitarbeiter beschäftigt waren.

Der erste Schritt war es, Transparenz mittels KPIs vom CEO bis auf unterste Ebene zu bekommen und mit Zielen zu versehen. Gary wollte dabei aber nicht einfach diejenigen

KPIs auferlegen, die er bei Toyota benutzte. Er wollte Eigenverantwortung und dass es speziell auf das Unternehmen zugeschnitten sein sollte. Er versammelte also die regionalen Führungskräfte und forderte sie heraus: „Wir müssen uns auf die wichtigsten Key-Performance-Indikatoren einigen, nach denen ihr alle bewertet werdet, und das ist, was ich und Ihr jeden Tag prüfen werdet."

Man erarbeitete folgende Kategorien: Sicherheit, Qualität, Effizienz, Produktivität, Kosten und Bestand. Als Nächstes erarbeitete man spezifische Maßnahmen und wählte ein Werk in jeder Region als Pilotprojekt zur Umsetzung der KPIs aus. Basierend auf den Erkenntnissen aus den Pilotprojekten wurden Anpassungen vorgenommen („PDCA"). Schließlich wurde beschlossen und angekündigt: „Dies sind die Standard-KPIs für alle Dana-Werke weltweit." Die Pilotierung und Evaluierung erfolgte über mehrere Monate. Wenn Sie die Fernsehsendung „24" gesehen haben, wissen Sie, dass die Sendung über 24 Stunden geht, in denen die Welt gerettet wird und wo jede Minute zählt. So ähnlich war der Prozess. Alles ablief im beschleunigten Tempo.

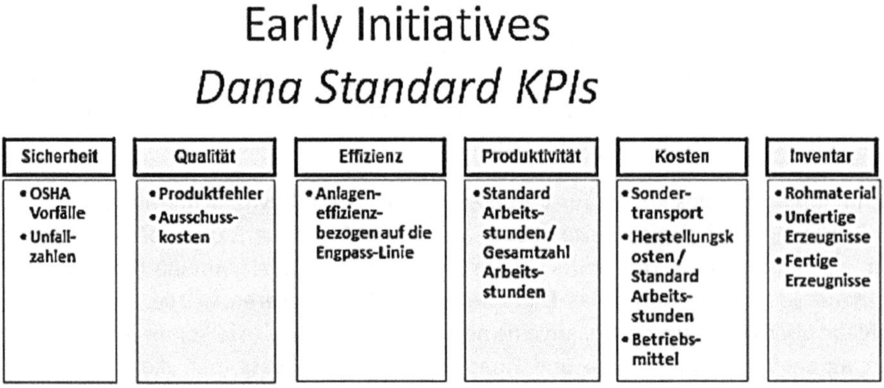

Early Initiatives
Dana Standard KPIs

Sicherheit	Qualität	Effizienz	Produktivität	Kosten	Inventar
• OSHA Vorfälle • Unfall-zahlen	• Produktfehler • Ausschuss-kosten	• Anlagen-effizienz-bezogen auf die Engpass-Linie	• Standard Arbeits-stunden / Gesamtzahl Arbeits-stunden	• Sonder-transport • Herstellungsk osten / Standard Arbeits-stunden • Betriebs-mittel	• Rohmaterial • Unfertige Erzeugnisse • Fertige Erzeugnisse

Abbildung 7-9. Die globalen KPIs von Dana

Die Abbildung oben (siehe Abbildung 7-9) mit den unterstrichenen Kennzahlen hebt die wichtigsten Schlüsselindikatoren hervor, die zur Rettung des Unternehmens beitrugen. Man brauchte Sicherheit und Qualität und man verbesserte all diese Punkte. Zum Beispiel waren die Entsorgungskosten in den meisten Werken sehr hoch. Die Entsorgungskosten waren eine wichtige Maßnahme bei der Kostenreduzierung, auch wenn sie unter dem Punkt Qualität laufen. Anlageneffizienz, um die Anlagen funktionstüchtig zu halten, ist wichtig für die Produktivität. Es gab eine Menge von Beziehungen zwischen Indikatoren, doch das Wichtigste, woran man interessiert war, waren die Kosten. Diese wurden als Herstellungskosten gemessen. Dies schließt die Kosten für Rohstoffe und alles, was in die Werke hinein geliefert wird, aus und fokussiert nur auf die Kosten, die vom Werksleiter kontrolliert werden. Sämtliche Kosten, einschließlich Energie, Reinigung, Produktionskosten und Fehlerbehebung, sind Teil der Herstellungskosten im Werk und können *Kaizen* unterliegen.

Die Gesamtherstellungskosten im Werk werden dann durch den durchschnittlichen Stundenlohn geteilt, um den Wert zu standardisieren, da Werke mit einem doppelt so hohen Volumenprodukt gegenüber dem US-Dollar nicht einfach so mit kleineren Werken verglichen werden können, ohne vorher Anpassungen gemacht zu haben. Man standardisierte mit dem, was produziert werden sollte, d. h., man soll genau die Anzahl von Produkten produzieren, wie viel es dem Unternehmen – basierend auf Standards – genau kostet. Ein wichtiger Schwerpunkt waren die Herstellungskosten. Der Bestand war der zweite Schwerpunkt. Jeder einzelne Dollar im Bestand könnte zum Bezahlen von Schulden genutzt werden. In einem gewissen Sinne war es wie MBO. Ziele in Bezug auf Kosten und Inventar wurden auf Garys Ebene gesetzt, aber, als man an der Erreichung der Ziele arbeitete, wurden die Führungskräfte in „Lean" geschult und es half, den Problemlösungsprozess richtig zu verstehen.

Tägliche KPIs werden in jedem Werk erhoben

Anzeige der Ergebnisse in einem gemeinsamen Bereich:

➔   verdeutlicht die Herausforderung

➔   fördert Engagement und Eigenverantwortung

Abbildung 7-10. Die „Dana Diamond Area"

Hier ist ein Bild von einem Dana-Diamond-Bereich (siehe Abbildung 7-10). Sie sehen, dass es Tafeln gibt, auf denen alle KPIs dargestellt und nachverfolgt werden können, was visuell sehr ansprechend dargestellt wurde. Wenn man das Bild vergrößert, kann man leicht die Soll-/Ist-Abweichungen erkennen. In einem Werk kann man so täglich den

Leistungsstand abrufen. In einer großen Abteilung kann es sich sogar auf die Schichten auswirken. Wenn man durch eine Abteilung ging, konnte man sogar den Soll-Ist-Vergleich stündlich ablesen.

Die Leistung wurde transparent. Alle im Werk konnten es sehen. Wie Sie auf dem Foto sehen, gibt es keine Stühle, da die Mitarbeiter die Tafeln entlanggehen sollen, während die für verschiedene Leistungsindikatoren verantwortlichen Kollegen über den aktuellen Stand der Dinge berichten. „Das ist heute passiert, hier liegen unsere Probleme, hier sind unsere Lösungen, hieran werden wir morgen arbeiten."

Die Daten wurden in ein webbasiertes System eingegeben und Gary konnte seinen Computer benutzen, um die Leistung des gesamten Unternehmens zu überprüfen, bis runter zu der Werks- und sogar bis hin zu der Abteilungsebene. Kennzahlen allein sind keine Garantie. Was man garantiert, sind schöne Schaubilder, um diese den Besuchern der Werke zu zeigen. Was zählt, sind die Maßnahmen, die sich aus der Analyse der Daten ergeben. Es bedarf eines bestimmten Prozesses der Überprüfung dieser Maßnahmen, die Suche nach den wichtigsten Lücken, dem Setzen von Prioritäten, dann die Suche nach Gegenmaßnahmen und deren Umsetzung sowie das Abwarten, was passiert.

Auf der Exekutivebene wurde jeden Monat die Leistung aller Werke überprüft (siehe Abbildung 7-11). Auf regionaler Ebene wurde dies jede Woche vom Bereichsvorstand sowie vom Produktionsleiter überprüft, die neben der Datensichtung auch regelmäßig regionale Werke besuchten. Auf der Werksebene gingen die Werksleiter täglich durch die einzelnen Abteilungen. Wir haben bereits die typischen Aufgaben eines Managers angesprochen, zu denen der Besuch der Abteilungen, die Prozesskontrolle sowie die Problemvertiefung zählen. Die KPIs zeigen die Bereiche auf, die am schnellsten besucht werden müssen. Was ist heute passiert? Was ist die Ursache? Was können wir dagegen unternehmen? Gibt es ein gutes Problemlösungskonzept? Wer muss besser geschult werden, weil man seine Ziele nicht erreicht? In jeder Schicht trafen sich Bereichs- wie Teamleiter mit ihren direkten Untergebenen, was für Dana ein neues, stundenbasiertes Rollenverständnis war.

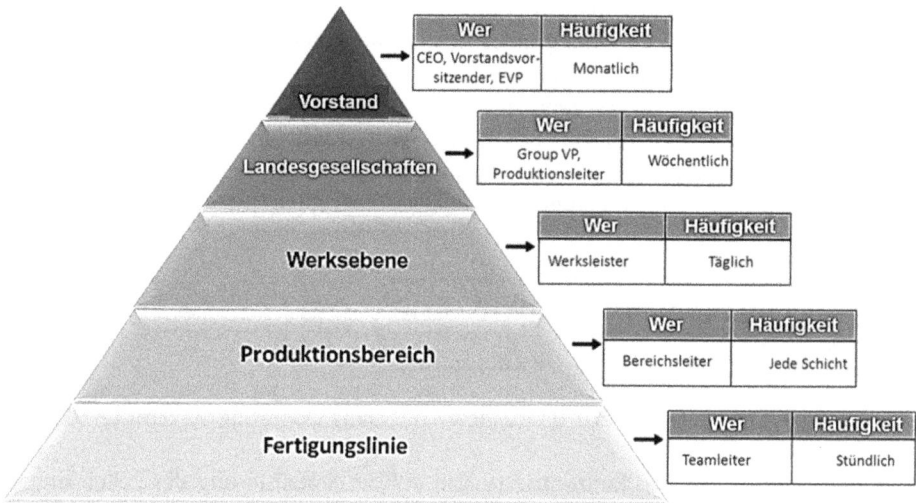

Abbildung 7-11. Standardmeetings anhand von Verantwortlichkeit und Häufigkeit

In jeder Abteilung wurde der Fortschritt auch bezüglich der Verantwortlichkeit und Häufigkeit stündlich auf Tafeln angezeigt. Jede Stunde wurde das Produktion-Soll im Vergleich zu den fehlerfrei produzierten Gütern angezeigt. Jede Abweichung. Wenn man die Abweichung zwischen den mangelfrei produzierten Gütern und dem Soll sieht, kann man die Probleme stündlich lösen und diese Probleme decken alles ab. Qualitätsprobleme wirken sich auf die Anzahl, Ausfallzeiten von Maschinen und Mitarbeiter aus, die schlecht ausgebildet sind und den Standard nicht schaffen. Es lassen sich Probleme in Sachen Qualität, Produktivität und Sicherheit erkennen. All diese Dinge zeigen sich in Ihrer Fähigkeit, mangelfreie Güter in einer Stunde zu produzieren. Wenn Sie sich dem Produktionsziel einer Stunde nähern, sind Sie auf dem Weg zur Perfektion.

Jahre 2 - 5: Strategie zur Umsetzung der Roadmap für das Dana-Betriebssystem (DOS)

Im ersten Jahr verlief alles von oben nach unten. Es gab nicht viel Austausch („catch-ball") zwischen den Führungsebenen. Gary hat eher diktiert: „Dies ist, was Ihr in all diesen Bereichen erreichen müsst." Die Experten, die von Gary fest eingestellt wurden, halfen aus, aber die Werksleiter führten den Prozess und waren für das Erzielen von Ergebnissen verantwortlich.

Man erarbeitete auch einen Fünf-Jahresplan zur Entwicklung und Umsetzung der Roadmap für das Dana-Betriebssystem. Das erste Jahr diente vor allem der Stabilisierung des Prozesses und der Kosteneinsparung. Dies begann mit Key-Performance-Indikatoren und der Behebung vieler Probleme. Dies war ein sehr kurzfristiges Ziel, was aber den Grundstein für die Entwicklung des Trainingscamps für Führungskräfte gelegt hat. Mit der Ausarbeitung des Fünf-Jahresplans (siehe Abbildung 7-12) – und es gab weniger

Druck für die Umsetzung kurzfristiger Ergebnisse zur Unternehmensrettung – verlagerte sich der Fokus auf die Entwicklung eines echten, nachhaltigen Betriebssystems, auch wenn immer noch Ergebnisse erwartet wurden. Mitarbeiter wurden in allen Tools des Dana-Betriebssystems weitergebildet. Dazu wurden Trainingsmodule und Anwendungsstandards entwickelt. Das Motto war: „Lasst uns einen grundsätzlichen Funktionsablauf entwickeln, lasst die Abläufe so laufen, wie sie laufen sollen, mit möglichst so wenig Unterbrechung durch Verschwendung, wie beispielsweise des Inventars, wie möglich."

Abbildung 7-12. Implementierungs-Roadmap des Dana Operating Systems (2-5 Jahre)

Man baute Zellen auf und konzentrierte sich auf die Stabilisierung der Zellen mittels Arbeitsstandards, so dass man konstant nach der Rate der Kundennachfrage (Taktzeit) produzieren konnte. Dann war man bereit, dies immer häufiger auf „Just-in-Time", Pull-Systeme, Lieferung von Ersatzteilen anzuwenden, um schließlich zu einem gesamten Pull-System zu kommen. Dies war natürlich eine theoretische Roadmap und es gab immer wieder verschiedene Varianten. Einige Werke wandten das Pull-System im zweiten Jahr an, einige bereits im ersten, so dass man nicht unbedingt diesem Pfad linear folgte.

Innerhalb einer stabilisierten Zelle können die Verbesserungen in weitere Details aufgeschlüsselt werden. Man geht in 11 Schritten vor (siehe Abbildung 7-13). Man nutzt Wertstromanalysen, entwickelt Arbeitsstandards, bewertet wie Güter den Arbeitern zur Verfügung gestellt werden und schaut sich 5S an. Man entwickelte auch tägliche Kontrollprüfungen zur Unterstützung des Prozesses. Darüber hinaus gibt es eine Menge von Details bei jedem dieser Schritte.

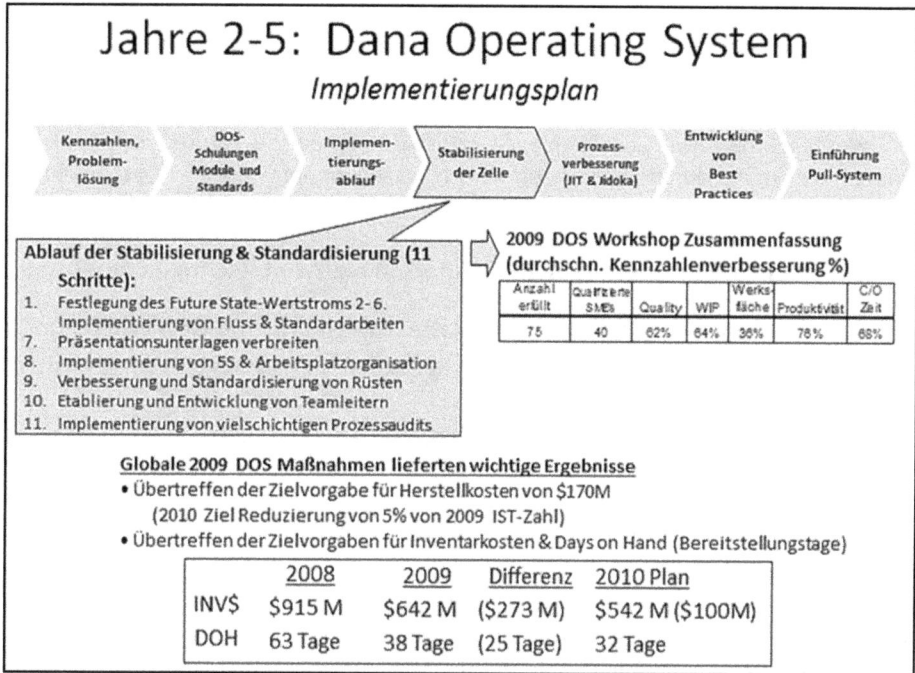

Jahre 2-5: Dana Operating System

Implementierungsplan

Kennzahlen, Problemlösung → DOS-Schulungen Module und Standards → Implementierungsablauf → Stabilisierung der Zelle → Prozessverbesserung (JIT & Jidoka) → Entwicklung von Best Practices → Einführung Pull-System

Ablauf der Stabilisierung & Standardisierung (11 Schritte):
1. Festlegung des Future State-Wertstroms 2-6.
   Implementierung von Fluss & Standardarbeiten
7. Präsentationsunterlagen verbreiten
8. Implementierung von 5S & Arbeitsplatzorganisation
9. Verbesserung und Standardisierung von Rüsten
10. Etablierung und Entwicklung von Teamleitern
11. Implementierung von vielschichtigen Prozessaudits

2009 DOS Workshop Zusammenfassung
(durchschn. Kennzahlenverbesserung %)

Anzahl erfüllt	Quatzeire SMEs	Quality	WIP	Werksfläche	Produktivität	C/O Zeit
75	40	62%	64%	36%	78%	68%

Globale 2009 DOS Maßnahmen lieferten wichtige Ergebnisse
- Übertreffen der Zielvorgabe für Herstellkosten von $170M
  (2010 Ziel Reduzierung von 5% von 2009 IST-Zahl)
- Übertreffen der Zielvorgaben für Inventarkosten & Days on Hand (Bereitstellungstage)

	2008	2009	Differenz	2010 Plan
INV$	$915 M	$642 M	($273 M)	$542 M ($100M)
DOH	63 Tage	38 Tage	(25 Tage)	32 Tage

Abbildung 7-13. Einige Ergebnisse durch die Umsetzung des Dana-Betriebssystems

Pläne sind gut, aber was hat man im frühen Stadium geleistet? Die Antwort ist: „Sehr gute Arbeit!" Zum Beispiel brauchte man 2008, bevor die meisten „Lean"-Maßnahmen umgesetzt wurden, 63 Tage für das Inventar. Bis zum Jahr 2009 wurde rund 40% des Bestandes gekürzt, so dass nur noch 25 Tage aufgewendet werden mussten. Dies betrug 273 Millionen US-Dollar, die nicht mehr im Inventar gebunden waren, also 273 Millionen US-Dollar, die man zur Bank bringen konnte, um seine hochverzinsten Darlehen abbezahlen zu können. Bis 2010 hat man weitere Hundert Millionen Dollar gespart.

Die aggressiven *Kaizen*-Workshops, über die ich gesprochen habe, war ein Weg, um schnelle Erfolge zu erzielen und sehr schnell die Werksleitung intensiv weiterzubilden. Die Werksleitung leitete die Workshops, mit Hilfe und Unterstützung durch die Coaches. Man hat viele Workshops (*Kaizen*-Events) im Jahr 2009 durchgeführt, davon 75 in einem Jahr. Die Werksleitung musste auch Mitarbeiter freistellen, um Fachleute für bestimmte Aufgaben in jedem Werk auszubilden, die auch Experten in jedem der DOS-Module sind. Es gab jeweils einen Experten für Arbeitsrichtlinien, einen für Pull-Systeme und einen für Wertstromanalysen. Sie mussten aus dem vorhandenen Personal vor Ort ausgebildet werden. Gary erinnert sich an eine Menge von Beschwerden durch die Werksleitung, die sagte, dass man zu wenig Angestellte hätte, als dass man Mitarbeiter abstellen könnte. Man tat es trotzdem, und als der Prozess stabiler und vorhersagbarer wurde, wandelte sich die akute Problembehebung in Planung um, so dass die Mitarbeiter besser eingesetzt werden konnten.

Qualität wurde zusammen mit Kosteneinsparungen betrieben und verbesserte sich in einem Jahr um bis zu 62%. Man schuf auch ein Drittel der Fläche in den Fabriken frei. Die Produktivität verbesserte sich um 76%. Die Rüstzeiten wurden verringert, so dass kleinere Einheiten gefertigt werden konnten – eine wichtige Ressource zur Reduzierung der Lagerbestände. Diese Zahlen spiegeln radikale Veränderung wieder, das sind keine Zahlen, die man durch Bottom-up-Vorschlagsprogramme erhält. Das verlangte aggressive Top-Down-Führung und Antrieb.

DOS-Bemühungen aus dem Jahr 2009 lieferten weltweit wichtige Ergebnisse

→ Überschrittenes Ziel der Herstellkosten in Höhe von 170 Millionen US-Dollar reduzieren (Ziel im Jahr 2010: Reduktion der Ist-Kosten um 5 Prozent gegenüber 2009)

→ Überschrittenes Ziel für Lagerkosten und –tage reduzieren

Werkzeuge zum Planen und Aufrechterhalten von *Kaizen* bei Dana

Ein wichtiges Instrument zur Aufrechterhaltung der Dynamik war ein einfacher A3-Bericht (siehe Abbildung 7-14). Er wurde auf vielen Ebenen verwendet – sowohl in der Produktion als auch in R&D. Wir zeigen hier ein Dokument, das zu Beginn als Planungsskizze diente, um eine Charta für das *Kaizen*-Team zu erstellen, und später ein wichtiges A3-Problemlösungskonzept wurde, nachdem man Ergebnisse erzielte und diese einfügte.

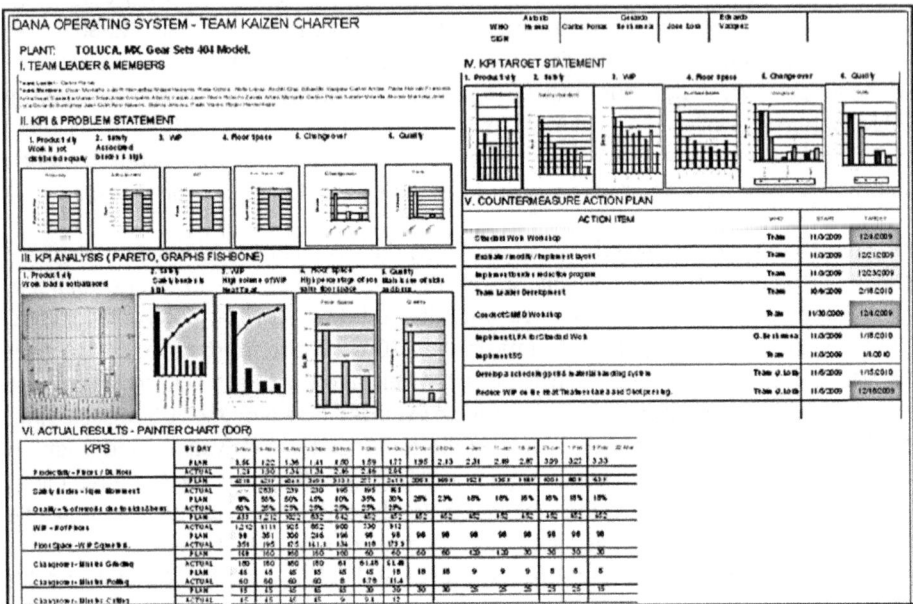

Abbildung 7-14. A3-Proposal zum Planen der Dana-Betriebssystemaktivitäten und die erwarteten Ergebnisse

Das A3-Proposal wurde auch auf der Werksebene als Teil der Anfängerversion von *Hoshin Kanri* genutzt. Also hat Gary zum Beispiel mit jedem Werksleiter ein Review vorgenommen und ihren A3-Plan untersucht. Er hat ihnen beispielsweise gesagt, dass er zu diesem Zeitpunkt eine Reduzierung der Herstellkosten um fünf Prozent erwartet. Er hat sie nicht nach ihrer Meinung gefragt. Er hat ihnen nur gesagt, was er von ihnen erwartet. Dann fragte er sie nach dem Plan, um das Ziel umzusetzen, und sie mussten einen A3 entwickeln. Dann nahm er den Plan zur Hand und markierte die Mängel an.

Zu jener Zeit saß er in der Zentrale in Ohio und sie waren möglicherweise in China. Man sandte Gary den A3 per E-Mail und er ging den Plan am Telefon mit ihnen durch. Er ratterte die Probleme, die er im Plan sah, herunter; in der Regel kannte er die Werke, weil er sie schon einmal besichtigte. Seine Assistentin, die die Gespräche aufnahm, verschickte danach eine E-Mail mit einer Zusammenfassung von Garys Beobachtungen und Vereinbarungen. Daraufhin musste der Werksleiter den A3 überarbeiten, verbessern und dies endete erst, nachdem Gary und die Führungskräfte der operativen Exzellenz den Plan für gut befunden haben. Dies war eine weitere Möglichkeit, zu lehren, wie wichtig es ist, einen guten Plan zu haben und was es bedeutet, einen guten Plan zu haben – einer der wichtigsten Teile des „PDCA"-Zyklus.

Wertstromanalysen sind ein leistungsfähiges Werkzeug, um Lagerbestände zu reduzieren. Bei der Darstellung des Materialflusses wurde der Verlust sichtbar. Der Future-State-Wertstrom ist ein weiteres Planungsinstrument. Man erstellte sie per Hand auf Post-Its, die man verschieben konnte. Das ist sehr wichtig im Vergleich dazu, es mit einem Computer zu erstellen, was ja viele oft bevorzugen. Teams können nicht effektiv zusammenarbeiten, wenn sie um einen Computer herumstehen und einer versucht, mit der Maus dieses Kontrollkästchen zu erstellen oder jenes Feld zu verschieben; er pfriemelt herum, während man danebensteht und wartet, anstatt selber etwas auf einem Post-It zu notieren und auf eine Chart zu kleben. Im Nachhinein kann man die Ergebnisse in den Computer eingeben und zum Kommentieren herumschicken. Und dennoch sollte der Erarbeitungsprozess des Plans einem praktischen, aktiven und intensiven Prozess unterliegen.

Um die Dynamik zu halten, mussten sehr viele Kontrollprüfungen durchgeführt werden, um immer auf dem Laufenden zu bleiben. Man musste die Führungskräfte weiterbilden, die nicht die erwarteten Ergebnisse lieferten. Man musste manchmal Operational Excellence Manager austauschen, die ausgewählt worden waren, da sie wohl bei einem Toyota-Zulieferer gute Dienste geleistet haben, der bereits mit dem TPS arbeitet. Allerdings waren sie für den Transformationsprozess nicht geeignet. Es bedarf vieler Mitarbeiter und Prozessanpassungen, um die Dynamik für Verbesserungen aufrechtzuerhalten.

Dana-Ergebnisse über drei Jahre der radikalen Transformation

2009 war ein bemerkenswertes Jahr. Mithilfe von John Devine, dem Vorsitzenden, und seiner Strategie zur Kostenreduzierung, trotz eines Absatzrückgangs von 35%, gelang es

Dana, bei der Gewinn- und Verlustrechnung gerade noch Gewinn zu machen. Man konnte auch ein neues Kapital in Höhe von 250 Millionen US-Dollar aus dem Lagerbestand freimachen. Man reduzierte seine Schulden um 250 Millionen US-Dollar. Man beglich die Rückzahlungsverträge. Die Verträge sind die formalen rechtlichen Vereinbarungen mit den Personen, die das Unternehmen besitzen, den Banken und den privaten Anteilseignern. Man hat vertragliche Verpflichtungen, die besagen: „Wir werden unsere Verschuldung bis zu diesem Prozentsatz unseres gesamten Jahreseinkommens limitieren und wenn wir das nicht halten, könnt ihr uns schließen." Man war erfolgreich bei der Einhaltung dieser aggressiven Ziele und letztendlich erreichte man eine Verringerung des Inventars von mehr als 35 Tagen.

Bis 2010 war Dana auf dem Weg zur finanziellen Gesundheit und man hatte noch viele neue Produkte hinzugefügt, so dass ähnliche Anstrengungen im Bereich Produktentwicklung unternommen wurden. Man hat im Rekordtempo an der Einführung neuer Produkte gearbeitet. Man hat neue Kunden akquiriert. Einen Vorteil, den Gary mit seinem Toyota-Stammbaum brachte, war die Möglichkeit, mit japanischen Unternehmen wie Toyota, Nissan und Honda zu verhandeln. Und so bekam man Aufträge wie nie zuvor. Wenn beispielsweise Toyotas Einkäufer in die Werke kamen, waren sie begeistert und bemerkten: „Das sind wirklich gute Fortschritte! Ich bin immer wieder aufs Neue beeindruckt, was Sie diesmal umgesetzt haben." Man hat nun auch Kapital in neue Produktlinien und neues Equipment investiert. Die Umstellung des Unternehmens in einer so kurzen Zeit war beeindruckend und man hat es deswegen gemeistert, weil man „Lean Leaders" aufgebaut hat, anstatt das Personal zu dezimieren.

Klassejahr 2009

- o   Actions Offset um 35% des Jahresvolumens reduziert.
- o   Kapital von 250 Millionen US-Dollar aufgestockt.
- o   Schulden in Höhe von 250 Millionen US-Dollar reduziert.
- o   Rückzahlungsverträge beglichen.
- o   Inventar um mehr als 35 Tage verringert.

Das sichtbarste Maß für den Erfolg war ein Anstieg des Aktienkurses in Höhe von 1365%! Man wurde 2009 als globaler Zulieferbetrieb mit höchsten Aktienrenditen bezeichnet. Ich sage nicht, dass das alles „Lean" zu verdanken ist. Die große Mehrheit der Kosteneinsparungen resultierte aus der traditionellen Kostensenkung, Konsolidierung, Betriebsschließungen, Massenentlassungen und dem ganzen Drum und Dran. Die Beiträge der operativen Exzellenz waren erste deutliche Kosteneinsparungen und das Freimachen von Geld. Zweitens, während man diese unglaublichen Kosten einsparte, schuf man gleichzeitig neue Kapazitäten, anstatt sie zu reduzieren. Man schuf Produktentwicklungskapazitäten; man schuf strategische Planungskapazitäten, die man vorher nicht hatte. Man vermarktete sich effektiver als vorher. Man produzierte hochwertigere Produkte mit weniger Angestellten und deutlich weniger Kosten in den Werken. Alles wurde stärker und besser. Man zerstörte weder seine intellektuellen Kapazitäten noch seine materiellen Ressourcen.

Bis zum Jahr 2010 war Dana finanziell gesund und wachsend, mit neuen Produkten, neuen Kunden und Kapitalanlagen!

Mit der richtigen Philosophie kommt alles zusammen

Nochmal zusammenfassend: Wenn man über die „Lean"-Tools hinaus tatsächlich Führungskräfte weiterbildet, baut man ein unglaublich starkes Fundament. Organisationen sind dynamisch, nicht statisch. Man kann nicht ein Pull-System einsetzen und davon ausgehen, dass es weiter auf hohem Niveau läuft. Sie müssen davon ausgehen, dass sich das Pull-System verschlechtern wird, sofern es nicht kontinuierlich überarbeitet und gewartet wird. Wie funktioniert das? Die regionalen Führungskräfte lenken das sehr stark.

Sie brauchen eine langfristige Strategie in Ihrer Vision, die als Businessplan umgesetzt wird. *Hoshin Kanri* bietet den jährlichen Zyklus der Verbesserung, nach dem sich alle Führungskräfte ausgerichtet haben, messbare Ziele von oben nach unten und seitwärts. Der Erfolg von *Hoshin Kanri* kommt von den gut ausgebildeten Führungskräften, die lernen, wie man Optimierung führt. Eine langfristige Strategie ist gut, aber sie ist nur von Nutzen, wenn sie umgesetzt wird. Also müssen Sie diese in gezielte Maßnahmen einteilen, die durch die richtigen Leute mit Verantwortung umgesetzt werden. Es bedarf individueller Initiative auf allen Ebenen, aber die individuelle Initiative wird von der Führung getragen.

Die meisten Menschen brauchen Weiterbildung. Man möchte, dass die Mitarbeiterentwicklung in der Verantwortung der Führungskräfte und nicht des Human Resources Managements, Abteilung für kontinuierliche Verbesserung oder Qualitätsabteilung liegt. Alle diese Abteilungen können eine unterstützende Rolle einnehmen, aber letztlich möchte ich täglich an meinen Chef berichten, denn nur er kann meine Leistung am besten beurteilen bzw. kennen. Wenn mein Chef mich mit Angst im Bauch managt: „Du besorgst mir diese Zahlen, anderenfalls ...", werde ich alles tun, um die Zahlen zu besorgen. Und dennoch werde ich daraus mehr lernen, als bloß die Fähigkeit zu entwickeln, Spielchen zu spielen? Ich werde wirklich hart daran arbeiten, aber ich werde auch lernen, mit den Zahlen zu spielen, zu lügen und zu betrügen, und ich werde dabei wirklich gut. Was wir dahingegen mit der Weiterbildung von Mitarbeitern meinen, ist, die Fähigkeit zu haben, ein Team zu leiten, tatsächliche Probleme aufzuspüren und diese Probleme an der Wurzel zu bekämpfen, so dass sie nicht zurückkehren.

Wenn man den Mitarbeitern herausfordernde Aufgaben stellt, wie zum Beispiel eine Kostenreduzierung von fünf Prozent für die Anlage, und wenn diese Menschen dann gefördert und unterstützt werden, nicht nur einmal im Jahr in einem externen Trainingszentrum, sondern täglich, wöchentlich und monatlich, dann werden sie an den Aufgaben wachsen, die Probleme bearbeiten und lösen. Sie gewinnen Vertrauen in ihre eigenen Fähigkeiten und entwickeln weitergehende Skills. Dann können sie zu der Erfolgsstrategie beitragen, die durch *Hoshin Kanri* umgesetzt wird.

Hoshin Kanri stellt herausfordernde Aufgaben. Nach der Strategie werden die herausfordernden Aufgaben in die richtigen Zielvorgaben für Verbesserungen, in die richtigen Kennzahlen und in die entsprechenden Pläne auf allen Ebenen des Unternehmens und über das Unternehmen hinweg umgesetzt. Hiernach erreichen Sie Folgendes:

- o   Individuelle Initiative
- o   Personalentwicklung
- o   Man wächst an herausfordernden Aufgaben
- o   Man trägt zu einem strategischen Erfolgsplan (Roadmap) bei

Wie Gary es ausgedrückt hat: „Das Management hat keine so wichtigere Rolle, als die große Anzahl von Personen dazu zu motivieren, auf ein gemeinsames Ziel hinzuarbeiten; Ziele festlegen und erläutern; den Weg zum Ziel darlegen; Menschen dazu zu motivieren, gemeinsame Wege zu gehen und ihnen bei der Beseitigung von Hindernissen zu helfen." Das ist eine schöne Definition von „Lean Leadership". Und nun ist die Struktur, die Architektur, die es Ihnen ermöglicht und Sie dabei unterstützt, *Hoshin Kanri*, der Prozess des Herunterbrechens von Problemen und dessen Anwendung.

Ich habe grob skizziert, wie sich „Lean" entwickelt hat und vorgeschlagen, dass es zwei Wege gibt. Der eine Weg ist mit der Philosophie, worüber wir gesprochen haben; Weiterbildung von Mitarbeitern und Führungskräften; Entwicklung von Fähigkeiten. Der andere Weg ist ohne die Philosophie, also Ergebnisse, Ergebnisse und wieder Ergebnisse. Es gibt einen Unterschied zwischen der *Hoshin Kanri*-Philosophie und der „Management-by-Objectives"-Philosophie. Normalerweise durchläuft man bei einer „Lean"-Transformation verschiedene Stufen, indem man reifer wird. Die erste Stufe ist die Anwendung von Tools (siehe Abbildung 7-15). Nun weist alles, was ich bis jetzt beschrieben habe, Schwächen eines toolbasierten Ansatzes von „Lean" auf, und nun stehe ich hier und spreche davon, dass der erste Schritt die Anwendung von Tools ist. Ist das ein Widerspruch?

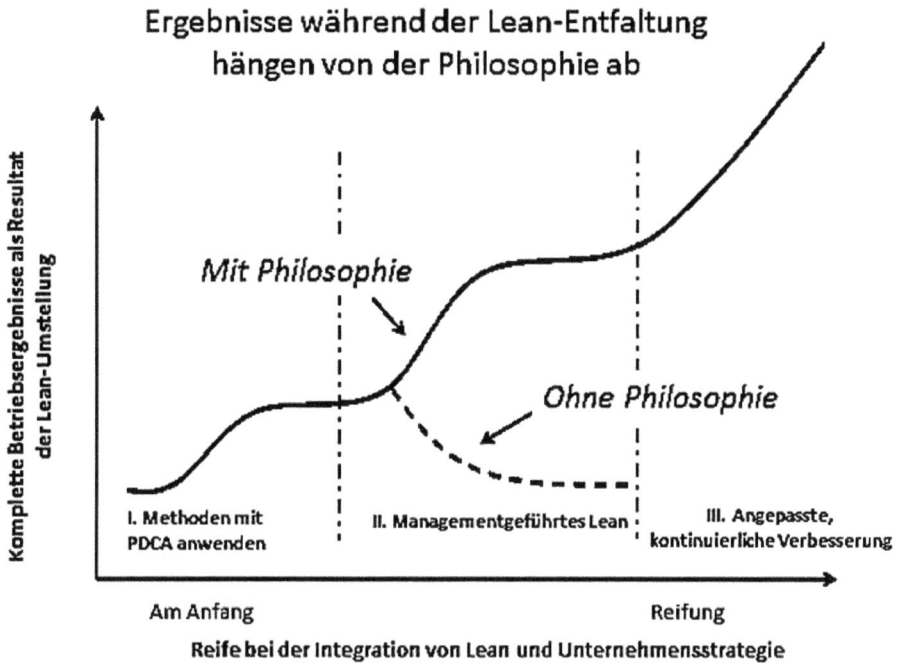

Ergebnisse während der Lean-Entfaltung
hängen von der Philosophie ab

Mit Philosophie

Ohne Philosophie

I. Methoden mit PDCA anwenden

II. Managementgeführtes Lean

III. Angepasste, kontinuierliche Verbesserung

Am Anfang   Reifung

Reife bei der Integration von Lean und Unternehmensstrategie

(y-Achse: Komplette Betriebsergebnisse als Resultat der Lean-Umstellung)

Abbildung 7-15. Ergebnisse im Zuge der Entwicklung von „Lean" hängen von der Philosophie ab

Die Antwort ist: „Ja, es ist ein Widerspruch, wenn Sie auf Stufe 1 stehen bleiben und sich lediglich auf die Umsetzung von Tools konzentrieren." Allerdings ist es kein Widerspruch, wenn man die Anwendung von Tools als erste Stufe des Lehrens und Lernens betrachtet. Was ist der erste Schritt, wenn Sie eine anspruchsvolle Aufgabe haben, jemanden zu unterrichten? Wenn Sie beispielsweise jemandem beibringen möchten, ein Instrument zu spielen, aufwendige Mahlzeiten zuzubereiten oder Sie wollen jemanden als Maschinist, Schreiner oder Klempner ausbilden, dann ist der erste Schritt für den Auszubildenden die Ausübung einfacher Routineaufgaben, während der Meister zuschaut. Er zeigt dem Auszubildenden die richtige Ausführung und dann lässt er ihn selber ausprobieren, so dass er sich bemüht, aber der Meister gibt Feedback. Der Azubi lernt, wie er einen Schraubenschlüssel richtig benutzt und hält. Zu diesem Zeitpunkt lernt man den Umgang mit den Tools, es ist sehr einfach und sehr elementar, aber es muss sein. In einer Organisation mit vielen Mitarbeitern, die vorher noch nie Kontakt mit „Lean" gehabt haben – zum Beispiel, wenn Probleme nicht jeden Tag gelöst werden –, können Sie nicht einfach nur Kennzahlentafeln aufstellen und davon ausgehen, dass die Mitarbeiter auf magische Weise die Tools beherrschen. Sie müssen ihnen den Gebrauch beibringen, wie etwa die Anwendung eines Schraubenschlüssels.

In der ersten Stufe lernt man den Verbesserungsprozess, während man mit den Mentoren, den „Lean Coaches", auch die Anwendung der entsprechenden „Lean"-Tools erlernt. Wie auch immer man sie nennen mag, haben Sie idealerweise Ihre eigenen

Mitarbeiter qualifiziert. Das ist nicht immer der Fall. Vielleicht müssen Sie auch Berater finden, die als Coaches und nicht als Anwender arbeiten. Auch dann, wenn man firmeninterne Coaches hat, beginnen sie als Mitarbeiter in der Regel mit einer unterstützenden Rolle ihrer Obersten, wie wir bei Dana sehen konnten. Das Top-Management trägt die Verantwortung; das Know-how kommt von den Anderen, und zwar von den Prozessverbesserungs-Spezialisten. Das mittlere Management lernt auf einer sehr allgemeinen Ebene.

An diesem Punkt habe ich eine Vision der kontinuierlichen Verbesserung, ich weiß, wo ich als Nächstes hinwill, nämlich die Manager zu den „Lean"-Verantwortlichen zu machen. Über eine kleine Abteilung für kontinuierliche Verbesserung hinaus habe ich Führungskräfte als „Lean"-Coaches im ganzen Betrieb, im ganzen Krankenhaus, im ganzen Versicherungsunternehmen oder aber auch unabhängig von der Art der Organisation, die sie ist. Ich habe ständige Verbesserer als Manager. Sie sind zwar noch keine Experten, aber sie lernen. Sie haben bereits ein Qualifikationsniveau, mit dem sie bereits andere weiterbilden können. Ihre Philosophie ist es, viele Manager zu haben, die alle „Lean" in Richtung der definierten Ziele innerhalb ihrer Bereiche führen – mit einem guten Prozess, mit einem guten Weg der Zusammenarbeit und Einbindung ihrer Mitarbeiter. Es ist aber zu diesem Zeitpunkt immer noch alles sehr abhängig vom Management, vor allem dem mittleren Management. Wenn Sie nicht über die Philosophie verfügen oder Ihre Philosophie ist: „Engagieren Sie den Berater, delegieren Sie Ziele nach unten, zu den Managern, bewerten Sie sie und verwenden Sie dann das Prinzip von ‚Zuckerbrot und Peitsche'", dann ist das, was hier normalerweise geschieht, der erste Motivationsschub durch die Berater und „Lean"-Experten, und dann rutscht alles nach hinten. Mit der Philosophie betreten Sie eine andere Ebene, denn Sie haben so viele Mitarbeiter, die für die Verbesserung verantwortlich sind.

Das Nirvana ist erreicht, wenn Sie tatsächlich zu einem täglichen Managementsystem gekommen sind und jeder überall Ziele hat, d. h., jeden Tag etwas anderes zu finden, was man verbessern kann, sich an die Veränderungen anzupassen und seine Aktivitäten auf breitere Geschäftsziele abzustimmen. Vor Ort haben Sie Manager und Führungskräfte, die echte kontinuierliche Verbesserung betreiben, welche auf die geschäftlichen Ziele des Unternehmens ausgerichtet ist. Die Folge ist, dass Sie die Ausrichtung nicht durch ein Toolkit wie *Hoshin Kanri* umsetzen können. Sie können nicht gleich zur Stufe 3 springen, ohne über die Stufen 1 und 2 zu gehen. Auf der anderen Seite, wenn Sie durch Stufe 1 gehen, kommen Sie nicht unbedingt über den toolbasierten Ansatz hinaus, wenn Sie die Zeit nicht gleichzeitig nutzen, um Führungskräfte weiterzubilden, mit denen Sie dann das Management-geführte „Lean" anwenden können.

Letztes Feedback: Bewusste Praxis ist kein Spaß

Letztes Reveiw des Lean-Leadership-Modells

Hoffentlich habe ich Ihnen viel zum Nachdenken mitgegeben. Vielleicht haben Sie sich schnell von all den Informationen überfordert gefühlt, und das ist auch gut so. Wir begannen mit dem Modell „Lean Leadership", das über eine Reihe von Stufen führt. Die letzte Stufe ist *Hoshin Kanri*, was in Wirklichkeit bedeutet: „Richten Sie Ihre Ziele von oben nach unten aus", also mit Mitarbeitern auf allen Ebenen, die aggressive Verbesserungsziele erreichen, indem man nachhaltige, wiederholbare Prozesse, keine einmaligen Prozesse, schafft. Dann wenden wir *Hoshin Kanri* als Instrument zur Anregung von Gesprächen an, die zu Plänen auf allen Ebenen führen.

Wir beginnen mit einer Vision. Diese Kommunikation findet auf der obersten Ebene statt, die sich auf Umwelt- und Wettbewerbsanalysen, die Entwicklung des Geschäftsmodells und die Strategie, wo wir hinwollen, die dann nach unten angewandt wird, bezieht. Auf jeder Ebene gibt es Diskussionen, Vorschläge, Kritik, Anpassung an das Feedback sowie die Entwicklung eines Ziels und eines Plans, was dann immer wieder heruntergebrochen wird. Zu dem Zeitpunkt, an dem wir fertig sind, hat jeder eine Reihe von Zielen, die danach ausgerichtet sind, was die Führungsebene braucht, und man hat realistische, gut durchdachte Pläne für das Vorgehen. Man führt die Pläne aus und achtet dabei aufs Überprüfen und Nachjustieren. Ich würde Sie gerne bitten, sich über Ihre Organisation und Ihren Verantwortungsbereich Gedanken zu machen.

Wenn Sie sich in der Mitte der Organisation befinden und eine Abteilung leiten, können Sie natürlich keinen strategischen Plan für die ganze Firma ausarbeiten. Man soll sich nur so viel vornehmen, wie man sich auch zutraut. Was können Sie steuern? Was ist Ihre Vision? Was wollen Sie erreichen? Was ist Ihr wahrer Weg? Was sind die wichtigen Schritte, die Sie tatsächlich im nächsten Jahr erreichen können? Wie können diese in einem überschaubaren Plan aufgeschlüsselt werden, einem, der angepasst wird, während Sie lernen? Es hilft, wenn Sie mit Ihrem Chef und einigen Führungskräften über ihre Visionen sowie mit Ihren direkten Kunden über ihre Anforderungen sprechen.

Welche Rolle wird bei diesen Verbesserungen die oberste Führungsetage spielen? Es kann gut sein, dass man Ihnen die Ziele im Sinne von MBO überträgt. Jetzt werden Sie diese Ziele annehmen und auf die richtige Art und Weise in umsetzbare Pläne umwandeln. Sie werden Ihren Chef überraschen, weil kein anderer dies tun wird, und Sie werden herausstechen. Sie werden Ihr Bestes geben, um die oberste Führungsetage für Sie zu gewinnen und mitzunehmen, und Sie werden sie weiterbilden, während Sie Ihre Verbesserungen umsetzen. Sie müssen Ergebnisse sehen, aber auch den Prozess, der für eine nachhaltige Verbesserung nötig ist, verstehen.

Abschließendes Review

- o   Welche Rolle hat das Senior Management in Ihrem Unternehmen?
- o   Was ist Ihre Vision?
- o   Was sind die wichtigsten Schritte im Laufe des nächsten Jahres auf dem Weg zu dieser Vision?

Ich möchte Sie nicht in die Irre führen. Hier geht es nicht darum, alle Bereiche Ihrer Organisation auf die Kennzahlen und kontinuierliche Verbesserung auszurichten. Es geht um eine Größenordnung, die vernünftig steuerbar ist, aber über einen längeren Zeitraum angelegt ist. Fassen Sie dies für Ihren Coach zusammen, wie man bei Dana das gemacht hat. Es gab Coaches und alle Werksleiter kamen wöchentlich vorbei und sagten: „Hier ist mein Plan.", „Das habe ich letzte Woche gemacht, das plane ich für die nächste Woche." Ich weiß nicht, wie häufig Sie sich mit Ihrem Coach treffen werden, aber Sie sollten einen regelmäßigen Rhythmus haben. Der Trainer sollte Ihnen nützliches Feedback geben. Leider ist nützliches Feedback ein kritisches. Es geht darum, was Sie verbessern können. Den guten Jungs geht es gut, aber das führt nicht zu Verbesserungen. An Kritik wächst man.

Während wir das durchgehen, werden Sie vielleicht denken: „Wir durchliefen die Selbstentwicklung, wobei Professor Liker sagt, dass es Jahre dauern kann, diese vier Stufen zu durchlaufen, so dass es eine zehnjährige Reise sein kann." Ich möchte Ihnen nahelegen, eine Mikroversion des Vier-Stufen-Modells innerhalb Ihres Verantwortungsbereiches zu erarbeiten. Versuchen Sie, alle vier Stufen umzusetzen. Sie werden es nicht schaffen, alle vier Stufen innerhalb eines Jahres abzuschließen, aber Sie werden sie alle ausprobieren und sie werden verstehen, was sie bedeuten. Und im nächsten Jahr werden Sie es wieder versuchen und Sie werden es weitermachen. Das Ziel ist es, andere dafür zu interessieren, die von Ihnen lernen wollen. Selbst wenn sie von Ihnen nicht lernen, werden Sie trotzdem in der Firma aufsteigen oder in einer anderen Organisation. Sie werden mehr Verantwortung innehaben, so dass Sie es im großen Stil anwenden können.

„Deliberate Practice"

Es gibt eine Menge an Literatur darüber, wie Fähigkeiten entwickelt werden können. Das Schlagwort schlechthin ist „deliberate practice". Als angehender Gitarrenschüler habe ich das allzu oft gehört. Wenn ich mit meiner Gitarre zwei Stunden übe, kann ich zwar die Lieder spielen, die ich geübt habe, aber ich lerne nichts dazu.

Alternativ kann ich mich darauf konzentrieren, Fähigkeiten zu erlernen. „Deliberate Practice" bedeutet, dass ich weiß, woran ich arbeite. Ich mache zwar Fehler, aber ich identifiziere sie und ergreife Gegenmaßnahmen. Ich habe z. B. vor 35 Jahren mit dem Gitarrenspielen begonnen, aber erst jetzt nehme ich Teil an einem strukturierten Unterricht für klassische Gitarre. Nach fast zwei Jahren bemerkte mein Lehrer, dass ich immer noch Probleme mit dem Rhythmus habe, also mit dem Takt. Ich spielte acht Töne, wenn ich eigentlich 16 hätte spielen sollen und ich konnte halbe Töne nicht lang genug halten. Mein Lehrer sagte mir, ich solle mir ein Einführungs-Buch über Rhythmus kaufen und anfangs nur viertel Noten zu spielen, damit ich einen besseres Rhythmusgefühl bekomme. Mein Sohn ist Musiker und er empfahl mir, den Takt am Rand meiner Gitarre mitzuklopfen. Das bedeutet „deliberate practice". Sie wissen, dass Sie zielgerichtet üben, auch wenn Sie keinen Spaß haben, aber Sie werden nach und nach besser.

Was sollten Sie im nächsten Jahr tun, um zielgerichtet zu üben?

„Wie kann man mit dem zielgerichteten Üben etwas über die vier Schritte lernen? Können Sie mir ein Beispiel dafür geben, was jemand im Management im Laufe eines Jahres durchmacht?"

Beim Gitarrenspielen wissen wir, wie man es am besten lehrt und es gibt nur eine Person, die ein Instrument spielt. Aber in einer komplexen Organisation ist es nicht leicht, Führungsqualitäten zu definieren. Es gibt viel mehr Lernende und es ist verlockend, sie alle im Massenunterricht wie in der Schule zu unterrichten. Aber wir wissen, dass man so keine Fähigkeiten entwickeln kann.

Toyota hat festgestellt, dass das beste Mittel zur Anwendung von „Deliberate Practice" das Durchspielen eines Problemlösungsprozesses ist, wenn man in der Organisation kontinuierliche Verbesserungen erreichen möchte. Dieser muss wiederholt werden, reale Probleme behandeln und von einem persönlichen Coach begleitet werden. Aus diesem Grund hat Toyota die Toyota Business Practices, TPS mit den acht Schritten eingeführt. Selbstentwicklung sollte sich auf Projekte konzentrieren, die Sie selbst leiten. Während des Projekts sollten Sie ein Team zusammenstellen, wie Gary es tat, aber das Team sollte an Sie berichten. Vielleicht werden auch noch andere Abteilungen daran beteiligt sein.

Ihr erster Schritt sollte es sein, ein Team zu führen, um das Problem zu lösen. Es sollte kein Problem sein, das Sie in zwei Tagen lösen können, aber vielleicht innerhalb drei Monaten oder länger, wenn Sie in leitender Position sind und Daten sammeln, Ursachen finden, alle Schritte durchlaufen und die Veränderungen durchführen müssen. Aber Sie müssen den Prozess führen. Die Verbesserungs-Kata ist eine mögliche Methode. Sie befinden sich möglicherweise in einer leitenden Position, die es Ihnen ermöglicht, zu glauben, dass Sie führen können, aber beim Lean-Leadership-Modell delegieren Sie nicht, sondern Sie tun es. Sie führen.

Während Sie Fähigkeiten durch die persönliche Führung eines Teams entwickeln, ein anspruchsvolles Ziel zu erreichen, wird der Prozess auf natürliche Weise in den zweiten Schritt übergehen, und zwar, andere zu entwickeln, beispielsweise durch das Lehren der Kata. Dies liegt daran, dass Sie während der Projektleitung Ihre Kollegen weiterbilden, während Sie selbst neue Fähigkeiten erlernen. Sie müssen den Anderen immer einen Schritt voraus sein und immer eine Stufe durchgehen. Sie brauchen einen Coach. Vielleicht haben Sie einen Trainer in Ihrer Nähe oder Sie finden einen über das Lean Leadership Institute (http://www.leanleadership.guru/). Eine Freundin von mir hat einen Coach innerhalb ihres Unternehmens im entfernten Hauptquartier gefunden. Sie arbeitete in einer Niederlassung. Sie fand den Coach, flog auf eigene Initiative zu dieser Person und fragte sie, ob sie sie coachen könnte. Viele Unterrichtsstunden waren in den virtuellen Klassenräumen abgehalten worden, dennoch besuchte sie den Coach regelmäßig. Finden Sie einen Trainer, nutzen Sie den Vorteil und holen Sie sich das wichtige Feedback raus. Es heißt Selbstentwicklung, da Sie die Initiative ergreifen müssen.

Wenn Sie ein ganzes Jahr nehmen können, teilen Sie es in Quartale auf. Im ersten Quartal konzentrieren Sie sich auf das Projekt, auf die Weiterentwicklung Ihrer eigenen Persönlichkeit und Sie beginnen, andere zu entwickeln. Im zweiten Quartal konzentrieren Sie sich auf die Entwicklung anderer. Sie verteilen nun Aufgaben an eine andere Person, die an Sie berichtet. Sie arbeiten mit ihr an der Identifizierung eines Problems, das sie bearbeiten kann. Und diese Person wird den Verbesserungsprozess leiten und durch die vier Stufen gehen. Während Sie sie coachen, führt sie ein Team. Jetzt haben Sie kein Team mehr, sondern nur noch eine Person, die Sie coachen. Im dritten Schritt übertragen Sie das Ganze auf die Arbeitsebene. Sie brauchen nun Key-Performance-Indikatoren, Kennzahlen-Tafeln in einer oder mehreren Abteilungen, abhängig von der Anzahl Ihrer Leute oder Ihrer Arbeitsweise. Sie müssen ein tägliches Managementsystem erarbeiten, bei dem Sie Ziele haben, täglich die Maßnahmen prüfen, Aufgaben verteilen und Verbesserung erreichen.

Schließlich, vielleicht im letzten Quartal, legen Sie die Ziele und Planung für das nächste Jahr fest. Vielleicht entwickeln Sie ein A3-Proposal. Möglicherweise haben Sie keine Zeit, es abzuschließen, aber Sie könnten mit den Gegenmaßnahmen beginnen. Es könnte sein, dass A3 in der Planungsphase bleibt und die Verbesserung im zweiten Jahr angepeilt wird. Diese wird dann der Anfang der Arbeit im kommenden Jahr sein und Sie teilen das mit Ihrem Manager, auch wenn dieser keine ideale Ausbildung als „Lean Leader" hat. Sie werden sie ihm den A3 zeigen und übernehmen Leadership - auch ohne seine regelmäßige Anleitung. Man wird sehr beeindruckt sein und es könnte sie dazu animieren, es an anderen Stellen umzusetzen ... oder auch zu lernen.

Nun, innerhalb dieser Quartale, gibt es eine ganze Reihe von Fähigkeiten, die zu entwickeln sind, beispielsweise am *Gemba* zu beobachten und die Probleme zu erkennen, Probleme zu priorisieren oder eine Ursachenanalyse durchzuführen. Diese drei Aspekte erfordern eine Reihe von Fähigkeiten. Im Laufe des Jahres, wenn Sie dies wiederholen und es im Tagesgeschäft umsetzen, werden Sie es immer wieder wiederholen: „PDCA", „PDCA" und wieder „PDCA". Sie verbessern Ihre Fähigkeiten mithilfe eines Coachs, während Sie andere trainieren.

Wenn Sie sich entscheiden, auf der Basis der Toyota Kata-Methodologie zu lernen, steht Ihnen die Webseite von Mike Rother,

(http://www-personal.umich.edu/~mrother/Homepage.html)

zur Verfügung. Hier finden Sie eine Fülle von Informationen mit Verweisen auf die YouTube-Clips, Folien, Live Workshops, Coaches und sogar sein eigenes *Improvement Kata Handbuch*.

Damit wünsche ich Ihnen viel Erfolg. Keinesfalls denke ich, dass ich Sie nun zu einem „Lean Leader" ausgebildet habe. Ich hoffe vielmehr, Ihnen Starthilfe gegeben zu haben, um diesen lebenslangen Prozess einzuleiten. So sehe ich es und ich hoffe, Sie sehen es auch so. Wenn Sie damit beginnen und Ihre Schwächen erkennen, bekommt man einen Energieschub, da man feststellt, man hört nicht auf, zu lernen. Sie werden nie fertig. Es gibt immer etwas, worauf man sich freuen kann, sei es eine andere Fähigkeit oder Leistung. Lebenslanges Lernen ist auch ein Leben voller Wunder!

- o Fokus auf das Projekt legen
- o Fokus auf die Entwicklung anderer legen
- o Es auf die Arbeitsebene verlagern
- o Ziele für das nächste Jahr setzen

KAPITEL 8: VERKNÜPFUNG DER STRATEGIE MIT OPERATIVER EXZELLENZ: DAS *SCION*-BEISPIEL

Jede Verbesserung beginnt mit einer Herausforderung

Wenn man über Toyota nachdenkt, wird Toyota sehr oft mit der Montage von Fahrzeugen in Fabriken assoziiert und man denkt nicht über die gesamte Organisation nach. Toyota hat genau dieselben Abteilungen, wie man sie in jedem komplexen globalen Unternehmen hat und es beginnt mit dem Vertrieb. Der Vertrieb legt fest, was der Kunde wünscht. Der Vertrieb interagiert mit der Produktentwicklung, damit die richtigen Dinge entwickelt werden. Der Vertrieb vermarktet und verkauft Autos. Der Vertrieb wirkt sogar bei der Ausarbeitung eines Terminplans mit der Produktionskontrolle zusammen, so dass sowohl die Produktions- als auch die Vertriebsanforderungen gleichermaßen erfüllt werden.

Zum Abschluss dieses Buches möchte ich Ihnen die wichtige Verbindung zwischen Produktstrategie und operativer Exzellenz am Beispiel veranschaulichen. Ich werde dies mit dem Wertstrom für die Schaffung einer neuen Produktmarke machen, und zwar aus vertrieblicher Sicht gesehen – am Beispiel der Marke „Scion" –, die Toyota 2005 in den USA vorgestellt hat. Dieses Beispiel zeigt, dass Toyota sogar auf der Entwicklungsebene die „Toyota Business Practices" genau einhält, da man von Top-Führungskräften geleitet wird. Man legte die Notwendigkeit fest, eine Strategie zu entwickeln und verknüpfte dann diese Strategie mit dem „Lean"-Produktionssystem und der Logistik. Dadurch wären dann die Mengen produziert und geliefert, die der Kunde letztlich wünscht. Ich will hiermit nicht sagen, dass „Scion" eine der erfolgreichsten Marken in der Geschichte Toyotas ist. Vielmehr möchte ich darauf aufmerksam machen, dass es in puncto Strategie, Vertriebsansatz und operative Besonderheiten *alles stimmt*.

Abbildung 8-1. Die *Scion*-Automarke: xD, tC und xB

Wir zeigen die drei Fahrzeuge, die ursprünglich zu der Marke „Scion" gehörten. Von links nach rechts sind es xD, tC und xB (siehe Abbildung 8-1). In der Zwischenzeit wurden neue Autos für die *Scion*-Marke entwickelt, einschließlich eines kostengünstigen und kleinen Sportwagens. Die Produktentwicklung ist auch noch nicht abgeschlossen. Aus mancher Hinsicht war die Marke „Scion" ein Misserfolg, weil die Verkaufszahlen nach dem erfolgreichsten Jahr dramatisch gefallen sind. Bei Toyota ist keiner mit diesem Umstand glücklich, dennoch erfüllt „Scion" immer noch einen wichtigen Zweck. Was ist der Sinn und Zweck von „Scion"?

Jede Verbesserungsbemühung sollte zunächst mit einer deutlichen Problemaussage oder Herausforderung beginnen. Es sollte nie damit beginnen, dass eine leitende Führungskraft zum Vertrieb sagt: „Horch! Wir brauchen eine neue Marke, um junge Leute anzusprechen. Setzt das um." Eine Führungskraft sollte eher sagen: „Wir haben ein Problem und müssen einen Weg finden, dieses Problem anzugehen." Das Problem hing mit dem Toyotas Businessmodell zusammen, das darauf beruht, dass man einen Kunden auf Lebenszeit hat. Das Verständnis ist davon geprägt, dass das erste Auto, was man kauft, ein Toyota ist. Je nach Lebenssituation, die vergänglich ist – beispielsweise man heiratet oder man hat Kinder, die Kinder sind schon längst aus dem Haus oder man wird älter –, wird man immer ein neues Produkt finden, das seinen Bedürfnissen gerecht wird. Folglich beginnt der Einstieg in die Marke Toyota schon mit dem Kauf des ersten Autos durch die junge Kundschaft, was aber in den Vereinigten Staaten selten der Fall war. Das Durchschnittsalter eines Toyota-Besitzers in Nordamerika war zu hoch, eins der höchsten in der Branche. Viele Vertreter der jüngeren Generation sahen Toyota als „ein Auto, das meine Eltern fahren" oder noch viel schlimmer „ein Auto, das meine Großeltern fahren" an.

Um in Zukunft die Marktanteile zu erhöhen, musste Toyota das Alter für den Einstieg in den Toyota-Kundenwertstrom senken. Man musste den jungen Menschen ein anderes Auto anbieten im Vergleich zu dem, was ihre Eltern fuhren. Der Toyota Motor Sales-Bereich, unter der Federführung des Senior Management, entschied in Zusammenarbeit mit der Produktentwicklung als Gegenmaßnahme, eine neue Marke zu schaffen. Nach intensiver Recherche, unzähligen Diskussionen und einer detailllierten Analyse kam man zum Schluss, dass sich grundsätzlich viele junge Menschen mit Toyota als ihrem Traumauto nicht identifizieren würden, so dass es erforderlich war, eine neue Marke zu entwickeln.

Im nächsten Schritt wollte man ein genaueres Verständnis für die Kundenanforderungen bekommen. Es bedeutete, dass der Vertrieb eine detaillierte Studie durchführen musste, um zu verstehen, was für Ansprüche junge Menschen in den Vereinigten Staaten an das Auto stellten, und dies gleicht den technischen Anthropologen bei Menlo Innovations. Die Toyota-Philosophie ist die, dass man nie ein umfassendes Verständnis für Kundenwünsche bekommt, wenn man nur Daten aus Studien heranzieht. Statistiken stellen nicht die ganze Geschichte dar. Man muss sich vielmehr einen persönlichen Eindruck von der realen Lebenssituation machen. Man schickte Mitarbeiter zu den Stränden, Museen, Kunstevents, Rockkonzerten sowie an andere Orte, wo sich junge

Menschen aufhielten. Dadurch erlangte man ein wesentlich besseres Verständnis von der Gesamtsituation.

Man stellte fest, dass junge Menschen in Nordamerika die Funktionen im Auto ihrer Eltern mochten und wollten diese auch in ihrem Auto haben. Wenn beispielsweise der *Lexus* ein Display hatte, das die Rückfahrkamera anzeigte, dann wollten sie das auch in ihrem Auto haben. Man wollte nicht hören: „Ihr seid zu jung, Ihr könnt Euch das nicht leisten." Sie wünschten sich hochwertige Ausstattung zu dem Preis, den sie sich leisten konnten. Zudem wollten junge Menschen in Nordamerika auch ihre Individualität zum Ausdruck bringen. Sie wuchsen damit auf, dass sie viele Produkte wie Mobilgeräte und Kleidung selbst anpassten. Folglich wollten sie auch ein Auto haben, das in gewisser Weise einzigartig war.

Während junge Menschen in den Vereinigten Staaten ihre Individualität zum Ausdruck bringen wollten, hatte man auch den Wunsch nach Gruppenzugehörigkeit. Viele fühlten sich oft alleingelassen und dies hatte teilweise mit den heutigen Computertechnologien sowie sozialen Online-Netzwerken zu tun. *Scion* sollte im Idealfall dazu beitragen, Menschen zusammenzubringen – sowohl physisch am selben Ort als auch online. Schlussendlich stellte man fest, dass junge Menschen es nicht mochten, unfair behandelt zu werden. Wenn mein Freund das Angebot für den *Scion* oder sogar für einen Ölwechsel bekam, dann „soll ich für dieselbe Dienstleistung nicht mehr bezahlen." Junge Menschen wollten nicht über den Preis feilschen. Als ich aufwuchs, war das fast eine nationale Sportart. Man geht zum Händler und prahlt später über den Preis. Im Jahr 2005 aber empfanden das junge Menschen als Last und ungerecht.

Soll sein

o   Auto mit *Lexus*-Ausstattung zum Preis des *Corolla* (oder weniger)

o   Soll Individualität zum Ausdruck bringen (z. B. kundenspezifisch und individuell anpassbar)

o   Zugehörigkeit zu einer Gruppe

o   Fair behandelt werden – gleicher Service zum gleichen Preis

Soll nicht sein

o   Um den Preis feilschen

Der Vertriebs-/Marketingansatz von *Scion*

Auf der Grundlage dieser Anforderungen wurde die Marke „Scion" mit ihren wichtigsten Merkmalen definiert. Toyotas Vorgehensweise war im Einklang mit dem „Toyota-Weg": Teamarbeit, Sparsamkeit, dorthin gehen, wo die Kunden sind und analysieren, was die Konkurrenz macht. Ein kleines Team von fünf Personen, angeführt von einem Vizepräsidenten, begann mit der Entwicklung der Marke. Fünf Personen sind nicht gerade viel, um eine ganze Marke für einen großen Automobilkonzern zu entwickeln. Normalerweise werden Büros eingerichtet und Dutzende von Mitarbeitern mit ihren Sekretärinnen abbestellt. Hier waren es einfach nur fünf Personen. Diese fünf Mitarbeiter gingen aus ihren Büros raus und machten sich auf den Weg zum Kunden. Basierend auf diesen Erfahrungswerten erlangten sie ein besseres Verständnis für die Kundenanforderungen und entwickelten Ideen für das Geschäftsmodell.

Eine der wichtigsten Erkenntnisse kam, als der für die Marke „Scion" verantwortliche Vizepräsident Jim Lentz Brasilien besuchte. Er hatte von *Chevy Celta* gehört, was einfaches und günstiges Auto war, das in Brasilien verkauft wurde. Es bot aber auch eine Menge optionaler Funktionen an und man konnte es im Internet nach seinen Wünschen anpassen. Aus der Sicht des Werkes, wo das Auto hergestellt wurde, gab es nur ein *Celta* mit einer Konfiguration. Dann gab es eine Reihe von Zubehör, das man nach der Herstellung beim Händler bekommen konnte. Man konnte dieses auch online bestellen. Mit diesem Zubehör konnte man sein Auto individuell gestalten.

Das schien das Erfolgsrezept zu sein. Jim Lentz wollte sich das vor Ort anschauen. Daher machte er sich nach Brasilien auf und stellte fest: „Das ist eine grandiose Idee." Dies führte zum *Scion*-Produktionslogistikmodell, das direkt auf die Bedürfnisse des Kunden und die Vision der Marke einging. Es wurde als „monospec" bezeichnet.

Um es mit den Worten von Jim zu sagen: „Zunächst haben wir uns für ein einfaches Modell mit ein paar Konfigurationen entschieden. Möglicherweise gibt es zwei verschiedene Getriebe oder zwei unterschiedlich große Motoren. Aus der Sicht des Unternehmens gibt es nur wenige Variationen, so dass eine sehr effiziente Produktion möglich ist. Danach würde man die Fahrzeuge nach Kalifornien ausschiffen und sie würden nach dem Ankommen in Lagerung kommen. Bei Kundenbestellung würden dann gemäß den Kundenwünschen die Fahrzeuge angepasst, bevor man die in Vanille lackierten Autos dann umgehend an die Händler ausliefert. Möglicherweise würde der Händler zusätzliches Zubehör noch zur Verfügung stellen."

Dies war ein tatsächlicher Fall von Massenproduktion. Es wird zunächst ein Standardmodell in Vanille gebaut und dann zum letztmöglichen Zeitpunkt, nach Eingang der Bestellung durch den Kunden, wird es gemäß den Wünschen angepasst. Dies erfordert ein bestimmtes Logistikmodell. Ausgangspunkt waren Fahrzeuge, die es in Japan schon gab, so dass zunächst keine neuen Kosten im Zusammenhang mit der Produktentwicklung entstanden sind. Dies, in Verbindung mit der Effizienz in Produktion (das Fahrzeug wurde mit wenig Variationen hergestellt), machte es möglich, den Preis niedrig zu halten. Dabei waren eine Menge Funktionen Standard.

Kleines Team (5 Personen), um die Marke zu entwickeln

Zum Kunden hingehen, sich Ideen für ein Geschäftsmodell holen

Wichtige Erkenntnis: *Chevy Celta* in Brasilien – webbasierter Kauf eines Standardmodells, was beim Händler dann gemäß Wünschen angepasst wird.

Produktionslogistikmodell von *Scion*:

- „Monospec"-Basismodell mit ein paar Konfigurationen im Werk in Japan (Farbe und Getriebe)

- „Pooling" am Hafen und weitere Ausstattung gemäß Bestellung

Aus Kundensicht gesehen geht man online und trifft eine Auswahl aus zahlreichen Optionen. Die folgende Tabelle zeigt Beispiele für einige der ursprünglichen Auswahlmöglichkeiten. Seitdem ist die Liste erweitert worden und es gibt viele Add-ons, die von Drittanbietern angeboten werden. Zum Beispiel würde eine Motorabdeckung in Kohlefaser Ihrem Auto einen sportlichen Look verpassen; es gibt die Option, eine Spitze/Düse auf die Auspuffanlage zu befestigen, was manche als trendig empfinden; man könnte LED-Rückleuchten auswählen, die in verschiedenen Farben erhältlich sind. Das sind alles Dinge, die später hinzugefügt werden können, wenn das Auto von Japan nach Kalifornien in das Lagerzentrum am Hafen überführt wird.

Die Zusatzausstattung von Toyota
Außenausstattung

Motorabdeckung in Kohlefaser	$ 325
Auspuffspitze	$ 76
Heckstoßfänger	$ 69
Heckspoiler	$ 423
Nebelscheinwerfer-Nachrüstsatz	$ 320
Kohlefaserverkleidung	$ 299
Kundenspezifischer Kühlergrill	$ 215
LED-Heckleuchten	$ 375

Innenausstattung

Cargo Liner	$ 119
Cargo Net	$ 65
Cargo Dover	$ 259
Türschwellenbeleuchtung	$ 265
Stauraum nach C-Säule	$ 129
Fuß- und Cargomatten	$ 155
Sportlenkrad	$ 279

Scion Sicherheitssystem $ 469
Motorstart per Fernbedienung $ 529
Armaturenbeleuchtung/Getränkehalter $ 299

Das Leitbild unten wurde nicht von Toyota entwickelt. Es wurde von einer Gruppe der *Scion*-Besitzer verfasst und stellt einen weiteren Teil des Geschäftsmodells dar. Es war eine Teilantwort auf die Frage: „Wie vermittelt man diesen jungen Menschen das Gefühl der Zugehörigkeit zu ein und derselben Gemeinschaft?" Hier arbeitete Toyota mit neuen Marketingpartnern zusammen, die weit über den üblichen Werbungskanälen von Print, Internet und Fernsehen Fähigkeiten besaßen. Diese waren auf die Schaffung kooperativer Gruppen spezialisiert sowie auf deren Verbreitung in dem Land. Dies ist eine Autobesitzergruppe, die Toyota förderte, und diese Gruppe begann sich zu treffen, um unterschiedliche Sachen zu unternehmen.

Diese besondere Gruppe sagte:

Leitbild:

Scion Evolution (SE) wurde initiiert, damit sich die Scion-Besitzer treffen und ihre Leidenschaft für Scion miteinander teilen konnten. Deshalb erwartet man, dass sich SE dieser Philosophie bescheiden nähert und es den Scion-Besitzern ermöglicht, weiterhin einen Beitrag zur Marke „Scion" zu leisten.

→ *Scion* Evolution, zur Entwicklung beitragen, North-Carolina-Beispiel (Club für *Scion*-Besitzer)

Nun haben Sie Kunden, die für Sie verkaufen. Es wurden auch Großveranstaltungen in den verschiedenen Regionen des Landes organisiert, wo *Scion*-Besitzer zusammenkamen. Zum Beispiel mietete Toyota Disneyland in Kalifornien für einen Abend und nur *Scion*-Besitzer hatten Zutritt. Eintritt war kostenlos, dafür aber musste man mit dem *Scion* vorfahren. Im Anschluss wurden Preise versteigert und man wurde als Teil der *Scion*-Gemeinschaft gefeiert.

Der erste Vertriebsansatz („pure price", wie man es bei *Scion* nannte) war die Preisbestimmung mit dem Händler. Oftmals hatten Händler unterschiedliche Preise, die möglicherweise aufgrund des Standorts bestimmt wurden. Sobald man sich auf einen Preis für das Auto mit spezifischer Ausstattung geeinigt hatte (einschließlich Serviceleistungen, wie beispielsweise Ölwechsel), durfte dieser Verkaufspreis im Laufe eines Jahres nicht mehr geändert werden. Jeder, der das Produkt kauft, bekommt denselben Service und zahlt denselben Preis.

Zudem wurden auch die Marketingmaßnahmen aufgebrochen. Üblicherweise beauftragte man eine Werbeagentur und sagte: „Macht alles." Man stellte aber fest, dass es notwendig war, einem innovativen Ansatz zu folgen, der mehr auf junge Leute einging. Man brauchte Firmen, die in diesem Bereich spezialisiert waren. Einige Unternehmen sind gut in sozialen Netzwerken, einige bei TV-Werbespots und andere wiederum hatten Experten in der Organisation von nationalen Veranstaltungen und

Clubs. Die Besitzerclubs wurden mit Unterstützung von *Scion* über soziale Netzwerke organisiert – sowohl über das Internet als auch beim Aufeinandertreffen von Angesicht zu Angesicht. Einige Gruppen fokussierten sich insbesondere auf Musik. In einem Teil des Landes war es vielleicht die Country-Musik und in einem anderen die Rockmusik. Dann wurden die *Scion*-Events organisiert, die teilweise auf weit mehr als 100 im Monat anwuchsen, wo man miteinander in Kontakt kam. Zu Halloween z. B. verwandelte sich in Kalifornien die *Knott's Berry Farm* in die *Knott's Scary Farm*. Dies war ein spezielles Event nur für die *Scion*-Besitzer.

Reiner Preis

→ Händler legt den Preis fürs Auto und Service fest. Im Zuge dessen bekommt jeder denselben Preis
   (ungebündeltes Marketing)

→ Direktmailing, Fernsehen, Radio, Events und Internet
   (*Scion*-Besitzerclubs)

→ Organisiert mit Unterstützung der *Scion*-Besitzer für soziales Netzwerk
   (mehr als 100 *Scion*-Großveranstaltungen im Monat)

→ Netzwerk aktivieren und Zugehörigkeit stärken

→ Regionale Besitzertreffen, die auf die regionalen Gegebenheiten (z. B. Kunstfestival) sowie generische Events (z. B. *Knott's Scary Farm*) eingehen

Um dem Kunden den größtmöglichen Mehrwert zum geringstmöglichen Preis anbieten zu können, wurde beschlossen, die bestehenden Toyota-Abteilungen und Personal zu nutzen. Es sollte keine neue Bürokratiestruktur rund um die Marke „Scion" aufgebaut werden. Am Anfang, im Jahr 2007, arbeiteten 19 Mitarbeiter in der Zentrale und 40 Personen vor Ort in Zusammenarbeit mit den Nutzergruppen und Händlern rund um die Marke „Scion". Das ganze Unternehmen von Toyota hat an der Marke „Scion" mitgearbeitet.

Auf das bestehende Toyota-Personal zurückgreifen

→ Mitarbeiterzahl 2007: 19 Mitarbeiter am Firmensitz und 40 Mitarbeiter vor Ort

Bestehende Modelle aus Japan nutzen

→ z. B. von bB zu xB

Auf das bestehende Toyota-Händlernetzwerk zurückgreifen

Man ging mit einem Transporter auf eine Roadshow, um Händler von der Idee der Marke „Scion" zu überzeugen. Es stellte nicht unbedingt eine Bedingung, sondern eine Option dar. Viele Händler in den USA waren sehr von der Idee angetan, junge Menschen in ihre Ausstellungsräume zu locken. Es war erforderlich, ihre Mitarbeiter anders zu schulen und man musste auch eine abweichende Preisstrategie umsetzen. Daher haben die Händler auch in diese Idee investiert.

Zweck mit den Ergebnissen verbinden

Wie fielen die Ergebnisse aus? Dies bezieht sich auf die frühen Anfänge. Im ersten Jahr wurden alle Ziele erreicht. Man wollte jüngere Menschen zur Toyota-Marke bringen. Zu dem Zeitpunkt war das durchschnittliche Alter von 30 für einen *Scion*-Käufer der niedrigste Wert in der Autoindustrie für eine Marke. Satte 80% dieser Besitzer waren Toyota-Neukunden. Dies war ihr erstes Toyota-Fahrzeug. Diejenigen, die bereits im Besitz eines Fahrzeugs waren, gaben ihr altes Fahrzeug in Zahlung. In 80% der Fälle waren diese Fahrzeuge von den Drittfirmen. Folglich warb man Kunden von seinen Wettbewerbern ab.

In den ersten Jahren hatte man das bescheidene Ziel, 40.000 Autos zu verkaufen und dies wurde erreicht. Man erwartete keinen Gewinn, aber es wurde trotzdem erreicht. Die Verkaufszahlen von *Scion* erreichten mit mehr als 180.000 pro Jahr den Höchststand. Im Jahr 2013 fielen sie jedoch auf 68 000.zurück. Neue Modelle sollten 2015 eingeführt werden, aber es stellte sich berechtigterweise die Frage: „Ist *Scion*-Konzept ein Fehlkonzept?" Das ist eine ganz natürliche Frage, wenn man nur kurzfristig denkt und die Strategie nicht versteht. Aus Toyotas Sicht wurde der Sachverhalt anders bewertet. Erstens funktionierte es in den ersten Jahren. Man unternahm eine Kernursachenforschung, wo es offensichtlich wurde, dass der Umsatzeinbruch auf die älteren Modelle zurückzuführen war und man neue Modelle für die Marke „Scion" entwickeln müsste. Die Entwicklung neuer *Scion*-Modelle hatte im Laufe von vier Jahren, wo es die Rezession und andere Krisen gab, keine Priorität für das Unternehmen. Die Zeitspanne zwischen der Einführung neuer Produkte war ein Problem, jedoch war es nicht ein dauerhaftes Problem, was die Marke langfristig gefährden könnte.

Mark Templin, der für die Marke „Scion" verantwortliche Vizepräsident im Jahr 2007, erklärte in einem Interview, das ich gemacht habe, was das eigentliche Ziel war:

> „Für uns sind nicht die Verkaufszahlen oder Gewinne von entscheidender Bedeutung. Darum geht es bei *Scion* nicht. Es soll vielmehr die Tür zu Toyota geöffnet werden. Wir wollen versuchen, junge Menschen zu erreichen. Das Durchschnittsalter eines *Scion*-Besitzers ist 30, was in der Branche der niedrigste Wert ist. Wie es sich herausgestellt hat, können wir mit den *Scion*-Produkten Umsatz generieren und lernen gleichzeitig neue Möglichkeiten, wie wir geschäftlich agieren können."

Man lernte über neue Geschäftsmodelle, wie beispielsweise neue Wege, die bei der Vermarktung möglich sind. *Scion* begeisterte auch eine Reihe von bestehenden

Abteilungen in Toyota Motor Sales. Die Interaktion mit jungen Menschen machte Spaß. Es setzte ein hohes Maß an Energie frei, welche die Jugendlichkeit mit sich bringt. Gerade für ein multinationales Unternehmen erweist sich so etwas als vorteilhaft, da dadurch eine Regeneration eingeleitet werden kann, die oftmals im Laufe der Zeit nötig sein kann. Natürlich würde *Scion* gern mehr Fahrzeuge verkaufen, jedoch kann man Erfolg auch an anderen Indikatoren festmachen.

Die Ergebnisse in den ersten Jahren bei *Scion*

➜ Durchschnittsalter von 30 – niedrigster Durchschnittswert in der Branche

➜ 80% der *Scion*-Besitzer sind Neukunden für Toyota

➜ 8 von Top 10 waren abgeworbene Kunden, die Fremdautos in Zahlung gaben

➜ Investitionen bezahlt und wirtschaftlich ab dem vierten Jahr

➜ Umsätze fielen jedoch 2007 – immer noch Erfolg?

Beziehung zwischen strategischer Innovation und operativer Exzellenz bei Scion

Lassen Sie uns anschauen, wie die Teile zusammenpassen und wie dies in Verbindung zu Führung steht. Als Erstes beginnt man mit einer strategischen Absicht. In diesem Fall war es eine neue Marke mit hochwertigen Fahrzeugen, die angepasst werden konnten und ein Gemeinschaftsgefühl vermittelten. Die neue Marke sollte junge Menschen für Toyota begeistern. Diese strategische Absicht wandelte sich dann in Innovation um. Die Idee von „monospec", basierend auf Standardmodellen, die durch Aufrüstung angepasst werden, war eine solche Innovation. Die Idee kam von General Motors und sie veränderten diese. Für Toyota aber war es eine Innovation. Die Idee des „reinen Preises", die Idee der Entflechtung der Marketingstrategie (was letztlich auch bei anderen Toyota-Marken Anwendung gefunden hat) sowie die Idee der Schaffung einer Besitzergemeinschaft waren alles Innovationen, die aus der Not heraus geboren wurden, um die Strategie zu realisieren, junge Menschen in Nordamerika gezielt anzusprechen.

Alleine diese Innovationen mussten nun in operative Exzellenz umgesetzt werden. Um es mit den Worten von Jim Lentz zu sagen: „Nun musste Toyota ein Auto für junge Leute anbieten. Das ist es, was sie wollen. Junge Menschen sind nicht besonders geduldig. Amerikaner sind besonders ungeduldig und wollen es meist sofort. Wir mussten ein hochwertiges Produkt herstellen. Dabei musste diese Qualitätsanforderung nicht nur im Werk erzielt werden, sondern auch im Lagerzentrum und beim Händler, wo die Aufrüstung der Ausstattung stattfindet."

Eines der „Lean"-Konzepte, das angewandt werden musste, war das „Just-in-Time"-Logistiksystem. Dies war nötig, um die Aufrüstung möglichst schnell gemäß den Kundenwünschen im Lagerzentrum vor Auslieferung an den Händler vornehmen zu können. Man brauchte auch das Toyota-Produktionssystem im Werk, um das Modell möglichst kostengünstig, aber gleichzeitig mit hoher Qualität zu produzieren. Es war nötig, Verschwendungen zu vermeiden und Kosten einzusparen. Die Poolbildung von Fahrzeugen nach Auslieferung von Japan nach Kalifornien und die entsprechende Aufrüstung an diesem Ort war eine logistische Innovation.

Man benötigte auch einen Plan für künftige Modelle, damit man sich weiterhin den Kundenbedürfnissen anpassen konnte. Bei Toyota wird dies mit dem „Chef Engineering System" erreicht. Der Chefingenieur leitet die Produktentwicklung, in enger Zusammenarbeit mit dem Vertrieb. Zudem ist der Chefingenieur vor Ort (*Gemba*), um alles aus erster Hand zu sehen. In diesem Fall ist man vor Ort beim Kunden, also dort, wo die Kunden das Fahrzeug nutzen. Man will sich ja in den Kunden reinversetzen, beispielsweise wenn der Kunde in Kalifornien damit an den Strand oder ins Museum in Washington D.C. fährt. Der Chefingenieur musste überall vor Ort sein, um zu sehen, wie junge Menschen in Amerika leben. In Zusammenarbeit mit dem Vertrieb mussten dann die Kundenanforderungen herausgearbeitet werden.

Das ganze Unternehmen von Toyota musste mitarbeiten. Es war nur eine sehr kleine Gruppe, die versuchen musste, die Zusammenarbeit zwischen Vertrieb, Produktion, Händlern und R&D effektiv zu gewährleisten. Zudem musste man das Konzept verkaufen und Menschen begeistern, was bedeutete, dass das ursprüngliche Team durch Erfahrungswerte fähig war, zu überzeugen und horizontal zu führen. Der Fokus aller Unternehmensbereiche von Toyota sollte nicht auf der eigenen Abteilung, sondern auf dem Unternehmen als Ganzes liegen. Dies könnte für die Produktion ein Ärgernis sein, solche Fahrzeuge herstellen zu müssen. Es war aber für einen bestimmten Zweck, was langfristig für das Unternehmen ein Vorteil sein könnte. Hier kommt gerade die Toyota-Way-Kultur ins Spiel. Die Verknüpfung zwischen strategischer Absicht, Innovationen und operativer Exzellenz wird in Abbildung 8-2 dargestellt.

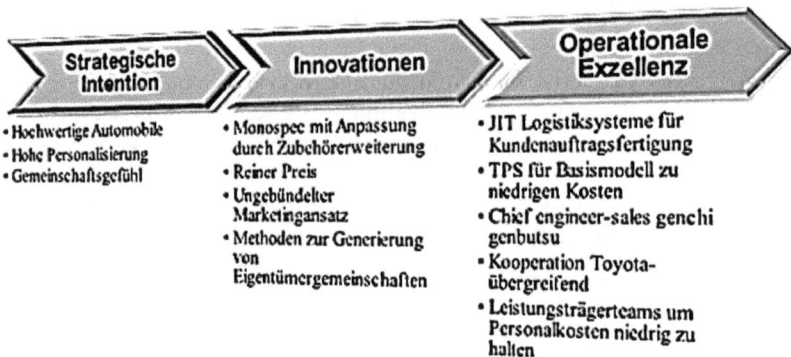

Strategische Intention	Innovationen	Operationale Exzellenz
• Hochwertige Automobile • Hohe Personalisierung • Gemeinschaftsgefühl	• Monospec mit Anpassung durch Zubehörerweiterung • Reiner Preis • Ungebündelter Marketingansatz • Methoden zur Generierung von Eigentümergemeinschaften	• JIT Logistiksysteme für Kundenauftragsfertigung • TPS für Basismodell zu niedrigen Kosten • Chief engineer-sales genchi genbutsu • Kooperation Toyota-übergreifend • Leistungsträgerteams um Personalkosten niedrig zu halten

Zusatzzielsetzung: Bringen Sie Ihre Mitarbeiter in die Toyota-Familie

Abbildung 8-2. Beziehung zwischen strategischer Innovation und operativer Exzellenz

Anwendung der Toyota-Way-Grundsätze

Was waren die wesentlichen Toyota-Way-Prinzipien, die angewandt worden waren, welche zum Erfolg von „Scion" beitrugen? Die Grundsätze fangen mit dem Respekt vor den Menschen an. Dies bedeutet, dass ich mir die Zeit nehme, um mich intensiv damit auseinanderzusetzen, unter welchen Umständen der Kunde lebt und was er von einem Fahrzeug erwartet. Erst dann kann man die Kundenanforderungen erfüllen. Man benötigte außerdem einen Problemlösungsprozess. Man fing mit einer klaren Problemdarstellung an: Die Lücke zwischen dem Eintrittsalter, das man für Toyota-Kunden anstrebte, und dem tatsächlichen Eintrittsalter. Man musste ein Verständnis für die Situation bekommen. Um die amerikanische Jugend zu verstehen, musste man *genchi genbutsu* anwenden. Dabei hat man eine Reihe von Alternativen in Betracht gezogen und sich viele Ideen angeschaut, wie beispielsweise das interessante Modell von *Chevy*. Auf dieser Grundlage hat man dann das Geschäftsmodell entwickelt.

Man musste langfristig denken, wobei man die seltsame Vorstellung hinnehmen musste, dass man eine ganz neue Marke erschafft, die möglicherweise keinen Gewinn für das Unternehmen abwirft. Der Zweck dieser spezifischen Marke war, neue Kunden zur Toyota-Familie zu locken. Als Nächstes benötigte man den Prozess der kontinuierlichen Verbesserung. Ich habe ein Anfangsmodell, was ich über Zeit durch Feedback anpassen werde und allmählich wird es die Kundenanforderungen vollständig erfüllen. Beispielsweise, als die Verkaufszahlen im Jahr 2007 zurückgingen, musste eine Kernursachenanalyse durchgeführt werden, um das Problem zu ermitteln. Das eigentliche Problem war: „Wir brauchen neue Modelle."

Um all dies tun zu können, braucht man eine bestimmte Art von Führungskraft. Diese Person muss gewisse Denkmuster verinnerlicht haben, die Unternehmensphilosophie verkörpern und das Unternehmen vor seinen eigenen persönlichen Ambitionen priorisieren. Es war die Gelegenheit für Führungskräfte, ihre Führungsfähigkeiten weiterzuentwickeln. Sie konnten ihre Fähigkeiten bezüglich Problemlösung, kreativem Denken und Kleingruppenarbeit weiterausbauen. Zudem lernte man mehr über horizontale Führungsaspekte, wie man beispielsweise Einfluss über andere Abteilungen wie Maschinenbau, Produktion und unabhängige Händler ausüben kann, wo man selber nicht aktiv in die Führungsebene eingebunden ist.

Prinzipien in Aktion

- Innerhalb des Scion Teams
- Mit dem restlichen Teil von Toyota
- Mit Händlern

- Mit dem Problem anfangen
- Die Situation erfassen
- Genchi genbutsu
- Die Alternativen grob ausloten

Teamarbeit

Respekt vor den Menschen (den Kunden verstehen)

Problemlösungs-prozess

Kontinuierliche Verbesserung

Langfristiges Denken (der lebenslange Kunde)

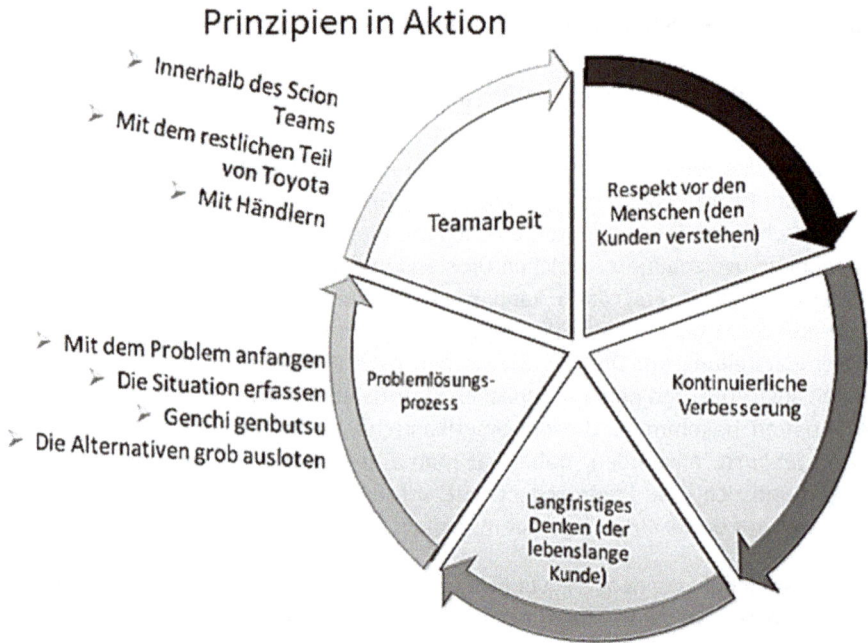

Abbildung 8-3. Prinzipien in Aktion.

Das Scion-Beispiel ist eines von vielen Beispielen, wo diese Prinzipien zusammenkommen (s. Abb. 8-3). Es soll Ihnen eine „Big Picture"-Vision von Lean Leadership geben, von einem Konzept zu einem Produkt, zur Markteinführung, bis zur Kundenbetreuung. Weder eine gute Strategie noch Operationale Exzellenz alleine hätte dieses Problem gelöst. Strategie und Operationale Exzellenz mussten miteinander verbunden werden. Damit endet die Geschichte und hoffentlich hat das Ihrer Vision bezüglich einer langen und aufregenden Reise hin zu Lean Leadership geholfen. Es sollte klar geworden sein, dass die Entwicklung eines Lean-Unternehmens ein ein langfristiger Prozess ist und alle Aspekte betrifft. Und, es ist definitiv nicht nur ein Produktions-Thema. Wenn es ein Element gibt, dass alle Wirkungskreise von Lean gemeinsam haben, dann ist es kritisches und kreatives Denken. Es beginnt damit, sich selbst zu entwickeln, dann zu lernen ein Lehrer zu werden, wie wenn man ein Schüler ist. Die Reise endet nie!

LEAN LEADERS ENTWICKELN: Weitere Literatur

In diesem Buch haben wir auf verschiedene Bücher verwiesen, mit denen Sie sich eventuell intensiver beschäftigen möchten. Hier sind einige Empfehlungen:

Freddy Balle and Michael Balle, *The Gold Mine: A Novel of Lean Turnaround*, (Cambridge, Mass.: Lean Enterprise Institute, 2005)

Michael Balle and Freddy Balle, *Lead with Respect: A Novel of Lean Practice* (Cambridge, Mass.:
Lean Enterprise Institute, 2005)

Jim Collins, *Good to Great: Why Some Companies Make the Leap . . .and Others Don't* (New York: Harper Business, 2001)

Pascale Dennis, *Getting the Right Things Done: A Leader's Guide for Planning and Execution* (Cambridge, Mass.: Lean Enterprise Institute, 2006)

Robert Greenleaf, *The Power of Servant Leadership* (San Francisco: Berrett-Koehler, 1998)

H. Thomas Johnson, *Profit beyond Measure* (New York: Free Press, 2008)

Jeffrey Liker, *The Toyota Way* (New York: McGraw-Hill, 2004)

Jeffrey Liker and David Meier, *The Toyota Way Fieldbook* (New York: McGraw-Hill, 2006)

Jeffrey Liker and David Meier, *Toyota Talent* (New York: McGraw-Hill, 2007)

Jeffrey Liker and Michael Hoseus, *Toyota Culture* (New York: McGraw-Hill, 2008)

Jeffrey Liker and James Franz, *The Toyota Way to Continuous Improvement* (New York: McGraw-Hill, 2011)

Jeffrey Liker and Gary Convis, *The Toyota Way to Lean Leadership* (New York: McGraw-Hill, 2011)

Mike Rother, *Toyota Kata: Managing People for Improvement, Adaptiveness and Superior Results* (New York: McGraw-Hill, 2009)

Peter Senge, *The Fifth Discipline: The Art and Practice of the Learning Organization* (New York: Crown Business, 2006)

Richard Sheridan, *Joy, Inc.:How We Built a Workplace People Love* (New York: Portfolio Hardcover, 2013)

John Shook, *Managing to Learn* (Cambridge, Mass.: Lean Enterprise Institute, 2009)

George Trachilis, *OEM Principles of Lean Thinking*, (LLIP: 2014)

Taiichi Ohno's *Workplace Management: Special 100th Birthday Edition*, (New York: McGraw-Hill Professional, 2012)

Lightning Source UK Ltd.
Milton Keynes UK
UKHW022019180522
403211UK00010B/145/J

9 780991 493265